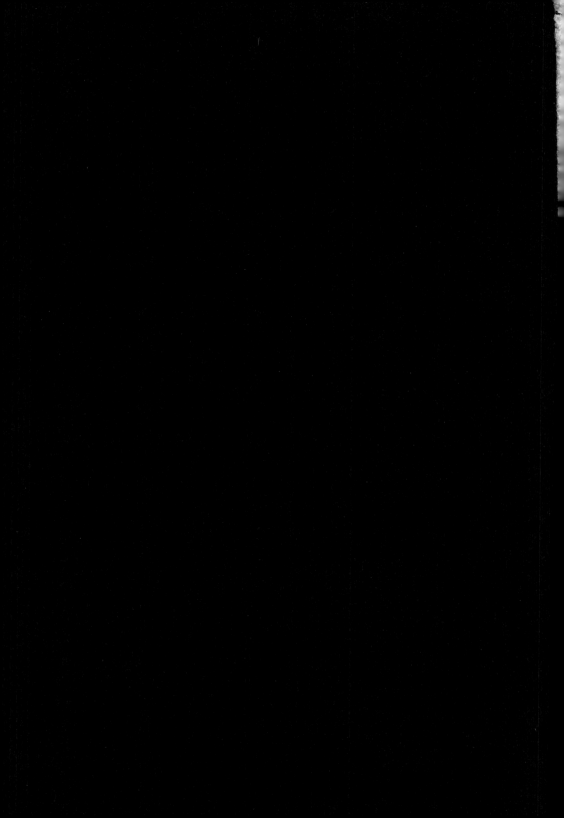

# 논어정의論語正義

Lun Yu Zheng Yi —The Corrected Meaning of the LUN YU—

## 【十一】

(유보남전, 주요 인명사전)

# 논어정의論語正義 【十一】
## Lun Yu Zheng Yi —The Corrected Meaning of the LUN YU—

—

1판 1쇄 인쇄  2024년 5월  3일
1판 1쇄 발행  2024년 5월  20일

—

저   자 ㅣ 유보남劉寶楠
역주자 ㅣ 함현찬
발행인 ㅣ 이방원
발행처 ㅣ 세창출판사
　　　　신고번호 제1990-000013호
　　　　주소 03736 서울시 서대문구 경기대로 58 경기빌딩 602호
　　　　전화 02-723-8660 팩스 02-720-4579
　　　　이메일 edit@sechangpub.co.kr 홈페이지 www.sechangpub.co.kr
　　　　블로그 blog.naver.com/scpc1992 페이스북 fb.me/Sechangofficial 인스타그램 @sechang_official

—

ISBN  979-11-6684-324-2  94140
　　　　979-11-6684-221-4 (세트)

—

이 역주서는 2017년 대한민국 교육부와 한국연구재단의 지원을 받아 수행된 연구임.
(NRF-2017S1A5A7020726)

—

이 책은 한국연구재단의 지원으로 세창출판사가 출판, 유통합니다.
잘못 만들어진 책은 구입하신 서점에서 바꾸어 드립니다.

# 논어정의

### 論語正義

### Lun Yu Zheng Yi —The Corrected Meaning of the LUN YU—

## 【十一】

### (유보남전, 주요 인명사전)

유 보 남劉寶楠 저

함 현 찬  역주

세창출판사

# 차 례

✺

논어정의
論語正義
【十一】

해 제 ──────────── 9
1. 『논어정의』 번역의 가치　9
2. 원저자 소개　12
3. 『논어정의』 소개　13
4. 『논어정의』 번역의 필요성　17
5. 선행 연구　19

일러두기 ──────────── 21

범 례 ──────────── 22

청사고 유보남전淸史稿劉寶楠傳　27

『논어정의』 주요 인명사전　33

색 인 ──────────── 313

# 전체 차례

✳

논어정의
論語正義

해 제
일러두기
범 례


## 논어정의 권1論語正義卷一
● 학이 제1學而第一

## 논어정의 권2論語正義卷二
● 위정 제2爲政第二

## 논어정의 권3論語正義卷三
● 팔일 제3八佾第三

## 논어정의 권4論語正義卷四
● 팔일 제3八佾第三

## 논어정의 권5論語正義卷五
● 이인 제4里仁第四

## 논어정의 권6論語正義卷六
● 공야장 제5公冶長第五

## 논어정의 권7論語正義卷七
● 옹야 제6雍也第六

논어정의 권8論語正義卷八
● 술이 제7述而第七

논어정의 권9論語正義卷九
● 태백 제8泰伯第八

논어정의 권10論語正義卷十
● 자한 제9子罕第九

논어정의 권11論語正義卷十一
● 향당 제10鄕黨第十

논어정의 권12論語正義卷十二
● 향당 제10鄕黨第十

논어정의 권13論語正義卷十三
● 향당 제10鄕黨第十

논어정의 권14論語正義卷十四
● 선진 제11先進第十一

논어정의 권15論語正義卷十五
● 안연 제12顔淵第十二

논어정의 권16論語正義卷十六
● 자로 제13子路第十三

논어정의 권17論語正義卷十七
● 헌문 제14憲問第十四

논어정의 권18論語正義卷十八
● 위영공 제15衛靈公第十五

논어정의 권19論語正義卷十九
● 계씨 제16季氏第十六

논어정의 권20論語正義卷二十
● 양화 제17陽貨第十七

## 논어정의 권21論語正義卷二十一

● 미자 제18微子第十八

## 논어정의 권22論語正義卷二十二

● 자장 제19子張第十九

## 논어정의 권23論語正義卷二十三

● 요왈 제20堯曰第二十

## 논어정의 권24論語正義卷二十四

● 논어서論語序

● 〈부록〉 정현논어서 일문附錄 鄭玄論語序逸文

● 후서後序

청사고유보남전부유공면전淸史稿劉寶楠傳附劉恭冕傳

『논어정의』 주요 인명사전

# 해 제

## 1.『논어정의』번역의 가치

유학(儒學) 관련 경학 자료에는 동일한 원전 자료에 대해 오랜 기간 동안 수많은 학자들이 남긴 기록이 축적되어 있으며, 그것을 통해 이들의 형상이 어떻게 형성되는가를 살필 수 있다. 중국의 경우『논어(論語)』관련 주석서는 총 1,100여 종에 이르는데, 현전하는 가장 오래된 주석은 위(魏)나라 하안(何晏) 등이 쓴『논어집해(論語集解)』이다. 이 책은 후한(後漢)의 포함(包咸)·주씨(周氏)·마융(馬融)·정현(鄭玄)과 위나라 진군(陳羣)·왕숙(王肅)·주생렬(周生烈) 등 7인의 주석과『고논어(古論語)』의 공안국(孔安國) 주(注)를 모두 종합하여 집대성한 것이다. 이『논어집해』는 양(梁)나라의 황간(皇侃)이 쓴『논어의소(論語義疏)』를 통하여 후세에 전해졌다. 그런데 이 하안의『논어집해』를 근거로 한『논어』의 판본은 남북조시대(南北朝時代)에서 시작하여 수(隋)·당(唐)·오대(五代)를 거쳐 북송(北宋)에 이르기까지, 특히 황간의『논어의소』본에 기대어 세상에 유행하였으나, 그 뒤에는 한동안 유행하지 않았다. 그 이유는 주희(朱熹)의『논어집주(論語集註)』가 크게 유행함에 따라 자취를 감추게 되었기 때문인 것으로 생각된다. 다만 송(宋) 진종(眞宗) 3년(1000)에 칙명으로 형병(邢昺) 등이 하안의『논어집해』를 다시 풀이하여『논어주소(論語注疏)』

를 썼는데, 이것이『십삼경주소(十三經注疏)』에 끼여 있는 논어의 전통적인 주해서(注解書)이다. 이것은 황간의『논어의소』에서 집해(集解)를 따로 떼어 지은 것이라고 하는데, 그 내용은 원칙적으로 황간의『논어의소』를 따랐으나 장구(章句)의 훈고(訓詁)가 더욱 상세하였으므로, 황간의『논어의소』를 밀어내는 까닭이 되었다. 그런데 이 황간의『논어의소』는 당대에 일본에 전해졌다가 청대(淸代)에 청나라로 다시 전해짐으로써, 남송 때 없어진 이후 5백 년 뒤에 다시 유행하게 되었다.

한편, 주희의『논어집주』는 형병의『논어주소』의 경문을 바탕으로 고인(古人)들의 여러 해설을 참고하여 지은 것인데, 이로부터 논어의 해설은 이『논어집주』가 단연 권위를 지니게 되었고, 오경(五經)을 중심으로 하던 유학이 사서(四書)를 더 중시하게 되었다. 또한,『사서집주(四書集註)』가 나온 뒤로『논어』는 더욱 존중되고 널리 읽혔다.『사고전서총목(四庫全書總目)』을 통해 보면『논어집주』를 이어 송대에 나온『논어』의 주해서가 10여 종이며, 원대(元代)에도 다시 10여 종이 나왔고 명대(明代)에는 30여 종이 넘고 있다. 청대에는 더욱 많아 백여 종이 넘는다고 알려져 있다. 이것은 주희 이후로 유가의 경전이 오경에서 사서 중심으로 옮겨 갔으며, 그중에서도『논어』가 가장 존중되었음을 뜻하는 것이다. 따라서 주희 이후로는 유가의 경전 중에서도『논어』가 가장 중시되어 모든 공부하는 사람의 필독서가 되었다. 원대 이후로는 과거(科擧)에 있어서도 필수과목으로 채택되어『논어』의 권위는 더욱 높아졌다. 특히 청대에는 고증학(考證學)이 발달함에 따라 진전(陳鱣)의『논어고훈(論語古訓)』, 반유성(潘維城)의『논어고주집전(論語古注集箋)』, 유보남의『논어정의(論語正義)』등 많은 연구서가 나왔다.

한국은 고려시대 말에 들어온 성리학을 그대로 계승·발전시켰으므로『논어』가 더욱 중시되었다. 태조 원년(1392)에 확정된 과거법 이후 계속 과거에서 시험 과목으로 중시되었으며, 성균관에서의 교육 과목에서도 사서삼경은 가장 중요한 교과 과목으로 채택되었다. 역대 임금들도 사서오경에 대해 깊은 관심을 가졌으며, 여러 기록으로 미루어 사서오경은 임금과 태자로부터 모든 지식인에 이르기까지 꼭 읽어야 할 필독서로 자리를 잡고 있었음을 알 수 있다. 이에 따라 예로부터 있어 오던 구결(口訣) 또는 토(吐)를 달아 원문을 읽는 법에서 한 걸음 나아가 경서의 언해(諺解)가 시도되었다. 언해는, 유숭조(柳崇祖)가 칙명을 받아 『칠서언해구두(七書諺解口讀)』를 지은 것이 처음이라고 하나[유희춘(柳希春)의 『미암일기(眉巖日記)』, 안종화(安種和)의 『국조인물지(國祖人物志)』] 전하지 않는다. 이황(李滉)도 선조 3년(1570) 『삼경사서석의(三經四書釋義)』를 지었으나, 이보다도 본격적으로 우리나라에서 읽힌 언해본으로는 선조의 칙명으로 이루어진 『논어언해(論語諺解)』 4권과 이이(李珥)가 지은 『논어율곡언해(論語栗谷諺解)』 4권이 있다. 이 밖에 작자 미상의 『논어정음(論語正音)』 4권도 있다. 송시열(宋時烈)의 『논맹문의통고(論孟問義通攷)』도 있는데, 이것들을 통해 볼 때, 조선시대의 학자들은 무엇보다도 경문 자체를 올바로 읽고 정확하게 해석하려는 노력을 크게 기울였음을 엿볼 수 있다. 특히 정약용(丁若鏞)의 『논어고금주(論語古今注)』 등은 경학 연구 면에서 독특한 업적이었다고 할 수 있다.

그런데 한국에서의 『논어』 관련 경학 자료는 거의가 주희의 집주에 근거한 것이 대부분이다. 이는 고려시대 말의 성리학 도입 이래, 관리 등용에 있어 과거제도를 도입하여 관리를 선출했는데, 경전학 관련 과거는 오직 주희의 집주에 근거해 치러졌기 때문이라고 할 수 있다. 따라서 중국의 경우 『논어』 관련 주석서가 총 1,100여 종에 이르지만 우리나라의 경우는 조선시대에 성리학이 국교였던 관계로 중국에 비해 양적·질적으로 부족한 실정이며, 번역 및 해석서도 주희의 집주와 관련된 자료가 대부분이다. 뿐만 아니라 지금까지의 『논어』 관련 고전 자료의 대부분이 현대적으로 가공되지 않고 집성(集成) 형식으로 단순 정리됨으로써 자료적 가치에 비해 학문적 활용도를 담보하지 못하고 있다.

이제 완역된 본 『논어정의』는 하안의 『논어집해』, 황간의 『논어의소』, 주희의 『논어집주』와 더불어 『논어』 주소(注疏)의 사거서(四巨書)로 손꼽히는 유보남의 『논어정의』를 번역한 것으로 논어학의 체계적 정립에 기여하고, 한편으로는 『논어』가 담고 있는 광범위한 영역과 주제를 총체적으로 조망할 수 있는 기회를 제시할 것이다. 또한 현대적인 문맥에서 접근 가능한 표준적인 번역 작업을 수행하는 동시에 표점과 주해를 더하여 한국 유학에 있어『논어』에 대한 새로운 이해와 해석의 지평을 넓혀 줄 수 있을 것이다.

## 2. 원저자 소개

유보남은 중국 청나라 때의 고증학자이다. 자는 초정(楚楨), 호는 염루(念樓)이다. 강소성(江蘇省) 보응(寶應) 출신으로, 문안(文安)·삼하(三河)의 지현(知縣)을 지내기도 하였다. 유보남은 처음에 모씨(毛氏)의『시경(詩經)』과 정씨(鄭氏)의『예(禮)』를 연구하였는데, 뒤에 유문기(劉門淇)·매식지(梅植之)·포신언(包愼言)·유흥은(柳興恩)·진립(陳立) 등과 함께 경전을 공부하면서 각각 하나의 경전을 연구하기로 약속하여, 자신은『논어』를 맡았다.

유보남은『논어』관련 주석서 중 황간과 형병의 소(疏)에 오류가 많고, 청담과 현학에 관련되었다고 탄식하였으며, 거친 곳이 있는 것을 병통으로 여겼다. 이에 한나라 이래 여러 학자의 학설을 두루 모으고, 송유(宋儒)의 의리론과 청유(淸儒)의 고증(考證)·훈석(訓釋)을 참고해서 초순(焦循)이『맹자정의(孟子正義)』를 저술한 체재에 따라 먼저 장편을 만들고 그런 뒤에 모으고 비교와 절충을 진행하였다.

유보남은『논어정의』를 도광(道光) 8년(1828)에 처음 쓰기 시작하였는데, 함풍(咸豊) 5년(1855)에 장차 완성되려 할 때 병으로 사망하였다. 이에 그의 아들 유공면(劉恭冕)이 저술을 계속하였으며, 동치 4년(1865)에 전서가 완성되었다.『논어정의』의 완성은 전후 38년이 소요되었으며, 동치 5년에 간행되었다.

그런데 유보남의『논어』연구는 가학(家學)에 기초한 것이지만, 그의『논어정의』는 그가 38세에 뜻을 두고 착수하여 평생을 바친 저작으로, 청대『논어』연구의 결정판으로 널리 알려져 있다. 그리하여 유보남의『논어정의』는 흔히 한유(漢儒)의 구주를 망라한 하안의『논어집해』, 위(魏)·양(梁) 제가(諸家)의 관점을 광범하게 수집하고 있는 황간의『논어의소』, 주희의『논어집주』와 더불어『논어』주소의 사거서로 손꼽힌다.

사실 청대의 고증학 중심의『논어』연구는 청나라 중기를 거치면서 유태공(劉台拱)의『논어병지(論語騈枝)』, 초순의『논어하씨집해보소(論語何氏集解補疏)』, 송상봉(宋翔鳳)의『논어정주(論語程注)』에 오게 되면 한위경사(漢魏經師)의『논어』연구와 구주의 분석에 이르게 된다. 이러한 연구 성과와 초순의『논어통석(論語通釋)』의 실사구시(實事求是) 제창은 경서에 대한 신주소(新注疏)가 생겨날 수 있는 토양이 되었는데, 그 위에서 성립된 것이 바로 유보남의『논어정의』였다.

유보남은『논어』를 연구함에 있어 정현의 주석을 높이 받아들였으며,『논어집해』에 대해 "버리고 취함에 어긋남이 많고 의리가 조략하다."라고 하였고,『논어의소』와『논어주소』에 대해서는 "의리를 발명(發明)하지 못하고 뜻이 천박하여 미언대의에 대해서는 알지 못하고 전장훈고와 명물상수도 빠진 것이 많다."라고 하였다. 더욱이 송유의 논어학에 깊은 이해를 가지고 있었던 유보남은 자신의 이해를 시대적인 토양과 결합시킴으로써 한송겸채(漢宋兼采)의 논어학을 완성할 수 있었는데, 이것은『논어정의』가 가지고 있는 최대의 특징이자 장점이다.

유보남의 저서로는『논어정의』이외에도『석곡(釋穀)』,『한석례(漢石例)』,『염루집(念樓集)』등이 있다.

## 3.『논어정의』소개

『논어』의 주석은 많으나 대표적인 것은 삼국시대 위나라의 하안이 몇 사람의 설을 편집한『논어집해』와 남송의 주희가 새로운 철학 이론으로 해석한『논어집주』

이다. 일반적으로 『논어집해』를 고주(古註), 『논어집주』를 신주(新註)라 한다. 고주를 부연·해석한 것이 송나라 형병의 소인데, 이는 『십삼경주소』에 수록되었다. 위·양 제가의 관점을 광범하게 수집하고 있는 황간의 『논어의소』는 앞에서 언급한 바와 같이 『논어』 주소의 사거서로 손꼽히기는 하지만, 본국에서 일찍 없어지고, 후한 정현의 『논어』 주석은 당나라 말기에 없어졌으나, 20세기 초 둔황[敦煌]에서 발견된 고사본(古寫本)과 1969년 투루판[吐魯蕃]에서 발견된 사본에 의해서 7편 정도가 판명되었다. 그리고 청나라의 유보남이 지은 『논어정의』는 훈고·고증이 가장 자세하다. 따라서 중국에서 『논어』의 제 주석(注釋) 가운데 가장 대표적인 것이 하안의 『논어집해』와 주희의 『논어집주』, 유보남의 『논어정의』인데, 세 가지는 각기 그 시대를 대표하는 저작으로서 각각의 특징을 최고(最古: 『논어집해』), 최정(最精: 『논어집주』), 최박(最博: 『논어정의』)으로 정의할 수 있다.

『논어정의』는 기본적으로 『논어』를 20편으로 분류하되, 「팔일(八佾)」·「향당(鄉黨)」이 예악제도를 많이 말하였으므로 자세하게 주석하여, 「팔일」을 2권(권3, 4)으로 나누고 「향당」을 25절 3권(권11, 12, 13)으로 나누었으며, 권24에는 하안의 「논어서(論語序)」를 수록하였고, 부록으로 「정현논어서일문(鄭玄論語序逸文)」을 붙이고 유공면의 「후서(後序)」를 더하여 모두 24권으로 구성되어 있다.

유보남은 도광 8년(1828)에 처음 『논어정의』를 쓰기 시작하였으나, 만년에 벼슬을 하게 되자 그 정리를 아들 공면에게 맡겼다. 『논어정의』의 편찬이 완성된 것은 함풍 5년 겨울인데, 유보남은 그해 가을에 완성을 보지 못하고 죽고 말았다. 『논어정의』는 권1에서 권17까지는 권의 제목 아래 "보응유보남학(寶應劉寶楠學)"이라고 되어 있고, 권18에서부터 권24까지는 "공면술(恭冕述)"이라고 되어 있어, 앞의 17권은 유보남이 저술한 것이고, 그 뒤로는 아들 유공면이 완성시킨 것임을 알 수 있다. 『논어정의』는 동치 4년(1865)에 전서가 완성되었으니, 책 편찬의 시작부터 전서의 완성까지, 전후 38년이 소요되었으며, 동치 5년에 간행되었다.

『논어정의』의 편찬 종지는 아들 유공면이 "자기의 견해를 주로 하지 않고 또한 한·송의 문호의 견해를 나누고자 하지 않았다. 성인의 도를 발휘하고 전례를 증명하여 실사구시하기를 기약했을 뿐이다."라고 한 것을 보면, 한학과 송학의 장점을 아울러 취하여 『논어정의』를 완성한 것이라고 할 수 있다.

『논어정의』는 범례상에 있어서 경문(經文)과 주석의 글은 모두 송 형병의 소본(疏本)을 따랐고, 한과 당의 석경(石經), 『논어의소』 및 『경전석문(經傳釋文)』의 각 본의 이문(異文)을 소 가운데 열거하였다.

『논어정의』의 경문은 『십삼경주소』의 형병의 소본을 저본으로 하고, 주문(注文)은 하안의 『논어집해』를 사용하고 있다. 그리고 유보남이 경문의 문자 교감(校勘)에서 중시하고 있는 것은 당송 이래의 판본이다. 한·당·송의 석경은 물론이고, 황간의 소, 육덕명의 『경전석문』에 실려 있는 명본(名本)을 형병의 소본 문자와 비교하여 자신의 새로운 소 안에 반영하고 있지만, 명·청 시기에 새로 출현한 문자의 차이에 대해서는 생략하고 논하지 않는다. 이 또한 『논어정의』의 특징 중 하나이다. 유보남은 황간의 소에 실려 있는 하안의 주석이 비록 상세하기는 하지만 대부분 전적의 근거가 없는 것이라고 보고 대신 형병의 소에 실려 있는 하안의 주석을 사용한다.

청나라 때의 관료이자 학자인 장백행(張伯行, 1652~1725)의 『청사열전(淸史列傳)』에서는 『논어정의』의 장점을 다음과 같이 요약하고 있다.

"『논어정의』가 경문의 해석에서 뛰어난 것이 있는데, 예를 들면 『논어』「학이」의 제12장인 '유자언체지용(有子言體之用)' 장을 『중용』의 설이라고 밝힌 것과, '50세에 천명을 알았다.'라는 것을 '하늘이 나에게 덕을 주셨음을 알았다.'라는 의미로 해석한 것, 자유·자하가 효를 물은 것에 대한 해석에서 '사(士)의 효'라고 말한 것, '뗏목을 타고 바다로 떠나겠다.'라고 한 것을 지금의 고려(한국)를 가리킨다고 해석한 것, '시에서 흥기시키며, 예에 서며, 음악에서 완성한다. 백성은 따르게 할 수는 있어도 알게 할 수는 없다.'를 공자의 교육 방법으로 본 점, '문왕이 이미 돌아가셨으니 문(文)이 이 몸에 있지 않겠는가?'를 간책(簡策)을 얻었음을 가리킨다고 한 것, '번지가 무우대에서 놀다가 덕을 높이며, 간특함을 닦으며, 의혹을 분별함에 대해 물은 것'에 대해 노나라가 기우제를 지낼 때, 번지가 기우제의 제사문을 가지고서 물었다는 것을 밝힌 것, '벗 사이에는 간절하고 자상하게 권면하며, 형제간에는 화락하여야 한다.'라는 것에 대해 벗 사이에는 책선(責善)하지만 형제간에는 책선해서는 안 된다고 해석한 것, 백어(伯魚)에게 '『주남』·『소남』을 배웠느냐?'라고 물은 것을 백어가 장가를 든 다음에 규문(閨門)의 훈계를 내린 것으로 해석한 것, '사해곤궁(四海困窮)'을 홍수의 재난으로 보아 요임금이 순임금에게 명령하자 순임금이 이를 받들어 다스린 것으로 해석한 것 등이다. 이 모두는 2천여 년 동안이나 드러나지 않았던 옛 성현의 뜻을 비로소 밝힌 것이다. 「팔일」·「향당」 두 편에서 밝힌 예제(禮制)는 상세하고도 정확하다."

이 외에도 『논어정의』의 특징을 정리해 보면, 유보남은 "옛사람들이 책을 인용할 때 원문을 검증하지 않았기 때문에 간혹 착오가 있을 수 있다."라고 보고, 이를 고려하여 한나라 이후 여러 서적이 인용하고 있는 『논어』의 어구에 대해 교감의 근거를 밝히지 않는다.

그리고 『논어정의』를 보면 문자훈고(文字訓詁)나 선진사사(先秦史事), 고대의 전적을 박람(博覽)하면서도 요령이 있다. 광범하게 인용하고 좋은 것을 골라서 따랐으며, 책 속에서 충분히 앞사람의 『논어』 연구 성과를 흡수하였다. 청인(淸人)이 집록한 정현의 남아 있는 주석을 모두 소 안에 수록하고 『논어집해』를 사용하여 한·위의 옛 모습을 간직했다. 경의 해석은 주를 근거로 하고 있으며, 또 경에 의거해 소를 보충하였고, 소에 잘못이 있으면 경의 뜻에 근거해 변론하였다. 또한 『논어정의』에서는 청대의 고증학을 드러내고 문자훈고와 사실의 고정(考訂)에 주의하였으며, 전장(典章), 명물(名物), 인명, 지명, 역사적 사건에 대해 모두 하나하나 주석하고 고증하여 자세하게 갖추었다. 그러나 책 속에 채택된 여러 사람의 학설에 구애되지 않았으므로 중류(衆流)를 절단(截斷)하였으나 대의가 남김없이 모두 개괄되었다. 또한 내용이 박흡(博洽)하고 고석(考釋)이 자세하게 갖추어져 있으며 정밀하다.

또한 『논어정의』는 가장 최후에 나온 저술답게 이전의 여러 주석서의 장점을 고루 흡수하였다. 한·위의 고주를 보존하였을 뿐 아니라, 이런 고주에 대해 상세하게 소해(疏解)하였고, 그 결과 『논어』의 주석 내용을 풍부하게 했으며, 고거(考據)와 의리를 아울러 중시하였고 간혹 송유의 학설을 채택하기도 하였다. 뿐만 아니라, 『논어정의』는 금문학파에 대한 이해도 있으며 건륭(乾隆)·가경(嘉慶) 고증학 황금시대의 다음 시대 저술로서 제가의 설을 집대성한 것이 이 책의 제일 공적이라고 할 수 있다.

이 외에도 『논어정의』의 또 다른 특징이라고 한다면 일본(日本) 오규 소라이[荻生徂徠]의 『논어징(論語徵)』에서 『논어』「술이(述而)」의 "子釣而不網" 구절과 "子貢曰, 有美玉於斯" 구절의 2조를 인용한 점이라고 할 수 있겠으며, 당시 시대상을 반영하는 문제들, 즉 동서문화우세론(東西文化優勢論)이나 민본사상(民本思想)에 관한 내용도 함께 담고 있는 점을 그 특징으로 꼽을 수 있다.

## 4. 『논어정의』 번역의 필요성

한국에 『논어』가 전해진 것이 언제인지는 분명하지 않지만, 일본 『고사기(古事記)』 응신왕 대(應神王代, 270~310)의 기록에 의하면 백제의 조고왕(근초고왕)이 보낸 화이길사[和邇吉師: 왕인(王仁)]가 『논어』 10권과 『천자문(千字文)』 1권을 가지고 왔다고 한 것을 보면 늦어도 3세기 중엽 이전에 전래된 것으로 볼 수 있다. 이렇게 『논어』가 한국에 전해진 이후로 이에 대한 많은 연구가 진행되었다. 통일신라 시대인 682년(신문왕 2) 국학이 체계를 갖추었을 때 『논어』를 가르쳤으며, 그 뒤 독서삼품과(讀書三品科)로 인재를 선발할 때도 『논어』는 필수과목이었다. 조선시대에는 오경보다 사서를 중요시하는 주자학이 등장하여 사서의 중심인 『논어』는 벽촌의 학동들까지 배우게 되었다. 이황의『논어석의(論語釋義)』와 그의 문인 이덕홍(李德弘)의『사서질의(四書質疑)』가 그 면모를 짐작하게 해 준다. 또한 정약용의『논어고금주』는 한·당의 훈고와 송·명의 의리에 매이지 않고 문헌 비판적·해석학적 방법론에 따라『논어』를 해석하였다.

그런데, 국내에『논어』를 연구하고 이해할 수 있는 원전이 번역되어 있기는 하지만, 그것이 거의 성리학 중심의 원전이라는 것은 주지의 사실이다. 중국의 경우『논어』관련 주석서는 총 1,100여 종에 이르는데, 한국의 경우 나름의 특색과 독특한『논어』관련 연구 성과가 간혹 눈에 띄기는 한다지만, 조선이 성리학을 토대로 성립한 국가였던 관계로 대부분 성리학이나 정주(程朱) 계열의 학문 풍토를 벗어나지 못하고, 그에 따라 중국에 비해『논어』와 관련된 다양한 주석서에 대한 연구가 양적·질적으로 매우 부족한 실정이다. 뿐만 아니라『논어』나 그 밖의 연구·주석 역시 주로 주자 내지는 송유들의 전거에 의존하는 비율이 큼에 따라 한대 이후『논어』에 대한 다양한 연구·주석서를 접할 기회가 많지 않았으며, 오늘날에는 한글 전용의 분위기에 따라 한글로 번역된『논어집주』를 제외하면 거의 다른 주석서들에 대해서는 접근할 엄두조차 내지 못하게 되었다.

한대의 훈고학이나, 청대 고증학의 문장은 대단히 어렵다. 그들의 학문적인 깊이와 박식함에서 오는 어려움도 적지 않지만, 논리의 전개가 우리들의 허를 찌르는 부분이 많기 때문이기도 하다. 또 한국의 경학이 주자학 일변도로 걸어오면서 나름대로 형성된 주자학적 문리(文理)의 언어적인 전통이 다양한『논어』해석학의 글에 접근하기 힘들게 한다.

그렇지만 어렵다고 그냥 내버려 둘 수가 없는 것이 바로 유보남의『논어정의』이다. 앞서 소개하였듯이『논어정의』는 중국에서『논어』의 제 주석 가운데 가장 대표적인 것으로, 고증학자의 귀납적 추리법이 고도로 발휘된 책이기 때문이다. 더욱이 송유의 논어학에 깊은 이해를 가지고 있었던 유보남은 자신의 이해를 시대적인 토양과 결합시킴으로써 한송겸채의 논어학을 완성할 수 있었는데, 이것은『논어정의』가 가지고 있는 최대의 특징이자 장점이라고 할 수 있다. 따라서『논어정의』를 우리말로 번역하고 주해한다는 것은 논어학에 대한 전체적인 계통을 확인할 수 있고, 또한 성리학적 해석과의 차별성에 대해서도 알아볼 수 있는 훌륭한 학문적 기초를 마련하는 작업이라고 할 수 있다. 아울러『논어』와 공자, 맹자의 사상, 그리고 선진시대의 각종 제도나 사상에 대해서 이만큼 집요하게 관련 자료를 제시하고 있는 책도 많지 않다는 점에서『논어정의』에 대한 번역 작업은 한국의 논어학 관련 연구에 있어 무엇보다 필요하다고 할 수 있다.


## 5. 선행 연구

유보남의『논어정의』는 논어학 연구에 있어서 해석이 가장 뛰어나면서도 이전에 있던 여러『논어』주석서의 장점을 고루 흡수한 해석서임에도 불구하고, 우리나라에서는 이 책에 대해 천착하거나,『논어정의』만을 단독으로 다룬 전문 선행 연구 성과가 거의 전무한 실정이다. 그나마 유보남의『논어정의』가 언급된 연구 성과물로는 2010년 윤해정의『朱熹의 ‘論語集注’와 劉寶楠의 ‘論語正義’에 나타난 ‘仁’의 해석학적 비교』가 있고, 또 2003년 김영호의「중국 역대 《논어》 주석고」가 있지만, 모두 단편적으로『논어정의』에 대해 언급하고 있을 뿐이며, 그 외에 유교 경전학 관련 연구 논문에 언급되는 내용 역시 이 책이 갖고 있는 특징 내지는 서지적 정보에 대한 언급만 있을 뿐, 이 책에 대한 전반적인 연구는 아직 이렇다 할 만한 성과가 없는 실정이다.

따라서『논어정의』의 경전학적 가치의 입장에서 볼 때, 이 책에 대하여 현대적인 문맥에서 접근 가능한 표준적인 번역 작업을 수행하는 동시에 표점과 주해를 더하여 한국 유학에 있어『논어』에 대한 새로운 이해와 해석의 지평을 넓히기 위한 번역 작업이 무엇보다 시급하다고 여겼다.

역자는 유교철학을 전공하여 박사학위를 받았으며 한문 전문 연수기관인 성균관 한림원에서 사서오경을 중심으로 한문을 공부하였다. 현재 성균관대학교 유학·동양학과 겸임교수로 재직하면서, 학부 및 대학원에서 강의하고 있으며, 성균관 한림원 교수로서 한문을 가르치고 있다.

그동안 역자는 기초 한문 교재를 대상으로『(교수용 지도서) 사자소학』·『(교수용 지도서) 추구·계몽편』·『(교수용 지도서) 격몽요결』을 집필하기도 하였다. 또한 역자는 한국연구재단의 명저번역지원사업을 통해 오규 소라이의『논어징』을 공동 번역한 연구 성과가 있으며, 또한 연구재단의 토대연구지원사업을 통해『성리논변』·『동유학안』(전 6권)·『주자대전』(전 13권)·『주자대전차의집보』(전 4권)를 공동 번역하여 출판한 연구 성과가 있다. 이 외에도 역자는 왕부지의『독사서대전설』을 공동 번역하여『왕부지 대학을 논하다』·『왕부지 중용을 논하다』라는 번역서를 출판하였고, 성균관대학교출판부를 통해『논어』·『맹자』를 공동 번역하기도 하였는데, 이『논어』는『교수신문』선정 최고의『논어』번역본으로 선정되기도 하였다.

# 일러두기

* 이 책은 1958년 중화민국(中華民國) 47년 4월에 중화총서위원회(中華叢書委員會)에서 간행한 유보남(劉寶楠)의 『논어정의(論語正義)』를 저본으로 삼고, 1990년 3월 중화서국(中華書局)에서 출판한 고유수(高流水) 점교본(點校本) 『논어정의(論語正義)』를 대교본으로 삼았다.

* 이 책의 표점은 기본적으로 1990년 3월 중화서국에서 출판한 고유수 점교본 『논어정의』를 따르되, 기본 원칙은 성균관대학교 한국유경편찬센터(http://ygc.skku.edu)의 표점 기준을 따르기로 한다.

* 청(淸) 유보남(劉寶楠)의 『논어정의』 24권을 완역했다. 아울러 부록(附錄)한 「정현논어서일문(鄭玄論語序逸文)」과 유공면(劉恭冕)의 「후서(後敍)」, 그리고 「청사고유보남전부유공면전(淸史稿劉寶楠傳附劉恭冕傳)」도 함께 완역했다.

* 주석은 『논어정의』 원문에서 원전의 내용을 인용한 경우는 출전만 밝히고, 『논어정의』 원문에서 출전만 밝힌 경우는 원전의 원문과 함께 번역을 싣는다.

* 주석의 내용이 같거나 중복될 경우 각주는 되도록 한 번만 제시했다.

* 한글과 한자를 한글(한자)로 병기하였다.

* 서명과 편명이 명확한 경우에는 책은 '『』'로, 편은 '「」'로 표시하고, 명확하지 않은 경우에는 모두 '『』'로 표시했다.

* 각주의 서명과 편명과 장 제목, 인명(人名)과 지명(地名)의 한글과 한자는 권마다 처음으로 제시할 때만 한글(한자)로 병기하였다.

* 인용부호는 " ", ' ', " ", ' '의 순서로 표시했다.

* 이해를 위해 역자가 추가로 삽입한 문장이나 낱말은 '()'로 표시했다.

* 인명과 지명에 한해서 원문에 밑줄을 표시했다.

* 유보남의 『논어정의』에는 매우 많은 인명이 등장함에 따라 주요 인물의 인명사전을 부록으로 붙였다.

# 범 례

恭冕述

공면이 서술함


一. 經文「注」文, 從邢「疏」本. 惟「泰伯」篇: "予有亂臣十人", 以子臣母, 有干名義, 因據『唐石經』刪"臣"字, 其他文字異同, 如漢·唐·宋『石經』及皇侃「疏」·陸德明『釋文』所載各本, 咸列於「疏」. 至山井鼎『考文』所引古本, 與皇本多同. 高麗·足利本與古本亦相出入, 語涉增加, 殊爲非類, 既詳見於『考文』及阮氏元『論語校勘記』·馮氏登府『論語異文疏證』, 故此「疏」所引甚少. 古本·高麗·足利本, 有與皇本·『釋文』本·『唐石經』證合者, 始備引之, 否則不引. 至「注」文訛錯處, 多從皇本及後人校改, 其皇本所載「注」文, 視邢本甚繁, 非關典要, 悉從略焉.


하나. 경문 「주」의 문장은 형병(邢昺)의 「소」본을 따른다. 다만 「태백(泰伯)」의 "나에게는 다스리는 신하 열 사람이 있다."라고 한 구절은 자식으로서 어머니를 신하로 삼아 명분과 의리를 구함이 있으니, 『당석경(唐石經)』을 근거로 해서 "신(臣)"

자를 삭제했을 뿐이고, 그 외의 글자의 다르고 같은 것들, 예를 들어 한(漢)과 당(唐)과 송(宋)의 『석경』 및 황간(皇侃)의 「소」와 육덕명(陸德明)의 『경전석문』에 실려 있는 각 판본과 같은 것은 모두 「소」에 나열해 놓았다. 야마노이 가나에[山井鼎: 야마노이 곤론[山井崑崙]]의 『칠경맹자고문(七經孟子考文)』에 인용한 고본(古本)과 같은 경우 황간본과 많은 부분이 같다. 고려본(高麗本)과 아시카가본[足利本]은 고본과는 역시 서로 차이가 있고 말이 증가된 것 같으니, 전혀 같은 종류가 아니고, 이미 자세한 것은 『칠경맹자고문』 및 완원(阮元)의 『논어교감기(論語校勘記)』와 풍등부(馮登府)의 『논어이문소증(論語異文疏證)』에 보이므로, 이 「소」에서 인용한 부분은 매우 적다. 고본과 고려본과 아시카가본에 황간본과 『경전석문』본, 그리고 『당석경』의 증거들과 일치하는 것이 있는 것들은 처음 보이는 것은 구체적으로 갖추어 인용하였고, 그렇지 않은 것은 인용하지 않았다. 「주」의 글 중 잘못되었거나 뒤섞인 것은, 대부분 황간본과 후대 사람들이 교정하고 바로잡은 것을 따랐는데, 황간본에 실려 있는 「주」의 문장은 형병본보다 매우 번거롭기 때문에 불변의 법칙[典要]과 관계된 것이 아닌 것은 생략하기로 한다.

一. 「注」用『集解』者, 所以存魏·晉人著錄之舊, 而鄭君遺「注」, 悉載「疏」內. 至引申經文, 實事求是, 不專一家, 故於「注」義之備者, 則據「注」以釋經; 略者, 則依經以補「疏」; 其有違失未可從者, 則先疏經文, 次及「注」義. 若說義二三, 於義得合, 悉爲錄之, 以正向來注疏家墨守之失.

하나. 「주」에서 『논어집해』를 사용한 것은 위(魏)나라 사람들과 진(晉)나라 사람들이 저술하고 기록한 오래된 것들을 보존하기 위한 것이고, 정군[鄭君: 정현(鄭玄)]이 남긴 「주」는 모두 「소」 안에 기재했다. 경문(經文)을 인용해서 의미가 확대된 경우에는 실질에 힘써 진리를 구한 것이므로 한 학파에만 국한되지 않기 때문에 「주」에서 구체적으로 뜻이 잘 갖추어진 것은 「주」에 의거해서 경문을 해석하였고, 생략된 것은 경문에 의거해서 「소」를 보충하였으며, 어긋나거나 잘못된 부분이 있어 따를 수 없는 것은 먼저 경문을 소통시킨 다음에 「주」의 뜻에 미쳤다. 만약 말의 뜻이 두세 가지라도 의리에 부합할 수 있는 것이라면 모두 기록해서 그동안의 주석가들이 묵수하던 잘못을 바로잡았다.

一. 鄭「注」久佚, 近時惠氏棟 · 陳氏鱣 · 臧氏鏞 · 宋氏翔鳳成有『輯本』, 於『集解』外, 徵引頗多. 雖拾殘補闕, 聯綴之迹, 非其本眞, 而舍是則無可依據. 今悉詳載, 而原引某書某卷及字句小異, 均難備列, 閱者諒諸.

하나. 정현의 「주」가 일실된 지 오래되었으나, 근래에 혜동(惠棟)과 진전(陳鱣)과 장용(臧庸)과 송상봉(宋翔鳳)이 『집본(輯本)』을 완성했으니, 『논어집해(論語集解)』 외에도 증거로 인용할 만한 것들이 자못 많아졌다. 비록 해진 것들을 주워 빠진 부분을 보충해서 잇고 꿰맨 자취가 그 본래 진면목은 아니지만 이마저 버리면 의거할 만한 것이 없게 된다. 그러므로 이제 모두 상세히 실어 놓고 인용한 어떤 책이나 어떤 권 및 자구가 조금 차이 나는 것을 근원해 보았으나, 고루 다 갖추어서 나열하기는 어려웠으니, 이 책을 열어 보는 자들이 이를 혜량(惠諒)해 주기를 바란다.

一. 古人引書, 多有增減, 蓋未檢及原文故也. 翟氏灝『四書考異』, 馮氏登府『論語異文疏證』, 於諸史及漢 · 唐 · 宋人傳注, 各經說 · 文集, 凡引『論語』有不同者, 悉爲列入, 博稽同異, 辨證得失, 旣有專書, 此宜從略.

하나. 옛사람들은 책을 인용함에 더하거나 뺀 것이 많은데, 이는 아마도 점검이 원문에 미치지 못했기 때문인 듯싶다. 적호(翟灝)의 『사서고이(四書考異)』와 풍등부의 『논어이문소증』은 여러 역사서 및 한나라 · 당나라 · 송나라 사람들이 전한 주석과 각각의 경설(經說)과 문집(文集)에서 『논어』를 인용한 것이 같지 않은 점이 있는 것은 모두 나열해서 삽입하고, 널리 같고 다른 점을 고찰해서 잘잘못을 변별하고 증명해서 이미 전문적으로 다룬 저작이 있으니, 여기서는 마땅히 생략하기로 한다.

一. 漢·唐以來, 引孔子說, 多爲諸賢語·諸賢說. 或爲孔子語者, 皆由以意徵引, 未檢原文, 翟氏『考異』旣詳載之, 故此「疏」不之及.

하나. 한·당 이래로 공자의 학설을 인용한 것은 대부분은 제현들이 한 말이거나 제현들의 학설이다. 혹 공자가 한 말이라고 생각되는 것은 모두 의도적으로 증거를 인용함으로 말미암아 원문을 검토하지 않았는데, 적씨(翟氏)의 『사서고이』에 이미 상세히 실었기 때문에 여기의 「소」에서는 언급하지 않는다.

一. 漢人解義, 存者無幾, 必當詳載, 至皇氏「疏」·陸氏『音義』所載魏·晉人以後各說, 精駁互見, 不敢備引. 唐·宋後著述益多, 尤宜擇取.

하나. 한나라 사람들의 해의(解義)는 보존되어 있는 것이 거의 없으니, 반드시 상세하게 기재하는 것이 마땅하고, 황씨(皇氏)의 「소」와 육씨(陸氏)의 『음의』에 실려 있는 위나라와 진나라 사람들 이후의 각각의 설들은 정밀하고 잡박한 것들이 번갈아 보여서 감히 구체적으로 갖추어서 인용하지 않았다. 당나라와 송나라 이후에는 저술들이 더욱 많아졌으므로 더더욱 가려서 취함이 마땅하다.

一. 諸儒經說, 有一義之中, 是非錯見. 但采其善而不著其名, 則嫌於掠美; 若備引其說而竝加駁難, 又嫌於葛藤. 故今所輯, 舍短從長, 同於節取, 或祇撮大要, 爲某某說.

하나. 여러 유학자의 경전에 대한 설명은 한 가지 뜻 안에서도 옳고 그른 것이 뒤섞여 보인다. 다만 그 잘된 것을 채록하되 그 이름을 밝히지 않으면 좋은 점만 훔친 것에 혐의가 있게 되고, 만약 그 말을 구비해서 인용하되 잡박하고 난해한 것까지 아울러 더해 놓으면 또 갈등을 일으킴에 혐의가 있게 된다. 따라서 이제 수집한 것을 단점은 버리고 장점을 좇아 똑같이 적절하게 취하되, 더러는 단지 큰 요지만을 취해서 아무개 아무개의 말이라고 하였다.

一. 引諸儒說, 皆舉所著書之名. 若習聞其語, 未知所出何書, 則但記其姓名而已. 又先祖考國子監典簿諱履恂著『秋槎雜記』, 先叔祖丹徒縣學訓導諱台拱著『論語駢枝』·『經傳小記』, 先伯父五河縣學訓導諱寶樹著『經義說略』, 「疏」中皆稱爵.

하나. 인용한 여러 유학자의 설은 모두 저서의 이름을 거론했으나, 그 말은 익히 들었지만 어느 책에서 나온 것인지 모르는 것과 같은 것은 단지 그 성명만 기록했을 뿐이다. 또 선조고(先祖考)이신 국자감 전부(國子監典簿) 휘(諱) 이순(履恂)이 저술한 『추사잡기(秋槎雜記)』와 선숙조(先叔祖)이신 단도현(丹徒縣) 현학(縣學)의 훈도(訓導) 휘 태공(台拱)이 저술한 『논어변지(論語駢枝)』와 『경전소기(經傳小記)』, 그리고 선백부(先伯父)이신 오하현(五河縣) 현학의 훈도 휘 보수(寶樹)가 저술한 『경의설략(經義說略)』은 「소」 안에 모두 작위를 칭하였다.

附劉恭冕傳(부 유공면전)

**원문** 劉寶楠, 字楚楨, 寶應人. 父履恂, 字迪九, 乾隆五十一年擧人, 國子監
典簿, 著有『秋槎劄記』.

**역문** 유보남(劉寶楠)은 자가 초정(楚楨)으로 강소성(江蘇省) 보응현(寶應縣) 사
람이다. 아버지 이순(履恂)의 자는 적구(迪九)로 건륭(乾隆)¹ 51년(1786) 지

---

1 건륭(乾隆): 중국 청나라 고종 때의 연호로 1736년부터 1796년까지 사용되었다. 청나라 고
종(高宗, 재위 1735~1796)의 재위 기간에 사용되었으며, 청나라는 치세에 하나의 연호만
사용하는 '일세일원제(一世一元制)'를 채용했으므로 고종을 건륭제(乾隆帝)라고 부르는 이
유가 되었다. 무려 60년이나 사용되어 강희제(康熙帝, 재위 1661~1722) 때의 연호인 강희
(康熙, 1662~1722)와 함께 중국의 역대 왕조에서 가장 오랜 기간 사용된 연호로 꼽힌다. 건
륭제는 옹정(雍正) 13년 8월 22일인 1735년 10월 8일에 아버지 옹정제(雍正帝, 재위
1722~1735)가 죽자, 그의 뒤를 이어 왕위에 올랐다. 그리고 이듬해인 1736년을 원년(元年)
으로 삼아 '건륭(乾隆)'이라는 연호를 사용하였다. 이 연호는 건륭제가 아들 가경제(嘉慶帝,
재위 1796~1820)에게 양위를 하고 왕위에서 물러난 1796년 2월 9일(건륭 60년 12월 30일)
까지 사용되었다. 건륭제의 조부인 강희제 때의 연호인 강희(康熙)는 회갑(回甲)을 맞이하
는 61년 동안이나 사용되었고, 이것은 중국에서 가장 오래 사용된 연호였다. 건륭제는 조부
를 무척 존경했기 때문에 그보다 왕위에 오래 있을 수는 없다며 건륭 60년 12월 30일에 스
스로 자리에서 물러났다. 그리고 다음날인 이듬해 음력 1월 1일(1796년 2월 10일)에 왕위에
오른 가경제는 가경(嘉慶, 1796~1820)이라는 연호를 사용했다. 건륭제는 1799년 2월 7일

방고시에 합격[擧人]하여, 국자감 전부(國子監典簿)를 지냈으며, 저서에는
『추사찰기(秋槎札記)』가 있다.

원문 寶楠生五歲而孤, 母氏喬教育以成. 始寶楠從父台拱漢學精深, 寶楠請
業於台拱, 以學行聞鄉里. 爲諸生時, 與儀徵劉文淇齊名, 人稱"揚州二劉".
道光二十年成進士, 授直隸文安縣知縣. 文安地稱窪下, 堤堰不修, 遇伏,
秋水盛張, 輒爲民害. 寶楠周履堤防, 詢知疾苦, 爰檢舊冊, 依例督旗屯及
民同修, 而旗屯恒怙勢相觀望, 寶楠執法不阿, 功遂濟. 再補元氏, 會歲旱,
縣西北境蝗, 袤延二十餘里. 寶楠禱東郊蜡祠, 蝗爭投阬井, 或抱禾死, 歲
則大熟. 咸豐元年, 調三河, 値東省兵過境, 故事, 兵車皆出里下. 寶楠謂
兵多差重, 非民所堪, 雇車應差, 給以民價, 民得不擾.

역문 보남은 다섯 살에 아버지를 여의고, 어머니 교씨(喬氏)의 가르침 속에
성장하였다. 애초에 보남은 종부(從父) 태공(台拱)의 한학(漢學)이 깊고 정
밀하였으므로 보남은 태공에게 전수받기를 청하매 학행으로 향리에서
명성이 자자하였다. 제생이 되었을 때 의징(儀徵)의 유문기(劉文淇)와 명
성을 나란히 하여 사람들이 "양주이류(揚州二劉)"라고 칭송하였다. 도광
(道光) 20년(1840) 진사가 되어 직례성[直隸省: 하북성(河北省)의 옛 이름] 문안
현(文安縣)의 지현(知縣)을 제수 받았다. 문안현은 지형이 웅덩이에 비해
낮았는데도 둑이나 제방이 닦여지지 않아 삼복더위의 장마를 만나거나
가을 홍수가 질펀해지면 번번이 백성들의 해가 되곤 하였다. 보남은 제
방을 두루 걸어다니면서 병폐와 고통을 묻고 이에 옛 서적들을 검토하

---

(가경 4년 1월 3일)에 죽었다. 강희제와 옹정제, 건륭제가 통치하던 시기에 청나라는 영토도
가장 넓어졌으며 문화도 융성했다. 그래서 청나라의 전성기였던 이 시기를 연호의 앞 글자
들을 따서 '강옹건성세(康雍乾盛世)'나 '강건성세(康乾盛世)'라고 부르기도 한다.

여 의례적으로 일군[旗]의 주둔병[屯]과 백성이 함께 정비하도록 독촉하였는데, 주둔병들은 항상 기세를 믿고 서로 관망했으나, 보남이 법을 굳게 잡고 아부하지 않자 공사가 마침내 이루어졌다. 거듭 원씨(元氏)를 도왔는데, 마침 가뭄이 든 해에 현의 서북쪽 지경이 메뚜기 떼가 줄지어 20여 리에 피해를 입힌 해를 만난 적이 있었다. 그리하여 보남이 동쪽 교외의 사사(蜡祠)에서 기도를 드리자, 메뚜기 떼들이 다투어 우물로 날아들어 혹은 벼를 끌어안고 죽기도 했지만 그해의 농사는 대풍을 이루었다. 함풍(咸豐) 원년(1851) 삼하(三河)를 수비하고 있었는데, 동성(東省)의 군대가 국경을 지나는 것을 맞닥뜨리고는 원래부터 내려오는 규칙대로 병거를 모두 마을 아래로 출동시켰다. 보남은 병사가 많아 들쭉날쭉하니 백성들이 감당할 바가 아니고 수레 품삯은 응당 차이가 나는 것이라고 생각하고 백성들의 값으로 지급하자 백성들이 동요하지 않을 수 있었다.

원문 寶楠在官十六年, 衣冠樸素如諸生時. 勤於聽訟, 官文安日, 審結積案千四百餘事, 雞初鳴, 坐堂皇, 兩造具備, 當時研鞫. 事無鉅細, 均如其意結案, 悖者照例治罪. 凡涉親故族屬訟者, 諭以睦婣, 概令解釋. 訟獄旣簡, 吏多去籍歸耕, 遠近翕然, 著循良稱. 咸豐五年卒, 年六十五.

역문 보남은 관직에 있는 16년 동안 의관이 소박하여 마치 제생 때와 같았다. 송사를 처리함에 삼갔고, 문안에서 관직생활을 하는 동안 쌓인 현안 1,400여 건을 자세하게 살펴 결론을 내렸고, 새벽닭이 처음 울 때면 당청에 앉아 원고와 피고가 모두 법정에 나오고 증거가 구비되면,[2] 때에

---

2   『서경(書經)』「주서(周書)·여형(呂刑)」: 원고와 피고가 모두 법정에 나오고 증거가 구비되면 법관이 오형(五刑)에 비추어 쌍방을 심문한다.[兩造具備, 師聽五辭.]

맞춰 상세히 국문을 하였다. 큰 사건이건 작은 사건이건 할 것 없이 균등하게 자기의 뜻대로 안건을 판결 지었고, 패도(悖道)한 자는 법의 판례에 비추어 죄를 다스렸다. 무릇 소송에 연루된 친척이나 오랜 친족은 내외척 간의 친목[睦婣]으로 깨우쳐 주어, 대체로 화해하고 풀도록 하였다. 송사와 옥사가 한가해지고 나면 아전들은 대부분 자리를 떠나 돌아가 농사를 짓게 하였으니, 멀고 가까이에 있는 자들이 화합하여 순량(循良)이라는 칭호를 붙여 주었다. 함풍(咸豊) 5년(1855)에 죽으니, 향년 65세이다.

**원문** 寶楠於經, 初治毛氏『詩』·鄭氏『禮』, 後與劉文淇及江都梅植之·涇包愼言·丹徒柳興恩·句容陳立約各治一經. 寶楠發策得『論語』, 病皇·邢「疏」蕪陋, 乃蒐輯漢儒舊說, 益以宋人長義, 及近世諸家, 仿焦循『孟子正義』例, 先爲長編, 次乃薈萃而折衷之, 著『論語正義』二十四卷. 因官事繁, 未卒業, 命子恭冕續成之. 他著有『釋穀』四卷, 於豆·麥·麻三種多補正程氏『九穀考』之說;『漢石例』六卷, 於碑志體例考證詳博;『寶應圖經』六卷·『勝朝殉揚錄』三卷·『文安隄工錄』六卷.

**역문** 보남은 경전에 있어서 처음에는 모씨(毛氏)의 『시경』과 정씨(鄭氏)의 『예』를 정밀하게 연구하였고, 뒤에 유문기(劉文淇) 및 강도(江都)의 매식지(梅植之)·경현(涇縣)의 포신언·단도(丹徒)의 유흥은(柳興恩)·구용(句容)의 진립(陳立)과 함께 각각 하나의 경전을 전공할 것을 약속했다. 보남은 발책(發策)하여 『논어』를 얻어, 황간과 형병의 「소」가 거칠고 견문이 좁고 적음을 병통으로 여겨 이에 한유(漢儒)의 구설을 모으고, 게다가 송(宋)나라시대 사람들의 훌륭한 의론 및 근세의 여러 학자들의 학설을 보태어 초순(焦循)이 『맹자정의』를 저술한 체재에 따라 먼저 장편(長編)을 만들고, 그런 다음 바로 모으고 절충하여 『논어정의』24권을 저술하였다. 관직의 일이 번거로움으로 인해 일을 마치지 못하고 아들 공면에게 명하여 이어서 완성하게 하였다. 다른 저서로는 『석곡(釋穀)』 4권이 있는데, 콩[豆]·보리[麥]·삼[麻] 3종은 대부분 정씨[程氏: 정요전(程瑤田)]의 『구곡고』의 설을 보정(補正)한 것이고, 『한석례』 6권은 비지(碑志)의 체제와 격식에 대한 고증이 자세하고 넓으며, 『보응도경(寶應圖經)』 6권과 『승조순양록(勝朝殉揚錄)』 3권, 『문안제공록(文安隄工錄)』 6권이 있다.

원문 恭冕, 字叔俛. 光緒五年學人. 守家學, 通經訓, 入安徽學政朱蘭幕, 爲校李貽德『春秋賈服注輯述』, 移補百數十事. 後主講湖北經心書院, 敦品飭行, 崇尙樸學. 幼習『毛詩』, 晩年治『公羊春秋』, 發明"新周"之義, 關何邵公之謬說, 同時通儒皆趨之. 卒年六十. 著有『論語正義補』·『何休論語注訓述』·『廣經室文鈔』.

역문 공면(恭冕)은 자가 숙면(叔俛)이다. 광서(光緒)[3] 5년(1879)에 지방고시에 합격했다. 가학을 지켜 경훈(經訓)에 통달했고, 안휘성(安徽星)의 학정(學政) 주란(朱蘭)[4]의 막(幕)에 들어가 이이덕(李貽德)[5]의 『춘추고복주집술(春

---

3　광서(光緒): 중국 청나라의 제11대 황제인 덕종(德宗) 광서제(光緒帝) 재첨(載湉, 재위 1875~1908) 때의 연호이다. 1875년부터 1908년까지 34년 동안 사용되었다.

4　주란(朱蘭, 1800~1873): 절강(浙江) 여도(餘姚) 사람으로 자는 구향(久香)이고, 호는 내암(耐庵)이다. 청(淸)나라 때의 관리이자 학자이다. 도광(道光) 9년(1829)에 진사 출신으로 벼슬은 편수(編修), 어사(御史), 호북학정(湖北學政), 시강(侍講), 소첨사(少詹事), 공부시랑(工部侍郎), 내각학사(內閣學士) 등을 역임했다. 저서로 『보독실문초(補讀室文鈔)』, 『여요문수(餘姚文藪)』, 『군적척문(群籍撫聞)』 등이 있다.

5　이이덕(李貽德, 1783~1832): 청나라 절강(浙江) 가흥(嘉興) 사람. 자는 천이(天彝)고, 호는 차백(次白)이다. 가경(嘉慶) 20년(1818) 거인(擧人)이 되었다. 일찍이 금릉(金陵) 손성연(孫星衍)의 집에 머물면서 아주 가깝게 지냈다. 마등부(馮登府)와도 교유했다. 손성연과 함께 『십삼경일주(十三經佚注)』를 편찬했다. 경학을 깊이 연구했고, 『시경』에 뛰어났다. 저서에

秋賈服注輯述)』을 교정하여 백수십 가지의 일을 옮겨서 보충하였다. 후에 호북(湖北)의 경심서원(經心書院)에서 주강(主講)이 되었는데, 돈독한 품행과 신중한 행실로 질박한 학문을 숭상하였다. 어려서『모시』를 익혔고, 만년에는『공양춘추』를 연구해서, "신주(新周)[6]"의 뜻을 발명하여, 하소공(何邵公)의 오류를 물리치니, 같은 시대의 모든 선비들이 그것을 아름답게 여겼다. 향년 60세이다. 저서에『논어정의보(論語正義補)』·『하휴논어주훈술(何休論語注訓述)』·『광경실문초(廣經室文鈔)』가 있다.

(錄自『淸史稿』卷四百八十二「儒林」二)

(『청사고』권482,「유림」2에서 기록하다.)

---

『춘추좌씨전가복주집술(春秋左氏傳賈服注輯述)』과 『시고이(詩考異)』, 『시경명물고(詩經名物考)』, 『주례잉의(周禮剩義)』, 『십칠사고이(十七史考異)』, 『남청각시초(攬靑閣詩鈔)』 등이 있다.

6  신주(新周):『춘추공양전』「선공(宣公)」16년에 "'성주선사재(成周宣謝災)'에 대해 "성주는 무엇인가. 동주이다. … 외부의 재해는 기록하지 않는데, 여기서는 어찌 기록했는가? 신주이기 때문이다.[成周者何, 東周也. … 外災不書, 此何以書? 新周也.]"라고 하였다.

# 『논어정의』
## 주요 인명사전

**가경백**(賈景伯, 30~101): 후한 부풍(扶風, 섬서성) 평릉(平陵) 사람 가규(賈逵)이다. ☞ 가규

**가공언**(賈公彦, ?~?): 당나라 명주(洺州) 영년(永年) 사람. 고종(高宗) 연간에 태학박사와 홍문관학사를 지냈다. 예학(禮學)에 정통하여 공영달(孔穎達) 등과『예기정의(禮記正義)』편찬에도 참여했다. 그가 가려 낸『주례의소(周禮義疏)』50권과『의례의소(儀禮義疏)』50권은『십삼경주소(十三經注疏)』에 들어가 있다. 그 밖의 저서에『예기소(禮記疏)』80권과『효경소(孝經疏)』5권,『논어소(論語疏)』15권 등이 있다. 주희(朱熹)는『주례소』를 "오경소(五經疏) 중 가장 좋은 것"이라고 평가하였다.

**가규**(賈逵, 30~101): 후한 부풍(扶風, 섬서성) 평릉(平陵) 사람. 자는 경백(景伯)이다. 약관의 나이에 오경(五經)의 본문과『좌씨전』을 암송했고, 대하후(大夏侯)의 『상서(尙書)』를 가르쳤으며, 곡량(穀梁)의 학설에도 정통했다. 명제(明帝) 영평(永平) 연간에『춘추좌씨전해고(春秋左氏傳解詁)』와『국어해고(國語解詁)』를 저술하여 바쳤다. 또『춘추좌씨전』과 참위(讖緯)를 결합한 글을 올려 박사(博士)에 올랐다. 장제(章帝) 때는 금문경학자 이육(李育)과의 논쟁을 통해 고문경전의 지위를 높였다. 천문(天文)에 조예가 깊어 장제 원화(元和) 2년(85)부터 화제 영원(永元) 4년(92) 사이에 이범(李梵), 이숭(李崇) 등과『사분율(四分律)』

을 정정하는 작업을 시행해 천문에 관한 여러 가지 문제들을 해결했다. 구양(歐陽)과 대소하후(大小夏侯)의 『고문상서(古文尚書)』의 이동(異同)이라든지 제노한(齊魯韓) 삼시(三詩)와 『모시(毛詩)』의 이동을 밝혔다. 『경전의고(經傳義詁)』와 『논란(論難)』을 저술하여 뒷날 마융과 정현 등이 고문경서의 학문을 대성할 수 있는 길을 닦아 놓았다. 저술이 많았지만 대부분 없어졌고, 청나라 때 사람이 편집한 문집이 남아 있다.

**가보**(家父, ?~?): 서주(西周) 때 사람. 유왕(幽王) 때 대부(大夫)를 지냈다. 일찍이 「절남산(節南山)」이라는 시를 지어 유왕을 풍자했다.

**가의**(賈誼, 기원전 200~기원전 168): 하남성(河南省) 낙양(洛陽) 출생. 시문에 뛰어나고 제자백가에 정통하여 문제의 총애를 받아 약관으로 최연소 박사가 되었다. 1년 만에 태중대부(太中大夫)가 되어 진(秦)나라 때부터 내려온 율령·관제·예악 등의 제도를 개정하고 전한의 관제를 정비하기 위한 많은 의견을 상주하였다. 그러나 주발(周勃) 등 당시 고관들의 시기로 장사왕(長沙王)의 태부(太傅)로 좌천되었다. 자신의 불우한 운명을 굴원(屈原)에 비유하여 「복조부(鵩鳥賦)」와 「조굴원부(弔屈原賦)」를 지었으며, 『초사(楚辭)』에 수록된 「석서(惜誓)」도 그의 작품으로 알려졌다. 4년 뒤 복귀하여 문제의 막내아들 양왕(梁王)의 태부가 되었으나 왕이 낙마하여 급서하자 이를 애도한 나머지 1년 후 33세로 죽었다. 저서에 『신서(新書)』 10권이 있으며, 진(秦)의 멸망 원인을 추구한 「과진론(過秦論)」은 널리 알려져 있다.

**간보**(干寶, ?~?): 동진(東晉) 여양(汝陽) 신채(新蔡) 사람. 자는 영승(令升)이다.

젊어서 부지런히 배우고 많은 책을 읽어 재기(才氣)로 이름이 났다. 저작랑(著作郞)이 되었다. 두도(杜弢)를 평정하는 데 공을 세워 관내후(關內侯)에 봉해졌다. 동진에 들어 국사(國史)를 맡고 산기상시(散騎常侍)로 옮겼다. 『수신기(搜神記)』20권을 지었는데, 지금 전하는 것은 후인(後人)들이 다시 모은 것이다. 이 책은 위진(魏晉) 지괴소설(志怪小說)을 대표하는 작품으로 당송(唐宋)시대 전기물(傳奇物)의 선구가 되는 등 후세 문학사의 발전에 큰 영향을 끼쳤다. 그 밖의 저서에 『주역주(周易注)』와 『주관주(周官注)』, 『간자(干子)』, 『진기(晉紀)』, 『춘추좌자의외전(春秋左子義外傳)』 등이 있었지만, 모두 없어졌다. 『진기』는 직설적이면서도 부드러워 양사(良史)로 칭송되었다.

**간신**(干莘, ?~?): 하(夏) 걸왕(桀王)의 간신으로, 자세한 행적은 미상이다. 간신(干辛)으로도 쓴다.

**간영승**(干令升, ?~?): 동진(東晉) 여양(汝陽) 신채(新蔡) 사람인 간보(干寶)로, 영승(令升)은 그의 자이다. ☞ 간보(干寶)

**갈홍**(葛洪, ?~1237): 송(送)나라 무주(婺州) 동양(東陽) 사람. 자는 용문(容文) 또는 용보(容甫)이고, 호는 반실노인(蟠室老人)이다. 효종 순희(淳熙) 11년(1184) 진사가 되었다. 여조겸(呂祖謙) 문하에서 배웠다. 영종(寧宗) 가정(嘉定) 연간에 상서공부원외랑(尙書工部員外郞) 겸 권추밀원검상제방문자(權樞密院檢詳諸房文字)가 되었는데, 글을 올려 장수들을 엄격하게 단속하고 군정(軍政)을 정비할 것을 주청했다. 거듭 승진하여 참지정사(參知政事)에 올랐다. 동양군공(東陽郡公)에 봉해졌고, 시호는 단헌(端獻)이다. 저서에 『섭사수필(涉史隨筆)』이 있다.

**갈홍**(葛洪, 283~343?): 동진(東晉) 단양(丹陽) 구용(句容) 사람. 연단가(煉丹家). 자는 아천(雅川)이고, 호는 포박자(抱朴子)이다. 많은 책을 두루 읽었고, 특히 신선도양(神仙導養)의 술법을 좋아했다. 정은(鄭隱)과 포현(鮑玄)에게 배워 그 법을 얻었다. 혜제(惠帝) 태안(太安) 연간에 석빙(石冰)을 격파한 공으로 복파장군(伏波將軍)에 임명되었다. 나중에 향리로 돌아왔고, 관내후(關內侯)에 봉해졌다. 동진이 들어서자 교지구루(交阯句漏, 베트남 북방 경계)에 단사(丹砂)가 난다는 소식을 듣고 영(令)을 자원하여 광주(廣州)를 지나 임지로 부임하던 중 나부산(羅浮山)에 들어가 저술과 연단에 전념했다. 저서에 『포박자(抱朴子)』와 『신선전(神仙傳)』, 『금궤약방(金匱藥方)』, 『집이전(集異傳)』 등이 있다.

**강성**(江聲, 1720~1799): 청나라 강소(江蘇) 원화(元和) 사람. 자는 경도(鱷濤) 또는 숙운(叔澐)이고, 만호는 간정(艮庭)이다. 성격이 경개(耿介)해서 과거를 포기하고 경학 연구에만 전념했다. 혜동의 『고문상서고(古文尙書考)』와 염약거(閻若璩)의 『상서고문소증(尙書古文疏證)』을 읽고 『고문상서』가 위작임을 알았다. 한유(漢儒) 마융과 정현의 주석 및 기타 자료를 참고하여 『금문상서』 29편을 주해한 『상서집주음소(尙書集注音疏)』를 저술했다. 소학(小學)에 조예가 깊었으며, 『설문해자(說文解字)』를 정밀히 연구하여 『육서설(六書說)』을 지었다. 경학 관련 저서에 『논어사질(論語竢質)』 등이 있다.

**강숙**(康叔, ?~?): 주(周)나라 문왕(文王)의 아들이며, 무왕(武王)의 동생으로 위(衛)나라를 세웠다.

**강식**(江式, ?~523): 북위(北魏)시대 관리이자 서법가. 자는 법안(法安)이다. 가

학(家學)을 이어받고 고문자학(古文字學)을 전문적으로 연구했다. 벼
슬은 사도장겸행참군(司徒長兼行參軍), 검교어사(檢校禦史), 부절령(符
節令) 등을 역임했고, 전서(篆書)를 쓰기 좋아했는데, 당시 낙양궁전
(洛陽宮殿) 등 여러 현판에 그가 쓴 것이 많았다.

**강신수**(江愼修, 1681~1762): 청나라 휘주(徽州) 무원(婺源) 사람으로 이름이 영
(永)이며, 신수(愼修)는 그의 자이다. ☞ 강영(江永)

**강영**(江永, 1681~1762): 청나라 휘주(徽州) 무원(婺源) 사람으로 이름이 영(永)
이며, 자(字)는 신수(愼修)이다. 고금의 학문에 정통했고, 고거(考據)
에 밝았다. 대진(戴震)과 김방(金榜)의 스승이다. 환파(皖派)의 창시자
로 대진에게 큰 영향을 끼쳐 '강대(江戴)'로 일컬어졌다. 어려서부터
『십삼경주소』를 익혔으며, 특히 삼례(三禮)에 정통했다. 경전 연구
는 문자학(文字學)을 기초로 삼아야 한다고 주장했고, 훈고(訓詁)와
음운(音韻), 전장제도(典章制度) 등을 위주로 경전의 대의(大義)를 밝
혔다. 저서에 『주례의의거요(周禮疑義擧要)』와 『예기훈의택언(禮記訓
義擇言)』, 『예서강목(禮書綱目)』, 『심의고오(深衣考誤)』, 『향당도고(鄕
黨圖考)』, 『예의석궁증주(儀禮釋宮增注)』, 『의례석례(儀禮釋例)』, 『군
경보의(群經補義)』, 『춘추지리고실(春秋地理考實)』, 『율려천미(律呂闡
微)』, 『고운표준(古韻標準)』, 『사성절운고(四聲切韻考)』, 『음학변미(音
學辨微)』, 『역변(曆辨)』, 『역학보론(曆學補論)』, 『근사록집해(近思錄集
解)』 등이 있다.

**강희**(江熙, ?~?): 동진(東晉)의 학자. 자는 태화(太和). 제양(濟陽) 사람이다. 저
서에 『논어강씨집해(論語江氏集解)』가 있다.

**게선**(揭宣, 1613~1695): 명(明)나라 말기에서 청(淸)나라 초 수학자이자 병법가인 게훤(揭暄)이다. 선(宣)은 자이고, 호는 위륜(韋綸) 또는 위분(緯紛)이며 반재(半齋)라고도 한다. 천문·지리·역사·병법·문학·철학 등 모든 분야에 두루 밝았다. 저서로는 『게자병경(揭子兵經)』, 『게자전서(揭子戰書)』, 『선기유술(璇璣遺述)』, 『게자성서(揭子性書)』, 『게자호서(揭子昊書)』, 『게자이회편(揭子二懷篇)』, 『도서(道書)』, 『사서(射書)』, 『제왕기년(帝王紀年)』, 『게방문답(揭方問答)』, 『주역득천해(周易得天解)』, 『성도(星圖)』, 『성서(星書)』, 『화서(火書)』, 『여지(輿地)』, 『수주(水注)』 등이 있다.

**경강**(敬姜, ?~?): 춘추시대 노나라 목백(穆伯)의 아내이고 공보문백(公甫文伯)의 어머니이다. 목백이 죽고, 그 아들 문백(文伯)이 나라의 재상을 지내고 조정에서 물러나와 그 어머니가 길쌈하는 것을 보고 이를 못마땅하게 말하니, 경강은 사부 건벽(社賦愆辟)의 옛 제도를 들면서 아들의 안일(安逸)한 생각을 경계했다. 또 목백의 상을 당했을 때는 낮에 곡하고 문백의 상을 당했을 때는 밤낮으로 곡하였는데, 명철하고 예의를 잘 지켜 공자(孔子)로부터 '예의를 아는 부인'이라는 칭찬을 받았다.

**경량**(庚亮, 289~340): 동진(東晉)의 영천언릉(穎川鄢陵) 사람. 자는 원규(元規).

**경방**(京房, 기원전 77~기원전 37): 전한 동군(東郡) 돈구[頓丘, 하남성(河南城) 청풍(淸豊)] 사람. 본성(本姓)은 이씨(李氏)이고, 자는 군명(君明)이다. 맹희(孟喜)의 문인 초연수(焦延壽)에게 『주역』을 배웠으며, 금문경씨역학(今文京氏易學)의 개창자이다. 저서에 『경씨역전(京氏易傳)』과 『주역

장구(周易章句)』, 『주역착괘(周易錯卦)』, 『주역요점(周易妖占)』, 『주역
점사(周易占事)』, 『주역수림(周易守林)』, 『주역비후(周易飛候)』, 『주역
비후육일칠분(周易飛候六日七分)』, 『주역사시후(周易四時候)』, 『주역혼
돈(周易混沌)』, 『주역위화(周易委化)』, 『주역역자재이(周易逆刺災異)』,
『역전적산법잡점조례(易傳積算法雜占條例)』 등이 있다.

**경보**(慶父, ?~기원전 660): 춘추시대 노(魯)나라 사람. 공자(公子). 노 장공(魯莊
公)의 서형(庶兄)이다. 중경보(仲慶父) 또는 공중(共仲), 맹손씨(孟孫氏)
로도 불린다. 장공이 죽은 뒤 장공의 아들 자반(子般)이 즉위하자 자
객을 시켜 그를 살해했다. 이어 민공(閔公)이 즉위하자 그 또한 죽인
뒤 거(莒) 땅으로 달아났다가 귀국하는 도중에 형세가 불리해지자
결국 스스로 목을 매어 자살했다. 후세에 내란을 자주 일으키는 사
람을 일컬어 경보(慶父)라 불렀다.

**경상번**(京相璠, ?~?): 미상.

**경웅**(頃熊, ?~?): 노 문공(魯文公)의 애첩으로, 선공(宣公)의 생모. 양중(襄仲)
을 잘 섬긴 결과 양중이 태자인 악(惡)과 그의 동모제(同母弟)인 시
(視)를 죽이고서 선공을 임금으로 세웠다. 『춘추좌씨전(春秋左氏傳)』
에는 경영(敬嬴)으로 되어 있고, 『춘추공양전(春秋公羊傳)』과 『춘추곡
량전(春秋穀梁傳)』에는 경웅(頃熊)으로 되어 있다.

**계복**(桂馥, 1737~1805): 청나라 산동(山東) 곡부(曲阜) 사람. 자는 동훼(冬卉)
또는 동훼(東卉)고, 호는 미곡(未谷)이다. 40여 년 동안 『설문(說文)』
을 연구하는 데 전념했다. 소학과 금석(金石)에 잠심(潛心)하여 한자

의 성의(聲義)에 정통했다. 훈고(訓詁)에 밝지 않으면 경(經)에 정통할
수 없고 경에 정통하지 않으면 치용(致用)할 수 없다고 생각하여,『설
문해자』와『옥편』등을 참고해『설문해자의증(說文解字義證)』을 저
술했다. 또한 허신(許愼)으로부터 남당(南唐)의 서개(徐鍇), 송나라의
서현(徐鉉), 장유(張有), 원나라의 오구연(吾邱衍) 등에 이르기까지「설
문통계도(說文統系圖)」를 그렸다. 단옥재(段玉裁), 주준성(朱駿聲), 왕
균(王筠)과 함께 청나라 설문사대가(說文四大家)로 일컬어진다. 저서
에『설문주초(說文注鈔)』와『설문해성보고증(說文諧聲譜考證)』,『모시
음(毛詩音)』,『차박(箚璞)』,『역대석경고략(歷代石經考略)』,『무전분운
(繆篆分韻)』등이 있다.

**계양**(季襄, ?~?):『회남홍렬해(淮南鴻烈解)』권13,「범론훈(氾論訓)」고유(高誘)
의「주」에 "계양은 노나라 사람으로, 공자의 제자이다.[季襄, 魯人, 孔
子弟子.]"라고 했다.

**계오**(季寤, ?~?): 계환자(季桓子)의 아우.

**계찰**(季札, ?~?): 춘추시대 오나라 공자(公子) 계찰(季札)을 이른다. 태백(太伯)
이 오나라를 세운 후 14대 군주가 수몽(壽夢)인데, 오왕(吳王) 수몽(壽
夢)의 4 아들 중 막내가 계찰이다. 공자 찰(公子札) 또는 연릉(延陵)에
봉해져 연릉계자(延陵季子)라고도 한다. 계찰(季劄)이라고도 쓴다. 나
중에 또 주래(州來)에 봉해져 연주래계자(延州來季子)라고도 한다. 아
버지 수몽이 왕으로 세우려고 했지만 고사했다. 형 제번(諸樊)이 양
보하려고 하자 또 사양했다. 제번이 죽자 그 형 여제(餘祭)가 왕위에
올랐다. 여제가 죽은 뒤 이매(夷昧)가 올랐다. 이매가 죽자 나라를

주려고 하니 피하여 받지 않아 이매의 아들 요(僚)가 즉위했다. 공자 광(公子光)이 전제(專諸)를 시켜 요를 살해하고 스스로 왕위에 오르니, 이가 바로 합려(闔閭)다. 계찰이 비록 복종했지만 요의 무덤에 가서 곡을 했다. 현명하고 해박했으며, 여러 차례 중원(中原)의 제후들을 찾아 질문했는데, 안영(晏嬰), 자산(子産), 숙향(叔向) 등과 회견했다. 노(魯)나라에 가서 주악(周樂)을 관람했다. 서(徐)나라를 지났는데, 서나라의 임금이 그가 차고 있던 칼을 좋아했지만 여러 나라를 다니고 있는 중이라 미처 주지 못했다. 나중에 돌아와 보니 서나라 임금이 이미 죽어 그의 무덤 앞 나무에 칼을 걸어놓고 떠났다. 음악에도 조예가 깊어 연주만 듣고도 어느 나라의 음악인지 알 정도였다고 한다.

**고공**(高拱, 1512~1578): 명나라 하남(河南) 신정(新鄭) 사람. 자는 숙경(肅卿)이고, 호는 중현(中玄)이며, 시호는 문양(文襄)이다. 실속 없는 공허한 학문을 반대하고, 시대를 구제하고 실용에 이바지할 수 있는 학문을 주장했다. 주희의 성즉리설(性卽理說)과 왕수인(王守仁)의 양지양능설(良知良能說)을 반대하고, 실제 경험을 중시했다. 주희의 『사서장구집주(四書章句集注)』 가운데 의심나는 부분에 대해 조목조목 반박했다. 저서에 『춘추정지(春秋正旨)』와 『문변록(問辨錄)』, 『일진직강(日進直講)』, 『고문양공집(高文襄公集)』 등이 있다.

**고귀향공**(高貴鄕公, 241~260): 삼국시대 위(魏)나라의 황제인 조모(曹髦)이다. 고귀향공은 그가 제왕(帝王) 조방(曹芳) 정시(正始) 때 고귀향공에 봉해졌기 때문에 붙여진 칭호이다. 일찍이 태학(太學)에 가서 학자들과 『서경』, 『주역』, 『예기』에 대해 토론했다. 감로(甘露) 5년(260) 궁중의 호위병들을 이끌고 사마사를 제거하려다 실패하고 살해되었다.

**고동고**(顧棟高, ?~?): 청나라 강소(江蘇) 무석(無錫) 사람. 자는 진창(震滄) 또는 복초(復初)고, 호는 좌여(左畲). 강희(康熙) 60년(1721) 진사(進士)가 되고, 내각중서(內閣中書)에 올랐지만, 파직당하자 저술에만 전념했다. 학문은 고자초(高紫超)에게서 나왔고, 진혜전(秦蕙田), 혜동(惠棟)과 함께 학문을 연마하기도 했다. 평생 오경(五經)을 두루 연구했는데, 특히『좌전(左傳)』에 조예가 깊었다. 주희(朱熹)와 왕수인(王守仁) 등 송원명대 여러 유학자의 견해를 조화시켜 유학의 종지(宗旨)를 천석(闡釋)한 것이 많았다.『춘추대사표(春秋大事表)』에서 춘추 열국의 사사(史事), 천문역법(天文曆法), 세계관제(世系官制), 지리 등에 대해 상세히 설명했고,『모시류석(毛詩類釋)』에서는 진계원(陳啓源)이『모시계고편(毛詩稽古編)』에서 주희를 공격한 것이 너무 심하다고 여겨 상세히 고증하고 변석(辨釋)해 놓았다. 또『상서질의(尙書質疑)』에서는 동진(東晉) 때 매색(梅賾)이 바친『고문상서(古文尙書)』가 위작이라 주장했다. 그리고『주례(周禮)』는 한유(漢儒)들이 견강부회하여 만든 책이며,『의례(儀禮)』는 주공(周公)이 지은 것이 아니라고 했다. 그 밖의 저서에『모시정고(毛詩訂詁)』 등이 있다.

**고사기**(高士奇, 1645~1704): 청나라 절강(浙江) 전당(錢塘) 사람. 사학자. 서화가. 자는 담인(澹人), 호는 강촌(江村) 또는 병려(瓶廬)며, 사호(賜號)는 죽원(竹園)이고, 원적은 평호(平湖)다. 집안이 가난했는데, 국학생(國學生, 監生)으로 순천향시(順天鄕試)에서 떨어지자 글을 팔아 생계를 이었다. 뒷날 명주(明珠)의 천거로 내정(內廷)에 들어가 공봉(供奉)하고, 첨사부녹사(詹事府錄事)가 되었다. 강희제의 인정을 받아 관료로 진출하여 소첨사(少詹事)로 옮겨졌다. 권세가 점점 커지자 왕홍서(王鴻緒)와 결탁하다가 곽수(郭琇)의 탄핵을 받아 귀향했다. 얼마 뒤 다시 불려 남서방(南書房)에 있었다. 예부시랑에 올랐지만 취임하기 전에 귀향했다. 시호는 문각(文恪)이다. 그림과 글씨에 모두 능했고, 고증에도 뛰어났다. 저서에 『좌전기사본말(左傳紀事本末)』과 『춘추지명고략(春秋地名考略)』, 『춘추좌전성명동이고(春秋左傳姓名同異考)』, 『호종일록(扈從日錄)』, 『강촌소하록(江村消夏錄)』, 『청음당집(淸吟堂集)』, 『송정기행(松亭紀行)』 등이 있다.

**고서병**(顧瑞屏, ?~1645?): 중국 명(明)나라 때 관리이자 학자. 강소(江蘇) 곤산현(昆山縣) 사람으로 이름은 석주(錫疇), 자는 구주(九疇), 서병(瑞屏)은 그의 자이다. 만력(萬曆) 47년(1619) 진사 출신으로, 벼슬은 검토(檢討), 국자제주(國子祭酒)를 지냈다. 저서로 『망감정사약(綱鑒正史約)』 36권, 『진한홍문(秦漢鴻文)』 25권, 『상서강의(尙書講意)』, 『천문역학(天文易學)』, 『고학휘찬(古學彙纂)』, 『악일초(握日草)』, 『문휘고(文彙稿)』 등이 있다.

**고성숙**(苦成叔, ?~기원전 574): 춘추시대 진(晉)의 장군이었던 극주(郤犨)이다. 희성(姬姓)이며 씨(氏)는 극(郤), 자는 가보(家父), 죽은 뒤에 성(成)을 시호로 받아, 고성숙(苦成叔)이라고 부른다. 고(苦)는 극주가 채읍으로 받은 읍명(邑名)이고, 성(成)은 시호이며, 숙(叔)은 자이다.

**고염무**(顧炎武, 1613~1682): 명말청초 때 강남(江南) 곤산(昆山) 사람. 본명은 계곤(繼坤)인데 강(絳)으로 고쳤다. 자는 충청(忠淸)이고, 호는 정림(亭林)이다. 남도(南都)가 패한 뒤 이름은 염무, 자는 영인(寧人), 호는 정림으로 고쳤다. 명나라 때 제생(諸生)이 되었다. 젊었을 때 경세치용(經世致用)의 학문에 관심을 두었다. 청나라가 침략하자 곤산에서 의병을 일으켜 저항했지만 패하고 겨우 목숨을 건졌다. 청나라가 들어선 뒤에도 반청(反淸) 투쟁을 벌였고, 만년에는 섬서(陝西) 화음(華陰)에 은거했다. 이기(理氣)와 성명(性命) 등을 공리공담하는 이학(理學)에 반대하고 육상산, 왕양명 등의 심학(心學)도 비판하면서 경세치용(經世致用)의 실학을 주장했다. 박학을 추구하여 경사(經史)와 제자백가는 물론 음운(音韻)과 문자(文字), 금석고고(金石考古), 군읍장고(郡邑掌故), 예의풍속(禮儀風俗) 등에 대해서도 정밀히 연구했다. 경학에 있어서는 한학(漢學)을 종주로 했으며, 음운학에 있어서는 음학(音學)의 원류를 천명하고 고운(古韻)을 분석하여 새로운 견해를 제시했다. 창신구실(創新求實)의 학문에 주력하여 청나라 고증학의 기초를 다졌다. 저서에 『좌전두해보정(左傳杜解補正)』과 『구경오자(九經誤字)』, 『석경고(石經考)』, 『음학오서(音學五書)』, 『운보정(韻補正)』, 『오경동이(五經異同)』, 『금석문자기(金石文字記)』, 『일지록(日知錄)』 등이 있다.

**고유**(高誘, ?~?): 중국 동한(東漢)시대의 사람이다. 저술로 『맹자장구(孟子章句)』, 『여씨춘추주(呂氏春秋注)』, 『회남자주(淮南子注)』, 『전국책주(戰國策注)』 등이 있다.

**고자**(高子, ?~?): 『맹자』「고자하」에 보이는 고수(高叟)이다. 『맹자』의 내용은 다음과 같다. 공손추(公孫丑)가 물었다. "제(齊)나라 사람 고자가 말하기를 '『시경』「소반(小弁)」의 시는 소인의 시이다.'라고 하였습니다." 맹자가 말하였다. "무엇을 가지고 그렇게 말하는가?" "원망했기 때문입니다." 맹자가 말했다. "고루(固陋)하구나, 고자의 시를 해석함이여!"[公孫丑問曰 "高子曰: '「小弁」小人之詩也.'" 孟子曰: "何以言之?" 曰: "怨." 曰: "固哉, 高叟之爲詩也."]

**고조우**(顧祖禹, 1631~1692): 명말청초 때 강남(江南) 무석(無錫) 사람. 역사지리학자. 자는 경범(景范) 또는 복초(復初)고, 호는 낭하(廊下)다. 상숙(常熟) 완계(宛溪)에서 살아 학자들은 완계선생이라 부른다. 사학이자 고유겸(顧柔謙)의 아들이다. 아버지의 가르침을 받아 지리학에 정통했다. 청나라에 벼슬하지 않고 유민(遺民)을 자처했다. 일찍이 서건학(徐乾學)의 초청을 받아『대청일통지(大淸一統志)』편찬에 참여했다. 책이 완성된 뒤 천거를 한사코 사양했다. 사지(史地)에 밝았다. 20년에 걸쳐『여도요람(輿圖要覽)』4권과『독사방여기요(讀史方輿紀要)』130권(1678)을 완성했다.『독사방여기요』는 매 지명마다 반드시 역대에 걸친 여러 사실들을 정밀하게 해설을 달아 군사지리학의 명저로 꼽힌다. 그 밖의 저서에『완계집(宛溪集)』이 있다.

**고죽군**(孤竹君): 고죽국(孤竹國)의 왕. 고죽군은 상(商)나라 묵태씨(墨胎氏)를 처음 봉했던 군호(君號)이다.『사기(史記)』「백이숙제열전(伯夷叔齊列傳)」에 "백이(伯夷)·숙제(叔齊)는 고죽군의 아들이다."라고 했다.

**고진**(顧鎭, 1720~1792): 청나라 강소(江蘇) 소문(昭文, 常熟) 사람. 자는 비구(備九)고, 호는 고추(古湫)며, 학자들은 우동선생(虞東先生)이라 불렀다.『시경』의 경우 소서(小序)와 주희(朱熹)의『시집전(詩集傳)』의 설을 조화시키면서도 구양수(歐陽脩), 소식(蘇軾), 여조겸(呂祖謙), 엄찬(嚴粲)의 설을 중시했다. 한송(漢宋) 때 유학자들의 설을 두루 정밀히 연구하면서 어느 한쪽에 치우치지 않았다. 경술(經術)을 정밀하게 연구하여 금대서원(金臺書院)과 백록서원(白鹿書院), 종산서원(鍾山書院)에서 주로 강론했다. 저서에 『우동학시(虞東學詩)』와 『우동선생문록』, 『삼례차기(三禮箚記)』, 『시고문(詩古文)』 등이 있다.

**고환**(顧歡, 420~483): 남제(南齊)의 도사(道士). 오흥(吳興) 염관[鹽官: 지금의 절강성(浙江省) 해녕현(海寧縣)] 사람이다. 자는 경이(景怡) 또는 현평(玄平)이다. 처음에 소현(邵玄)을 따라 오경(五經)을 배웠다가 나이 20여 살에 다시 뇌차종(雷次宗)을 사사했다. 황로(黃老)의 술책을 좋아해 음양서(陰陽書)를 두루 꿰뚫었다. 나중에 천태산(天台山)에 학교를 열어 학생들을 가르쳤다. 영명(永明) 원년(483) 제 무제(齊武帝)가 불러 태학박사(太學博士)로 삼았지만 극구 사양했다. 저서에 『진적(眞迹)』과 『이하론(夷夏論)』 등 문집 30권이 전한다.

**곡량적**(穀梁赤, ?~?): 전국시대 때 노(魯)나라 사람. 이름은 적(赤) 또는 숙(俶)이고, 자는 원시(元始)다. 자하(子夏)에게 『춘추(春秋)』를 배우고, 전(傳)을 지었는데, 이것을 『춘추곡량전』이라 한다.

**곡영**(谷永, ?~기원전 8): 전한 경조(京兆) 장안(長安) 사람. 본명은 병(並)이고, 자는 자운(子雲)이며, 곡길(谷吉)의 아들이다. 젊어서 장안(長安)의 소사(小史)가 되어 경서를 두루 공부했는데, 특히 천관(天官)과 『경씨역(慶氏易)』에 정통했다. 원제(元帝) 건소(建昭) 연간에 태상승(太常丞)에 올랐다. 여러 차례 상서하여 재이(災異)의 발생을 조정의 득실과 관련지어 추론했다. 성제(成帝) 때 광록대부급사중(光祿大夫給事中)으로 옮겼다. 황태후와 측근들이 재이의 논리로 성제를 설득하자 그를 썩 달갑지 않게 여겼다. 이 때문에 북지태수(北地太守)로 나갔다가 다시 불려 대사농(大司農)이 되었다. 그해 말에 병으로 사직했다.

**공광삼**(孔廣森, 1752~1786): 산동(山東) 곡부(曲阜) 사람. 자는 중중(衆仲) 또는 위약(撝約)이고, 호는 손헌(顨軒)이다. 공자의 70대손. 경사(經史)와 훈고(訓詁), 육서(六書), 구수(九數) 등을 두루 섭렵했는데, 특히 삼례(三禮)와 『춘추공양전』에 정통했다. 금문학과 고문학이 가지는 장점을 취하고 또한 『춘추좌씨전』과 『춘추곡량전』에서도 좋은 점을 취하여 『춘추공양통의(春秋公羊通義)』를 저술했는데, 완원(阮元)이 이 책에 대해 극찬했다. 변려문에도 능해 청나라의 대표적인 대가였다. 그 밖의 저서로 『대대례기보주(大戴禮記補注)』와 『시성류(詩聲類)』, 『예학치언(禮學卮言)』, 『경학치언(經學卮言)』, 『의정당변려문(儀鄭堂騈儷文)』 등이 있다.

**공내**(公鼐, ?~?): 명나라 산동(山東) 몽음(蒙陰) 사람. 자는 효여(孝與)이다. 만력(萬歷) 29년(1601) 진사가 되었다. 태창(泰昌) 때 거듭 승진해서 국자좨주(國子祭酒)에 올랐다. 희종(熹宗)이 즉위하자 첨사부첨사(詹事府僉使)가 되었다. 글을 올려 광종(光宗)의 사적을 실록(實錄) 외에 따로 기록으로 만들 것을 청했지만 허락되지 않았다. 한림원(翰林院)에서 서길사(庶吉士)로 뽑혀 편수(編修)에 제수됐다. 천계(天啓) 초에 예부우시랑(禮部右侍郎)으로 옮겼다. 당시 우충현(魏忠賢)이 정치를 어지럽히자 여러 차례 글을 올려 간했지만 뜻이 받아들여지지 않자 병을 핑계로 귀향했는데, 나중에 탄핵을 받아 관직이 박탈됐다. 숭정(崇禎) 때 시호 문개(文介)가 내려졌다. 저서에 『몽산변(蒙山辨)』과 『소동원시집(小東園詩集)』과 『문차재집(問次齋集)』이 있다.

**공맹**(公孟, ?~?): 춘추시대 위나라 영공(靈公)의 형. 공맹칩(公孟繁)이라고도 한다.

**공보**(孔父, ?~기원전 710): 중국 춘추전국시대 송(宋)나라의 대부 공보가(孔父 嘉)이다. 공보(孔父)는 자이고, 가(嘉)는 이름이다. 공자(孔子)의 6대조 (祖)다. 목공(穆公) 때 대사마(大司馬)가 되었는데, 목공이 죽자 목공 의 유촉(遺囑)을 받아 상공(殤公)을 세웠다. 상공이 재위하는 10년 동 안 11번이나 전쟁을 일으켜 백성들을 고통 속으로 몰아넣었다. 태 재(太宰) 화보독(華父督)이 그의 아내를 빼앗으려고 민생을 안정시킨 다는 명분으로 공보가를 살해하고 그 아내를 차지했다. 공보가의 아들 목금보(木金父)가 노나라로 달아났다.

**공서극**(公鉏極, ?~?): 공미(公彌)의 증손이고, 환자(桓子)의 동족형제의 아들 이다.

**공세자**(恭世子, ?~기원전 655): 춘추시대 진 헌공(晉獻公)의 태자인 신생(申生) 이다. 헌공이 몹시 총애하던 애첩(愛妾)인 여희(驪姬)가 태자 신생을 죽이려고 계책을 꾸며서 신생이 아버지 헌공을 독살하려 했던 것처 럼 만들자, 이에 헌공은 노하여 태자의 스승 두원관(杜原款)을 죽였 다. 어떤 사람이 신생에게 사실을 밝혀 억울한 누명을 벗으라고 권 하자, 신생은 "내가 사실을 밝히면 여희의 죄가 드러날 것이다. 아 버님은 이미 늙으셨으니, 아버님으로부터 여희를 빼앗고 싶지 않 다." 하였고, 또 도망치라고 권하자, "아버님을 죽이려 했다는 더러 운 누명을 쓰고 내가 다른 나라로 도망친들 그 나라에서 나를 받아 주겠느냐." 하고는 목을 매어 자살하였다. 이에 세상 사람들이 신생을 공세자(恭世子)라 불렀다. 『춘추좌씨전(春秋左氏傳)』「희공(僖公)」 4년에 보인다.

**공손휘**(公孫揮, ?~?): 춘추시대 정(鄭)나라 사람. 자우(子羽)는 그의 호이다. 외교문서를 잘 작성했고, 정 간공(鄭簡公)을 섬겨 외교관이 되어, 여러 번 각 제후국에 빙문을 갔다.

**공손룡**(公孫龍, 기원전 320?~기원전 250): 전국시대 조(趙)나라의 사상가이다. 성이 공손(公孫)이고 이름이 용(龍)이며, 자는 자병(子秉)이다. 당시 조나라의 수도였던 감단[邯鄲, 지금의 하북(河北)성 한단시]에서 태어났다. 그의 행적은 『장자(莊子)』, 『여씨춘추(呂氏春秋)』, 『회남자』, 『유향별록(劉向別錄)』, 『양자법언(楊子法言)』 등에서 볼 수 있다. 언변에 능했던 그는 평원군(平原君, ?~ 기원전 251?))의 식객이었다. 『사기』「평원군열전(平原君列傳)」에 의하면 평원군이 '견백' 논리에 뛰어난 공손룡을 우대했으나 추연(騶衍, ?~?)이 조나라를 지나면서 평원군을 만나 큰 도에 대해 설파한 후 공손룡을 멀리했다고 한다. 공손룡은 이후 위(魏)나라의 공자인 모(牟)와 교분을 맺었고, 모가 그를 크게 중용함으로써 그 명성이 널리 퍼졌다. 그 뒤 연나라에 가서 소왕에게 군사력 감축을 권고했으나 소왕은 생각만 갖고 실행으로 옮기지 못했다. 연 소왕이 죽자 조나라로 가서 혜문왕의 군개 감축에 관한 의견을 들었으나 혜문왕도 실천으로 옮기지 못할 것이라고 했다. 저서는 『전한서』「예문지」에 14권이라고 기록되어 있으나, 현존하는 것은 「적부편(跡府篇)」, 「백마편(白馬篇)」, 「지물론(指物論)」, 「통변론(通變論)」, 「견백론(堅白論)」, 「명실론(名實論)」의 6편뿐이다. 이 6편이 위작이라는 설도 있으나, 아마도 14권의 잔본일 것이다. 「적부편」

은 후세 사람이 첨가한 공손룡의 약전이다. 따라서 나머지 5편이 공손룡이 쓴 것이다. 「백마편」, 「견백편」은 모두 물체와 속성, 내포(內包)와 외연(外延)의 문제, 「지물론」은 지시와 지시의 대상에 관한 문제, 「통변론」은 명칭·개념과 사물·실질과의 변화 문제, 「명실론」은 명과 실의 일치 문제를 다루었다. 보통 그는 명가의 한 사람으로 손꼽히며, 또한 그의 논술을 궤변이라고 하나, 단순한 궤변이 아니라, 당시의 혼란한 사회를 질서 있는 사회로 돌이키려고 하는 의욕을 찾아볼 수 있다. 저술로는 『공손룡(公孫龍)』이 있다.

**공승**(龔勝, 기원전 68~11): 전한 초국(楚國) 팽성(彭城) 사람. 자는 군빈(君賓)이다. 젊었을 때 학문을 좋아해 오경(五經)에 정통했고, 공사(龔舍)와 함께 명절(名節)로 유명했다. 처음에 군리(郡吏)가 되었는데, 주(州)에서 무재(茂才)로 천거해 중천령(重泉令)에 올랐다. 애제(哀帝) 때 불려가 대부(諫大夫)가 되었다. 여러 차례 글을 올려 형벌이 너무 가혹한 것과 부세가 과중하다는 사실을 지적했다. 광록대부(光祿大夫)로 옮겼다. 나중에 애제가 동현(董賢)을 총애하는 데 불만을 품었다가 외직으로 나가 발해태수(渤海太守)가 되었는데, 병을 이유로 사직했다. 왕망(王莽)이 정권을 잡자 귀향했다. 왕망 시건국(始建國) 원년 억지로 태자사우(太子師友)와 좨주(祭酒)로 불렀지만 끝내 거절하고 굶어 죽었다. 상서학자(尙書學者) 진옹생(陳翁生)에게 상서구양씨학(尙書歐陽氏學)을 배웠다.

**공승흥**(公乘興, ?~?): 전한 말기의 관료. 당시 호현(湖縣)의 삼로(三老)로 알려져 있다.

**공안국**(孔安國, ?~?): 중국 전한(前漢) 무제 때의 학자. 자는 자국(子國), 산동성(山東省) 곡부(曲阜) 출생으로『상서(尙書)』, 고문학의 시조, 공자의 11대손이다. 박사(博士)·간대부(諫大夫)를 지내고, 임회(臨淮) 태수에 이르렀다.『시경(詩經)』은 신공(申公)에게서 배우고,『상서』는 복생(伏生)에게서 받았다. 노(魯)나라의 공왕(共王)이 공자의 옛 집을 헐었을 때 과두문자(蝌蚪文字)로 된『고문상서(古文尙書)』,『예기(禮記)』,『논어』,『효경(孝經)』이 나왔다. 당시 아무도 이 글을 읽지 못한 것을 금문(今文)과 대조·고증, 해독하여 주석을 붙였다. 이것에서 고문학(古文學)이 비롯되었다고 한다.

**공양고**(公羊高, ?~?): 전국시대 제(齊)나라 사람. 한(漢)나라 금문경학(今文經學)의 선구자다. 공자의 문인 자하의 제자라 하며,『춘추』를 연구하여 춘추대의(春秋大義)를 밝혔다. 자하는 그의 학문을 공양고에게 전하고, 공양고는 아들 평(平)에게 전했으며, 평은 아들 지(地)에게 전하고, 지는 아들 감(敢)에게 전하고, 감은 아들 수(壽)에게 전했다. 공양고가 전한『춘추』는 처음에는 구두로 전해지다가 한나라 경제(景帝) 때 현손 공양수(公羊壽)와 그의 제자 호무생(胡毋生)에 이르러 비로소 책으로 완성되었다. 한 무제(漢武帝) 때 공손홍(公孫弘)과 동중서(董仲舒) 등이 춘추공양학을 적극 추존하여 오경박사(五經博士)의 하나로 학관에 세워졌다. 그가 전한『춘추공양전』은『춘추좌씨전』,『춘추곡량전』과 함께 춘추삼전(春秋三傳)이 되었다. 한나라 하휴(何休)의 해고(解詁)와 당나라 서언(徐彦)의 소가 있다.

**공영달**(孔穎達, 574~648): 당나라 기주(冀州) 형수(衡水) 사람으로 자는 충원(沖遠) 또는 중달(仲達), 충달(沖遠), 충원(沖远)이고, 시호는 헌(憲)이다. 수나라 양제(煬帝) 초년 명경과(明經科)에 합격하여 하내군박사(河內郡博士)를 제수받았다. 당나라 건국 후 국자박사(國子博士)와 국자좨주(國子祭酒) 등을 역임했다. 당시 유명한 경학자인 유작(劉焯)에게 배웠다. 『춘추좌씨전』, 『모시(毛詩)』, 『예기』와 정현 주(鄭玄注)의 『상서(尙書)』, 왕필 주(王弼注)의 『주역』에 밝았고, 역산(曆算)에도 뛰어났다. 당 태종의 명을 받아 안사고(顔師古), 사마재장(司馬才章), 왕공(王恭), 왕염(王琰) 등과 함께 남학파와 북학파의 경학을 절충하여 『오경정의(五經正義)』를 찬술했다. 이 책은 송나라 때 합간된 『십삼경주소(十三經注疏)』에 모두 수록되어 있다.

**공융**(孔融, 153~208): 공자의 20대손. 자는 문거(文擧)이다. 후한(後漢) 말기의 학자로 어려서부터 재능이 뛰어났고, 문필에도 능하였다. 헌제(獻帝) 때 북해(北海)의 재상이 되어 학교를 세웠으며, 동탁(董卓)의 횡포에 격분하여 산둥에서 황건적(黃巾賊) 평정에 힘썼으나 큰 성과를 얻지는 못하였다. 당시 세력을 확장하고 있던 조조(曹操)를 낱낱이 비판·조소하다가 일족과 함께 처형되었다. 선비를 좋아하고 문장을 잘하여 왕찬(王粲)·유정(劉楨)·완우(阮瑀)·진림(陳琳)·응탕(應瑒)·서간(徐幹) 등과 같이 건안칠자(建安七子)로 불리었다. 시문 『공북해집(孔北海集)』(10권)은 조비(曹丕)가 칭찬하였으며, 지금은 『문선(文選)』에 『천예형표(薦禰衡表)』 등이 수록되어 있다.

**공자 광**(公子光, 기원전 515~기원전 496): 춘추시대 오나라의 국군(國君)인 합려(闔閭)의 이름. 합려(闔廬)로도 쓴다. 오왕(吳王) 제번(諸樊)의 아들이다. 오왕 요(吳王僚)가 아버지 여매(餘眜)를 이어 즉위하자 불만을 품고, 전저(專諸)를 이용해 오왕 요를 살해하고 즉위했다. 초(楚)나라의 망명객 오원(伍員)을 기용해 행인(行人)으로 삼고 손무(孫武)를 장군으로 삼아 국력을 부강시키면서 초나라를 조금씩 약화시켰다. 9년 초나라를 정벌하여 대패시키고 승기를 타 초나라의 수도 영(郢)까지 진격했다. 진(秦)나라 군대가 와 구원하고 국내에 내란이 일어나 후퇴했다. 나중에 월왕(越王) 구천(句踐)과 싸워 취리(槜李)에서 패했는데, 부상을 당해 죽었다. 19년 동안 재위했다.

**공조**(孔晁, ?~?): 진(晉)나라의 오경박사(五經博士). 일본의 다케우치 요시오(武內義雄)는 왕숙의 제자인 공조(孔晁)의 자가 안국(安國)인 것을 확인했다고 한다.

**공회**(孔悝, ?~?): 춘추시대 말기 위나라의 대부인 공어자(孔圉子)이다. 그의 어머니는 출공(出公)의 아버지 괴외(蒯聵)의 누나인데, 괴외를 공회에게 보내 맹약하게 해서 출공을 축출하고 괴외가 임금이 되게 하였으니, 이 사람이 위나라 장공(莊公)이다. 다음 해에 장공이 공회를 축출하자 공회가 송나라로 달아났다. 자로는 이 공회(孔悝)의 난에서 죽었다.

**곽박**(郭璞, 276~324): 동진(東晉) 하동(河東, 산서성) 문희(聞喜) 사람. 자는 경순(景純). 박학하여 천문과 고문기자(古文奇字), 역산(曆算), 복서술(卜筮術)에 밝았고, 특히 시부(詩賦)에 뛰어났다. 저서에 『이아주(爾雅注)』와 『삼창주(三蒼注)』, 『방언주(方言注)』, 『산해경주(山海經注)』, 『도찬(圖贊)』, 『목천자전주(穆天子傳注)』, 『수경주(水經注)』, 『주역동림(周易洞林)』, 『초사주(楚辭注)』 등이 있다. 그 밖에도 『주역체(周易體)』와 『주역림(周易林)』, 『역신림(易新林)』, 『모시습유(毛詩拾遺)』 등이 있었지만 전해지지 않는다. 문집에『곽홍농집(郭弘農集)』이 있다.

**곽상**(郭象, 252?~312): 서진(西晉) 하남(河南) 낙양(洛陽) 사람. 자는 자현(子玄). 일찍부터 노장 사상에 정통했고, 왕연(王衍) 등 청담지사(淸談之士)와 사귀었다. 변재(辯才)에 막힘이 없어 사람들이 위(魏)나라의 왕필(王弼)이 다시 태어났다고 칭송했다. 사도연(司徒掾)과 사공연(司空掾), 태학박사(太學博士), 황문시랑(黃門侍郎) 등을 역임했다. 진혜제(晉惠帝) 영안(永安) 원년(304) 이후 정치에만 전력하여 권세가 하늘을 찔렀다. 저서에『장자주(莊子注)』33권이 있는데,『장자(莊子)』의 본문에 완전히 충실하지는 않지만 역대의 장자 주석서를 두루 읽은 지식을 담았고, 불교사의 발전에 지대한 영향을 끼쳤다. 그 밖의 저서에『논어체략(論語體略)』이 있었지만, 일부만이 황간(黃侃)의『논어집해의소(論語集解義疏)』에 산견된다.

**곽수경**(郭守敬, 1231~1316): 원나라 순덕(順德) 형대(邢臺) 사람. 천문학자. 자는 약사(若思). 할아버지 곽영(郭榮)에게 수학과 수리(水利)를 배웠고, 할아버지의 친구인 유병충(劉秉忠)의 문하에 들어갔다. 간의(簡儀)와 앙의(仰儀), 규표(圭表), 경부(景符) 등과 같은 기물을 제작했다. 16년(1279) 동지태사원(同知太史院)에 임명되자 전국에 27군데 관측소를 설치하여 실측한 자료를 바탕으로 남송 양충보(楊忠輔)가 주장한 한 해가 365.2425일이라는 설을 증명했다. 다음 해『수시력』21권이 완성되자 전국에 반포했다.

**곽익**(郭翼, 1305~1364): 중국 원(元)나라시대의 학자. 자는 희중(羲仲)이며, 스스로 동곽생(東郭生)이라고 부르기도 하고, 또 야옹(野翁)이라고 일컫

기도 했다. 곤산(昆山) 사람이다. 저서에 『설리재필기(雪履齋筆記)』,
『임외야언(林外野言)』이 있다.

**곽충서**(郭忠恕, ?~977): 중국 후주(後周) 말에서 북송(北宋) 초의 학자·서화
가. 자는 서선(恕先)으로, 전서(篆書)와 예서(隷書)에 능하였으며, 계
척(計尺)을 사용하여 매우 복잡한 누각 건축도 정확하게 그렸다. 저
서에 『한간(汗簡)』이 있다.

**관동**(管同, 1785~1831): 강소(江蘇) 상원(上元) 사람으로, 자는 이지(異之)이다.
동성학파(桐城學派)의 창시자인 요내(姚鼐)에게 고문(古文)을 배웠다.
저서에 『인기헌시문집(因寄軒詩文集)』과 『칠경기문(七經紀聞)』, 『맹
자연보(孟子年譜)』, 『문중자고(文中子考)』 등이 있다.

**관역보**(觀射父, ?~?): 춘추(春秋) 때 초(楚)의 대부로서 종교사상가. 초나라 소
왕(昭王) 때 초나라 최고의 보배 중 한 사람으로 일컬어진다. 『국어
(國語)』「초어하(楚語下)」에 "왕손어(王孫圉)가 진(晉)나라에 빙문을 가
자 진 정공(晉定公)이 잔치를 열어 줄 때 조간자(趙簡子)가 패옥(佩玉)
을 울리면서 잔치하는 예를 돕다가 왕손어에게 묻기를, '초나라의
백형(白珩)이 아직도 있습니까?' 하니, 왕손어가 대답하기를, '그렇습
니다.'라고 하였다. 조간자가 말하기를, '백형의 국보로서의 값어치
는 얼마나 됩니까?'라고 하자, 왕손어가 대답했다. '우리는 일찍이
이것을 국보로 삼은 적이 없습니다. 초나라에서 보물로 삼는 것은
관역보(觀射父)이니, 훈사(訓辭)에 뛰어나 각 제후국에 가서 외교활동
에 종사하여 우리 임금께 시빗거리가 되지 않도록 합니다.'王孫圉聘
於晉, 定公饗之, 趙簡子鳴玉以相, 問於王孫圉曰: '楚之白珩猶在乎?' 對曰: '然.' 簡

子曰: '其爲寶也幾何矣?' 曰: '未嘗爲寶. 楚之所寶者, 曰觀射父, 能作訓辭, 以行事
於諸侯, 使無以寡君爲口實.'"라고 했다.

**관용봉**(關龍逢, ?~?): 하나라 말기 사람. 걸(桀) 임금이 주지(酒池)와 조구(槽
丘)를 만들어 밤새도록 술을 마셨다. 충간을 하며 물러나지 않다가
투옥당한 뒤 살해되었다. 일설에 '관룡'은 '환룡(豢龍)'으로, 관(關)과
환(豢)은 고자(古字)에서 서로 통한다고 한다. 그래서 용을 기르는 직
책에 있었다고 본다.

**광형**(匡衡, ?~?): 전한 동해(東海) 승(承) 사람. 자는 치규(稚圭)이다. 집안은
가난했지만 공부하기를 좋아했고, 고용살이를 하면서 생계를 꾸렸
다. 후창(後蒼)을 좇아 『제시(齊詩)』를 배웠고, 문학에 능했으며 『시
(詩)』에 정통했다. 선재(宣帝) 때 사책갑과(射策甲科)에 합격하여 태상
장고(太常掌故)에 제수되고, 평원문학(平原文學)에 올랐다. 원제(元帝)
초에 낭중(郞中)이 되었고, 박사(博士)와 급사중(給事中)으로 옮겼다.
글을 올려 시정(時政)을 논했는데, 경의(經義)와 잘 상부했다. 광록훈
(光祿勳)과 어사대부(御史大夫)를 역임했다. 원제 건소(建昭) 3년(기원
전 36) 승상(丞相)이 되어 낙안후(樂安侯)에 봉해졌다. 성제(成帝)가 즉
위하자 왕존(王尊)에게 탄핵을 당했다. 성제 건시(建始) 3년(기원전 30)
봉국(封國)의 전조(田租)를 과다하게 거둔 죄로 면직되어 서인(庶人)
이 되었다. 육경(六經) 외에도 『논어』와 『효경』을 숭상했으며, 특히
『시경』을 잘 해설했다. 사단(師丹)과 복리(伏理), 만창(滿昌) 등에게
학문을 전수하여 광씨제시학(匡氏齊詩學)을 개창했다.

**교격**(膠鬲, ?~?): 은말(殷末) · 주초(周初) 때의 현인이다. 은 말기에 세상이 어

지러워지자, 은둔하여 장사를 하며 생활을 하다가, 뒤에 주 문왕(周文王)의 신하로 등용되었다. 『사기(史記)』「관안열전(管晏列傳)」과 『맹자(孟子)』「고자하(告子下)」에 보인다.

**구계**(臼季, ?~?): 춘추시대 진(晉)나라 사람 서신(胥臣)이다. 성이 서(胥)씨고, 이름은 신(臣)이다. 식읍(食邑)이 구(臼)고, 자가 계(季)여서 구계로 불린다. 사공계자(司空季子)로도 불린다. 문공(文公) 때 대부가 되어 사공에 임명되었다. 중이[重耳: 문공(文公)]를 따라 망명했다. 일찍이 사신으로 기(冀)를 지나가다가 기결(冀缺)을 보고 중이에게 추천했다. 진나라와 초나라의 성복(城濮) 전투에서 하군(下軍)을 거느리는 장수의 부관을 맡아 진(陳)나라와 채(蔡)나라의 군대를 만나 말에게 호피(虎皮)를 씌우고 싸워 궤멸시켰고, 초나라의 우사(右師) 역시 궤멸시켰다.

**구광정**(丘光庭, ?~?): 중국 오대(五代)시대 오정(烏程, 지금의 절강성 호주시) 사람이다. 저술로는 『겸명서(兼明書)』, 『당교론(唐敎論)』, 『보신궁(補新宮)』, 『보모치(補茅鴟)』 등이 있다.

**구양고**(歐陽高, ?~?): 서한(西漢) 천승군[千乘郡: 지금의 광요현(廣饒縣)] 사람으로, 자는 자는 자양(子陽)이다. 구양생(歐陽生, ?~?)의 증손(曾孫)이다. 『구양상서(歐陽尙書)』를 전수하였다. 기원전 136년에 한 무제(漢武帝)가 오경박사(五經博士)를 설치하고 구양고를 박사에 세우니, 한나라시대 최고의 상서박사(尙書博士)가 되었다.

**급암**(汲黯, ?~기원전 112?): 전한 복양(濮陽) 사람. 자는 장유(長孺)이다. 경제

(景帝) 때 음보(蔭補)로 태자세마(太子洗馬)가 되었다. 무제(武帝) 초에 알자(謁者)가 되어 하남(河南) 지역의 화재(火災)를 시찰했는데, 제문(制文, 황제의 명령서)을 고쳐 창고를 열어 이재민을 구휼했다. 외직으로 나가 동해태수(東海太守)가 되었는데, 형벌을 경감하고 정치를 간소하게 집행하면서 가혹하거나 지나치게 상세한 처결을 하지 않아 치적을 올렸다. 불려 주작도위(主爵都尉)에 올라 구경(九卿)의 한 사람이 되었다. 사람 됨됨이가 충간을 좋아하고 정쟁(廷諍)을 거침없이 제기했는데, 무제가 속으로는 욕심이 많았지만, 겉으로 인의(仁義)를 많이 베푼 것도 그의 힘이 컸다. 무제가 그를 두고 '사직(社稷)을 지탱하는 신하'라 칭송했다. 또 흉노와의 화친을 주장하고 전쟁은 반대했다. 승상 장탕(張湯)과 어사대부(御史大夫) 공손홍(公孫弘) 등을 문서로 장난을 쳐 법을 농간하는 법률 만능주의자요, 천자에게 아첨하는 영교지도(佞巧之徒)라 비난했다. 황로지도(黃老之道)와 무위(無爲)의 정치를 주장하며 왕에게 간했는데, 받아들여지지 않았다. 어떤 일로 면직되어 몇 년 동안 전원에서 보냈다. 다시 불려 회양태수(淮陽太守)가 되고, 재직 중에 죽었다.

**기오**(祁午, ?~?): 춘추시대(春秋時代) 진(晉)나라 사람. 희성(姬姓)이고, 기씨(祁氏)이다. 대부 기해(祁奚, ?~?)의 아들. 진(晉)나라 도공(悼公)이 사람을 천거하게 하자 기해(祁奚)가 자기의 아들 기오(祁午)를 추천하여 훌륭하게 임무를 수행하게 하였다. 도공(悼公)은 기오(祁午)를 군위(軍尉)로 삼았는데 평공(平公)이 죽을 때까지 군정(軍政)에 잘못이 없었다.

**기정**(箕鄭, ?~?): 춘추시대 진(晉)나라 대부이다. 진나라에 기근이 들어 군주가 기근 해결책을 기정에게 묻자, 기정이 백성들에게 신뢰 받는 것의 중요함을 강조했다.

**김문순**(金文淳, ?~?): 미상.

**김방**(金榜, 1735~1801): 청나라 안휘(安徽) 흡현(歙縣) 사람. 자는 보지(輔之) 또는 예중(蕊中)이고, 호는 경재(繁齋). 건륭(乾隆) 37년(1772) 장원으로 진사가 되고, 한림원(翰林院) 수찬(修撰)을 지냈다. 젊어서부터 문사(文詞)에 뛰어났다. 특히 삼례(三禮)에 정통했는데, 오로지 정현을 조종으로 삼았다. 저서에 『주례』와 『의례』, 『예기』를 주해(註解)한 『예전(禮箋)』이 있다.

**김악**(金鶚, 1771~1819): 청나라 절강(浙江) 임해(臨海) 사람. 자는 추사(秋史) 또는 풍천(風薦)이고, 호는 성재(誠齋)이다. 일찍이 항주(杭州)에 들어가 홍이훤(洪頤煊), 홍진훤(洪震煊) 형제와 함께 고경정사(詁經精舍)에서 손성연(孫星衍)에게 고거학(考據學)을 강습하여 명성을 떨쳤다. 경전을 연구하면서 한대와 송(宋)대 학자들의 설을 천명하여 옛사람들이 밝히지 못한 것을 많이 밝혀냈다. 삼례(三禮)에 정통하여 의심나는 부분을 분석하고 어려운 부분을 변론하여 『예설(禮說)』을 지었다. 그 밖의 저서에 『사서정의(四書正義)』(『노론(魯論)』 6권만 남아 있다), 『향당정의(鄕黨正義)』, 『구고록(求古錄)』 등이 있다.

**김이상**(金履祥, 1232~1303): 송말(宋末)·원초(元初)의 유학자. 자는 길보(吉甫) 또는 길부(吉父)이고, 이름은 상(祥), 또는 개상(開祥), 이상(履祥)이다. 절강성(浙江省) 난계(蘭谿) 출생으로 인산선생(仁山先生)이라 일컬어졌다. 어려서부터 총명하였으며, 군서(群書)에 통달하였다. 장년이 되면서 주돈이(周敦頤)와 정호(程顥)의 학문을 조종으로 삼아 의리(義理)를 궁구했다. 왕노재(王魯齋)·하북산(何北山)에게 사사하고, 주자(朱子)·황면재(黃勉齋)의 학통(學統)을 이어받아, 절학(浙學)을 중흥하였다. 송나라가 멸망할 위기에 처했을 때 기책(奇策)을 올렸으나 채택되지 않았으며, 송나라가 멸망하자 금화산(金華山)에 숨어 살았다. 문집에 『인산집(仁山集)』, 주요 저서에 『상서주(尙書注)』와 『상서표주(尙書表注)』, 『논어맹자집주고증(論語孟子集注考證)』, 『자치통감전편(資治通鑑前編)』, 『대학장구소의(大學章句疏義)』, 『중용표주(中庸標注)』 등이 있다

**김인산**(金仁山, 1232~1303): ☞ 김이상(金履祥)

**나은**(羅隱, 833~909): 당나라 여항(餘杭) 사람. 일설에는 신성(新城) 또는 신등 (新登) 사람이라고도 한다. 자는 소간(昭諫)이고, 호는 강동생(江東生) 이며, 본명은 횡(橫)이다. 일찍이 십여 차례 과거에 낙방하는 불운이 이어지자 이름을 바꾸었다. 진해장군(鎭海將軍) 전류(錢鏐)가 불러 장 서기(掌書記)가 되었고, 나중에 절도판관(節度判官)과 저작좌랑(著作佐 郎), 간의대부(諫議大夫), 급사중(給事中)을 지냈다. 주전충(朱全忠)이 그의 인물을 아껴 불렀지만 응하지 않았다. 어려서부터 재능이 있 었고, 특히 시에 뛰어나 이름이 높았다. 저서에『참서(讒書)』와『강 동갑을집(江東甲乙集)』,『양동서(兩同書)』등이 있다.

**나필**(羅泌, 1131~1189): 남송(南宋) 때 길주(吉州) 여릉(廬陵), 지금의 강서성(江 西省) 길안(吉安) 사람이다. 어려서부터 학문에 힘써 시문(詩文)에 능 하였고 벼슬에는 뜻이 없었다. 건도(乾道) 연간의 저서로『노사(路 史)』47권이 있고, 이 외에도『역설(易說)』·『육종론(六宗論)』,『삼회 상중(三匯詳證)』등이 있다.

**난공자**(欒共子. ?~기원전 709): 진(晉)나라 애후(哀侯)의 대부인 공숙성(共叔成). 이름은 성(成), 시호는 공자(共子)이다. 곡옥(曲沃)의 무공(武公)이 익 (翼)을 공격하여 애후를 죽이고 그에게 자신을 따르도록 협박했다. 이에 그는 "죽음으로써 삶을 보답하고, 힘으로써 은혜를 보답하는 것이 사람의 도리다.[報生以死, 報賜以力, 人之道也.]"라고 말했다. 마침내 싸우다가 죽음을 당했다. 예에 밝은 사람, 충신으로 시문(詩文)에 많이 인용된다.

**난조**(欒肇, ?~?): 진(晉)나라 때 사람으로 상서랑(尚書郞)을 지냈으며, 자는 영초(永初)이다. 『논어석(論語釋)』과 『논어박(論語駁)』을 지었다고 한다.

**남괴**(南蒯, ?~?): 춘추시대 노(魯)나라 남유(南遺)의 아들로서 계씨(季氏)의 비읍재(費邑宰)가 되었는데, 소공(昭公) 12년에 계평자(季平子)가 즉위하여 자기를 예우하지 않자 비읍을 차지하고 반란을 일으키려 하다가 성공하지 못할 것을 우려하여 비읍의 무리를 거느리고 계씨를 배반하고서 제나라에 붙었다.

**낭와**(囊瓦, ?~?): 춘추시대(春秋時代) 초나라 사람으로서 초나라 장왕(莊王)의 아들 자낭(子囊)의 후손이다. 평왕(平王)을 섬겨 영윤(令尹)이 되었는데 평왕이 죽자 소왕(昭王)을 세웠다. 그때 채(蔡)나라 소후(昭侯)가 좋은 패옥(佩玉)과 갖옷을, 당(唐)나라 성공(成公)이 두 마리의 훌륭한 말을 갖고 있었는데, 이 두 사람이 초나라로 오자 낭와가 달라고 하였으나 주지 않자 돌아가지 못하게 하고, 두 사람이 패옥과 말을 바치자 비로소 돌려보냈다. 그 뒤 오나라가 초나라를 칠 때 이 두 임금이 같이 참여하였는데, 낭와는 세 번 싸워 이기지 못하고 정나라로 달아났다.

**노공**(魯公): 주공(周公)의 아들 백금(伯禽)이다. ☞ 백금(伯禽)

**노담**(老聃, ?~?): 노자(老子)이다. 춘추시대 말기 초나라 고현(苦縣) 사람으로 도가(道家)의 창시자이다. 이름은 이이(李耳)이고, 자는 백양(伯陽)인데, 노담으로도 불린다. 주나라의 수장실사(守藏室史)를 지냈다. 공자가 젊었을 때 낙양(洛陽)으로 찾아가 예에 대해 배운 것으로 알려졌다. '무위자화 청정자정(無爲自化 淸靜自正)'을 주장했다. 주나라가 쇠퇴해지는 것을 한탄하여 은퇴할 결심으로 서쪽으로 함곡관(函谷關)을 나가 은거하려고 했는데, 도중에 관문지기의 요청으로 상하(上下) 2편으로 된 책을 써 주었다고 한다. 그 이후의 소식은 알 수 없다. 이 책을 『노자』라 하고 『도덕경(道德經)』이라고도 부르는데, 도가사상의 효시로 일컬어진다. 그의 전기는 의문점이 많아, 노자의 생존을 공자보다 100년 뒤로 보는 설도 있고, 아예 실재 자체를 부정하는 설도 있다. 태사담(太師儋) 또는 노래자(老萊子)라고 보기도 한다.

**노문초**(盧文弨, 1717~1796): 중국 청나라시대의 고증학자. 처음 이름은 사종(嗣宗)이었으나 후에 문초(文弨)로 바꿨다. 자는 초궁(弨弓), 호는 기어(磯漁). 그의 당호가 포경당(抱經堂)이었으므로 포경선생이라고도 한다. 절강(浙江)성 여요(餘姚) 사람이다. 저술로는 『포경당집(抱經堂集)』, 『의례주소상교(儀禮注疏詳校)』, 『종산찰기(鐘山札記)』, 『상군팔읍예문지(常郡八邑藝文志)』, 『용성찰기(龍城札記)』, 『광아석천이하주(廣雅釋天以下註)』, 『경전석문고증(經典釋文考證)』 등이 있다.

**노변**(盧辯, ?~557): 북주(北周)의 명신. 자는 경선(景宣)으로 범양(范阳) 탁현(涿县), 지금의 하북(河北) 탁주시(涿州市) 사람이다. 처음으로 『대대례』에 주를 달았다. 저서로는 『대대례기해고(大戴禮記解詁)』 약간과 『분전(坟典)』 30권이 있다.

**노승**(魯勝, ?~?): 서진시대의 사상가. 자는 숙시(叔時)이다. 일찍이 좌저작랑(佐著作郎)을 역임하였고, 진(晉) 혜제(惠帝) 원강(元康) 초년에 건강령(建康令)으로 천거되었지만, 오래지 않아 시국이 맞지 않아 집에 은거하면서 지냈다. 조정에서 박사관(博士官)으로 초빙하기도 했으나 모두 거절하였다. 저서로는『묵변주(墨辯注)』서문이 남아 있다.

**노식**(盧植, 159?~192): 후한 탁군(涿郡) 탁현(涿縣) 사람. 자는 자간(子幹)이다. 영제(靈帝) 건녕(建寧) 연간에 박사(博士)가 되고, 구강태수(九江太守)를 지냈다. 다시 의랑(議郎)이 되어 채옹(蔡邕) 등과 동관(東觀)에서 오경(五經)을 교정하고『한기(漢記)』를 보완했다. 황건(黃巾)의 반란이 일어나자 북중랑장(北中郎將)으로 장각(張角)과 광종(廣宗)에서 싸웠다. 소황문(小黃門) 좌풍(左豊)의 눈 밖에 나 모함 때문에 처벌받았지만, 다시 상서(尙書)가 되었다. 나중에 동탁(董卓)이 소제(少帝)를 폐위할 것을 거론하자 홀로 반대하다 면직되어 귀향했다. 이후 상곡(上谷)에 은거했다. 젊어서 정현과 함께 마융에게 경전을 배워 고금의 문학에 통했고, 정밀하게 연구하되 장구(章句)의 해석에 얽매이지 않았다. 고문경학(古文經學)을 숭상하여 학관(學官)에 세울 것을 주장했다. 저서에『상서장구(尙書章句)』와『삼례해고(三禮解詁)』가 있었지만 전하지 않고,『소대례기주(小戴禮記注)』만 청나라 왕모(王謨)의 한위유서초(漢魏遺書鈔)에 전한다.

**노심**(盧諶, 284~350): 서진(西晉) 범양(范陽) 탁현(涿縣) 사람으로 자는 자량(子諒)이다. 맑고 민첩하며 재사(才思)가 있었고 노장(老莊)의 학문을 좋아했으며 글을 잘 지었다. 원래 문집이 10권 있었는데, 이미 없어졌다. 저서에『제법(祭法)』이 있다.

**노자간**(盧子幹): ☞ 노식

**뇌차종**(雷次宗, 386~448): 남조(南朝)시대 송나라 예장(豫章) 남창(南昌) 사람. 자는 중륜(仲倫)이다. 어려서부터 여산(廬山)에 들어가 승려 혜원(慧遠) 밑에서 배웠다. 학문을 좋아하여 특히 삼례(三禮)와 『시경(詩經)』 등에 정통했다. 송문제(宋文帝) 원가(元嘉) 15년(438) 문종(文宗)의 부름으로 상경하여 계룡산(鷄龍山)에 학관을 개설하고 학생을 가르치니 백여 명의 제자들이 모여들었다. 나중에 종산(鍾山)의 서암(西巖) 아래 초은관(招隱館)을 짓고 제왕(諸王)과 황태자에게 『상복경(喪服經)』 등을 강의했다. 그가 공문(公門)에 들지 못해 화림동문(華林東門)을 통해 연현당(延賢堂)으로 들어와 수업을 했다. 63살로 죽었다. 문집(文集)이 있다.

**누완**(樓緩, ?~?): 전국시대 종횡가(縱橫家)로서 조(趙)나라 무령왕(武靈王) 때의 사람으로, 일찍이 조왕(趙王)의 명에 따라 진(秦)나라로 들어가 재상(宰相)이 되었으며, 재상에서 면직된 뒤에는 조나라로 돌아와 조왕에게 진나라에게 땅을 떼어 주라고 권하였는데, 조왕이 자신의 요청을 따라 주지 않자 곧바로 떠나갔다.

**능명개**(凌鳴喈, ?~?): 중국 청나라 건륭에서 도광 시기 오정[烏程: 지금의 절강(浙江) 호주(湖州)] 사람이다. 자는 체원(體元), 호는 박재(泊齋)이다.

**능서**(凌曙, 1775~1829): 청나라 강소(江蘇) 강도(江都) 사람. 자는 효루(曉樓) 또는 자승(子昇)이다. 정현의 설을 따라 예학(禮學)을 공부하다가 유봉록(劉逢祿)이 하휴(何休)의 『춘추공양전(春秋公羊傳)』을 강론하는 것을 듣고 춘추공양학(春秋公羊學)에 힘을 기울였다. 춘추공양학이 한(漢)나라 동중서(董仲舒)의 『춘추번로(春秋繁露)』에 전해졌다고 보고, 옛 학설을 수집하는 한편 청나라 여러 학자들의 설을 참고하여 『춘추번로주(春秋繁露注)』를 저술했다. 또한 송원(宋元) 이래 학자들이 공언(空言)을 일삼았다고 보아, 실사구시(實事求是)의 정신으로 예(禮)를 연구하여 『춘추공양례소(春秋公羊禮疏)』와 『공양예설(公羊禮說)』, 『공양문답(公羊問答)』, 『예론략초(禮論略鈔)』, 『예설(禮說)』, 『의례예복통석(儀禮禮服通釋)』, 『사서전고핵』 등을 저술했다. 그 밖의 저서에 『군서문답(群書問答)』이 있다.

**능정감**(凌廷堪, 1755~1809): 청나라 안휘(安徽) 흡현(歙縣) 사람. 음률학가(音律學家). 자는 차중(次仲) 또는 중자(仲子)이다. 집안이 빈한하여 경전들을 모두 손으로 베껴 읽었다. 강영(江永)과 대진(戴震)의 학문을 흠모하여 경사(經史)에 진력했으며, 육서(六書)와 역산(曆算), 강역(彊域), 직관(職官) 연혁 등의 변증에도 정밀했다. 사장(詞章)에도 일가를 이루었으며, 역사 서적을 열심히 읽었다. 특히 예학에 조예가 깊어 『예경석례(禮經釋例)』를 저술했다. 음식(飮食)과 빈객(賓客), 제례(祭例), 기복(器服) 등 여덟 가지로 분류하고 각각의 예를 찾아 해석한 책이다. 또한 음률에도 뛰어나 『연악고원(燕樂考原)』과 『매변취적보(梅邊吹笛譜)』, 『원유산연보(元遺山年譜)』, 『교례당집(校禮堂集)』 등을 지었다.

**능환**(凌煥, ?~?): 미상.

**단도군**(丹徒君): 유태공(劉台拱, 1751~1805)이다. 청나라 강소(江蘇) 보응(寶應) 사람. 자는 임단(端臨)이다. 건륭(乾隆) 35년(1770) 거인(擧人)이 되고, 단도현(丹徒縣) 훈도(訓導)를 지냈다. 천문과 율려(律呂), 성음(聲音), 문자에 이르기까지 두루 정통했다. 주균(朱筠), 왕염손(王念孫), 대진(戴震) 등과 교유했다. 입신처세(立身處世)에 있어서는 송유(宋儒)의 의리(義理)를 중시했고, 경적(經籍) 연구에 있어서는 한유(漢儒)의 훈고(訓詁)만을 종주로 했다. 특히 고정(考訂)에 뛰어났다. 저서에『논어보주(論語補注)』와『논어변지(論語駢枝)』,『방언보교(方言補校)』,『한학습유(漢學拾遺)』,『순자보주(荀子補注)』,『국어보교(國語補校)』등이 있다.

**단옥재**(段玉裁, 1735~1815): 중국 청나라 때의 학자. 자는 약응(若膺), 호는 무당(茂堂)으로 강소성(江蘇省) 출생이다. 대동원(戴東原)의 제자로서 왕염손(王念孫)과 더불어 대씨(戴氏)의 '단왕이가(段王二家)'라고 불린다. 설문학(說文學)의 태두(泰鬥)이며, 한나라의 허신(許愼)이 지은 자서(字書)『설문해자』의 주서 30권을 저술함으로써 난해한 설문 주석에 획기적인 업적을 남겼다. 저서에『고금상서찬이(古今尚書撰異)』(32권),『춘추좌씨경(春秋左氏經)』(12권) 등이 있다.

**단임공**(端臨公, 1751~1805): 단도군(丹徒君) 유태공(劉台拱)이다. ☞ 단도군((丹徒君)

**단자**(單子, ?~?): 춘추시대 주나라 사람인 단 양공(單襄公)을 가리킨다. 이름은 조(朝)이다. 주 정왕(周定王)의 경사(卿士)로, 식읍(食邑)이 단(單)이었다. 왕명을 받들어 송(宋)나라에 갔고, 또 길을 빌려 진(陳)나라를 지나 초나라에 갔다. 진나라의 강에 다리가 없고 밭이 황폐한 것을 보았다. 진나라에 이르렀는데, 진 영공(陳靈公)은 공녕(孔寧), 의행보(儀行父), 하씨(夏氏)와 음행을 벌이느라 손님은 내버려 두고 보지 않았다. 귀국하여 정왕에게 진나라는 반드시 망할 것이라고 보고했다. 과연 진 영공은 피살당하고 초나라가 진나라로 진입했다

**달마다라**(達摩多羅, ?~?): 산스크리트어 다르마트라타(dharmatrāta)의 음사. 달마다라(達摩多羅)·달마달라다(達摩呾邏多)·담마다라(曇摩多羅) 등으로 음역한다. 5세기경, 설일체유부(說一切有部)의 승려로, 불대선(佛大先)과 함께 계빈국(罽賓國)에서 선법(禪法)을 전파했다. 『법구경(法句經)』의 편자로도 유명하다. 삼세실유(三世實有)의 종의(宗義)를 내세워 과거·현재·미래 3세(三世)의 법은 그 유(類)가 다르므로 그를 구별한 것이라고 주장하였고, 안식(眼識)이 색(色)을 본다는 학설, 즉 식견설(識見說)의 입장을 취하였다. 『아비달마대비바사론(阿毘達磨大毘婆沙論)』의 비평가로도 유명하다. 『오사비바사론(五事毘婆沙論)』, 『잡아비담심론(雜阿毘曇心論)』의 저자도 동명(同名)이나, 이는 3세기경 이 나라에서 활약한 동명의 승려로 보는 견해가 유력하다.

**담자**(郯子, ?~?): 춘추시대 사람. 담국(郯國)의 군(君)으로 노(魯)에 조현(朝見)하였으며 공자가 그에게 관제(官制)에 대해서 물었다고 한다. 『춘추좌씨전(春秋左氏傳)』「소공(昭公)」 17년의 기사에 따르면 노나라 소공(昭公) 때 그가 노나라에 와서 관직을 새의 이름으로 명명한 이유에

대한 질문을 받고는, 자신의 먼 조상인 소호씨(少暤氏)의 행적을 거론하며 자세히 설명하였는데, "중니가 이 말을 듣고 담자(郯子)를 찾아가 알현하고서 그에게 옛 관제를 배우고는, 이윽고 어떤 이에게 다음과 같이 말하였다. '내가 듣건대, 천자의 관직이 정당함을 잃었을 때에는 사방의 이족(夷族)에게 배울 수도 있다고 하였는데, 이 말은 역시 신빙성이 있어 보인다.'[仲尼聞之, 見於郯子而學之, 旣而告人曰: '吾聞之, 天子失官, 學在四夷, 猶信.']"라고 했다.

**담장**(譚長, ?~?): 미상.

**당고**(唐固, 155?~ 225): 삼국시대 오(吳)나라 단양(丹楊) 사람. 자는 자정(子正)이다. 손권(孫權)이 오왕(吳王)이 되었을 때 의랑(議郎)을 지냈다. 황무(黃武) 4년(225) 상서복야(尙書僕射)를 역임했다. 학문에 힘쓰고 수신(修身)에 전념하여 유자(儒者)로서의 풍모를 갖추었다. 『춘추』를 정밀하게 연구하여 『춘추공양전주(春秋公羊傳注)』와 『춘추곡량전주(春秋穀梁傳注)』, 『춘추외전국어당씨주(春秋外傳國語唐氏注)』를 저술했다. 『국어(國語)』에도 주를 달았다.

**당의약**(堂衣若, ?~?): 춘추시대(春秋時代) 사람. 자세한 것은 알려진 것이 없다.

**대동**(戴侗, ?~?): 송말원초(宋末元初) 때 온주(溫州) 용가(永嘉) 사람. 자는 중달(仲達)이고, 호는 합계(合溪)로, 대자(戴仔)의 동생이다. 이종(理宗) 순우(淳祐) 연간에 진사(進士)가 되었다. 국자부(國子簿)로 나가 태주(台州)를 다스렸고, 군기소감(軍器少監)으로 옮겼지만 병으로 나가지 못했다. 저서에 『역서사서가설(易書四書家說)』과 『육서고(六書故)』가 있다.

**대망**(戴望, 1837~1873): 청나라 절강(浙江) 덕청(德淸) 사람. 자는 자고(子高)이다. 동치(同治) 연간에 강녕서국(江寧書局) 교감(校勘)이 되었다. 안원(顔元)의 학문을 좋아했으며, 진환(陳奐)에게 성음(聲音), 훈고(訓詁)를 배웠다. 뒤에 송상풍(宋翔風)에게 『춘추공양전(春秋公羊傳)』을 배워 상주학파(常州學派)의 계승자가 되었다. 저서에 『논어주』와 『관자교정(管子校正)』, 『안씨학기(顔氏學記)』, 『적인당유집(謫麐堂遺集)』 등이 있다.

**대서**(大徐): 북송 양주(揚州) 광릉(廣陵) 사람인 서현(徐鉉, 917~992)을 가리킨다. ☞ 서현(徐鉉)

**대성**(戴聖, ?~?): 전한 양[梁, 하남성 상구(商丘)] 사람이다. 자는 차군(次君)이다. 숙부 대덕(戴德)과 함께 후창(后蒼)에게 『주례(周禮)』를 배웠고, 소대(小戴)로 불린다. 금문예학(今文禮學)인 소대학(小戴學)의 개창자다. 선제(宣帝) 때 박사(博士)로 석거각(石渠閣) 논쟁에 참여하고, 구강태수(九江太守)에 임명되었다. 석거각 회의에서 오경(五經)의 동이(同異)를 강론했다. 대덕의 『대대례기(大戴禮記)』 중에서 고대의 각종 예의(禮儀)와 관련된 논술 49편을 뽑아 『소대례기(小戴禮記)』를 편찬했는데, 이것이 지금의 『예기(禮記)』다. 학문은 교인(橋仁)과 양영(楊榮)에게 전수되었다.

**대진**(戴震, 1723~1777): 청(淸)나라 때 저명한 학자이자 철학가, 사상가. 휴녕(休寧) 융부(隆阜) 사람으로 자는 동원(東原), 신수(愼修)이고, 호는 고계(杲溪). 박학다식하고 음운(音韻), 문자(文字) 역산(曆算), 지리(地理) 등에 정통하였다. 또 의리(義理)에 대해 천명하고, 정주이학[程朱理學:

정호(程顥)와 정이(程頤)에서 주희(朱熹)로 이어지는 학통]의 사상을 비판했다. 고증학을 확립하고 그것을 기반으로 세계관을 정립했다. 청(淸) 초기의 학문의 실증적 수법을 발전시켜 천문학이나 음운학 등의 분야를 개척하였지만 그의 학술의 비판정신은 체제 내의 학문의 테두리를 벗어나지 못하였고 청초의 학문에 대한 체제 비판적 동기는 실패하였다. 저서로는 『성운고(聲韻考)』, 『성류표(聲類表)』, 『맹자자의소증(孟子字義疏證)』, 『방언소증(方言疏証)』, 『원서(原書)』, 『고역고(古歷考)』, 『시경이남보주(詩經二南補注)』, 『수경주(水經注)』, 『굴원부주(屈原賦注)』 등이 있다. 후인들이 『대씨유서(戴氏遺書)』를 편집하기도 했다.

**대청**(戴淸, 1762~1827): 청나라 강소(江蘇) 의징(儀徵) 사람. 자는 정재(靜齋)이다. 자료를 채록하는 일에 전념했고, 자료의 차이점이나 의문점 등을 규명하는 데 노력했다. 저서에 『사서전고고변(四書典故考辨)』과 『군경석지(群經釋地)』, 『경사관견(經史管見)』, 『운변(韻辨)』, 『쌍감초당시문집(雙柑草堂詩文集)』 등이 있다.

**대하후**(大夏侯): 한나라 때 『금문상서(今文尙書)』를 전공한 하후승(夏侯勝, 기원전 152~ 기원전 61)의 별칭이다. ☞ 하후승(夏侯勝)

**대풍군**(大馮君)과 **소풍군**(小馮君): 한나라 풍야왕(馮野王)과 풍립(馮立) 형제가 연달아 상군 태수(上郡太守)가 되어 훌륭한 치적을 이루었으므로 백성들이 그들의 공을 기려 형인 풍야왕을 대풍군(大馮君)이라고 하고 동생인 풍립을 소풍군(小馮君)이라고 칭했다.

**도굉경**(陶宏景, 456~536): 단양(丹陽) 말릉[秣陵: 지금의 강소성(江蘇省) 진강(鎭江) 부근] 사람. 남북조(南北朝)시대 송(宋)나라와 양(梁)나라 사이의 이름난 의약학자(醫藥學者)이자 도가(道家)의 학자인 도홍경(陶弘景)이다. 자(字)는 통명(通明)이고 화양은거(華陽隱居)라 자호(自號)하였다. 의약(醫藥) 방면에서, 본초학(本草學)에 대하여 제법 깊이 있는 연구를 하였고 일찍이 『신농본초경(神農本草經)』과 『명의별록(名醫別錄)』의 약물 730종을 분류하여 한데 합쳐 엮고 주석(注釋)을 달아 『본초경집주(本草經集注)』를 썼는데, 남북조시대 이전의 약물학 성과를 총결한 것으로 『신농본초경』 다음으로 옛날 본초학의 중요한 책이다. 그는 또한 맨 먼저 약물의 치료 작용에 따라 분류하는 '제병통용약(諸病通用藥)'의 약물 분류법을 제기하였다. 금기(琴碁)에서 서예까지 능숙했으며, 역산(曆算)과 지리, 의약 등에도 조예가 깊었다. 아버지가 첩에게 살해된 사실로 인하여 일생을 결혼하지 않고 지냈다. 소도성[蕭道成, 제 고제(齊高帝)]이 재상으로 있을 때 불려 제왕시독(諸王侍讀)이 되었다가 봉조청(奉朝請)에 올랐다. 일찍이 관직을 사퇴하고 제 무제(齊武帝) 영명(永明) 10년(492) 구용(句容) 구곡산(句曲山), 즉 모산(茅山)에 은거하여 학업에 정진했고, 유불도 삼교(三敎)에 능통했으며, 통합을 주장했다. 양 무제(梁武帝)가 초빙했지만 나오지 않았다. 그러나 조정에 대사가 있을 때마다 그에게 자문을 구해 당시 산중재상(山中宰相)으로 불렸다. 만호(晩號)는 화양진일(華陽眞逸)이다. 도교 관계 저서로는 경전으로 존중되고 있는 『진고(眞誥)』 20권과 『등진은결(登眞隱訣)』 3권, 『진령위업도(眞靈位業圖)』 등이 있다. 문집에 『화양도은거집(華陽陶隱居集)』 2권이 있으며, 『본초경집주(本草經集注)』와 『제대연력(帝代年曆)』, 『주후백일방(肘後百一方)』도 저술했다.

**도잠**(陶潛, 365~427): 동진(東晉) 여강(廬江) 심양(潯陽) 사람. 자는 연명(淵明) 또는 원량(元亮)이고, 문 앞에 버드나무 다섯 그루를 심은 뒤 오류선 생(五柳先生)이라 자호했다. 일설에는 이름이 연명(淵明)이고, 자가 원량이라고도 한다. 도간(陶侃)의 증손이다. 팽택현령(彭澤縣令) 때 오두미(五斗米) 때문에 허리를 굽히는 일을 견뎌 내지 못하면서 항상 전원생활에 대한 사모의 정을 달래지 못하다가 안제(安帝) 의희(義 熙) 2년(406) 41살 때 누이의 죽음을 구실 삼아 팽택현령을 사임한 뒤 다시는 관계(官界)에 나가지 않았다. 이때 쓴 글이 「귀거래사(歸去 來辭)」다. 의희 말에 저작좌랑(著作佐郞)으로 불렸지만 나가지 않았 다. 스스로 증조가 진(晉)나라 때의 재보(宰輔)였으면서 후대에 몸을 굽힌 것을 부끄럽게 여겨 남조 송나라에 들어서자 다시는 벼슬에 나가지 않았다. 지은 문장에는 모두 연월(年月)을 달았는데, 의희 이 전에는 진나라 연호를 썼다가 남조 송나라 이후에는 갑자(甲子)만 달았다. 직접 농사를 지어 자급했고, 술을 좋아했으며, 시문을 잘 지 었다. 시풍(詩風)은 후대의 많은 시인에게 영향을 끼쳐 문학사상 큰 업적을 남겼다. 시 외에 『오류선생전(五柳先生傳)』과 『도화원기(桃花 源記)』 등 산문에도 뛰어났고, 지괴소설집(志怪小說集) 『수신후기(搜 神後記)』의 작자로도 알려져 있다. 사시(私諡)는 정절(靖節)이다. 저서 에 『도연명집(陶淵明集)』이 있다.

**도주**(陶朱, ?~?): 중국 월왕(越王) 구천(句踐)의 신하였던 범려(范蠡)를 달리 이 르는 말. 자는 소백(少伯)이다. 재산을 모으는 재주가 있어 많은 재 산을 모아 부호의 표본으로 일컬어진다. 화식(貨殖)의 재능에 뛰어 나 세 번 천금(千金)을 모았다고 한다. 도주공(陶朱公)의 준말이다. 완 령(宛令) 문종(文種)의 친구로, 그를 따라 월나라로 와 월왕 윤상(允

常)을 섬겼다. 구천(句踐)이 이어 등극하자 그의 모신(謀臣)이 되었다. 월나라가 오나라에 패배하자 문종은 나라를 지키고 그는 오나라에 화해를 요청하여 구천을 따라 3년 동안 오나라에서 신복(臣僕)으로 있었다. 귀국해서는 문종과 함께 부국강병에 최선을 다했다. 높은 명성을 얻은 뒤에는 구천과 오래 함께하기 어렵다는 사실을 깨닫고 벼슬을 내어놓고 미인 서시(西施)와 더불어 오호(五湖)에 배를 띄우고 놀았다고 한다. 나중에 스스로 치이자피(鴟夷子皮)라 일컫고 재물을 모았다가 그 재물을 모두 흩어 백성들에게 나누어 준 다음 다시 도(陶) 땅에 가서 호를 도주공(陶朱公)이라 일컫고, 수만금을 모아 대부호가 되었다. 저서에 『범려』가 있었다고 하는데, 지금은 없어졌다.

**도철**(饕餮): 진운씨(縉雲氏)의 아들로, 재물을 탐하는 것을 도(饕)라 하고, 음식을 탐하는 것을 철(餮)이라 한다. 또한 사람을 잡아먹는다는 악수(惡獸)의 이름으로, 탐욕이 많고 악한 사람을 비유하는 데 쓰인다.

**동언휘**(董彦輝, ?~?): 미상. 『심의고오(深衣考誤)』는 강영(江永)의 저술인데, "동언휘의 『심의고오』"라고 한 것은 유보남(劉寶楠)의 착오인 듯하다.

**동오**(童烏, ?~?): 전한말(前漢末)의 학자 양웅(楊雄, 기원전 53~18)의 아들. 9세 때 양웅이 짓고 있는 『태현경(太玄經)』을 도왔으므로 태현경을 『동오(童烏)』라고도 한다. 동오가 아버지 양웅과 아주 미묘하며 깊고 그윽한[玄妙深遠] 학문인 노장학(老莊學)을 논한 일을 동오예현(童烏預玄)이라고 한다.

**동우**(董遇, ?~?): 삼국 때 위(魏)나라 학자. 제자가 공부할 날짜가 없음을 한탄하자 삼여(三餘)를 이용하라고 했음. '삼여'는 한 해의 나머지인 겨울, 낮의 나머지인 밤, 갠 날의 나머지인 비 오는 날 등을 말함.

**동중서**(董仲舒, 기원전 170?~기원전 120?): 전한 신도(信都) 광천(廣川) 사람. 젊어서 『춘추공양전(春秋公羊傳)』을 공부했다. 무제(武帝) 때 현량대책(賢良對策)으로 백가(百家)를 몰아내고 유술(儒術)만을 존중할 것을 주장했는데, 무제가 받아들여 이후 2천 년 동안 유학(儒學)이 정통 학술로 자리하는 계기를 만들었다. 일찍이 강도상(江都相)과 교서왕상(膠西王相)을 지냈다. 나중에 병을 이유로 사직하고 학문 연구와 저술에만 힘썼다. 항상 장막을 치고 제자를 가르쳤기 때문에 그의 얼굴을 모르는 제자도 있었다. 학문은 유학을 중심으로 하면서도 음양오행설(陰陽五行說)이나 천인감응설(天人感應說) 같은 신학적 체계도 갖추고 있었다. 천도(天道)와 인사(人事)가 서로 부응한다고 하여 군신(君臣)과 부자(父子), 부부(夫婦)의 도도 모두 천의(天意)에서 나온다고 하면서 "하늘이 바뀌지 않으면 도도 바뀌지 않는다.[天不變, 道亦不變.]"라고 주장했다. 나중에 자신의 학설로 말미암아 투옥되는 등 파란 많은 생애를 살았다. 저서에 『동자문집(董子文集)』과 『춘추번로(春秋繁露)』 등이 있다.

**동파**(董巴, ?~?): 삼국(三國)시대 위(魏)나라의 관리. 급사중박사(給事中博士)와 기도위(騎都尉)를 역임했다. 일찍이 신비(辛毗) 등의 사람과 함께 위나라가 한나라를 대신해야 한다고 진언하여 권하기도 했다. 저서에 『대한여복지(大漢輿服志)』 1권이 있다.

**두기**(杜夔, ?~?): 삼국 시대 위(魏)나라 하남(河南) 사람. 자는 공량(公良)이다.

한 영제(漢靈帝) 때 음률에 밝아 아악랑(雅樂郞)이 되었다. 중평(中平) 5년(188) 벼슬을 버리고 형주(荊州)로 달아나 유표(劉表)에 의지했다. 나중에 조조(曹操)에게 귀순하여 군모좨주(軍謀祭酒)가 되어 태악(太樂)의 일에 참여하여 아악(雅樂)을 창제했다. 위 문제(魏文帝) 때 태악령(太樂令)과 협률도위(協律都尉)가 되었다. 종률(鐘律)을 잘하여 귀가 아주 밝아 사죽팔음(絲竹八音)에 능하지 않은 것이 없었다.

**두독**(杜篤, ?~78): 후한 경조(京兆) 두릉(杜陵) 사람. 자는 계아(季雅)이다. 어려서부터 박학했고, 작은 예절에 얽매이지 않았다. 미양령(美陽令)에게 죄를 지어서 투옥되었다. 마침 대사마(大司馬) 오한(吳漢)이 죽어 옥중에서 뇌(誄)를 썼는데, 문장이 최고여서 광무제(光武帝)가 비단을 하사하고 사면했다. 나중에 군문학연(郡文學掾)이 되었다. 장제(章帝) 건초(建初) 3년(78) 종사중랑(從事中郞)으로 마방(馬防)이 서강(西羌)을 공격하는 데 종군했다가 전사했다. 저서에 『명세론(明世論)』과 「논도부(論都賦)」 등이 있다.

**두시**(杜詩, 기원전 1?~38): 중국 후한(後漢) 광무제(光武帝) 때의 문신이자 학자. 후한 때 남양 태수(南陽太守)로 하내군(河內郡) 급현(汲縣) 사람이다. 자는 군공(君公). 건무(建武) 원년(元年)에 한 해에 세 번이나 천거되어 시어사(侍御使)가 되고 여남도위(汝南都尉)와 남양태수(南陽太守)를 역임했는데, 행정이 청렴하고 공평했으며 덕정(德政)을 펼쳤다. 특히 두시는 횡포한 장군 소광(蕭光)을 격살(格殺)하고, 역적 양이(楊異) 등을 주벌하는 등 크게 선정을 베풀어 당시 남양 사람들이 사모하여 "앞에는 소보가 있고, 뒤에는 두모가 있네.[前有召父, 後有杜母.]"라고 칭송하였다고 한다.

**두예**(杜預, 222~284): 서진(西晉) 경조(京兆) 두릉(杜陵) 사람. 자는 원개(元凱)이다. 가충(賈充)이 율령을 제정했을 때 주해(註解)를 달았다. 박학하고 여러 분야에 정통했는데, 특히『춘추(春秋)』에 뛰어나 스스로 좌전벽(左傳癖)이 있다고 말했다. 저서『춘추좌씨경전집해(春秋左氏經傳集解)』는 후세에 통행하는『좌전(左傳)』의 주본(注本)이 되었고,『십삼경주소(十三經注疏)』에 편입되었다. 그 밖의 저서에『춘추석례(春秋釋例)』와『춘추장력(春秋長歷)』이 있다. 시호는 성(成)이다.

**두우**(杜佑, 735~812): 당나라 경조(京兆) 만년(萬年) 사람. 자는 군경(君卿), 시호는 안간(安簡)이다. 증조부 이래 관료를 지낸 귀족 집안에서 태어나 일찍부터 여러 관직을 역임했다. 문자를 좋아하고 고금의 일에 해박했는데, 학문은 부국안민(富國安民)을 으뜸으로 삼았다. 처음에 부음(父蔭)으로 제남참군(濟南參軍)에 오르고, 거듭 승진하여 탁지겸화적사(度支兼和糴使)에 이르렀다. 당시 군사와 관련된 일이 발생하자 궤운(饋運)에 관한 사무는 모두 그에게 맡겼다. 호조시랑(戶曹侍郎)과 판탁지(判度支)를 지냈다. 저서에『통전(通典)』200권이 있는데, 상고로부터 현종(玄宗) 때까지 역대의 제도를 아홉 부분으로 분류하여 수록한 역사서로, 제도사(制度史) 연구에 불가결한 자료이다. 그 밖의 저서에『통전』의 요점을 쓴 것으로 생각되는『이도요결(理道要訣)』등이 있다.

**두자춘**(杜子春, ?~?): 후한 하남(河南) 구씨[緱氏, 하남성(河南城) 언사偃師)] 사람. 전한 말에 유흠(劉歆)에게『주례(周禮)』를 배웠다. 세상이 어지러워져 유흠의 제자들 대부분이 죽었는데, 그만 명제(明帝) 영평(永平) 초까지 생존했다. 나이가 근 아흔 살이었다. 태중대부(太中大夫)를 지냈다. 후한 때의 유자(儒者) 정중(鄭衆)과 가규(賈逵) 등이 모두 그에게 배웠다. 초기에는 『춘추공양전(春秋公羊傳)』을 연구했으며, 나중에 『좌전(左傳)』과 『주례』를 연구했다. 그가 주를 단 『주례』는 정현(鄭玄)이 채용했으며, 정중, 가규 등에게 『주례』를 전수해 주었다. 저서에 『옥함산방집일서』에 수록된 『주례두씨주(周禮杜氏注)』가 있다. 『주례』가 이때부터 처음 전해졌다.

**두헌**(竇憲, ?~92): 후한 부풍(扶風) 평릉(平陵) 사람. 자는 백도(伯度), 두융(竇融)의 증손이다. 제3대 황제 장제[章帝, 숙종(肅宗)]의 황후 두씨의 오빠다. 시중(侍中)을 거쳐 호분중랑장(虎賁中郎將)을 지냈다. 건초(建初) 2년(77) 여동생이 궁중으로 들어가자 그 연줄로 승진했다. 영원(永元) 원년(89) 화제(和帝, 穆宗)가 즉위하고, 두황후가 임조(臨朝)하자 시중이 되어 두태후와 함께 정치를 마음대로 했다. 나중에 죄를 지어 갇히자 스스로 흉노(匈奴) 토벌에 나서 북선우(北單于)를 대파하는 공을 세워 거기장군(車騎將軍)이 되었다. 연연산(燕然山)에 올라 돌에 공적을 새기고 돌아와 대장군(大將軍)이 되었다. 동생들과 함께 권력이 조정을 울렸고, 교만해져 횡포를 부렸다. 집안사람들이 모두 조정의 요직을 맡았다. 4년(92) 황제가 대장군 인수(印綬)를 거두고 관군후(冠軍侯)로 고쳐 봉하면서 친정(親政)을 하려고 하자 황제를 죽이려고 꾀하다가 발각되어 자살했다.

**등석**(鄧析, 기원전 545?~ 기원전 501?): 춘추시대 말기 정나라 사람이다. 일찍이 대부를 지냈으며, 자산[子産: 공손교(公孫僑)]과 동시대 사람이다. 구변(口辯)이 좋아 양시적(兩是的)인 이야기를 잘 풀어놓았다. 사학(私學)을 열어 학생들에게 치옥(治獄)의 법을 가르쳤다. 정나라에서 만든 형서(刑書)를 개정하여 죽간(竹簡)으로 간행했는데, 『죽형(竹刑)』
이라 불린다. 사전(駟顓, 또는 자산)이 집정하면서 다른 죄로 그를 죽
일 때 그의 『형서』를 이용했다. 『전한서(前漢書)』「예문지(藝文志)」에
는 윤문자(尹文子), 공손룡과 더불어 명가(名家: 제자백가 중 하나로 사물
의 명칭과 실체 사이에 나타나는 불일치를 바로잡아야 함을 강조한 학파)의 학
자로 올려놓았지만, 법가(法家)의 학설을 주로 다룬 것으로 보인다.
『열자(列子)』에는 그가 정나라 사람들을 선동해서 송사를 일으키는
것을 일삼아 국정을 문란하게 했고, 또한 자주 자산의 정치를 비난
해서 처벌을 받았다고 했으며, 『회남자(准南子)』에는 능변으로 법을
어지럽게 했다는 등 행적을 부정적으로 기록했다. 저서 『등석자(鄧
析子)』는 「무후(無厚)」와 「전사(轉辭)」 2편으로 이루어져 있는데, 주
로 법가의 학설을 담았다.

**등양**(鄧颺, ?~249): 삼국시대 위나라 남양(南陽) 사람. 자는 현무(玄茂)이다.
젊어서부터 선비로서 명성이 있었다. 명제(明帝) 때 상서랑(尚書郎)이
되었다가 일에 연루되어 면직되었다. 중랑(中郎)에 임명되고, 중서
랑(中書郎)을 겸했지만, 부화(浮華)하다는 이유로 쫓겨났다. 제왕(齊
王) 조방(曹芳)이 즉위하고 조상(曹爽)이 권력을 보좌했을 때 심복이
되어 영천태수(潁川太守)와 대장군장사(大將軍長史)를 거쳐 시중상서
(侍中尚書)로 옮겼다. 정시(正始) 10년(249) 사마의(司馬懿)가 정변을
일으켜 권력을 탈취한 뒤 조상, 하안(何晏) 등과 함께 모반죄로 몰려
삼족(三族)이 멸족당했다.

**등전**(鄧展, ?~?): 삼국시대 위나라의 인물. 남양군(南陽郡) 사람이다. 한 헌제
(漢獻帝) 건안(建安) 연간에 분위장군(奮威將軍)이 되어 고악향후(高樂

鄕侯)를 봉해 받았다. 『삼국지집해(三國志集解)』에 따르면 215년에 조조를 위왕에 오르길 권한 신하 중 한 명으로 분위장군 악향후를 지낸 유전(劉展)과 동일인물이라고 한다.

**등표**(鄧彪, ?~93): 동한시대 남양(南陽)의 신야(新野) 사람. 자는 지백(智伯)이다. 벼슬은 발해태수(勃海太守)까지 올랐다. 화제(和帝) 때 태부(太傅), 계양태수(桂陽太守), 태위(太尉) 등을 역임했다. 관직에 있을 때 청백하여 백관 신료의 모범이 되었다.

**마계장**(馬季長, 79~166): ☞ 마융(馬融). 계장(季長)은 마융의 자이다.

**마방**(馬防, ?~101): 후한 부풍(扶風) 무릉(茂陵) 사람. 자는 강평(江平)이고, 마원(馬援)의 아들이다. 처음에 황문시랑(黃門侍郞)이 되었다. 장제(章帝) 때 금성(金城)과 농서(隴西)의 강인(羌人)이 반란을 일으키자 행거기장군(行車騎將軍)으로 군대를 이끌고 가 진압했다. 돌아와 거기장군(車騎將軍)이 되고 성문교위(城門校尉)를 겸했으며, 영양후(潁陽侯)에 봉해졌다. 광록훈(光祿勳)으로 옮겼다. 형제가 모두 성공하여 재산이 거억(巨億)에 이르렀다. 건초(建初) 8년(83) 형의 아들 마예(馬豫)가 원망하고 비방한 일로 담당관리가 앙심을 품고 그의 형제들이 사치한 정도가 참람하여 성화(聖化)를 더럽히고 어지럽힌다고 아뢰어 적향후(翟鄕侯)로 깎였다. 나중에 면직되어 본군(本郡)으로 돌아갔다.

**마융**(馬融, 79~166): 후한의 유학자로 부풍(扶風) 무릉(茂陵) 사람이다. 자는 계장(季長). 정현의 스승이기도 하다. 『춘추삼전이동설(春秋三傳異同說)』과 『논어(論語)』・『효경(孝經)』・『시경(詩經)』・『주역(周易)』・『상서(尙書)』・『삼례(三禮)』, 『열녀전(列女傳)』, 『노자(老子)』, 『회남자(淮南子)』, 『이소(離騷)』를 주석했다. 문집 21편이 있었지만 지금은 그 단편만 남아 있다.

**마응조**(馬應潮, ?~?): 『구경고의주(九經古義注)』를 저술했다고 하는데, 자세한 정보는 알 수 없다.

**마종련**(馬宗璉, 미상~1802): 청나라 안휘(安徽) 동성(桐城) 사람으로, 종련(宗槤)으로도 쓴다. 자는 기지(器之) 또는 노진(魯陳)이다. 가경(嘉慶) 2년(1797) 거인(擧人)에서 동류현교유(東流縣敎諭)에 올랐고, 6년(1801) 진사(進士)가 되었다. 어려서 요내(姚鼐)에게 배워 고훈(古訓)과 지리학(地理學)에 정통했다. 『모시』와 『주례』 및 『춘추』 삼전(三傳)에 조예가 깊었다. 완원(阮元)이 편찬한 『경적찬고(經籍纂詁)』의 범례를 바로잡았으며, 고염무(顧炎武)의 『좌전두해보정(左傳杜解補正)』과 혜동(惠棟)의 『좌전보주(左傳補注)』에 빠뜨린 것이 많다고 여겨 한대(漢代)와 위대(魏代)의 여러 설을 수집해 『좌전보주(左傳補注)』를 저술했다. 그 밖의 저서에 『모정시고훈고증(毛鄭詩詁訓考證)』과 『주례정주소증(周禮鄭注疏證)』, 『곡량전소증(穀梁傳疏證)』, 『설문자의광증(說文字義廣證)』, 『전국책지리고(戰國策地理考)』, 『영남시초(嶺南詩抄)』 등이 있다.

**마주**(馬周, 601~648): 당나라 박주(博州) 치평(茌平) 사람. 자는 빈왕(賓王)이다. 어릴 때 고아가 되고 가난했지만 배우기를 좋아했고, 『시경(詩經)』과 『춘추(春秋)』에 밝았다. 감찰어사(監察御史)와 급사중(給事中), 중서시랑(中書侍郎), 중서령(中書令) 등을 지냈으며, 명쾌하고 주도면밀한 변설로 간언(諫言)하여 태종의 총애를 받았다.

**만사대**(萬斯大, 1633~1683): 청나라 절강(浙江) 은현(鄞縣) 사람이다. 자는 충종(充宗)이고, 만호는 파옹(跛翁)이며, 학자들은 갈부선생(褐夫先生)이라 불렀다. 동생 만사동(萬斯同)과 함께 황종희(黃宗羲)에게 사사했다. 청나라의 과거에는 응시하지 않았다. 경학(經學)에 정통했는데,

모든 경전에 통하지 않으면 한 경전도 암송할 수 없고, 전주(傳注)의 잘못을 깨닫지 못하면 경전에 통할 수 없다고 생각했다. 또 경전으로 경전을 해석하는 방식은 전주의 잘못을 깨닫는 데 아무 도움도 되지 않는다고 주장했다. 특히 춘추학과 『삼례(三禮)』, 예학을 깊이 배워, 여러 학자의 설을 융합했고, 한송(漢宋) 학자들에 얽매이지 않았다. 『주례(周禮)』가 주공(周公)의 작품이 아니라고 의심하여 후인들의 가탁이라고 보았다. 저서에 『학춘추수필(學春秋隨筆)』 10권과 『학례질의(學禮質疑)』 2권, 『주관변비(周官辨非)』 2권, 『의례상(儀禮商)』, 『예기우전(禮記偶箋)』 등이 있다.

**매식지**(梅植之, 1794~1843): 청나라 강도[江都: 강소성(江蘇省) 양주(揚州)] 사람. 자는 온생(蘊生)이다. 도광(道光) 19년(1839) 거인(擧人)이 되었다. 경사(經史)를 박람하며 유문기(劉文淇)와 함께 학문을 연마했다. 『춘추곡량전(春秋穀梁傳)』은 『모시(毛詩)』, 『순자(荀子)』와 그 뜻이 부합된다고 여겨 소증(疏證)하려 했지만, 완성하지 못하고 생을 마쳤다.

**맹강**(孟康, ?~?): 삼국시대 위(魏)나라 사람으로 자는 공휴(公休)이다. 맹자(孟子)의 17대손이다. 안평(安平) 사람으로 황초(黃初) 연간에 문덕황후(文德皇后)의 외속 관계에 해당해 9족으로 관직을 받았으며, 옮겨서 산기시랑이 되었다. 이때 산기시랑은 뛰어난 재능을 가진 자들만 선발되었기에 맹강은 후궁의 연줄로 임명된 것이라 당시의 사람들이 그를 경시해 아구(阿九)라 불렀으며, 맹강은 재능과 영민함이 없어서 두루 서전을 읽었다. 하지만 문장이 뛰어나고 요점을 잘 짚어서 사람들은 그를 존경하게 되었으며, 위의 제왕(齊王) 정시(正始) 연간에 홍농태수(弘農太守) 겸 전농교위(典農校尉)가 되었다. 맹강은 관직에 오르면 자신을 깨끗이 하고 직무에 임해 선행을 평가했으며, 선행을 할 수 없는 사람을 불쌍히 여겨 소송 사건을 줄이고 백성들의 이익을 주도록 했다. 252년에 대장군(大將軍) 사마사(司馬師)가 집권하면서 조정의 회의에 참여했고 가평(嘉平) 연간 말에 발해태수가 되었다가 중앙으로 가 중서령을 지내다가 중서감이 되었다. 주요 저서로는 『한서음의(漢書音義)』와 『노자주(老子注)』가 있다.

**맹몽순**(孟夢恂, 1283~1356): 중국 원(元)나라 태주(台州) 황암(黃巖) 사람. 자는 장문(長文)이고, 호는 삼벽(森碧)이다. 양각(楊珏)과 진천서(陳天瑞)에게 배웠고, 경사(經史)를 깊이 연구했으며, 성리학에도 정통했다. 경학으로 천거되어 태주학록(台州學錄)을 지냈다. 순제(順帝) 지정(至正) 중에 등사랑(登仕郎)을 거쳐 상주로의흥주판관(常州路宜興州判官)에 올랐지만 부임하기 전에 죽었다. 시호는 강정선생(康靖先生)이다. 저서에 『사서변의(四書辨疑)』와 『성리본지(性理本旨)』, 『한당회요(漢唐會要)』, 『필해잡록(筆海雜錄)』 등이 있다.

**맹분**(孟賁, ?~?): 전국시대 위(衛)나라 사람. 제나라 사람이라고도 한다. 용력지사(勇力之士)로, 하육(夏育)과 이름을 나란히 했다. 대단한 완력과 용기를 지닌 인물로, 소의 생뿔을 잡아 뽑아낼 수 있었다. 땅에서는 맹수와 마주쳐도 두려워하지 않는 용기를 지녔고, 물속에서는 교룡(蛟龍)과의 싸움도 피하지 않았다고 한다. 화가 났을 때는 두 눈이 옆으로 찢어져 기세가 사람을 질리게 만들었다. 길을 가거나 물을 건널 때 아무도 그와 선두를 다투지 못했다. 맹열(孟說)이라고도 한다. 진무왕(秦武王)의 사랑을 받던 역사(力士)라고도 한다.

**맹욱수**(孟郁修, ?~?): 미상.

**모공**(毛公, ?~?): 전국시대 조(趙)나라의 사상가이다. 공손룡(公孫龍)과 함께 평원군(平原君)의 식객이었다. 저술로 『모공』 9편이 있었다고 하나, 지금은 망실되고 전하지 않는다.

**모기령**(毛奇齡, 1623~1716): 명말청초 때 절강(浙江) 소산(蕭山) 사람. 자는 대가(大可) 또는 제우(齊于), 우일(于一)이고, 호는 초청(初晴) 또는 추청(秋晴)이다. 본명은 신(甡)이다. 학자들은 서하선생(西河先生)이라 불렀다. 청나라 초에는 일찍이 항청(抗淸) 운동에 참여했다. 일이 실패한 뒤 이곳저곳을 떠돌다가 다시 세상에 나타났다. 강희(康熙) 18년 (1679) 박학홍사과(博學鴻詞科)에 천거되고, 한림원검토(翰林院檢討)에 임명되어 『명사(明史)』 편찬에 참여했다. 얼마 뒤 휴가를 내어 귀향한 뒤 다시는 나가지 않았다. 경사(經史)와 음운학(音韻學)을 공부했고, 박문강기(博聞强記)하여 다방면에 걸쳐 많은 저술을 냈다. 양명학(陽明學) 영향을 받았지만 고증학(考證學)을 좋아했다. 그러나 인용은 방대했지만 상세하게 확인하지 않아 오류가 다수 눈에 띈다. 주자를 비판한 『사서개착(四書改錯)』, 염약거(閻若璩)의 『고문상서소증(古文尙書疏證)』을 반박한 『고문상서원사(古文尙書寃詞)』 등이 있다. 저술을 모두 모은 『서하합집(西河合集)』은 400여 권으로 구성되어 있다.

**모노 시게노리**(物茂卿, 1666~1728): 일본(一本)의 고문사학자(古文辭學者) 오규 소라이(荻生徂徠). 이름은 나베마쓰(雙松), 시게노리(茂卿)는 그의 자이다. 소라이(徂徠)는 그의 호인데, 겐엔(蘐園)을 사용하기도 한다.

그가 창시한 학파를 '고문사학파(古文辭學派)' 또는 '겐엔학파'라고도 한다. 소라이의 '고문사학'은 주자학(朱子學)과 송학(宋學)을 철저히 비판하고 고대의 글, 즉 '고문사(古文辭)'의 정신으로 돌아가야 한다는 것을 주창하고, 유가의 근본 경전, 즉 육경(六經)으로 거슬러 올라갈 것을 주장하였다. 저서로는 『논어징(論語徵)』, 『문답서(問答書)』, 『변도(辨道)』, 『변명(辨名)』, 『태평책(太平策)』, 『정담(政談)』 등이 있다.

**모백**(毛伯, ?~?): 주나라 때 사람. 대부를 지냈다. 백위(伯衛)로도 불린다. 경왕(景王)이 죽은 뒤 난을 일으킨 왕자 조(王子朝), 소백(召伯)과 함께 초나라로 도망쳤지만 죽임을 당했다.

**모석령**(毛錫齡, ?~?): 모기령(毛奇齡, 1623~1716)의 둘째 형이다.

**모용황**(慕容皝, 297~348): 16국시대 전연(前燕)의 초대 왕(재위, 337~348).

**모원상**(牟願相, ?~?): 청나라 시대의 학자. 산동(山東) 서하(栖霞) 사람으로, 자는 단보(亶甫)이고 호는 철리(鐵李)이다. 저서에 『소해초당시문집(小澥草堂詩文集)』과 『모원상선생유저(牟愿相先生遺著)』가 있다.

**모융**(牟融, ?~79): 후한 북해(北海) 안구(安丘) 사람. 자는 자우(子優)이다. 젊어서 박학하여 음운학(音韻學)에도 정통하여 『대하후상서(大夏侯尚書)』를 가르쳤는데, 제자가 수백 명에 이르렀다. 명제(明帝) 때 무재(茂才)로 천거되어 풍령(豊令)이 되었는데, 다스리는 3년 동안 고을에 옥송(獄訟)이 없었다. 거듭 승진하여 사공(司空)이 되었는데, 거동이

방정(方正)하여 대신의 절조(節操)를 갖추었다. 장제(章帝)가 즉위하자 태위(太尉)에 오르고, 녹상서사(錄尙書事)에 참여했다.

**모형**(毛亨, ?~?): 전한 노(魯) 사람. 일설에는 하간(河間) 사람이라고도 한다. 『시(詩)』를 전공했고, 고문경학인 모시학(毛詩學)의 개창자이다. 『모전(毛傳)』은 자하(子夏)에게서 나와 순황(荀況)을 거쳐 그에게 전해졌다고 한다. 순황에게 『시』를 배웠으며, 대모공(大毛公)으로 불려진다. 학문은 조(趙) 땅 사람 모장(毛萇)에게 전해졌다. 저서에 『모시고훈전(毛詩詁訓傳)』이 있는데, 정현(鄭玄)이 전(箋)을 달고 공영달(孔穎達)이 소(疏)를 지었다. 지금 전하는 『시경』이 바로 모형이 전한 것이다.

**모황**(毛晃, ?~?): 송나라 구주(衢州) 강산(江山) 사람. 호는 철연(鐵硯)이다. 고종(高宗) 소흥(紹興) 연간에 진사가 되었다. 소흥 말에 진사에서 해면(解免)된 뒤 문을 걸어 잠그고 저술에 전념했는데, 제유(諸儒)들의 학설에 부화뇌동하지 않았다. 자학(字學)에 정통했다. 고정(考訂)한 것이 상세하고 신중했으며, 쓰던 벼루가 뚫릴 정도였다. 저서에 『우공지남(禹貢指南)』과 『증주예부운략(增注禮部韻略)』 등이 있다.

**무경**(武庚, ?~?): 은(殷)의 마지막 임금인 주왕(紂王)의 아들로 '녹보(祿父)'라고도 한다. 『사기(史記)』 「주본기(周本紀)」에는 '녹보(禄父)'라고도 기록되어 있다. 어려서부터 총명하고 학문을 좋아했던 것으로 알려져 있다. 기원전 1046년 무렵 은의 주왕(紂王)이 하남성(河南省)의 목야(牧野)에서 주에 크게 패하고 자결하자, 무경(武庚)은 부하들을 이끌고 투항하였다. 은이 멸망한 뒤 주 무왕(武王)은 은의 유민(遺民)들을 통제하기 위해 무경에게 은을 다스리게 했다. 그리고 그가 반란을 일으키지 못하도록 그 주위에 자신의 세 동생들을 분봉(分封)하였다. 주공 희단(姬旦)의 형인 관숙(管叔) 희선(姬鮮)을 관(管: 河南 鄭州)의 제후로 봉했으며, 동생들인 채숙(蔡叔) 희도(姬度)는 채(蔡: 지금의 河南 上蔡)의 제후로, 곽숙(霍叔) 희처(姬處)는 곽(霍: 山西 霍州)의 제후로 봉하였다. 이들은 무경(武庚)과 은의 유민들에 대한 감시를 맡았기에 '삼감(三監)'이라고 불렸다. 기원전 1043년 무렵, 무왕(武王)은 주를 건국한 지 3년 만에 병사(病死)하였고, 태자 희송(姬誦)이 뒤를 이어 즉위하였으니 그가 성왕(成王)이다. 그러나 성왕(成王)은 아직 나이가 어렸으므로 무왕(武王)의 동생인 주공 희단(姬旦)이 섭정(攝政)이 되었다(주공이 왕위를 이었다는 학설도 있다). 무왕(武王)의 형제들인 관숙(管叔)과 채숙(蔡叔), 곽숙(霍叔)은 이에 불만을 품고 주공이 왕위를 빼앗을 것이라는 말을 사방이 퍼뜨렸다. 그리고 무경(武庚)과 연합하여 반란을 일으켰는데, 이를 '삼감(三監)의 난(亂)'이라고 한다. 주공은 제후들을 단속하며 반란의 진압에 나섰지만, 동쪽의 회이(淮夷)와 연합한 은의 유민들의 저항이 거세서 반란을 진압하는 데에는 3년이나 걸렸다. 무경(武庚)은 주의 군대에 사로잡힌 뒤 주살(誅殺)되었으며, 주공의 형인 관숙(管叔) 희선(姬鮮)도 처형되었다. 채숙(蔡叔)은 멀리 유배되었으며, 곽숙(霍叔)은 모든 지위에서 물러나는 처벌을 받았다.

**무억**(武億, 1745~1799): 청나라 하남(河南) 언사(偃師) 사람. 자는 허곡(虛谷) 또는 소석(小石)이고, 호는 수당(授堂) 또는 반석산인(半石山人)이다. 경사(經史)에 정통했고, 고증에 뛰어났다. 경전(經傳)의 자의(字義)와 구두(句讀)에 조예가 깊었고, 특히 고증학(考證學)과 금석학에 뛰어났다. 저서에 『경독고이(經讀考異)』와 『군경의증(群經義證)』, 『삼례의증(三禮義證)』, 『금석삼발(金石三跋)』, 『죽서기년보주(竹書紀年補注)』, 『구두서술(句讀序述)』, 『언사금석기(偃師金石記)』, 『안양금석록(安陽金石錄)』, 『독사금석집목(讀史金石集目)』, 『수경당시문집(授經堂詩文集)』 등이 있다.

**무파**(繆播, ?~309): 진(晉)나라 때 동해군(東海郡) 난릉현(蘭陵縣) 사람으로 자는 선칙(宣則)이다. 무습(繆襲)의 손자이며, 광록대부(光祿大夫) 무열(繆悅)의 아들이다. 벼슬은 급사황문시랑(給事黃門侍郎)과 승시중(升侍中)을 역임했다. 저서에 『논어지서(論語旨序)』가 있다.

**무협**(繆協, ?~?): 중국 진(晉)나라 때의 학자. 저술로 『논어무씨설』(論語繆氏說)이 있다.

**문옹**(文翁, 기원전 179~기원전 101): 한나라 경제(景帝) 때 사람. 이름은 당(黨), 자는 중옹(仲翁)으로 서한(西漢) 경제(景帝) 때에 촉군 태수(蜀郡太守)로 나가서 교화를 펼치고 학교를 일으켜 문풍(文風)을 크게 떨쳤다. 무제(武帝) 때 온 천하에 학교를 설립한 것은 문옹으로부터 비롯되었다고 한다.

**문혜태자**(文惠太子, ?~?): 남조시대 제(齊)나라 남난릉(南蘭陵) 사람으로 제 무제(齊武帝)의 맏아들인 소장무(蕭長懋)이다. 자(字)는 운교(雲喬)이고, 어렸을 때의 자는 백택(白澤)이다. 처음에 송나라에서 벼슬해 보국장군(輔國將軍)과 옹주자사(雍州刺史)를 지냈다. 남조 송 순제(宋順帝) 승명(昇明) 초에 형주자사(荊州刺史) 심유지(沈攸之)가 병사를 일으켜 소도성(蕭道成)에 대해 반란을 일으키자 양주자사(揚州刺史) 범백년(范柏年)이 관망하다가 서로 호응하려고 했다. 일이 평정된 뒤 그가 범백년을 끌어들여 양양(襄陽)으로 오게 하여 살해했다. 제 고제(齊高帝) 건원(建元) 초에 남군왕(南郡王)에 봉해졌고, 거듭 승진하여 남서주자사(南徐州刺史)에 올랐다. 제 무제가 즉위하자 황태자가 되었다. 예로써 문사를 대우하고 무인(武人)들을 양성했다. 불교를 좋아해서 육질관(六疾館)을 세워 어려운 사람을 구제했다. 성격이 호방하고 사치스러워 궁성의 복식과 장식들이 지나치게 호사하여 무제가 보고 크게 화를 냈다. 시호는 문혜(文惠)다. 제나라 울림왕(鬱林王)이 즉위하자 문제(文帝)에 추존되었고, 묘호는 세종(世宗)이다.

**문황제**(文皇帝, 187~226): 위 문제(魏文帝)로서 삼국시대 위(魏)나라의 초대 황제인 조비(曹丕)이다. 패국초(沛國譙) 사람. 자는 자환(子桓)이고, 묘호는 세조(世祖)다. 조조(曹操)의 둘째 아들로, 동생 조식(曹植)을 추대하는 무리를 물리치고 태자가 되었다. 연강(延康) 원년(220) 조조가 죽자 조조의 벼슬과 직위를 계승하여 승상과 위왕(魏王)이 되었다. 후한의 헌제(獻帝)로부터 양위 받아 황제에 즉위했고, 기주(冀州)의 업(鄴)에서 낙양(洛陽)으로 옮겨가 그곳을 국도(國都)로 삼았다. 후한의 실패를 거울삼아 제왕(諸王)인 진창(陳彰)과 진식(陳植) 두 동생의 당파를 물리치는 등 종실제왕(宗室諸王)에게 권리를 주지 않고 유명무실하게 만들었다. 박문강식(博聞强識)하고 재예겸비(才藝兼備)하여 시부(詩賦)에 능했다. 『전론(典論)』을 저술했고, 문학의 독자적 가치를 선언했다. 또 제유(諸儒)들에게 최초의 유서(類書) 『황람(皇覽)』을 편집하게 했다. 시호는 문제(文帝)다. 재위 기간은 7년이다.

**문흠**(文欽, ?~258): 삼국시대 위나라 패국(沛國) 초군(譙郡) 사람으로 자는 중약(仲若)이다. 고귀향공(高貴鄕公) 정원(正元) 연간에 사마사의 폐립에 분개하여 관구검(毌丘儉)과 함께 반란을 일으켜 그를 공격했다. 감로연간에 위나라 장군 제갈탄(諸葛誕)이 사마소(司馬昭)에게 반기를 들고 거병하여 오나라로 투항하자 나가 지원했다. 수춘성에서 제갈탄과 의견이 어긋나 피살되었다.

**미생**(尾生, ?~?): 서주(西周) 때 노(魯) 사람. 일설에는 미생고(微生高)라고도 한다. 『장자(莊子)』「도척(盜跖)」에 "미생이 어떤 여자와 다리 아래에서 만나기로 약속하였다가 여자가 오지 않았는데 한편 물이 자꾸 불어 올라오는데도 그 자리를 떠나지 않고 다리 기둥을 끌어안고 죽었다.[尾生與女子, 期於梁下, 女子不來, 水至不去, 抱梁柱而死.]"라고 했다.

**박소**(薄昭, ?~기원전 170): 전한(前漢) 전기의 군인이자 외척으로, 오군(吳郡) 사람이다. 문제의 생모 효문태후(孝文太后, ?~기원전 155)의 동생이다. 고제 때 낭(郎)이 되어 종군하였는데, 유항(劉恒)이 대(代)나라 왕으로 봉해졌을 때 효문태후와 함께 대나라로 갔다. 고후 8년(기원전 180), 고후가 죽고 여씨가 주멸되어 유항이 황제로 추대되었다(문제). 중대부(中大夫) 박소는 문제를 영접하였고, 문제 즉위 후 거기장군이 되고 지후(軹侯)에 봉해져 식읍 1만 호를 받았다. 회남여왕이 교만하게 행동하니, 박소는 문제의 명으로 회남여왕에게 간하는 글을 보내게 하였다. 문제 10년 조정의 사자를 죽인 죄로 스스로 목숨을 끊었다.

**반경**(盤庚, ?~?): 은나라의 제20대 군왕. 탕 임금의 9대손으로, 조정의 아들이다. 성은 자(子)이고, 『죽서기년(竹書紀年)』에 이름이 순(旬)으로 나온다. 형 양갑이 죽자 그에 이어 왕위에 올랐다. 반경에 관한 가장 오래된 기록으로 『상서(尙書)』 중에 「반경(盤庚)」 3편이 남아서 전하는데, 이것은 그가 은으로 천도한 뒤에 행한 연설의 기록이다.

**반덕여**(潘德興, 1785~1839): 청나라 강소(江蘇) 산양(山陽) 사람. 이름을 덕여(德興)라고도 쓰며, 자는 언보(彦輔) 또는 사농(四農)이다. 도광(道光) 8년(1828) 거인(擧人)이 되었다. 시문(詩文)이 정교하고 심오해 가경(嘉慶), 도광 연간에 으뜸으로 인정받았다. 정호(程顥)와 정이(程頤)가 사람의 본성을 천지지성(天地之性)과 기질지성(氣質之性)으로 나눈 것을 구체화하여, 천지지성은 천리(天理)가 사람에게 체현(體現)된 것이고 기질지성은 인욕(人慾)이 대표한다고 했다. 또한 왕수인(王守仁)의 양지설(良知說)을 비판했다. 저서에 『유자변(劉子辨)』이 있는데, 이는 명나라 말기 유종주(劉宗周)의 학설이 왕수인의 양지설에서 나온 것이라고 비판한 책이다. 그 밖의 저서에 『춘추강령(春秋綱領)』과 『상례정속(喪禮正俗)』, 『사서의시첩(四書義試帖)』, 『양일재차기(養一齋箚記)』, 『양일재집(養一齋集)』 등이 있다.

**반백**(班伯, 기원전 44?~기원전 7?): 전한 말기의 관료로, 우부풍 안릉현(安陵縣) 사람이다. 후한의 역사가 반고의 종조부이다. 어려서 사단의 밑에서 『시경』을 익혔고, 대장군 왕봉의 천거로 중상시(中常侍)에 임명되었다. 성제는 정관중과 장우를 시켜 반백에게 『서경』·『논어』를 가르쳤고, 반백이 학문을 깨치니 허상의 밑에서 수학하게 하고 봉거도위로 전임시켰다. 정양 일대에 도적이 횡행하니, 반백은 태수로 부임시켜 주기를 청원하였다. 성제의 윤허로 정양태수가 된 반백은 도적들을 모두 잡아들였고, 1년쯤 지나 다시 조정의 부름을 받았다. 원연 원년(기원전 12년), 수형도위에 임명되었다. 또 반백은 허상·사단과 더불어 시중(侍中)이 되었는데, 모두 이천석에 이르렀고 성제가 태후를 알현할 때마다 항상 수행하였다. 그러나 서른여덟 살에 병들어 죽으니, 조정에서는 매우 애석하게 여겼다.

**반표**(班彪, 3~54): 후한 부풍(扶風) 안릉(安陵) 사람으로 자는 숙피(叔皮)이다. 반고(班固)의 아버지다. 성격이 옛 것을 좋아했다. 처음에 외효(隗囂)에 의지하여 「왕명론(王命論)」을 지어 한실(漢室)의 부흥을 비유했지만, 외효는 끝내 깨닫지 못했다. 결국 하서(河西)로 피해 가 두융(竇融)을 섬기다가 함께 유수[劉秀, 광무제(光武帝)]에게 귀순했다. 후한 초에 무재(茂才)로 천거되어 서령(徐令)에 임명되었지만 병 때문에 사직했다. 나중에 망도장(望都長)이 되었다. 이후 역사 연구에 몰두하여 많은 자료를 수집하고 여러 사실을 종합 정리하여 『사기후전(史記後傳)』 60여 편을 편찬했다. 『전한서(前漢書)』를 편찬하려다가 마무리하지 못하고 죽자 아들 반고와 딸 반소(班昭)가 뜻을 이어 완성했다. 사부에는 「남해부(覽海賦)」와 「도이소(悼離騷)」 등이 있다.

**방경백**(房景伯, 478~527): 북위(北魏) 청하(淸河) 역막(繹幕) 사람. 자는 장휘(長暉)이다. 어려서부터 효(孝)로 이름이 높아 이충(李冲)이 관리를 선발할 때 발탁되어 봉조청(奉朝請)에 올랐다. 거듭 승진하여 제주보국장사(齊州輔國長史)가 되었다. 청하 땅에 도적들이 난리를 일으켰을 때 청하태수(淸河太守)가 되어 난을 평정하여 공을 세워 사공장사(司空長史)가 되었다. 뒤에 어머니가 병이 들자 벼슬을 그만두고 간호했으나 결국 돌아가셨다. 상을 지내는 기간 동안 소금과 나물을 먹지 않아 수병(水病)이 심해져 세상을 떠났다.

**방관욱**(方觀旭, ?~?): 중국 청나라시대 학자. 저서에 『논어우기(論語偶記)』가 있다.

**방동수**(方東樹, 1772~1851): 청나라 안휘(安徽) 동성(桐城) 사람. 자는 식지(植之), 만호는 의위주인(儀衛主人)이다. 어려서 아버지 방적(方績)에게 배웠고, 나중에 요내(姚鼐)에게 고문을 배웠다. 동성파(桐城派)의 대표적 인물이다. 제생(諸生)으로, 일찍이 등정정(鄧廷楨)의 막료로 있었다. 완원(阮元)과 교유했으며, 『강녕부지(江寧府志)』와 『광동통지(廣東通志)』의 편찬에 참여했다. 광동의 염주서원(廉州書院)과 소주서원(韶州書院), 숙송서원(宿松書院), 기문서원(祁門書院)에서 주강(主講)을 지냈다. 고염무(顧炎武), 만사대(萬斯大), 강번(江藩) 등의 청나라 고증학을 배척하고 정주(程朱)의 이학(理學)을 추종했다. 정주학과 육왕(陸王)의 심학(心學)의 차이점이 점(漸)과 돈(頓)에 있다고 보아, 돈오(頓悟)를 지향하는 심학을 배척했다. 저서에 『한학상태(漢學商兌)』와 『미능록(未能錄)』 등이 있다. 『한학상태』는 건가(乾嘉) 시대 학자들의 오류를 비판한 책인데, 조금 편향된 의견이 보인다. 또 『소매첨언(昭昧詹言)』을 썼는데, 시학(詩學)에 관한 이론서다. 문집 이름은 원래 『의위헌문집(儀衛軒文集)』이었는데, 나중에 증보되어 『고반집문록(考槃集文錄)』이라 불렸다.

**방망**(方望, ?~25): 동한(東漢) 평릉(平陵) 사람이다. 외효(隗囂, ?~33)가 거사하여 군사(軍師)로 삼았다. 24년 외효가 한나라를 재건한 중국 현한의 왕인 경시제(更始帝) 유현(劉玄, ?~25)의 징병에 응하자 방망은 즉시 관직을 사임하고 떠났고, 안릉(安陵) 사람 궁림(弓林)과 함께 수천 명을 모아 유영(劉嬰, 5~25)을 천자로 세웠으나 이송(李松)과 소무(蘇茂)에게 격파당하고 결국에는 피살되었다.

**방이지**(方以智, 1611~1671): 명말청초 때 강남(江南) 동성(桐城) 사람. 자는 밀지(密之)이고, 호는 만공(曼公) 또는 녹기(鹿起)이다. 젊었을 때는 복사(復社)의 명사였다. 숭정(崇禎) 13년(1640) 진사가 되어 한림원(翰林院) 검토(檢討)가 되었다. 홍광(弘光) 때 마사영(馬士英)과 완대월(阮大鋮)의 중상모략을 받아 남해(南海)로 달아나 살면서 약을 팔아 생계를 꾸렸다. 영력(永曆) 때 좌중윤(左中允)을 지냈지만 무고를 당해 탄핵되었다. 청나라 군대가 월(粵)에 들어온 뒤 오주(梧州)에서 출가했다. 황종희(黃宗羲), 진정혜(陳貞慧), 오응기(吳應箕), 왕부지(王夫之) 등과 교유했다. 명나라가 망한 뒤 이름을 오석공(吳石公), 호를 우도인(愚道人)으로 바꾸었다. 출가한 뒤 이름을 대지(大智) 또는 무가(無可), 호를 홍지(弘智) 또는 약침(藥枕), 부산우자(浮山愚者), 우자대사, 극환노인(極丸老人) 등으로 바꾸었다. 예악(禮樂)과 율수(律數), 성음(聲音), 서화(書畵), 문자(文字) 등에 두루 능통했고, 특히 과학과 철학에 정통했다. 저서에 『역비(易秘)』와 『동서균(東西均)』, 『통아(通雅)』, 『물리소지(物理小識)』 등이 있다.

**배송지**(裴松之, 372~451): 남조 송나라 하동(河東) 문희(聞喜) 사람. 자는 세기(世期)이다. 젊어서 전중장군(殿中將軍)이 되었다. 유유(劉裕)가 북벌하면서 사주자사(司州刺史)를 통솔할 때 주주부(州主簿)에 임명되었다. 송나라 초기 송 무제(宋武帝)의 신임을 받아 태자세마(太子洗馬)와 중서시랑(中書侍郎)을 역임했다. 나중에 외직으로 나가 영가태수(永嘉太守)가 되었는데, 백성들을 성실하게 돌봐 모두 편안하게 생활했다. 거듭 승진하여 국자박사(國子博士)를 거쳐 태중대부(太中大夫)까지 지냈다. 송 문제의 명령으로 진수(陳壽)의 『삼국지(三國志)』에 주를 다는 일을 맡아 3년 만에 『삼국지주(三國志注)』를 완성했다. 송 문제가 불후(不朽)의 걸작이라며 칭송했다. 그 밖의 저서에 『진기(晉記)』와 『송원가기거주(宋元嘉起居注)』, 『배씨가전(裴氏家傳)』, 『집주상복경전(集注喪服經傳)』 등이 있다.

**배인**(裴駰, ?~?): 자 용구(龍駒), 중국 남북조시대(南北朝時代) 송(宋) 초기의 역

사가로서 진수(陳壽)의 『삼국지(三國志)』에 「배송지주(裴松之注)」 혹은 「배주(裴注)」라고 불리는 주석을 덧붙인 배송지(裴松之, 372~451)의 아들이다. 관직은 남중랑참군(南中郎參軍)을 지냈으며, 박학다재하였다. 주요 저술로는 『사기집해(史記集解)』가 있다.

**백공**(白公, ?~?): 초나라 백읍(白邑)의 대부. 이름은 승(勝)으로, 초나라 태자 건(建)의 아들이고 평왕(平王)의 손자이다. 초나라의 오자서(伍子胥)가 오나라로 도망칠 때 따라가서 오나라에 있었는데, 초나라의 영윤(令尹)으로 있던 자서(子西)가 데려다가 백공으로 삼았다. 초나라로 돌아온 백공은 정나라가 자기 아버지를 죽인 것을 원망하여 정나라를 치려고 하였는데, 군대가 출발하기 전에 진나라가 정나라를 치니, 정나라에서 초나라에 구원을 요청했다. 이에 초나라가 자서를 보내 정나라를 구원하게 하고 동맹을 맺고 돌아오자, 백공이 노하여 말하기를, "정나라가 원수가 아니고, 자서가 원수이다."라고 하면서 자서를 죽이려고 하였다. 백공이 몸소 칼을 갈고 있는데, 어떤 사람이 묻기를, "무엇을 하려고 하는가?" 하니, "자서를 죽이고자 한다." 하였다. 자서는 그 소식을 듣고도 무시하고 있었는데, 4년 뒤에 백공이 자서를 습격해서 죽였다.

**백규**(白圭, ?~?): 전국시대 주나라 사람. 위문후(魏文侯) 때 "남이 버리면 취하고, 남이 취하면 준다.[人棄我取, 人取我與.]"라는 장사 이론으로 치부(致富)했다. 오곡이 여물 때 식량을 사 두면서 사칠(絲漆)을 판매하고, 누에고치가 나올 때 비단과 솜을 구매하면서 식량을 팔았다. 장사를 할 때는 반드시 적절한 시기를 잘 파악하여 지모(智謀)를 이용했는데, 마치 이윤(伊尹)이나 여상(呂尙)의 지혜와 같았고, 손오(孫吳)

가 병사를 움직이고 상앙(商鞅)이 법을 집행하는 것처럼 하였다고
한다.

**백금**(伯禽, ?~?): 서주(西周) 노(魯)나라의 국군(國君). 성은 희(姬)고, 자가 백
금인데, 금보(禽父)라고도 부른다. 주공 희단(姬旦)의 맏아들이다. 성
왕(成王)이 상엄(商奄)의 땅과 은민(殷民) 6족(族)으로 백금에 봉했는
데, 나라 이름은 노라 하고, 도읍은 곡부(曲阜)로 정했다. 봉해진 지
3년 뒤부터 치적에 대해 보고했다. 주공이 왜 이리 늦었냐고 묻자
"세속을 바꾸고 예의를 고치는데 3년이 지나고서야 없앨 수 있었
다.[變世俗, 革其禮, 喪三年然後除之.]"라고 대답했다. 나중에 왕정을 보
필하면서 군사를 이끌고 가 회이서융(淮夷西戎)을 정벌하고 비(費)에
서 맹세하여 서융을 평정한 뒤 노나라가 안정을 찾았다. 46년 동안
재위했다.

**백후**(伯厚): 송나라 경원부(慶元府) 은현(鄞縣: 浙江 鄞縣) 사람인 왕응린(王應
麟, 1223~1296)이다. 백후(伯厚)는 그의 자. 호는 심녕거사(深寧居士) 또
는 후재(厚齋). 아버지가 여조겸(呂祖謙)의 제자 누방(樓昉)에게 배워
일찍이 온주지주(溫州知州)를 지냈다. 정주학파(程朱學派)에 속하는
왕야(王埜)와 진덕수(眞德秀) 등에게서 영향을 받았고, 송나라가 망한
뒤(1276) 고향에 은거하면서 20년 동안 경사(經史)를 강술했다. 저작
이 매우 많고 학술적 가치도 높아 고증학(考證學)이 대세를 이룬 청
나라 때 매우 높은 평가를 받았다. 『옥해(玉海)』는 백과전서적인 저
작으로 그가 박학굉사 시험을 준비할 때 정리한 것이다. 『곤학기문
(困學記聞)』은 필기류(筆記類) 저작으로 경사(經史)에 관한 연구에서
얻은 바를 정리했다. 『한제고(漢制考)』는 역사에 관한 저작이고, 『통

감지리통석(通鑑地理通釋)』은 역사지리학 방면의 저작이다. 『소학감
주(小學紺珠)』는 문자학 방면의 성과물이다. 그의 학술을 집성했다
고 평가되는 『곤학기문』은 서재 이름이 곤학당(困學堂)인 데서 나왔
다. 이 밖에도 『삼자경(三字經)』과 『백가성(百家姓)』을 남겼다.

**번광**(樊光, ?~?): 동한시대 경조[京兆: 지금의 섬서성(陝西省) 서안(西安) 동쪽] 사
람. 저술로는 『이아주(爾雅注)』 6권이 있다.

**번정매**(樊廷枚, ?~?): 청대(淸代)의 학자.

**범녕**(范寧, 339~401): 남양(南陽) 순양(順陽) 사람으로 범왕(範汪)의 아들이다.
동진(東晉) 시기의 대유학자(大儒學者)이자 경학가(經學家)이다. 일찍
이 예장태수(豫章太守)를 지냈다. 그는 『후한서(後漢書)』의 작자인 범
엽(範曄)의 조부이다.

**범승**(范升, ?~66?): 후한 대군(代郡) 사람. 자는 변경(辯卿)이다. 9살 때 『논어
(論語)』와 『효경(孝經)』을 읽었고, 장성하자 『양구역(梁丘易)』과 『노
자(老子)』를 익혔다. 왕망(王莽) 때 의조사(議曹史)가 되었는데, 번다
한 부역(賦役)에 반대했다. 광무제(光武帝) 건무(建武) 2년(26) 의랑(議
郎)이 된 뒤 경학박사(經學博士)로 옮겼는데, 글을 올려 양공(梁恭)과
여강(呂羌)에게 양보했다. 황제가 중시하여 여러 차례 불러 조정 대
사에 참가시켰다. 명제(明帝) 영평(永平) 중에 요성령(聊城令)에 올랐
지만 일에 연좌되어 면직되었다. 양구역학(梁丘易學)과 맹씨역학(孟
氏易學)을 전공했으며, 이름난 제자로 양정(楊政)이 있다. 금문경학
(今文經學)을 위주로 하여 일찍이 고문경학가 한흠(韓歆)과 논쟁하면

서 고문경학인 비씨역학(費氏易學)과 『춘추좌씨전(春秋左氏傳)』의 학
관(學官)을 세우는 것에 반대했다.

**범저**(范雎, ?~기원전 255): 범저(范且)라고도 하고, 범저(范睢)라고도 한다. 전
국시대 위(魏)나라 사람으로, 자는 숙(叔)이다. 변설에 능했는데, 위
상(魏相) 위제(魏齊)를 위해 일하다가 모함으로 태형을 당해 허리뼈
가 부러진 뒤 이름을 장록(張祿)으로 고치고, 왕계(王稽)와 정안평(鄭
安平)의 도움으로 진(秦)나라로 달아나 소양왕(昭陽王)을 섬기며 상국
(相國)을 지냈다. 원교근공(遠交近攻) 정책을 제안해 큰 성공을 거뒀
는데, 이것이 나중에 진나라가 육국(六國)을 통일하게 되는 기초가
되었다. 명장 백기(白起)와 함께 명성이 높아지자 그를 자살하게 만
든 뒤 정안평을 장군에 앉혔다. 응(應)에 봉해져 응후(應侯)라고도 부
른다. 나중에 조(趙)나라를 공격했다가 정안평이 전투에서 지고 조
나라에 항복하자 책임을 지고 물러났다. 일설에는 진왕에게 논죄를
당해 처형당했다고도 한다.

**범조우**(范祖禹, 1041~1098): 북송 성도(成都) 화양(華陽) 사람. 자는 순보(淳甫)
또는 몽득(夢得), 시호는 정헌(正獻)이다. 젊어서 정호(程顥)와 정이(程
頤)를 사사했으며, 사마광의 학문을 추종했다. 『중용(中庸)』을 중시
하여 성(誠)과 성에 이르는 구체적인 방법인 충서(忠恕)를 강조했다.
또한 노장학(老莊學)은 충서의 도에 위배된다고 하여 배척했다. 저서
에 『논어설(論語說)』과 『당감(唐鑑)』이 있는데, 이정(二程)의 설을 수
용한 것이 많다. 『당감』은 당나라 고조에서 소선제(昭宣帝)까지 3백
년 동안의 정치적 득실을 논한 책이다. 그 밖의 저서에 『중용론(中庸
論)』과 『범태사집(范太史集)』이 있다.

**병길**(丙吉, ?~기원전 55): 중국 한나라 선제(宣帝) 때의 명신. 자 소경(少卿). 노나라 사람. 처음에는 옥리(獄吏)였으나, 뒤에 정위우감(廷尉右監)이 되었다. 기원전 91년 무고(巫蠱)의 옥사 때 크게 활약하여 여태자(戾太子)의 손자인 유순(劉詢: 뒤의 宣帝)의 목숨을 구하였다. 유순이 제위에 오르자 태자태부(太子太傅)·어사대부(御史大夫)를 거쳐, 기원전 67년 승상이 되었다. 항상 대의예양(大義禮讓)을 중히 여겨, 길에서 불량배들이 싸우는 것을 단속하는 일은 시장(市長)의 직분이므로 재상이 관여할 바가 아니지만, 수레를 끄는 소가 숨을 헐떡이는 것은 계절의 변조 탓일지도 모르므로, 음양(陰陽)을 가리고 자연의 조화를 꾀하는 것은 재상의 직분이라고 하였다.

**복건**(服虔, ?~?): 후한 하남(河南) 형양(滎陽) 사람. 초명은 중(重) 또는 기(祇)이고, 자는 자신(子愼)이다. 태학(太學)에 들어가 수업했다. 효렴(孝廉)으로 천거되어 구강태수(九江太守)를 지냈다. 고문경학을 숭상하여 금문경학자인 하휴(何休)의 설을 비판했다. 저서에 『춘추좌씨전해(春秋左氏傳解)』가 있는데, 동진(東晉) 때 그의 춘추좌씨학(春秋左氏學)이 학관(學官)에 세워졌으며, 남북조 시대에는 그의 주석(注釋)이 북방에 성행했다. 그러나 공영달(孔穎達)이 『춘추정의(春秋正義)』를 저술할 때 『춘추좌씨전』은 두예(杜預)의 「주(注)」만 채용함으로써 그의 주석은 없어지고 말았다. 『옥함산방집일서』에 『춘추좌씨전해의(春秋左氏傳解誼)』와 『춘추성장설(春秋成長說)』, 『춘추좌씨고맹석아(春秋左氏膏肓釋痾)』 등의 저술이 수록되어 있으며, 『황청경해속편(皇清經解續編)』에도 이이덕(李貽德)이 찬한 『춘추좌전가복주집술(春秋左傳賈服注輯述)』이 들어 있다.

**복담**(伏湛, ?~37): 후한 낭야(琅邪) 동무(東武) 사람으로, 자는 혜공(惠公)이다. 아버지 복리(伏理)에게 『제시(齊詩)』를 전수받아 당대의 명유(名儒)가 되었다. 수백 명의 학생들을 가르쳤다. 성제(成帝) 때 박사제자(博士弟子)가 되었고, 신망(新莽) 때 수의(繡衣)로 법을 집행했다. 유현(劉玄) 경시(更始) 때 평원태수(平原太守)를 지냈다. 후한 광무제(光武帝) 때 부름을 받아 상서(尙書)에 임명되었고, 사직(司直)과 대사도(大司徒)를 지낸 뒤 양도후(陽都侯)에 봉해졌다. 일 때문에 면직되고 불기후(不其侯)로 옮겨 봉해졌으며, 귀향 조치를 당했다. 나중에 다시 불렸지만 취임하기 전에 죽었다.

**복생**(伏生, 기원전 260~기원전 161): 복승(伏勝)이다. 복생(伏生)의 생(生)은 학자를 높여 부르는 명칭이다. 제남 출신으로 자는 자천(子賤). 복희의 후예라고 한다. 진(秦)나라 때 박사를 지낸 경학자로서 『금문상서(今文尙書)』를 보존하여 전수했다. 오늘날 전하는 십삼경주소(十三經注疏) 중 하나인 『상서주소(尙書注疏)』에 복승이 전한 『금문상서』가 들어 있다. 저서로 『상서대전(尙書大傳)』이 있는데, 그의 제자인 장생, 구양생 등이 전해 들은 것을 기록한 것이라는 설이 있다.

**봉소**(鳳韶, ?~?): 강소성(江蘇省) 강양(江陽) 사람. 자는 덕융(德隆)으로 경전 연구에 정밀하여 저술한 것들이 상자에 가득했으나, 모두 붓 가는 대로 조목조목 기록한 것이어서 뒤섞여 차례가 없었다. 문인들이 처음으로 그가 사서(四書)와 관련해서 언급한 것들을 수집하고 간행해서 『사서보고(四書補考)』라고 했다. 70여 세에 죽었는데, 9년 뒤에 그의 유고를 모두 모아 『봉씨경설(鳳氏經說)』 3권을 편찬함에 따라 그의 학문이 세상에 널리 알려지게 되었다.

**부개자**(傅介子, ?~기원전 65): 중국 한나라 소제(昭帝) 때의 무신이다. 준마감 (駿馬監)이 되어 대완국(大宛國)에 사신(使臣)으로 다녀왔고, 한나라 사신을 공격해 오던 누란국(樓蘭國)의 왕을 죽이고 돌아와서 의양후 (義陽侯)에 봉해졌다.

**부휴혁**(傅休奕, 217~278): 중국 위진(魏晉)시대의 문학가인 부현(傅玄)이다. 서 진(西晉) 북지(北地) 이양(泥陽) 사람. 자는 휴혁(休奕)이다. 어려서 고 아가 되어 가난했지만 박학했고, 글을 잘 지었다. 위(魏)나라 말 때 수재(秀才)로 천거되어 낭중(郎中)에 임명되고, 저작랑(著作郎)으로 들 어가 『위서(魏書)』 편찬에 참가했다. 나중에 홍농태수(弘農太守)로 옮 겼다. 진무제(晉武帝)가 즉위하자 옛 의례(儀禮)를 바탕으로 악장(樂 章)을 제정했는데, 그에게 사(詞)를 짓도록 했다. 순고자(鶉觚子)에 봉 해지고, 산기상시(散騎常侍)가 되어 간직(諫職)을 관장했다. 여러 차 례 상서하여 간절하게 시사(時事)에 대해 지적했다. 성격이 강직하 고 성급하여 다른 사람의 단점을 용납하지 못했다. 사예도위(司隷都 尉)에 올랐는데, 좌위(座位)를 두고 다투다가 함녕(咸寧) 4년(278) 면 직되고 물러나 죽었다. 시호는 강(剛)이다. 일생동안 저술에 힘써 『부 자(傅子)』를 편찬했다. 지금은 편집된 『부순고집(傅鶉觚集)』이 있다.

**북궁문자**(北宮文子 ?~?): 춘추시대 위나라 사람. 문자(文子) 또는 북궁타(北宮 佗)로도 불린다. 위 양공(衛襄公) 때 대부를 지냈다. 양공을 따라 초 나라에 가 회맹을 하러 정나라를 지나갔는데, 보빙(報聘)하면서 정 나라의 자우(子羽)와 풍간자(馮簡子), 자태숙(子太叔) 등을 보고는 정 나라에 이런 인재가 있으니 강대국의 공격을 받지 않을 것이라고 생각했다. 초나라에 이르러 영윤(令尹)의 위의(威儀)가 국군(國君)에

못지않은 것을 보고 그가 장차 딴 마음을 품을 것이라고 단정했다. 나중에 그의 말과 같이 되었다.

**비자**(非子, ?~?): 서주(西周) 때 사람. 대락자(大駱子). 백익(伯益)의 후예로, 비자(飛子)로도 쓰며, 말[馬]을 잘 길렀다. 영성(嬴姓) 부락의 영수로 견구(犬丘)에 살았다. 주 효왕(周孝王)이 불러 견주(汧水)와 위수(渭水) 사이에서 말을 기르게 했다. 말이 크게 번식했다. 나중에 진(秦, 지금의 甘肅 張家川 동쪽)에 봉해져 주나라의 부용국(附庸國)이 되었다. 영씨(嬴氏)의 제사를 잇도록 하여 진영(秦嬴)이라 불렸는데, 진나라에 처음 봉해진 시조(始祖)가 되었다.

**사고**(史高, ?~기원전 43): 전한 노(魯) 사람. 두릉(杜陵)으로 옮겨와 살았다. 선제(宣帝)의 할머니 사량(史良)의 조카다. 선제 때 구은(舊恩)으로 시중(侍中)이 되고, 나중에 대사마(大司馬) 곽우(霍禹)가 모반을 꾀하는 사실을 폭로해서 낙릉후(樂陵侯)에 봉해졌다. 선제의 병이 위중해지자 대사마(大司馬)와 거기장군(車騎將軍)이 되어 상서(尙書)의 일을 대행하면서 소망지(蕭望之)와 함께 유조(遺詔)를 받들어 수행했다. 원제(元帝)가 즉위하자 단지 자리만 지킬 뿐이었다. 영광(永光) 원년에 사직하고 귀향했다. 시호는 안(安)이다.

**사광**(師曠, ?~?): 춘추시대 진(晉)나라 사람. 자는 자야(子野)이다. 진 평공(晉平公) 때 악사(樂師)를 지냈다. 전하는 말로 태어날 때부터 눈이 멀었는데, 음률(音律)을 잘 판별했고 소리로 길흉(吉凶)까지 점쳤다고 한다. 제나라가 진나라를 침공했는데, 새소리를 듣고 제나라 군대가 이미 후퇴한 것을 알아냈다. 평공이 큰 종을 주조했는데 모든 악공(樂工)들이 음률이 정확하다고 했지만 그만 그렇지 않다고 판단했다. 나중에 사연(師涓)이 이 사실을 확인했다. 『금경(禽經)』을 지었다고 전해진다.

**사길역**(士吉射, ?~?): 중국 춘추시대 진(晉)나라의 장수이자 정치인. 성은 기(祁)이고 사(士)는 씨(氏)인데, 봉지(封地)를 상고해 보면 범씨(範氏)라고도 하고, 이름이 길역(吉射)이다. 시호가 소(昭)이므로 또 범소자

(範昭子)라고도 부른다.

**사마광**(司馬光, 1019~1086): 송나라 때 섬주(陝州) 하현[夏縣, 지금의 산서성(山西省)] 사람. 자는 군실(君實)이다. 죽은 뒤 온국공(溫國公)에 봉해져 사마 온공(司馬溫公)이라고도 한다. 탁월한 정치가로 왕안석(王安石)이 신법(新法)을 실행하자 끝까지 반대했다. 신종(神宗)은 그런 그를 추밀부사에 임명했으나 사퇴하고 낙양으로 돌아가 15년 동안 머무르면서 『자치통감』을 편찬하는 데 주력했다. 『자치통감』은 모두 494권으로 위로는 주(周) 위열왕(威烈王) 23년(기원전 403)부터 후주(後周) 세종 현덕(顯德) 6년(959)에 이르기까지의 역사를 17사(史) 외에 야사·문집 등 20여 종의 전적을 참조하여 완성한 방대한 저술이다. 또 그는 학식이 깊고 넓어 사학 외에도 음악, 율력, 천문 등 통달하지 않은 분야가 없을 정도였다. 그러나 불교나 도교는 황당무계하다 하여 그다지 좋아하지 않았다. 평생에 많은 저술을 남겼는데, 대표적인 저술인 사학서 『자치통감』 외에도 『온국문정사마공문집(溫國文正司馬公文集)』, 『계고록(稽古錄)』, 『속수기문(涑水記聞)』, 『잠허(潛虛)』 등이 있다.

**사마정**(司馬貞, 679~732): 당나라의 사학자로 하내군(현재 하남성 초작시 심양시) 출신이다. 당 현종 때 조산대부 및 소문관 학사 등에 이르렀으며 3대 사기 주석집 중 하나인 『사기색은(史記索隱)』 30권을 편찬하였다.

**사마표**(司馬彪, ?~306?): 서진(西晉) 하내(河內) 온현(溫縣) 사람으로, 자는 소통(紹統). 젊어서부터 학문에 매진하여 많은 책을 널리 읽었다. 『장자(莊子)』에 주를 달았고, 후한 말기 군벌들의 혼전 양상을 기술한 『구주춘추(九州春秋)』를 편찬했다. 후한의 역사를 담은 『속한서(續漢書)』를 지었다.

**사묵**(史墨, ?~?): 춘추시대 말기 진(晉)나라 사람. 일명 채묵(蔡墨) 또는 채사묵(蔡史墨), 사암(史黯)이고, 진나라에서 태사(太史)로 있었다. 진 경공(晉頃公) 13년에 조앙(趙鞅)이 형정(刑鼎)을 주조하고 범선자(范宣子)가 형서(刑書)를 만들었다. 공자가 진나라가 원칙을 잃어 장차 망할 것이라고 하자 사묵이 덕을 닦는 것이 재앙을 피하는 방법이라고 여겼다. 노나라 소공 31년 12월 신해삭(辛亥朔)에 일식(日蝕)이 일어나자 점을 쳐 6년 뒤 같은 달에 오나라 사람들이 공격해 초나라의 수도 영(郢)에 들어올 것이라고 예언했다. 다음 해 오나라가 월(越)나라를 침공하자 또 40년 뒤에 월나라가 장차 오나라를 멸망시킬 것이라고 말했다. 노나라의 계씨(季氏)가 노 소공을 몰아내자 "영원한 사직도 없고, 영원한 군신관계도 없으니, 예부터 원래 그런 것이다. [社稷無常奉, 君臣無常位, 自古以然.]"라고 주장하며, 민심을 얻으면 누구나 군주가 될 수 있다고 주장했다.

**사백**(史伯, ?~?): 서주(西周) 말기 때 사람. 일명 태사백(太史伯) 또는 태사백양(太史伯陽)이라고 한다. 일설에는 본명은 영(穎)이고, 자는 석보(碩父)라고 한다. 유왕(幽王) 때 태사(太史)를 지냈다. 희우(姬友, 鄭桓公)와 정치를 논하면서 천하 만물의 복잡성을 오행설(五行說)로 풀이했고, 천명사상보다 유물주의를 펼쳤다. 정환공이 주사도(周司徒)에 임명되어 유왕이 포사(褒姒)와 음행을 일삼는 등 왕실에 일이 어지러운 것을 보고 그에게 어느 곳으로 가야 목숨을 구할 수 있겠냐고 묻자 제락하영(濟洛河穎) 사이로 가라고 일러 주었다. 이 말에 따라 희우는 하수(河水)와 낙수(洛水) 부근으로 가 정나라를 세웠다고 한다.

**사상보**(師尙父, ?~?): 주나라 때 동해(東海) 사람인 태공(太公)이다. 사상보는 주 무왕(周武王)이 그를 높여 부른 칭호이다. ☞ 태공(太公)

**사언**(駟偃, ?~기원전 523): 춘추시대 정나라의 정경(正卿).

**사용**(謝墉, 1719~1795): 청(淸)나라 때 관리. 절강(浙江) 가선(嘉善) 사람으로 자는 곤성(昆城)이고, 호는 금포(金圃), 풍포(豊甫), 동서(東墅)이다. 사원(謝垣)의 아우이다. 저서로 『안아당시문집(安雅堂詩文集)』 12권과 『사서의(四書義)』 2권, 『육서정설(六書正說)』 4권, 『남순소시록(南巡召試錄)』 3권, 『순자양경주교(荀子楊倞校注)』 20권, 『식미잡영(食味雜詠)』·『풍속통(風俗通)』 등이 있다.

**사유**(史遊, ?~?): 전한 때 사람. 원제(元帝) 때 황문령(黃門令)을 지냈다. 서예에 밝았고, 예서체의 틀을 고쳐 초서의 초기 형태인 장초서(章草書)를 개발했다. 초서의 창시자로 알려져 있다. 저서에 『급취편(急就篇)』이 있는데, 아동들을 위한 글자 학습서다.

**사주**(史籒, ?~?): 주나라 선왕(宣王) 때의 태사(太史) 주(籒)를 말한다. 고문(古文)을 변형하여 대전체(大篆體)를 만들어 15편의 『사주편(史籒篇)』을 지었는데, 그 글씨체가 고문(古文)과 같은 것도 있고 다른 것도 있었다. 이로 인하여 이 글씨체를 주서(籒書)라고 하였다. 석고문(石鼓文)이 사주의 필적이라고 알려져 있다.

**사회**(士會, ?~?): 춘추시대 때 진(晉)나라의 대부. 자는 계(季)이고, 수(隨)와 범(范)을 봉지로 받아 범계 또는 수계라고도 한다. 문공(文公) 등 네 임금을 섬기면서 법제(法制)를 정비하는 등 큰 치적을 쌓았다.

**상구**(商瞿, 기원전 522~?): 춘추시대 말기 노나라 사람. 성은 상(商)이고, 이름은 구(瞿)며, 자는 자목(子木)이다. 공자의 제자다. 공자에게 『주역』을 전수받아 헌비자홍(軒臂子弘)에게 전수함으로써 역학(易學)의 발전에 크게 공헌했다. 이후 한나라 초기까지 『주역』의 전수는 헌비자홍에서 교자용자(嬌子庸疵), 주자가수(周子家竪), 광자승우(光子乘羽), 전자장하(田子莊何), 왕자중동(王子中同), 양하(楊何)로 이어졌다. 송나라 진종(眞宗) 대중상부(大中祥符) 2년(1009) 수창후(須昌侯)에 추봉되었다.

**상대부**(桑大夫): 전한 하남(河南) 낙양(洛陽)의 정치가 상홍양(桑弘羊, 기원전 152?~기원전 80)을 가리킨다. ☞ 상홍양(桑弘羊)

**상앙**(商鞅, ?~기원전 338): 전국시대 진(秦)나라 사람. 위앙(衛鞅) 또는 공손앙(公孫鞅)이라고도 한다. 위(衛)나라 공족(公族) 출신으로 일찍부터 형명학(刑名學)을 좋아하여 조예가 깊었다. 위(魏)나라에 벼슬하려 했지만 받아 주지 않자 진(秦)나라로 가서 효공(孝公)에게 채용되었다. 부국강병의 계책을 세워 여러 방면에 걸친 대개혁을 단행함으로써 후일 진제국(秦帝國) 성립의 기반을 세웠다. 그 공적으로 열후에 봉해지고 상(商, 섬서성 商縣)을 봉토로 받으면서 상앙이라 불렸다. 재상으로 있으면서 엄격한 법치주의 정치를 펴 많은 사람들의 원한을 샀는데, 효공이 죽자 반대파에 의해 거열형(車裂刑)에 처해졌다. 그가 썼다고 하는 『상군서(商君書)』는 각 편마다 성립연대가 달라 전국시대 말기 법가(法家)들의 손으로 이루어졌다는 설도 있지만, 귀중한 역사적 자료임에는 틀림없다.

**상홍양**(桑弘羊, 기원전 152?~기원전 80): 전한 하남(河南) 낙양(洛陽) 사람. 장사꾼의 아들로 태어나 무제(武帝) 건원(建元) 원년(기원전 140)경 암산의 재능을 인정받고 치속도위(治粟徒尉)에 임명되었다. 대사농(大司農)이 되어 천한(天漢) 3년(기원전 98) 염철(鹽鐵)과 주류(酒類)에 대해 관영(官營)을 하도록 조치를 취하고, 평준(平準)과 균수(均輸) 기구를 설립했다. 이를 통해 전국의 상품을 통제하고 물가를 억제하면서, 상인들이 지나친 이익을 남기지 못하도록 하는 한편 세수(稅收)의 증대도 꾀했다. 좌서장(左庶長)의 작위가 내려졌다. 후원(後元) 2년(기원전 87) 소제(少帝)가 어린 나이에 즉위하자 무제의 유조(遺詔)로 곽광(霍光)과 함께 정치를 보좌하면서 어사대부(御史大夫)에 올랐다. 그의 정책에 대한 불만이 높아지자 원시(元始) 6년(기원전 81) 현량문학(賢良文學)의 선비들과 궁정에서 전매법 등 일련의 문제에 관해 격론을 펼쳤는데, 계속 관영을 고수했다. 그 기록이 『염철론(鹽鐵論)』이다. 다음 해 연왕(燕王) 유단(劉旦)과 상관걸(上官桀) 등이 모반을 일으켰을 때 피살되었다.

**서간**(徐幹, 171~217): 후한 말기 북해군(北海郡) 사람으로, 자는 위장(偉長)이다. 서간은 어려서 오경(五經)을 읽었으며 성인이 되기 전 높은 문장력과 식견을 갖추었다. 그래서 그를 헌제(獻帝) 때 건안7자(建安七子) 가운데 한 사람으로 꼽는다. 그는 성인이 된 후 부패한 정치와 도가 쇠퇴한 것을 보고, 문을 닫고 공부에만 전념했다. 그러다 196년 무렵에 조조의 군대에 들어가 군생활을 기록하였다. 후에 병으로 사직하고 돌아와 47세의 나이로 죽었다. 저서에 『중론(中論)』이 있다. 이 책은 상하 2권으로 이루어져 있고, 권마다 각각 10편으로 구성되어 있다. 상권에는 치학(治學)·법상(法象)·수본(修本)·허도(虛道)·귀험(貴驗)·귀언(貴言)·예기(藝紀)·복변(覆辨)·지행(智行)·작록(爵祿) 등이, 하권에는 고위(考偽)·견교(譴交)·역수(曆數)·논수요(論壽夭)·심대신(審大臣)·신소종(愼所從)·망국(亡國)·상벌(賞罰)·민수(民數) 등이 수록되어 있다. 본(本)과 말(末)의 관계는 위진(魏晉) 현학(玄學)에서 중요한 쟁점이었다. 『중론』에서도 본말을 중시하고 있다. 동한 말 격렬한 논쟁의 대상이었던 명실(名實) 문제도 이 책에서 비중 있게 다루었다. 동한 말의 또 다른 논쟁이었던 재성(才性)에 대해서도 마찬가지로 중시하고 있다. 그런데 이 저서는 한편으로는 현학에 대한 일정한 영향을 주었지만, 다른 한편으로는 조조 정권의 지배이론을 제공했다.

**서개**(徐鍇, 920~974): 오대(五代) 말기 북송 초 때 광릉(廣陵) 사람으로, 자는 초금(楚金)이다. 어려서 고아가 되어 고학(苦學)했는데, 글을 잘 지었으며, 형 서현과 함께 문자학에 정통했다. 시호는 문(文)이다. 저서에 『설문해자계전(說文解字系傳)』과 『설문해자전운보(說文解字篆韻譜)』, 『세시광기(歲時廣記)』,『가전방여기(家傳方輿記)』 등이 있다.

**서광**(徐廣, 352~425): 동진(東晉) 동완(東莞) 고막(姑幕) 사람으로, 자는 야민(野民)이다. 배우기를 좋아해서 백가(百家)의 여러 술수를 연구해 보지 않은 것이 없었다. 사현(謝玄)이 불러 종사(從事)로 삼았고, 비서감(秘書監)에 올랐으며, 낙성후(樂成侯)에 봉해졌다. 12년 동안 심혈을 기울여『진기(晉紀)』를 편찬했다.

**서면**(徐勉, 466~535): 남북조(南北朝)시대 남양(南梁)의 명신(名臣)이자 문학가 (文學家). 자는 수인(修仁)이다. 동해군(東海郡) 담현[郯縣, 지금의 산동성 담성현(郯城縣)] 사람으로, 어려서 외롭고 가난했으나, 지조 있고 청렴 하였으며, 의지가 돈독하고 배우기를 좋아하였다. 양조(梁朝) 건립 후 중서시랑(中書侍郎)에 제수되고, 상서좌승(尙書左丞)이 되었다가 태자첨사(太子詹事)에 천거되어 양나라의 제1대 왕 무제의 태자인 소 통(蕭統)을 보좌하였다. 문장을 얽어서 짓는 속문(屬文)에 뛰어났으 며, 저술에 부지런하여 큰일을 처리하면서도 끊임없이 저술하였다. 저술로는『좌승탄사(左丞彈事)』,『선품(選品)』,『태묘축문(太廟祝文)』, 『회림(會林)』 등이 있으나, 지금은 대부분 일실되었다.

**서문장**(徐文長, 1521~1593): 명나라 절강(浙江) 산음(山陰) 사람인 서위(徐渭)이 다. 자는 문청(文淸) 호는 청등(靑藤) 또는 천지(天池)이고, 문장(文長) 은 그의 또 다른 자이다. 명성이 대단한데다 천부적인 자질을 타고 났으며, 시문서화(詩文書畵)에 모두 뛰어났다. 스스로도 자신은 서예 가 최고이고, 다음이 시고, 문이 그다음이며 그림이 다음이라고 자 부했다. 그림은 화초죽석(花草竹石)이 아름다웠고, 서예의 필치는 자 유분방한데다 기상이 넘쳐 창의력이 넘쳐났다. 병법이나 기계(奇計) 도 좋아해 호종헌(胡宗憲)의 막하에 있기도 했다. 서해(徐海)를 사로 잡고 왕직(王直)을 회유한 일은 모두 그의 계획에서 나왔다. 호종헌 이 투옥되자 두려워 머리를 풀어헤치고 미치광이 노릇을 하며 자해 했지만 죽지 않았다. 또 계처(繼妻)를 때려죽여 사형이 선고되었는 데, 7년을 죄수로 지내다가 장원변(張元忭)의 도움으로 목숨을 건졌다. 이후 남으로는 금릉(金陵)을 유람하고 북으로는 상곡(上谷)에 이르기까지 변방의 경관을 두루 살피면서 비분강개(悲憤慷慨)한 마음을 시로 표출했다. 만년에는 극도로 빈곤해져 가지고 있건 책 수천 권을 모두 팔아 버렸다. 스스로 남강북조인(南腔北調人)이라 부르면서 생애를 마쳤다. 시서화에 각각 일가를 이루는 천재적인 문인으로, 특히 잡극(雜劇)「사성원(四聲猿)」을 발표하여 유명해졌다. 자기의 독창성을 중시하여 명나라 초기에 문단을 풍미했던 의고파(擬古派)의 모방을 비웃었다. 죽은 뒤 개성적인 시풍은 공안파(公安派) 원굉도(袁宏道)를 경탄시켰을 정도였다. 저서에 『남사서록(南詞絞錄)』과 『서문장전집(徐文長全集)』 30권이 있다. 명청(明淸)시대 문단에 끼친 영향이 매우 컸다.

**서방**(徐防, ?~?): 후한 패국(沛國) 질현(銍縣) 사람. 자는 알경(謁卿)이다. 명제(明帝) 영평(永平) 연간에 효렴(孝廉)으로 천거되어 상서랑(尙書郎)에 올랐다. 나중에 사례교위(司隸校尉)와 위군태수(魏郡太守), 소부(少府), 대사농(大司農), 사공(司空), 사도(司徒) 등을 지냈다. 상제(殤帝) 연평(延平) 연간에 태위(太尉)로 옮겼다. 안제(安帝) 초에 용향후(龍鄕侯)에 봉해졌지만 얼마 뒤 재이(災異)로 파면되었다. 가학인 역학(易學)을 연구했다. 일찍이 글을 올려 박사(博士)나 갑을시책(甲乙試策)은 바로 가법(家法)의 장구(章句)에 따라 50문제를 출제하여 많이 해석한 사람을 으뜸으로 하고, 인용한 문장이 분명한 사람을 높이 평가하자고 건의했는데, 황제가 공론(公論)에 물으니 모두 그 말을 따랐다.

**서선민**(徐仙民, 344~397): 동진(東晉) 동완(東莞) 고막(姑幕) 사람인 서막(徐邈)이다. 선민(仙民)은 그의 자(字)이다. 조부 때부터 경구[京口, 강소성 진강(鎭江)]로 옮겨 살았다. 효무제(孝武帝) 때 유학(儒學)하는 선비로 불려 태부(太傅) 사안(謝安)이 천거해 중서사인(中書舍人)을 거쳐 산기시랑(散騎侍郞)에 올랐다. 10년 동안 황제를 모시면서 고문으로서 많은 도움을 주었다. 나중에 동궁(東宮)에서 일하면서 조정의 일에 참여했다. 안제(安帝) 때 효기장군(驍騎將軍)에 이르렀다. 범녕과 이름을 나란히 했다. 저서에 『모시서씨음(毛詩徐氏音)』과 『고문상서음(古文尙書音)』, 『주역서씨음(周易徐氏音)』, 『예기서씨음(禮記徐氏音)』, 『주례서씨음(周禮徐氏音)』, 『춘추서씨음(春秋徐氏音)』, 『곡량전주(穀梁傳注)』 등이 있다.

**서언**(徐彦, ?~?): 당나라 때 사람. 북위(北魏)의 서준명(徐遵明)이라고도 하는데, 자세하지 않다. 현존하는 십삼경주소(十三經注疏) 중의 『춘추공양전소(春秋公羊傳疏)』를 지었다.

**서정**(徐顥, ?~?): 미상. 단옥재의 제자라고 하는데, 자세한 것은 알 수 없다.

**서준명**(徐遵明, ?~?): 당나라 때 사람. 북위(北魏)의 서언(徐彦)이다. ☞ 서언(徐彦)

**서현**(徐鉉, 917~992): 북송 양주(揚州) 광릉(廣陵) 사람으로 자는 정신(鼎臣)이고, 서연휴(徐延休)의 아들이다. 젊었을 때 한희재(韓熙載)와 이름을 나란히 해서 강동(江東)에서 '한서(韓徐)'라 불렀다. 동생 서개(徐鍇)와 함께 '이서(二徐)'로도 불렀다. 오대(五代) 때 오(吳)나라에서 벼슬해 교서랑(校書郞)이 되고, 남당(南唐)에서는 지제고(知制誥)와 한림학사(翰林學士), 이부상서(吏部尙書) 등을 역임했다. 송나라에 들어 태자율

갱령(太子率更令)이 되었다. 태종 태평흥국(太平興國) 초에 학사원(學士院)에 근무하면서 급사중(給事中)을 지냈다. 좌우(左右) 산기상시(散騎常侍)를 각각 거쳤다. 순화(淳化) 2년(991) 정난군(靜難軍) 행군사마(行軍司馬)로 폄적(貶謫)되었다가 빈주(邠州)에서 죽었다. 시문에 능했고, 문자의 훈고(訓詁)에 정통했다. 『설문해자(說文解字)』를 다시 교정하고, 『문원영화(文苑英華)』의 편찬에도 참여했다. 저서에 『기성집(騎省集)』과 『서문공집(徐文公集)』 30권이 전한다.

**석현**(石顯, ?~?): 한나라 때의 환관(宦官). 원제(元帝)가 즉위하자 홍공(弘恭)을 대신하여 중서령(中書令)이 되었는데, 원제가 병이 들자 대소 정사(政事)를 모두 결정하는 등 권세가 높았음. 이후 성제(成帝)가 즉위하자 실권(失權)하였고 고향으로 돌아가던 길에 병사(病死)하였다.

**선정**(先鄭): 정중사(鄭仲師, ?~83?)를 가리킨다. 경학자들은 정중을 선정(先鄭), 정현을 후정(後鄭)이라 부른다.

**설방**(薛方, ?~?): 전한 말기 제(齊)지방 사람으로, 자(字)는 자용(子容)인데 왕망이 제위(帝位)를 찬탈하고 부르자, "위에 요(堯)·순(舜) 같은 성군(聖君)이 계시면 아래에 소부(巢父)·허유(許由)와 같은 은사(隱士)가 있다."라고 하여 사양했다.

**설선**(薛宣, ?~?): 서한(西漢)시대 동해(東海) 담현(郯縣) 사람으로, 자는 공군(贛君)이다. 경무공주(敬武公主)의 남편으로 고양후(高陽侯)에 봉해졌다. 불기현승(不其縣丞), 낙랑도위승(樂浪都尉丞), 완구령(宛句令) 장안령(長安令)을 역임했다. 상벌이 분명했고, 법 적용이 공평했으며, 인

후하고 위의가 있어 백성들의 칭송을 많이 받았다.

**설종**(薛綜, ?~243): 삼국시대 오나라 패현(沛縣) 죽읍(竹邑) 사람으로 자는 경
문(敬文)이다. 문장이 뛰어나 저술이 많았다. 일찍이 장형(張衡)의『이
경부(二京賦)』에 주를 달았다. 저서에『사재(私載)』와『오종도술(五宗
圖述)』이 있다.

**설찬**(薛瓚, ?~?): 진(秦)의 정치인.

**섭몽득**(葉夢得, 1077~1148): 송나라 소주(蘇州) 오현(吳縣) 사람으로 자는 소온
(少薀)이고, 호는 석림(石林)이다. 철종(哲宗) 소성(紹聖) 4년(1097) 진
사가 되어 한림학사(翰林學士)를 맡아 사대부들이 파당(派黨)을 짓는
일에 대해 극론(極論)했다. 영창부(潁昌府)에서 일할 때 상평속(常平
粟)을 열어 빈민들을 구휼했고, 환관 양전(楊戩) 등의 수탈을 억제했
으며, 탐관오리들을 체포하다가 결국 축출되었다. 용도각직학사(龍
圖閣直學士) 등을 지냈다. 평생 배우기를 좋아해 박학했고, 특히 사
(詞)를 잘 지었다. 또한『춘추』에 정밀하여『춘추전(春秋傳)』과『춘
추고(春秋考)』,『춘추얼(春秋讞)』,『춘추지요총례(春秋指要總例)』,『석
림춘추(石林春秋)』 등을 저술했다. 그 밖의 저서에『건강집(建康集)』
과『석림사(石林詞)』,『피서록화(避暑錄話)』,『석림연어(石林燕語)』,『석
림시화(石林詩話)』 등이 있다.

**섭소온**(葉少薀, 1077~1148): 중국 송나라 오현(吳縣) 사람 섭몽득(葉夢得)이다.
☞ 섭몽득(葉夢得)

**섭숭의**(聶崇義, ?~?): 북송 초기 낙양(洛陽) 사람이다. 젊어서 삼례(三禮)로 천거되어 예학(禮學)에 정통했다. 후한 건우(乾佑) 연간에 국자예기박사(國子禮記博士)가 되어 일찍이 『춘추공양전』을 교정하고 국학(國學)에서 간행했다. 후주(後周) 현덕(顯德) 중에 국자사업(國子司業) 겸 태상박사(太常博士)에 이르렀다. 태조 건륭(建隆) 3년(962) 자신이 교정한 『삼례도(三禮圖)』를 올렸는데 황제가 윤졸(尹拙)과 두의(竇儀)의 교정을 거쳐 반포했다. 삼례(三禮)에 관한 정현, 완심(阮諶), 하후복랑(夏侯伏朗), 장일(張鎰), 양정(梁正), 개황(開皇) 등의 구도(舊圖)를 얻어 상세히 고증하고 시비를 바로잡았다. 『삼례도』는 『사고전서』와 『통지당경해(通志堂經解)』에 들어 있다.

**성계우**(成季友, ?~기원전 644): 춘추시대 노 환공(魯桓公)의 막내아들이며, 문강(文姜)의 아들이고, 장공(莊公)의 막내아우이다. 계우의 둘째 형인 숙아(叔牙)가 큰형인 경보(慶父)를 임금으로 세우려 하는 것을 장공이 알고서 근심하자, 계우가 겸계(鍼季)를 시켜서 숙아를 독살하게 하였으며, 장공이 죽자 장공이 총애하던 자반(子般)을 계우가 임금으로 세웠는데, 자반이 또 경보에게 살해되자 진(陳)나라로 망명했다가 경보가 거(莒)로 달아났을 때 민공(閔公)의 아우인 자신(子申)을 데리고 귀국해서 희공(僖公)을 세웠다. 춘추시대 말기 노나라의 집권자인 계손씨(季孫氏)는 바로 계우의 후예이다.

**성용경**(成蓉鏡, ?~?): 청나라 강소(江蘇) 보응(寶應) 사람. 이름을 유(孺)라고도 하며, 자는 부경(芙卿)이고, 자호는 심소(心巢)이다. 부생(附生)으로 효심이 아주 깊어서 어머니를 60년 동안 돌보았다. 경학(經學) 외에도 상위(象緯)와 여지(輿地), 성운(聲韻), 훈고(訓詁)에도 조예가 깊었고, 특히 금석(金石)을 평가하는 일에는 아주 정확했다. 저서에『주역석문례(周易釋文例)』와 『상서역보(尙書曆譜)』, 『우공반의술(禹貢班義述)』,『춘추일남지보(春秋日南至譜)』,『절운표(切韻表)』,『아사록(我師錄)』,『국조학안비망록(國朝學案備忘錄)』,『심소문록(心巢文錄)』 등이 있다.

**세석**(世碩, ?~?): 춘추시대 진(陳)나라 사람. 스승이 공자의 제자였다는 점으로 미루어 기원전 5세기경 사람으로 추정된다.『전한서(前漢書)』「예문지(藝文志)」에 저서 『세자(世子)』 21편이 기록되어 있다. 후한의 왕충(王充)이 쓴『논형(論衡)』에는 세석의 설이라 하여 "사람의 성(性)에는 선(善)과 악(惡)이 섞여 있어 선을 기르면 선인이 되지만 악을 조장하면 악인이 된다."라고 되어 있다. 이것은 성에 대한 논술로 가장 오래된 것이라 할 수 있다.

**소대**(蘇代, ?~?): 동주 낙양(지금의 하남성 낙양 동쪽) 사람이다. 합종책(合縱策)을 주장한 유세가인 소진(蘇秦)의 아우. 특히 초와 위나라를 후원으로 삼아 공동으로 제와 진나라의 주장을 제지했으며, 연나라를 위해 제후국들을 돌며 유세하여 제후들한테 합종의 약속을 받아 내는 등 역사상 적지 않은 업적을 남겼다.

**소림**(蘇林, ?~?): 한말(漢末), 위초(魏初)의 학자. 자(字)는 효우(孝友)로, 진유군(陳留郡) 외황현(外黃縣) 사람이다. 위(魏)나라 때 급사중(給事中)의 지위에 있었으며, 황초(黃初) 연간에 박사(博士)로 옮겨졌다가 안성정후(安成亭侯)로 봉해졌다. 고금의 자의(字義)를 꿰뚫고 있어서 제서의 전문(傳文) 가운데 의심스러운 것이 있으면 그가 모두 훈석(訓釋)하였다고 한다.

**소병국**(蘇秉國, ?~?): 청대(淸代) 청강포(淸江浦) 사람. 자는 균보(均甫)이다. 경학(經學)의 대가로 알려져 있다. 저서는 『주역통의(周易通義)』22권과 『주운의(籌運議)』등이 있다.

**소보**(巢父, ?~?): 전설시대의 은자(隱者). 요임금이 천하를 소보에게 넘겨주려 하자 이를 거절했다. 허유(許由)가 요로부터 구주(九州)의 장을 맡아 달라는 부탁을 받고 귀를 씻는 모습을 보고 쓸데없이 떠다니며 명예를 낚으려는 행동은 옳지 않다고 나무란 뒤, 이곳에서 귀를 씻었으니 송아지 입이 더러워지겠다며 상류로 송아지를 끌고 가서 물을 먹였다고 한다.

**소신신**(召信臣, ?~기원전 31): 전한 구강(九江) 수춘(壽春) 사람. 자는 옹경(翁卿)이다. 명경갑과(明經甲科)로 낭(郞)이 되었다. 선제(宣帝) 때 남양태수(南陽太守)로 옮겼다. 그곳에서 주민들에게 농상(農桑)을 권장하여 농지 3만 경(頃)을 개간하고, 관개 시설과 교량 및 축대 수십 군데를 설치하는 등 선정을 베풀어 소보(召父)라 일컬어졌다. 원제(元帝) 경녕(竟寧) 중에 불려 소부(少府)가 되어 구경(九卿)의 반열에 올랐다. 재직 중에 죽었다.

**소정묘**(少正卯, ?~기원전 496): 춘추시대 말기 노나라 사람. 묘(卯)가 이름이고, 소정(少正)은 복성(複姓)인데, 관직명이라고도 한다. 노 정공(魯定公) 때 대부를 지냈다. 전하는 말로 공자와 같은 시기에 강학(講學)했는데, 여러 차례 공자의 제자들을 자기 문하로 흡입하여 공자의 문하가 세 번 찼다가 세 번 비었다고 한다. 천하의 5 대악(大惡), 즉 마음속으로 거슬러서 위험하고, 간사함을 행하며 고체(固滯)하고, 거짓말을 하면서 변명하고, 추악한 것을 기억하면서 박식하다 하고, 그른 것을 쫓아서 번드르르하게 꾸며 나라 정치를 어지럽혔기 때문에 공자가 섭정(攝政)할 당시 주살(誅殺)했다.

**소진**(蘇秦, 기원전 337~기원전 284): 전국시대 중엽의 정치가. 강국 진나라에 대적하기 위해 나머지 6국이 연합하는 합종책을 주장했다. 동주(東周) 사람으로 낙양[雒陽, 지금의 하남성 낙양(洛陽)시 동쪽] 출신이다. 자는 계자(季子)이다. 『전한서』「예문지」에 그가 『소자(蘇子)』 31편을 저술했다는 기록이 있지만 전하지는 않는다. 백서(帛書) 『전국종횡가서(戰國縱橫家書)』에 그가 유세할 때 작성했다는 문장과 서신 16편이 있으나 『사기』의 기록과는 다소 차이가 있다.

**소진함**(邵晉涵, 1743~1796): 청나라 절강(浙江) 여요(餘姚) 사람. 자는 여동(與桐) 또는 이운(二雲)이고, 호는 남강(南江)이다. 훈고학(訓詁學)에 조예가 깊었고, 『춘추』 삼전(三傳) 및 『이아』에 정밀했다. 형병(邢昺)의 『이아의소(爾雅義疏)』에 불만이 있어 곽박(郭璞)의 『이아주(爾雅注)』를 종주로 삼고 여러 학자의 학설을 널리 취하여 『이아정의(爾雅正義)』를 저술했다. 그 밖의 저서에 『맹자술의(孟子述義)』와 『곡량정의(穀梁正義)』, 『한시내전고(韓詩內傳考)』, 『남강문초(南江文鈔)』, 『유헌일기(輶軒日記)』 등이 있는데, 조기(趙岐), 범녕(范寧), 왕응린(王應麟)의 잘못을 바로잡았다.

**소하후**(小夏侯): 하후승(夏侯勝)의 조카 하후건(夏侯建, ?~?)의 별칭. ☞ 하후

건(夏侯建)

**소호씨**(少暭氏, ?~?): 소호(少皞), 소호(少顥)라고도 불린다. 역사책에서는 청
양씨(靑陽氏), 금천씨(金天氏), 궁상씨(窮桑氏), 운양씨(雲陽氏) 혹은 주
선(朱宣), 현효(玄囂)로 일컬어진다. 황제(黃帝)의 장자(長子)이다. 상
고시대 화화부족연맹(華夏部落聯盟)의 수령이자, 동시에 동이족(東夷
族)의 수령이기도 하다. 비록 고대 사람들을 그를 오제(五帝)의 한 사
람으로 열거했지만 실제로 제왕(帝王)은 아니고 단지 중국인의 공동
조상(祖上) 중에 한 사람이다. 고대 중국의 신화 중에서는 서방대제
(西方大帝)로 존숭된다. 기록에 따르면 그의 부족은 새를 토템으로
삼았는데, 원시 봉문화(鳳文化)를 탄생시켰다고 한다. 그의 자손은
여러 성씨(姓氏)로 분화되었는데, 예컨대 영(嬴), 상(桑), 진(秦), 담
(譚), 서(徐), 황(黃), 강(江), 이(李), 조(趙), 소(蕭)씨 등이다.

**속석**(束晳, 261?~300?): 서진(西晉) 양평(陽平) 원성(元城, 하북성 大名) 사람. 자
는 광미(廣微)이다. 다문박학(多聞博學)했다고 한다. 저작으로 있으면
서 고정(考訂)에 참여하여 15편으로 정리했는데, 안에는 『죽서기년
(竹書紀年)』과 『목천자전(穆天子傳)』도 있었다. 『시경』「소아(小雅)」
에 「남해(南陔)」, 「백화(白華)」, 「화서(華黍)」, 「유경(由庚)」 등 생시(笙
詩) 6편이 있는데, 소리만 있고 가사가 없어 이를 보작(補作)하고 보
망시(補亡詩)라 했다. 저서에 『오경통론(五經通論)』과 『발몽기(發蒙記)』
등이 있었지만 다 없어지고, 지금은 『속광미집(束廣微集)』만 전한다.

**손고**(孫翱, ?~?): 미상.

**손교**(孫皎, ?~219): 삼국시대 오나라 오군(吳郡) 부춘(富春) 사람으로, 손권(孫權)의 숙부 손정(孫靜)의 셋째 아들이다. 자는 숙랑(叔朗)이고, 손유(孫瑜)의 동생이다. 여몽(呂蒙)을 따라 강릉(江陵)을 공격해 관우(關羽)를 사로잡아 죽였다.

**손기봉**(孫奇逢, 1585~1675): 명말청초 때 직례(直隷) 용성(容城) 사람. 자는 계태(啓泰) 또는 종원(鍾元)이고, 호는 하봉선생(夏峰先生)이다. 만력(萬曆) 29년(601) 거인(擧人)이 되었다. 녹선계(鹿善繼), 좌광두(左光斗), 위대중(魏大中), 주순창(周順昌) 등과 교유했다. 천계(天啓) 연간에 동림당(東林黨)의 옥사가 일어나자 독사(督師) 손승종(孫承宗)에게 몰래 황제의 주변을 일소할 것을 부탁했지만 듣지 않았다. 좌광두 등이 죽자 장례를 치러 주었는데, 녹정(鹿正), 손승종과 함께 '범양삼열사(范陽三烈士)'로 불렸다. 숭정(崇禎) 9년(1636) 용성을 지키면서 남하하는 청나라 군대를 막아 냈다. 명나라 말기 혼란한 세태를 피해 역주(易州) 오공산(五公山)에 들어갔고, 나중에 소주(蘇州) 하봉산(夏峰山)에 은거하여 강학했다. 젊어 가난했지만 학문에 힘썼다. 육왕(陸王)의 심학(心學)을 종주로 했는데, 만년에는 정주(程朱)의 이학(理學)과 융합시키려 했다. 학자가 오면 밭을 내주어 농사를 짓게 했다. 경전의 문구에 천착하는 것을 싫어했으며, 치용(致用)을 중시했다. 학문이 널리 전파되었는데, 특히 북방의 학자들에게 큰 영향을 끼쳤다. 저서에 『사서근지(四書近指)』와 『상서근지(尙書近指)』, 『경서근지(經書近指)』, 『독역대지(讀易大旨)』, 『성학록(聖學錄)』, 『이학종전(理學宗傳)』, 『이학전심찬요(理學傳心纂要)』, 『북학편(北學編)』, 『낙학편(洛學編)』, 『중주인물고(中州人物考)』, 『하봉선생집(夏峰先生集)』 등이 있다.

**손석**(孫奭, 962~1033): 북송(北宋) 박주(博州) 박평(博平) 사람으로, 자는 종고 (宗古)이다. 태종 단공(端拱) 2년(989) 구경(九經)으로 급제하고, 거현 주부(莒縣主簿)가 되었다. 국자감직강(國子監直講)과 공부낭중(工部郎中)을 역임하고, 용도각대제(龍圖閣待制)에 발탁되어 진종(眞宗)이 천서(天書)를 맞이하고 분음(汾陰)에 제사하는 일에 대해 극력 간언을 올렸다. 밀주(密州)와 연주(兗州)의 지주(知州)로 나갔다. 인종(仁宗) 때 한림시강학사(翰林侍講學士)로 국자감을 관리했고, 『진종실록』을 편찬했다. 다시 병부시랑과 용도각학사를 지냈다. 태자소부(太子少傅)로 치사(致仕)했다. 황제의 칙명으로 형병, 두호(杜鎬) 등과 함께 제경정의(諸經正義)와 『장자』 및 『이아(爾雅)』의 석문(釋文)을 교정하고, 『상서』, 『효경』, 『논어』, 『이아』 등을 고정(考正)했다. 또한 조기의 『맹자주(孟子注)』를 교정하고, 육덕명(陸德明)의 『경전석문(經典釋文)』의 부족한 부분을 보충했다. 저서에 『경전휘언(經典徽言)』과 『오경절해(五經節解)』, 『오복제도(五服制度)』, 『숭사록(崇祀錄)』, 『악기도(樂記圖)』 등이 있었지만 모두 전해지지 않는다. 그 밖의 저서에 『맹자음의(孟子音義)』와 『맹자소(孟子疏)』가 있는데, 주희(朱熹)는 『맹자소』가 그의 저술이 아니라고 고증했다.

**손성**(孫盛, 302?~374): 산서성(山西省) 태원(太原) 사람. 중국 동진(東晉)의 학자로, 자는 안국(安國)이다. 10세 때 영천(潁川)의 태수였던 아버지가 살해되어 강남으로 피신하였다. 성장한 뒤 절강성(浙江省) 회계(會稽)의 청담계(淸談界)에서 이름이 알려져 좌저작랑(佐著作郎)을 시초로 관료가 되어 비서감까지 승진하였고, 장사(長沙) 태수(太守)와 비서감(秘書監) 가급사중(加給事中)을 지냈다. 72세에 세상을 떠났으나 노후에도 학문을 버리지 않고, 『위씨춘추(魏氏春秋)』, 『진양추(晉陽秋)』

외에 시부(詩賦)와 논문 수십 편을 저술하였다. 그중에서도 진나라의 역사 『진양추(晉陽秋)』 31권은 당시 양사(良史)라 불렸으나 모두 산일되어 전하는 것이 없다.

**손성연**(孫星衍, 1753~1818): 청나라의 고전학자로, 강소성(江蘇省) 양호(陽湖) 사람. 자는 연여(淵如), 호는 방무산인(芳茂山人). 이름난 수재로 14세 때 《문선(文選)》을 모두 암기하였고 많은 사람들로부터 지우(知遇)를 받았다. 1787년 진사에 합격, 한림원편수(翰林院編修)가 되었다. 형부주사(刑部主事) 등 사법관이 되어 명성을 떨치고, 산동(山東)의 독량도(督糧道)로서 치수(治水)와 식량을 감독하여 공적을 남기고 1806년에 사임하였다. 전대흔(錢大昕)에게서 배워 넓은 학식을 지니고 특히 여러 서지(書誌)의 교정(校定)에 힘써 『상서금고문주소(尙書今古文注疏)』(30권), 『창힐편(蒼頡篇)』, 『시자(尸子)』 등을 집대성하고, 금석학(金石學)에도 뛰어나 『환우방비기(寰宇訪碑記)』를 썼고 『방무산인시록(芳茂山人詩錄)』 등을 합쳐 『평진관총서(平津館叢書)』 및 『대남각총서(岱南閣叢書)』로서 간행하였다.

**손염**(孫炎, ?~?): 삼국시대 위나라 낙안(樂安) 사람으로, 자는 숙연(叔然)이고, 정현(鄭玄)의 제자에게 배워 동주대유(東州大儒)로 일컬어졌다. 왕숙(王肅)이 정현의 「성증론(聖證論)」을 비판한 것에 대해 다시 반박한 「박성증론(駁聖證論)」이 있으며, 반절주음(反切注音)의 시초인 『이아음의(爾雅音義)』를 편찬하기도 했다. 저서에 『주역례(周易例)』와 『춘추례(春秋例)』, 『모시주(毛詩注)』, 『예기주(禮記注)』, 『춘추삼전주(春秋三傳注)』, 『국어주(國語注)』, 『이아주(爾雅注)』가 있는데, 대부분 전하지 않고 『옥함산방집일서(玉函山房輯逸書)』에 일부만 남아 있을 뿐이다.

**손작**(孫綽, ?~?): 동진(東晉) 태원(太原) 중도(中都, 山西) 사람. 자는 흥공(興公)
이다. 어릴 때부터 박학(博學)했으며, 시문(詩文)에 뛰어났다. 고승(高
僧)들과 교유하기를 즐겼고, 불법(佛法)을 독실하게 믿었다. 유불도
(儒佛道)의 합일을 주장했다. 영화(永和) 9년(353) 난정회(蘭亭會)에 참
여했다. 노장(老莊)의 학문을 좋아했고, 유불(儒佛)에도 정통했다. 문
장은 당시 으뜸으로 인정받았다. 저서에 『논어집해(論語集解)』와 『노
자찬(老子贊)』, 『유도론(喩道論)』, 『도현론(道賢論)』, 「수초부(遂初賦)」,
「유천태산부(遊天台山賦)」 등이 있다.

**손지조**(孫志祖, 1736~1800): 청나라 절강(浙江) 인화(仁和) 사람. 자는 이곡(詒
穀), 또는 이곡(頤谷)이고, 호는 약재(約齋)이다. 건륭(乾隆) 32년(1766)
진사가 되어 형부주사(刑部主事)를 거쳐 낭중(郎中)에 오르고, 강남도
감찰어사(江南道監察御史)에 발탁되었으나 사직하고 귀향했다. 책을
읽다가 의심이 생기면 반드시 해결해야 직성이 풀렸다. 만년에는
자양서원(紫陽書院)에서 강학했다. 정현의 학문을 종주로 했으며, 왕
숙의 설을 배척했다. 『문선(文選)』에 정밀했다. 저서에 『독서좌록
(讀書脞錄)』과 『가어소증(家語疏證)』, 『문선고이(文選考異)』, 『문선주
보정(文選注補正)』, 『문선이학권여보(文選理學權興補)』, 『후한서보정
(後漢書補正)』 등이 있다. 『가어소증』에서 왕숙의 위작 사실을 논파
했고, 『풍속통(風俗通)』의 일문(佚文)을 편집했으며, 『후한서보정』에
서는 사승(謝承)이 놓친 부분들을 수집했다.

**손혁**(孫奕, ?~?): 중국 남송(南宋)의 인물. 대략 광종(光宗) 소희(紹熙) 초, 1189년

을 전후 인물로 알려져 있다. 저서로 『시아편(示兒編)』 22권이
있다.

**송균**(宋均, ?~76): 후한 남양(南陽) 안중[安衆, 하남성 남양(南陽)] 사람. 자는 숙
상(叔庠)이다. 『시경』과 『예기』에 능통했고, 진양장(辰陽長)과 하내
태수(河內太守) 등을 지냈다. 진양장으로 있을 때 학교를 세워 그 지
역의 경학을 활성화시키는 데 크게 기여했다.

**송독**(宋督): 중국 춘추전국시대 송나라의 대부인 태재(太宰) 화보독(華父督,
?~기원전 682). 화독(華督)이라고 일컫기도 한다. 송 대공(宋戴公)의 손
자다. 송 상공(宋殤公) 10년 대부 공보가(孔父嘉)를 살해한 뒤 그 아내
를 취했다. 다시 상공(殤公)을 시해한 뒤 정(鄭)나라에 있던 목공자
(穆公子)를 데려다 장공(莊公)으로 세우고, 자신은 재상이 되었다. 민
공(閔公) 때 대부 남궁만(南宮萬)에게 살해당했다.

**송상봉**(宋翔鳳, 1777~1860): 중국 청(淸)대의 학자. 자는 우정(虞庭)이고, 또 다
른 자는 우정(於庭)이다. 강소(江蘇)성 장주[長洲, 지금의 오현(吳縣)] 사
람이다. 저서로 『과정록(過庭錄)』, 『주역고이(周易考異)』, 『사서석지
변증(四書釋地辨證)』, 『박학재문록(樸學齋文錄)』, 『향초사(香草詞)』, 『벽
운암사(碧云庵詞)』 등이 있다.

**송충**(宋忠, ?~?): 후한 말기 남양(南陽) 장릉(章陵) 사람으로, 자는 중자(仲子)
다. 형주오업종사(荊州五業從事)가 되었다. 일찍이 유표(劉表) 등과 함
께 『오경장구(五經章句)』를 정했다. 건안(建安) 13년(209) 유표가 죽었
다. 조조(曹操)가 대군을 이끌고 남정(南征)하자 유종(劉琮)이 자리를

이은 뒤 조조에게 투항하는 글을 올리게 했다. 양양(襄陽)으로 돌아올 때 관우(關羽)에게 잡혀 이 사실이 밝혀지자, 유비(劉備)가 질책한 뒤 돌려보냈다. 고문(古文)만을 연구하여 형주학파(荊州學派)에서 가장 영향력이 있었다. 『주역』에 대한 주(註)를 냈다. 이 『주역』의 주는 정현의 주와 함께 당시 쌍벽을 이루었다. 그 밖의 저서에 『세본주(世本注)』와 『법언주(法言注)』가 있다.

**송함**(宋咸, ?~?): 중국 북송(北宋) 대의 학자. 자는 관지(貫之)이다. 건양(建陽) 동유리(童遊里) 사람으로, 담대함과 식견을 겸비하였으며, 문·무에 모두 능했다고 한다. 북송 천성(天聖) 2년(1024)에 벼슬에 나아갔으며, 저서로는 『주역보주(周易補注)』, 『양자법언광주(楊子法言廣注)』, 『모시정기외의(毛詩正紀外義)』, 『논어증주(論語增注)』, 『조제요람(朝制要覽)』 등이 있다.

**숙손야**(叔孫婼, ?~ 기원전 517): 춘추시대 노나라의 대부. 숙손 소(叔孫昭)라고도 하고, 숙손 표(叔孫豹)의 서자(庶子)다. 가신(家臣) 수우(豎牛)에 의해 적통을 계승했지만 난역지죄(亂逆之罪)를 물어 수우를 주벌(誅伐)했다.

**숙손목자**(叔孫穆子): 춘추시대 노나라 사람 숙손 표(叔孫豹, ?~기원전 538)이다. ☞ 숙손표(叔孫豹)

**숙손통**(叔孫通, ?~기원전 194?): 전한 때 노(魯)나라 설(薛) 땅 사람. 처음에는 진(秦)나라 2세황제(二世皇帝)를 섬겨 박사(博士)를 지내다가 위태로움을 알고는 고향에 돌아와 항량(項梁)과 항우(項羽)를 섬겼다. 나중에 다시 유방(劉邦)을 따라 박사가 되고, 직사군(稷嗣君)으로 불렸다. 유방이 천하를 차지한 뒤에 '수성(守成)은 선비와 해야 할 것'이라고 말하고는, 노나라의 제생(諸生)들을 불러 나라의 예법을 다시 만들 것을 설득하여 한나라의 예악과 조의(朝儀)를 새롭게 제정했다. 혜제(惠帝) 때 다시 태상(太常)으로 종묘의법(宗廟儀法)을 제정했다.

**숙손표**(叔孫豹, ?~기원전 538): 목숙(穆叔)이라고도 한다. 춘추시대 노나라 사람. 숙손 교(叔孫僑)의 동생으로, 대부를 지냈다. 숙손 교가 노 성공(魯成公)의 어머니 목강(穆姜)과 사통하자, 이것이 장차 화를 불러올 줄 알고 제나라로 달아났다. 노성공 말년 숙손 교 역시 제나라로 도망쳐 왔다. 그는 부름에 응해 노나라로 돌아가 양공(襄公)을 섬기면서 국정에 참여했다. 양공 11년 계무자(季武子)가 삼군(三軍)을 만들어 공실(公室)을 셋으로 나눠 각각 하나씩 소유하게 했다. 삼가(三家)가 자신들의 사병(私兵)을 없애자 숙손씨가 사병을 거두어 가신(家臣, 노예)으로 만들었다. 24년 진(晉)나라에 사신을 갔는데, 범선자(范宣子)가 그에게 "죽어서도 썩지 않는 것(死而不朽)"이 무엇이냐고 묻자 "가장 높은 것은 입덕(立德)이고, 다음은 입공(立功)이며, 마지막은 입언(立言)"이라고 대답했다. 제나라로 달아났을 때 외처(外妻)가 아들 수우(豎牛)를 낳았는데, 국씨(國氏)에게 시집을 가 아들 맹병(孟丙)과 중임(仲壬)을 낳았다. 나중에 수우를 총애하니 맹병과 중임은 수우에게 살해당했다. 자신 또한 수우에게 갇혀 사흘 뒤에 굶어 죽었다.

**숙손팽생**(叔孫彭生, ?~?): 중국 춘추 시대 노(魯)나라의 대부이다. 자세한 내용은 미상이다. 『춘추(春秋)』 경문(經文)에는 "숙팽생(叔彭生)"이라고 되어 있는데, 두예(杜預)의 「주」에 "팽생(彭生)은 숙중 혜백(叔仲惠伯)

이다.[彭生, 叔仲惠伯.]"라고 했다.

**숙향**(叔向, ?~?): 춘추시대 진(晉)나라의 현자(賢者). 성은 양설(羊舌)이고, 이름은 힐(肸) 또는 숙힐이며, 숙향은 자(字)이다. 평공(平公) 때 교육계(敎育係)로 벼슬했다. 『춘추좌씨전(春秋左氏傳)』에서는 법가 사상의 선구를 이룬 자산과 대비하여 유가 사상의 전통적인 담당자로 군자라 했다. 자산이 형서(刑書)를 만들어서 법의 공개를 단행하자 덕과 예에 의한 정치를 방기하는 것이라면서 비난했다. 제나라의 안영(晏嬰), 오나라의 계찰(季札), 정나라의 자산과 함께 당대의 대표적인 현인으로 불렸다.

**순상**(荀爽, 128~190): 후한 영천(潁川) 영음[潁陰, 하남성 허창(許昌)] 사람으로, 자는 자명(慈明)이다. 이름을 서(諝)라고도 한다. 환제(桓帝) 연희(延熹) 9년(166) 지극한 효성으로 천거되어 낭중(郎中)에 임명되어 대책을 올려 시폐(時弊)에 대해 통렬하게 지적했지만, 곧 벼슬을 버리고 떠났다. 저서에 『역전(易傳)』과 『시전(詩傳)』, 『예전(禮傳)』, 『상서정경(尙書正經)』, 『춘추조례(春秋條例)』, 『공양문(公羊問)』 등이 있었지만 모두 없어졌고, 비직(費直)의 고문역학(古文易學)을 연구한 『주역순씨주(周易荀氏注)』의 일부가 『옥함산방집일서』 및 『한위이십일가역주(漢魏二十一家易注)』에 전할 뿐이다.

**순언**(荀偃, ?~기원전 554): 중행언(中行偃) 또는 중행헌자(中行獻子)라고도 한다. 춘추시대 진(晉)나라 사람으로, 자는 백유(伯游)이고, 순림보(荀林父)의 손자다. 대부를 지냈다. 시호는 헌(獻)이다.

**순열**(荀悅, 148~209): 후한 말기 영천(潁川) 영음(潁陰) 사람이다. 자는 중예(仲豫)이고, 순숙(荀淑)의 손자이다. 일족에 조부 순숙과 숙부 순상(荀爽), 종제(從弟) 순욱(荀彧) 등 저명한 사람이 많았다. 12살 때『춘추』에 통했지만, 성장해서는 병약하여 세상에 나가기를 싫어했다. 성격은 침착하고 조용했으며, 저술하기를 좋아했다. 영제(靈帝) 때 병을 이유로 은거했다. 조조(曹操)의 부름을 받고 황문시랑(黃門侍郎)이 되어 헌제(獻帝)에게 강의를 했고, 비서감(秘書監)과 시중(侍中)에 올랐다. 때마침 조조가 실권을 잡고 후한 왕조가 쇠퇴하자, 인의를 바탕으로 하여 시폐(時弊)를 구제하려는 정책을 논한『신감(申鑒)』5편을 저술했다. 헌제가 반고가 쓴『전한서(前漢書)』가 문장이 번잡하고 이해하기 어렵다고 여겨 그에게『춘추』와 같이 간편한 편년체로 고치라고 지시해『한기(漢紀)』30권을 편찬했다. "문장은 간략하지만 일은 상세하고 논변이 대개 적중했다.[詞約事詳, 論辨多美.]"라는 평을 들었다. 그 밖의 저서에『숭덕(崇德)』과『정론(正論)』등이 있다.

**순욱**(荀彧, 163~212): 후한 영천(潁川) 영음(潁陰) 사람. 자는 문약(文若)이고, 순숙(荀淑)의 손자다. 어릴 때부터 재명(才名)이 있었다. 중평(中平) 6년(189) 효렴(孝廉)으로 천거되어 항부령(亢父令)을 지냈다. 얼마 뒤 원소(袁紹)에게 의탁했는데, 원소가 큰일을 이루지 못하리라 보고 조조에게 몸을 맡겼다. 조조는 그를 깊이 신임하여 비무사마(備武司馬)와 진동사마(鎭東司馬)에 임명하면서 "그대는 나의 장자방(張子房)이다."라고 말할 정도였다. 조조에게 도읍을 허도(許都)로 옮기고 헌제(獻帝)를 모실 것을 적극 제안하여 천자를 두고 제후를 호령하는 지위를 얻게 했다. 조조가 대장군의 벼슬을 받은 뒤 그를 시중(侍中)과 상서령(尙書令)으로 임명하고 국가의 중요한 일에 참여할 수 있게 했다. 조조가 여포(呂布)를 죽인 뒤 원소와 대치했을 때 원소와 그를 따르는 부하들에 대한 정밀한 분석을 제공해 조조의 강한 신임을 얻었다. 이때부터 허도에서 정무를 처리했다. 관도(官渡) 전투 때 군량이 다한 조조가 철군하려고 하자 끝까지 견벽(堅壁)할 것을 주장하면서 기묘한 병법으로 원소를 격파해 만세정후(萬歲亭侯)에 봉해졌다. 시중이 되어 절월(節鉞)을 지니고 승상군사(丞相軍事)에 참여했다. 건안(建安) 17년(212) 동소(董昭)가 조조에게 위공(魏公)의 버슬을 받으라고 권했을 때 반대하여 조조의 의심을 샀다. 얼마 뒤 조조가 그에게 찬합을 보냈는데 아무런 음식도 들어 있지 않았다. 조조의 뜻을 알아차리고 독약을 먹고 자살했다.

**순인**(荀寅, ?~?): 중행문자(中行文子)로도 불린다. 춘추시대 진(晉)나라 사람으로, 순오지(荀吳之)의 아들이다. 경공(頃公) 때 하경(下卿)이 되어 중군(中軍)을 관할했다. 조앙(趙鞅)을 따라 여수(汝水)의 강가에 성을 쌓을 때 진나라 각 고을에 쇠를 부과하여 형정(刑鼎)을 주조했다. 정공(定公) 15년 범길역(范吉射)과 조앙을 정벌하여 진양(晉陽)에서 포위했다. 순력(荀櫟) 등이 정공의 명을 받들어 순인과 범길역을 치자 조가(朝歌)로 달아났다. 20년 조앙이 조가를 포위하자 두 사람은 다시 한단(邯鄲)으로 달아났다. 다음 해 조앙이 한단을 포위하자 선우(鮮虞)로 달아났다가 백인(柏人)으로 들어갔다. 다음 해 진나라가 백인을 포위하자 제나라로 달아났다. 시호는 문(文)이다.

**숭후**(崇侯, ?~?): 은나라 주(紂)의 신하로, 숭(崇)나라의 군주(君主) 숭후호(崇侯虎)이다. 이름이 호(虎)이다. 주에게 서백 창[西伯昌: 주 문왕(周文王)]을 참소하여 유리(羑里) 감옥에 갇히게 하였는데, 뒤에 서백 창이 숭나라를 정벌하여 멸하고 풍읍(豐邑)을 만들었다.

**습붕**(隰朋, ?~기원전 644): 제 환공(齊桓公) 때의 명신. 본명은 강습붕(姜隰朋). 강(姜)이 성이고, 씨(氏)가 습(隰)이며 이름 붕(朋)이다. 제 장공(齊莊公)의 아들 공자 요(公子廖)의 손자라고 한다. 흔히 습붕으로 알려져 있다. 관중(管仲), 포숙과 더불어 제나라의 내치를 담당했고, 진(秦)나라의 군주인 진 목공과 함께 진(晉)나라의 공자 이오(夷吾)를 세우니 그가 바로 진 혜공(晉惠公)이다. 관중이 죽고 그 뒤를 이었으나 곧 죽었다.

**습착치**(習鑿齒, ?~ 384?): 동진(東晉) 양양(襄陽) 사람으로, 자는 언위(彦威)이고, 습욱(習郁)의 후손이다. 박학다문(博學多聞)했고, 문장과 사재(史才)로 이름을 떨쳐 형주자사(荊州刺史) 환온(桓溫)의 신임을 받아, 불려 종사(從事)의 직책을 수행했고, 별가(別駕)까지 올랐다. 환온에게 모반(謀反)의 낌새가 있자 『한진춘추(漢晉春秋)』 54권을 써서 경계시켰다. 일찍이 당대의 고승 도안법사(道安法師)와 교유하면서 사해습착치(四海習鑿齒)라 자호(自號)하자, 도안도 미천석도안(彌天釋道安)이라 답했는데, 당시 사람들이 아름다운 명호수답(名號酬答)이라며 칭송했다. 효무제(孝武帝) 태원(太元) 4년(379) 진왕(秦王) 부견(苻堅)이 양양(襄陽)을 공격해 함락시킨 뒤 습착치와 도안을 포로로 잡아 장안(長安)에 와서 신하들에게 이렇게 말했다. "내가 10만의 군사로 양양을 빼앗아 오직 한 사람 반을 얻으니, 도안이 한 사람이고, 습착치가 반 사람이다.[朕以十萬之師取襄陽, 唯得一人半, 即指道安一人, 習鑿齒半人.]"라고 말했다. 그의 아들 습벽강(習辟疆) 또한 당대의 명사(名士)로 치문석덕(緇門碩德)들과 즐겨 교유(交遊)했는데, 변론이 당당하고 날

카로워 치소(緇素) 사이에 명성이 높았다.

**신불해**(申不害, ?~기원전 337?): 전국시대 정나라 경[京, 하남성 형양현(榮陽縣)] 사람. 법가(法家)를 대표하는 인물로, 정나라에서 하급관리로 일하다가 한(韓)나라의 소후(昭侯)를 섬겨 재상으로 15년간 재직하면서 내치(內治)와 외교(外交)를 가다듬어 나라를 태평하게 다스렸다. 황로(黃老) 사상을 기본으로 삼아 신하들을 통제하는 방식을 강조했다. 즉 신하에게 관직을 맡기되 명분에 맞게 실효를 책임지게 하고, 군주는 신하를 감독하면서 생사여탈권(生死與奪權)을 쥐어 군주 전제 정치를 강화한다는 것이었다. 저서에 『사기(史記)』에 『신자(申子)』 2편, 『전한서(前漢書)』에서는 『신자』 6편이라 전하고 있지만, 송나라 때 모두 없어졌고, 현재는 『군서치요(群書治要)』와 『태평어람(太平御覽)』 등에 실린 글을 모은 책 『대체(大體)』 1편이 남아 있다.

**신서**(申胥, ?~ 기원전 484): 춘추시대 정치가로 원래는 초(楚)나라 사람이었으나 아버지와 형이 살해당한 뒤 오나라에 망명한 오자서(伍子胥)이다.
☞ 오자서(伍子胥, ?~기원전 484)

**신찬**(臣瓚, ?~?): 서진(西晉)의 학자이다. 『전한서(前漢書)』를 주해한 사람으로 알려져 있으며, 이름만 알려져 있고, 성씨(姓氏)는 자세하지 않다. 『한서집해음의(漢書集解音義)』 24권을 지었다.

**심거사**(沈居士, 419~503): 남조(南朝)시대 오흥군(吳興郡) 무강현[武康縣, 지금의 절강성(浙江省) 무강현] 사람으로, 본명은 심인사(沈麟士)이고, 자는 운정(雲禎)이다. 본명보다는 주로 심거사로 불린다. 저서에 『논어심씨

훈주(論語沈氏訓注)』,『주역양계(周易兩繫)』,『노자요약(老子要略)』,『장
자내편훈(莊子內篇訓)』 등이 있으며,『역경』·『예기』·『춘추』·『상
서』·『논어』·『효경』 등 수십 권을 주석하였다.

**심괄**(沈括, 1031~1095): 북송 항주(杭州) 전당(錢塘) 사람. 자는 존중(存中)이
고, 호는 몽계옹(夢溪翁)이다. 천문과 수학, 지리, 본초(本草) 등 과학
에 밝았다. 저서의 대부분은 없어졌지만,『몽계필담(夢溪筆談)』26권
과『보필담(補筆談)』3권에는 풍부한 과학적 기사가 실려 있다. 그
밖의 저서에『소심양방(蘇沈良方)』과『장흥집(長興集)』등이 있다.

**심덕잠**(沈德潛, 1673~1769): 청나라 강소(江蘇) 장주(長洲) 사람. 자는 확사(確
士)이고, 호는 귀우(歸愚), 시호는 문각(文慤)이다. 편수(編修)를 거쳐
시독(侍讀)과 좌서자(左庶子), 시강학사(侍講學士), 일강기거주관(日講
起居注官), 내각학사(內閣學士)를 역임하고, 건륭제의 총애를 받아 예
부시랑(禮部侍郎)까지 올랐다. 일찍부터 시명(詩名)은 높았지만 과거
에는 실패만 거듭했다. 고령 때문에 관직을 그만두고 고향에 돌아
가 여생을 시작(詩作)과 저서로 보냈다. 왕사정(王士禎)이 신운설(神韻
說)을 제창한 데 대해 격조설(格調說)을 주창했다. 저서에『귀우시문
초(歸愚詩文鈔)』와『죽소헌시초(竹嘯軒詩鈔)』,『설시수어(說詩晬語)』가
있다. 편저에『당시별재(唐詩別裁)』와『명시별재(明詩別裁)』,『국조
시별재(國朝詩別裁)』,『고시원(古詩源)』이 있다. 43년(1778) 서술기(徐
述夔) 사건이 일어났을 때 일찍이 서술기의「일주루시(一柱樓詩)」에
서문을 써 준 적이 있어 시호를 박탈당하고 묘비가 훼손당했다.

**심도**(沈濤, ?~?): 청(淸)대 절강성(浙江省) 가흥(嘉興) 사람. 원명은 이정(爾政),

자는 서옹(西雍), 호는 포려(匏廬)이다. 저서에 『논어공주변위(論語孔
注辨僞)』 2권과 『역음보유연설문고본고(易音補遺淵說文古本考)』가 있
고, 이 외에도 필기(筆記)·시화(詩話)·시문집(詩文集) 등 여러 종류
가 있는데, 『논어공주변위』 2권은 대략 도광(道光) 6년(1826)에 완성
된 것으로 보인다.

**심약**(沈約, 441~513): 남조 양(梁)나라 오흥(吳興) 무강(武康) 사람. 자는 휴문
(休文), 시호는 은(隱)이며, 심박(沈璞)의 아들이다. 어려서부터 재난
을 만나 빈곤 속에서도 학문에 힘써 시문으로 당대에 이름을 떨쳤
다. 송나라 때 안서외병참군(安西外兵參軍)이 되었다. 제나라 때는 국
자좨주(國子祭酒)와 사도좌장사(司徒左長史)를 지냈다. 소연(蕭衍), 사
조(謝朓) 등과 함께 경릉왕(竟陵王) 소자량(蕭子良)의 서저(西邸)에 있
었다. 양나라에 들어 소연[양무제(梁武帝)]을 옹립하는 데 공을 세워
상서복야(尙書僕射)와 상서령(尙書令), 좌광록대부(左光祿大夫)를 역임
했다. 3대에 걸쳐 벼슬하면서 재능으로 자부했고, 영리에는 관심을
두지 않은 채 청담(淸談)을 즐겼다. 여러 차례 무제의 노여움을 사
견책을 받다가 근심 속에 죽었다. 정치가로서보다도 문인으로 뛰어
나, 제나라의 문혜태자(文惠太子)와 동생 소자량의 사랑을 받아 문단
의 중견이 되었고, 양나라에 들어가서도 그 세력을 유지했다. 또 불
교에 능통하고 음운에도 밝아, 사성(四聲)의 구별을 명백히 하고 시
의 사성팔병설(四聲八病說)을 제창했다. 그의 음운설은 영명체(永明
體)의 성립과 깊은 관계가 있을 뿐 아니라 근체시(近體詩) 성립의 원
인이 되기도 했다. 『사성보(四聲譜)』와 『진서(晉書)』, 『송서(宋書)』,
『제기(齊記)』, 『송세문장지(宋世文章志)』 등 저술이 많았는데, 『송서』
만 전해지고 있다. 100권이나 되던 문집도 현재는 『한위육조일백삼

가집(漢魏六朝一百三家集)』에 실린 『심은후집(沈隱侯集)』 2권과 『한위
육조명가집(漢魏六朝名家集)』에 수록된 『심휴문집(沈休文集)』 9권 등
이 남아 있을 뿐이다.

**심작철**(沈作喆, ?~?): 송대(宋代) 호주(湖州) 덕청현[德淸縣: 지금의 절강성(浙江省)
덕청현] 사람. 자는 명원(明遠), 호는 우산(寓山). 저서에 『우간(寓簡)』
이 있다.

**ㅇ**

**악가**(岳珂, 1183~1234): 남송 상주(相州) 탕음[湯陰, 하남(河南)에 속함] 사람. 가
홍(嘉興)에서 살았고, 자는 숙지(肅之)이며, 호는 역재(亦齋) 또는 권옹
(倦翁)이다. 악림(岳霖)의 아들이고, 악비(岳飛)의 손자다. 영종(寧宗)
때 가흥군부(嘉興軍府)에 파견되었다가 관내권농사(管內勸農事)를 겸
했다. 호부시랑(戶部侍郎)과 회동총령(淮東總領) 겸 제치사(制置使)에
이르렀다. 진회(秦檜)가 할아버지 악비를 함정에 몰아넣고 죽인 것
을 한스럽게 여겨 『금타수편(金陀粹編)』과 『우천변무집(吁天辯誣集)』,
『천정록(天定錄)』을 지어 무고를 밝혔다. 그 밖의 저서에 『당호시고
(堂湖詩稿)』 1권과 『옥저집(玉楮集)』 8권 및 『간정구경삼전연혁제(刊
正九經三傳沿革制)』, 『괴담록(愧郯錄)』, 『정사(程史)』, 『보진재서법찬(寶
眞齋書法贊)』 등이 있다. 감상과 평가에 정교했고, 시문에도 능했다.

**악상**(樂詳, ?~?): 삼국시대 위(魏)나라 하동(河東) 사람. 자는 문재(文載)이다.
어려서부터 학문을 좋아했고, 사해(謝該)에게 수학했다. 『춘추좌씨
전(春秋左氏傳)』에 정통했고, 문학좨주(文學祭酒)가 되었다. 위 문제
(魏文帝) 황초 연간에 불려 박사가 되었다. 추보(推步)에 뛰어났다. 태
사(太史)와 함께 율력(律曆)을 제정했다. 관직은 기도위(騎都尉)까지
올랐다. 제왕(齊王) 조방(曹芳) 정시(正始) 연간에 연로하여 사직하고
귀향했다. 저서에 『좌씨문칠십이사(左氏問七十二事)』가 있다.

**악조**(樂肇, ?~?): 삼국시대 위(魏)나라, 기주(冀州) 양평군(陽平郡) 사람. 양주

자사(揚州刺史)를 지낸 악침(樂綝)의 아들이며, 우장군(右將軍) 악진(樂進)의 손자이다.

**안사고**(顔師古, 581~645): 당나라 초기 경조(京兆) 만년(萬年) 사람. 『안씨가훈(顔氏家訓)』의 저자 안지추(顔之推)의 손자고, 고훈(古訓)에 뛰어났던 안사로(顔思魯)의 아들이다. 이름은 주(籕)인데, 자로 행세했다. 자는 사고(思古)로도 쓴다. 일찍이 황명을 받아 비서성(秘書省)에서 오경(五經)의 문자(文字)를 고정(考定)하여 『오경정본(五經定本)』을 편찬했고, 공영달 등과 『오경정의(五經正義)』를 찬정했다. 『대당의례(大唐儀禮)』의 수찬에 참여하고, 그 후 『전한서(前漢書)』에 주석을 가함으로써 이전의 여러 주석을 집대성했다. 『전한서』의 주석은 그의 문자학과 역사학의 온축으로, 오늘날도 『전한서』 해석의 중요한 근거가 된다. 저서에 『모시국풍정본(毛詩國風定本)』과 『자양(字樣)』, 『오례(五禮)』, 『광류정속(匡謬正俗)』, 『수서(隋書)』 등이 있다.

**안연지**(顔延之, 384~456): 남조 송나라 낭야(琅邪) 임기(臨沂) 사람. 자는 연년(延年)이고, 시호는 헌자(憲子)이다. 문장도 당대 으뜸이었는데, 자제를 훈계하기 위해 쓴 글 「정고(庭誥)」는 가정교육사의 좋은 자료이다. 사령운(謝靈運)과 함께 안사(顔謝)라 불렸다. 『문선』에 실린 「자백마부(裛白馬賦)」와 「오군영(五君詠)」, 「추호시(秋湖詩)」 등이 대표작이다. 『안광록집(顔光祿集)』 30권을 남겼지만 대부분 없어졌고, 일부가 『한위육조백삼명가집(漢魏六朝百三名家集)』에 실려 있다.

**야마노이 가나에**(山井鼎, 1681~1728): 일본 에도시대 유학자이며 고증학의 제일인자. 호는 곤론(崑崙), 자는 군이(君彝) 또는 충보(忠甫)이고, 본성

(本姓)은 오카미(大神). 교토에서 이토 도가이(伊藤東涯)에게 수학했으며, 에도시대에 오규 소라이(荻生徂徠)에게 수학했다. 저서에『칠경맹자고문(七經孟子考文)』이 있고 이 외에도 여행을 좋아해서 기행문인『겸창행기(『鎌倉行紀)』와『온천기행(溫泉紀行)』등이 있다.

**양간**(楊簡, 1141년~1226): 남송 명주(明州) 자계(慈溪) 사람. 자는 경중(敬仲)이고, 호는 자호선생(慈湖先生)이며, 시호는 문원(文元)이다. 육구연(陸九淵)을 스승으로 섬겨 육씨심학파(陸氏心學派)의 대표적 인물이 되었다. 낙평지현(樂平知縣)을 지냈는데, 학교를 일으키고 학생을 가르쳐 읍내에 밤에는 도둑이 없었고 길가에 물건이 떨어져 있어도 줍지 않았다. 영종(寧宗) 가정(嘉定) 초에 온주지주(溫州知州)로 나갔는데, 먼저 기적(妓籍)을 없애고 청렴과 검소함으로 주민들의 존경을 받았다. 원섭(袁燮), 서린(舒璘), 심환(沈煥) 등과 함께 녹상사선생(甬上四先生), 사명사선생(四明四先生)으로 일컬어졌다. 육구연의 심학을 우주의 만물(萬物), 만상(萬象), 만변(萬變)이 모두 자신에게 속해 있다는 유아론(唯我論)으로 발전시켰다. 저서에『자호시전(慈湖詩傳)』과『양씨역전(楊氏易傳)』,『계폐(啓蔽)』,『선성대훈(先聖大訓)』,『오고해(五誥解)』,『자호유서(慈湖遺書)』등이 있다.

**양경**(楊倞): 중국 당나라시대의 학자. 홍농[弘農, 지금의 하남성(河南省) 영보현(靈寶縣) 남쪽] 사람이다. 원진(元稹), 백거이(白居易)와 같은 시대 사람이다. 관직은 동천절도사(東川節度使)와 형부상서(刑部尙書)를 지냈다. 저술로는『순자주(荀子注)』가 있는데, 지금까지 전해져 오는 가장 오래된『순자』의 주석서이다.

**양고**(陽固, 467~523): 북위(北魏)의 학자. 자는 경안(敬安)이다. 북평(北平) 무종[無終: 지금의 천진(天津) 계현(薊縣)] 사람. 급사중과 북평태수를 역임했으며 은혜로운 정사를 펼쳤다. 여러 전적을 두루 열람하여 문재가 있었다. 요역을 생략할 것과 세금을 적게 걷을 것, 학교를 부흥하고 농업생산을 발전시킬 것, 불교 사업의 비용을 삭감할 것을 주장했다. 유가와 묵가, 도가와 도교 사상을 아울러 채용했다. 철학적으로는 노장의 경향을 띠었고, 특히 노장의 과욕(寡欲)과 부쟁(不爭)의 관점을 견지했다. 저서로는 『남북이도부(南北二都賻)』와 『연이부(演頤賦)』, 『종제(終制)』가 있고, 후인들이 그의 작품을 모아서 수록한 『양태상집(陽太常集)』 3권이 있다.

**양곡**(梁鵠, ?~?): 후한 말기 안정(安定) 오씨(烏氏) 사람. 자는 맹황(孟皇)이다. 팔분체(八分體)를 잘 써 당시 명성을 얻었고, 사의관(師宜官)의 서풍을 터득했다. 영제(靈帝) 때 선부상서(選部尙書)에 임명되었다. 건안(建安) 연간에 유표(劉表)에 의지하다가 조조(曹操)가 형주(荊州)를 함락하자 조조에게 귀의했다. 조조가 그가 쓴 글씨를 좋아해 일찍이 장중(帳中)에 걸어 두고 항상 감상하면서 사의관보다 낫다고 평가했다. 위나라 궁전의 제서(題署)들은 대개 그의 손으로 써졌다.

**양구거**(梁丘據, ?~?): 춘추시대 제나라 사람. 경공(景公) 때의 대부. 자는 자유(子猶) 또는 자장(子將)이다. 경공의 총애를 받았다. 경공이 학질에 걸려 1년이 지나도록 낫지 않았다. 이에 내축고(乃祝固)와 사은(史嚚)의 죄 때문에 귀신을 섬겨도 효과가 없으니 주륙(誅戮)할 것을 청했다. 경공이 안영(晏嬰)에게 물으니 귀신 섬기는 일을 중지할 것을 간했다. 경공이 노나라 정공 10년 제나라와 노나라가 협곡(夾谷)에서

회동할 때 경공을 따라 그 자리에 참석했다.

**양사아**(楊食我, ?~기원전 514): 춘추시대(春秋時代) 진(晉)나라 대부. 희성(姬姓)
이고 양설(羊舌)은 씨(氏)이며, 이름이 사아(食我), 자는 백석(伯石) 또
는 양설사아(羊舌食我), 양석(楊石)이라고 한다. 숙향(叔向)의 아들이다.

**양사훈**(楊士勛, ?~?): 생졸연대를 알 수 없는데,『사고전서총목제요(四庫全書
總目提要)』에서는 당 태종(唐太宗) 중기의 인물로 추정하고 있다. 국
자박사(國子博士)가 되어 공영달의『오경정의(五經正義)』감수에 참여
해서 곡나율고(谷那律故)와 주장재(朱長才) 등과 함께『춘추정의(春秋
正義)』를 편집했다. 또 스스로 범녕(范甯)의『춘추곡량전집해(春秋穀
梁傳集解)』를 근거로『곡량소(穀梁疏)』를 편찬했는데, 후에『십삼경
주소(十三經注疏)』의 계통에 두루 나열되었다.

**양생**(陽生, ?~?): 춘추시대 제(齊)나라 경공(景公)의 아들 도공(悼公)이다. 이
름이 양생이고, 도(悼)는 시호이다.

**양설직**(羊舌職, ?~기원전 570): 춘추(春秋) 시기 진(晉)나라의 대부로 양설(羊舌)
대부의 아들이다. 기원전 573년 진 도공(晉悼公)이 즉위한 후에 중군
위(中軍尉)가 되었다. 아들 넷이 있는데, 장자는 양설적(羊舌赤)으로
자는 백화(伯華)이고, 동혁(銅鞮)의 대부를 지냈다. 둘째 아들은 양설
월(羊舌月)으로 자는 숙향(叔向)이고, 양씨현(楊氏縣)을 영지로 받았
다. 셋째 아들은 양설부(羊舌鮒)로 자는 숙어(叔魚)이고, 넷째 아들은
양설호(羊舌虎)로 자는 숙웅(叔熊)이다. 이 사형제는 모두 조정의 요
직을 맡았고, 당시에 '양설사족(羊舌四族)'이라 일컬어진다.

**양시**(楊時, 1053~1135): 북송 말기 검남(劍南) 장락(長樂) 사람. 자는 중립(中立), 호는 구산(龜山)이다. 신종(神宗) 희녕(熙寧) 9년(1076) 진사가 되었지만, 관직에 나가지는 않았다. 채경(蔡京)이 나라를 망치고 백성들에게 해를 끼친다고 비판했고, 왕안석(王安石)의 학문을 극력 배척했다. 고종(高宗)이 즉위하자 공부시랑(工部侍郎)이 되었다. 정호(程顥)와 정이(程頤) 형제에게 사사(師事)했는데, 특히 형 정호의 신임을 받았다. 동생 정이가 귀양지에서 돌아왔을 때 제자들 대부분이 영락했지만, 오직 그와 사량좌(謝良佐)만이 학문에 장족의 발전을 보였다고 칭찬했다. 정호가 그를 중히 여기고, 정이가 사량좌를 중히 여긴 까닭은 그의 기질이 자신과 닮았기 때문이라 일컬어진다. 장수하면서 이정자(二程子, 정호와 정이)의 도학을 발전시켜 낙학(洛學)의 대종(大宗)이 되었고, 문하에서 주자(朱子)와 장식(張栻), 여조겸(呂祖謙) 등 뛰어난 학자가 많이 배출되었다. 유초(游酢), 여대림(呂大臨), 사량좌와 함께 정문사선생(程門四先生)으로 불렸다. 시호는 문정(文靖)이다. 저서에『구산집(龜山集)』42권과『구산어록(龜山語錄)』4권, 『이정수언(二程粹言)』2권 등이 있다.

**양신**(楊愼, 1488~1559): 중국 명(明)나라의 문인. 자는 용수(用修), 호는 승암(升菴). 신두(新都) 사람. 정덕(正德) 6년에 진사 시험에 급제, 수찬(修撰)이 되었다. 세종(世宗) 재위시 대례(大禮)에 대한 의론이 생기자 이를 간하다가 미움을 사서 원난 지방으로 유배, 그곳에서 사망했다. 책을 많이 읽고 많이 외며 저술이 풍부하기는 명대(明代) 제일이라고 한다. 사후 목종 융경(隆慶) 초년에 광록시소경(光祿寺少卿)으로 추증되었고, 희종 천계(天啓) 연간(1621~1627)에 문헌(文憲)이란 시호를 받았다. 독서를 좋아하여 집에 쌍계당(雙桂堂)이란 독서당을 만들고 많은 서적을 보관했다고 한다. 그래서 일찍이 『양씨서목(楊氏書目)』을 썼다. 훗날 청나라 초기 인물 강소서는 명대의 대표적인 장서가로 양신을 포함하여 양사기, 오관, 모곤, 송렴 등을 거론하기도 했다. 양신은 평생 저술한 서적이 4백여 종에 달하는데 대부분 유실되고 1백여 종이 남았다. 소학 방면의 서적으로 『고음(古音)』, 『단연(丹鉛)』, 『육서박증(六書博證)』 등이 있고, 경학(經學) 방면으로 『승암경설(升庵經說)』, 『역해(易解)』, 『단궁총훈(檀弓叢訓)』 등이 있다. 역사와 지방지 방면으로는 『운남산천지(雲南山川志)』, 『남조야사(南詔野史)』가 있으며, 문학 방면으로 『승암시화(升庵詩話)』, 『예림벌산(藝林伐山)』, 『절구연의(絶句衍義)』, 『화품(畵品)』, 『전촉예문지(全蜀藝文志)』, 『승암시집(升庵詩集)』, 『승암장단구(升庵長短句)』, 『도정악부(陶情樂府)』 등이 있고, 『고금풍요(古今風謠)』, 『고금언(古今諺)』, 『여정집(麗情集)』 등을 편찬했다.

**양옥승**(梁玉繩, 1744~1819): 청나라 절강(浙江) 전당(錢塘) 사람. 자는 요북(曜北), 호는 간암(諫菴) 또는 청백사(淸白士)이다. 나이 마흔 전에 거자업(擧子業)을 포기하고 저술에 전념했다. 『상서』와 춘추삼전(春秋三傳)을 깊이 연구했고, 사학(史學)에 정통했다. 저서에 『별기(瞥記)』 7권과 『사기지의(史記志疑)』, 『한서고금인표고(漢書古今人表考)』, 『여자교보(呂子校補)』 2권, 『원호략(元號略)』 4권, 『지명광례(誌銘廣例)』 2권 등이 있다. 『사기지의』는 전대흔(錢大昕)이 사마천(司馬遷)의 공신(功臣)이라며 칭찬했다.

**양왕**(襄王, ?~기원전 619): 주나라 제17대 혜왕(惠王)의 아들로, 성은 희(姬), 이름은 정(鄭)이고 시호가 양왕(襄王)이다. 태숙 대(太叔帶, ?~기원전

635)는 주혜왕(周惠王)의 둘째아들로, 양왕(襄王)의 이복동생이다. 이름은 대(帶)이며 숙대(叔帶)라고도 하고, 감(甘)을 봉읍으로 했으므로 감소공(甘昭公)이라고 불리며, 이복형인 양왕(襄王)을 쫓아내고 왕위에 올랐다가 죽임을 당해 폐위되었으므로 주왕 대(周王帶)나 폐왕 대(廢王帶) 등으로도 불린다. 어머니는 혜왕의 후비(後妃)로 진(陳)나라 출신인 혜후(惠后) 규씨(嬀氏)이다. 혜왕은 후비(後妃)인 혜후(惠后)에게서 낳은 왕자 희대(姬帶)를 총애하여 그에게 태자의 지위를 넘기려 했으나, 당시의 패자인 제나라 환공(桓公)의 반대로 양왕은 태자의 지위를 유지할 수 있었다. 기원전 652년에 아버지 혜왕이 죽자 희대는 정(鄭)나라와 초(楚)나라의 지원을 받아 왕위에 오르려 했다. 하지만 제나라 환공은 제후들을 소집해 태자인 희정(제18대 양왕)이 왕위를 잇게 했다. 그러자 희대는 기원전 649년에 융(戎)과 적(翟)의 세력을 끌어들여 반란을 일으켰다. 하지만 진(秦)나라 목공(穆公)과 진(晉)나라 혜공(惠公)이 주나라를 도와 융족 토벌에 나서면서 반란은 실패로 끝났고, 희대는 이듬해에 제나라로 달아났다. 그 뒤 희대는 계속 제나라에 머무르다가 기원전 640년이 되어서야 다시 주나라로 돌아올 수 있었다. 기원전 636년 양왕이 적후(翟后)를 폐출시키자 적나라 사람들은 이에 불만을 품고 혜왕을 공격했다. 혜후는 아들인 희대를 왕으로 세우려고 가까운 사람들과 함께 적나라 군대를 도왔고, 결국 양왕은 정나라의 범읍(氾邑)으로 쫓겨났다. 그 뒤 양왕을 대신해 주나라의 왕위에 오른 희대는 양왕이 폐출시켰던 적후를 아내로 맞이하고서 온읍(溫邑)에 머물렀다. 그러나 기원전 635년 양왕은 진(晉)나라 문공(文公)에게 도움을 요청했고, 문공은 군대를 보내 온읍을 포위했다. 그리고 양왕을 주나라의 도읍까지 호위하여 그를 다시 주나라의 왕위에 앉혔다.

**양운**(楊惲, ?~기원전 54): 전한 경조(京兆) 화음(華陰) 사람. 자는 자유(子幼)이고, 사마천(司馬遷)의 외손이다. 『사기(史記)』를 익혀 세상에 널리 전파했다. 선제(宣帝) 때 좌조(左曹)에 임명되어 곽씨(霍氏)의 음모를 고발해 평통후(平通侯)에 봉해졌고, 중랑장(中郎長)이 되었다. 신작(神爵) 원년(기원전 61) 제리광록훈(諸吏光祿勳)에 올랐다. 관직에 있는 동안 청렴하여 재물을 경시하고 의로움을 좋아했다. 그러나 각박하고 남의 나쁜 비밀 등을 들추어내기를 좋아하여 사람들의 원한을 많이 샀다. 태복(太僕) 대장락(戴長樂)과 사이가 나빴는데, 대장락이 고발당하자 그가 시킨 것으로 잘못 알아 평소 언어가 불경하다고 상소를 올림으로써 면직당해 서인이 되었다. 직위를 잃고 집에서 일하며 집안을 일으켜 그 재산으로 생애를 즐겼다. 친구 손회종(孫會宗)이 편지를 주고받으면서 충고했지만 대답하지 않았다. 편지에 원망하는 내용이 많았는데, 선제(宣帝)가 이것을 읽고 미워한데다가 참소와 중상모략을 당해 대역 무도죄로 요참형(腰斬刑)을 당했다.

**양웅**(楊雄, 기원전 53~18): 전한 촉군(蜀郡, 사천성) 성도(成都)시 피(郫)현 출신. 자는 자운(子雲), 양웅(揚雄)으로도 쓴다. 어릴 때부터 배우기를 좋아했고, 많은 책을 읽었으며, 경학(經學)은 물론 사부(辭賦)에도 뛰어났다. 청년시절에 동향의 선배인 사마상여(司馬相如)의 작품을 통해 배운 문장력을 인정받아, 성제(成帝) 때 궁정문인의 한 사람이 되었으나, 정치에는 큰 관심을 갖지 않았다. 40여 살 때 처음으로 경사(京師)에 가서 문장으로 부름을 받아, 성제의 여행에 수행하며 쓴 「감천부(甘泉賦)」과 「하동부(河東賦)」, 「우렵부(羽獵賦)」, 「장양부(長楊賦)」 등을 썼는데, 화려한 문장이면서도 성제의 사치를 꼬집는 풍자도 잊지 않았다. 나중에 왕망 밑에서도 일해 대부가 되었다. 천록각(天

祿閣)에서 책을 교정했다. 시대에 적응하지 못한 자신의 불우한 원인을 묘사한 「해조(解嘲)」와 「해난(解難)」도 독특한 여운을 주는 산문이다. 학자로서 각 지방의 언어를 집성한 『방언(方言)』과 『역경(易經)』에 기본을 둔 철학서 『태현경(太玄經)』, 『논어』의 문체를 모방한 『법언(法言)』, 『훈찬편(訓纂篇)』 등을 저술했다.

**양천**(楊泉, ?~?): 서진(西晉) 양국(梁國) 사람. 자연철학자. 자는 덕연(德淵)이다. 왕충(王充) 이후의 유물주의 학설을 계승, 합리적인 자연관과 인간관을 전개했다. 만물의 근본인 물에서 갖가지 성질을 지닌 원기(元氣)가 생기고, 그것이 자연현상을 형성한다고 주장했다. 또한 그 기(氣)의 일원적 자연관으로부터 육체가 없는 영혼의 존재를 부정했다. 노장파(老莊派)의 현학(玄學)을 비판하기도 하고, 농업과 공업 기술에 관심을 보이는 등 자세 또한 실용적이었다. 진한제자(秦漢諸子)들의 학설을 모아 편찬한 『물리론(物理論)』은 천문과 지리, 공예, 농업, 의학에 관해 연구한 책인데, 일부분만 전한다. 그 밖에 『태현경(太玄經)』과 문집이 있었지만 모두 없어졌다.

**양통**(梁統, ?~?): 후한(後漢) 초기의 무장이며 정치가. 자는 중영(仲寧)이며, 안정군(安定郡) 오씨현(烏氏縣) 사람이다.

**양흥**(楊興, ?~?): 전한(前漢) 원제(元帝) 때의 사람. 자는 군란(君蘭)이다. 관직은 원제 때 장안령(長安令)을 지냈고, 성제(成帝) 때 부자사(部刺史)를 역임했다.

**엄걸**(嚴杰, ?~?): 청(淸)나라시대 학자인 완원(阮元: 1764~1849)이 문인으로 알

려져 있다.

**여본중**(呂本中, 1084~1145): 남송 수주(壽州) 사람. 초명은 대중(大中)이고, 자는 거인(居仁), 호는 동래선생(東萊先生), 시호는 문청(文淸)이다. 여호문(呂好問)의 아들이다. 고종(高宗) 소흥(紹興) 6년(1136) 진사 출신으로 인정받았다. 기거사인(起居舍人)을 거쳐 중서사인(中書舍人) 겸 시강(侍講), 권직학사원(權直學士院)을 지냈다. 일찍이 상서하여 국세를 회복할 계책을 올렸다. 진회(秦檜)가 재상이 되어 사사롭게 권력을 남용하자 제목(除目)을 봉해 돌려주었다. 조정(趙鼎)과 서로 가까웠는데 진회의 미움을 사서 탄핵을 받고 파직당했다. 양시(楊時)와 유초(游酢), 윤돈(尹焞)을 사사했으며, 유안세(劉安世), 진권(陳瓘)에게도 배웠다. 시를 잘 써 황정견(黃庭堅)과 진사도(陳師道)의 구법(句法)을 터득했다. 쇄소응대(灑掃應對)의 일이 훈고(訓詁)보다 우선한다며 하학상달(下學上達)의 학문을 강조했다. 또한 유학과 불교의 사상적 요지가 크게는 같다고 보아 이가(二家)의 조화를 주장했다. 저서에 『춘추집해(春秋集解)』와 『동몽훈(童蒙訓)』, 『강서시사종파도(江西詩社宗派圖)』, 『자미시화(紫薇詩話)』, 『사우연원록(師友淵源錄)』, 『동래선생시집(東萊先生詩集)』 등이 있다.

**여숙제**(女叔齊, ?~?): 춘추시대 진(晉)나라 사람. 대부를 지냈다. 여제(女齊) 또는 사마후(司馬侯)라고도 한다. 노 소공(魯昭公)이 진나라에 오면서 교외(郊外)에서부터 위로하면서 바로 궤증(饋贈)을 올리니 진후(晉侯)가 그가 예를 안다고 칭찬했다. 이에 대해 여숙제가 그것은 단지 의식(儀式)일 뿐이지 예를 아는 것은 아니라고 말했다. 예라는 것은 나라를 지키고 정령(政令)을 시행하며 백성(百姓)을 잃지 않는 것이라고 말했다.

**여순**(如淳, ?~?): 삼국(三國)시대 위(魏)나라 사람.

**여이**(與夷, ?~기원전 711): 춘추시대 송나라의 군주인 송 상공(宋殤公)의 이름
이다. 선공(宣公)의 아들로 10년 정나라와 노나라, 위나라가 공격해
오자 11차례에 걸쳐 전투를 벌여 백성들의 고통이 극심했다. 태재
(太宰) 화보독(華父督)에게 살해당했다.

**여조겸**(呂祖謙, 1137~1181): 남송 무주(婺州) 금화(金華) 사람. 조적(祖籍)은 수
주(壽州)이고, 자는 백공(伯恭)이며, 호는 동래선생(東萊先生)으로, 여
대기(呂大器)의 아들이다. 명문에서 태어나 유복하게 자랐고, 임지기
(林之奇)와 왕응진(汪應辰) 등에게 사사했으며, 주희(朱熹), 장식(張栻)
등과 사귀며 폭넓은 학식을 갖추었다. 효종(孝宗) 융흥(隆興) 원년
(1163) 진사에 급제한 뒤 다시 박학굉사과(博學宏詞科)에 합격했다.
저작랑(著作郎) 겸 국사원편수관(國史院編修官)을 거쳐『휘종실록』중
수에 참여하고,『황조문감(皇朝文鑑)』을 편찬·간행했다. 남외종학
교수(南外宗學敎授)에서부터 태학박사, 실록원검토관 등 학문과 관계
있는 직책에서 오래 지냈다. 주희, 장식 등과 강학하면서 학문이 더
욱 정밀해졌는데, 당시 '동남삼현(東南三賢)'으로 불렸다. 순희(淳熙)
2년(1175) 주희와 육상산(陸象山)의 학문 조정을 꾀하기 위해 아호(鵝
湖)에서 모임을 주재했다. 시호는 성(成)인데, 충량(忠亮)으로 고쳐졌
다. 저서에『여씨가숙독시기(呂氏家塾讀詩記)』32권과『동래선생좌
씨박의(東萊先生左氏博議)』 25권,『여동래선생문집(呂東萊先生文集)』
40권,『역대제도상설(歷代制度詳說)』등이 있으며, 주희와의 공저(共

著)인 『근사록(近思錄)』은 특히 유명하다.

**여희**(驪姬, ?~기원전 650): 춘추시대 때 여융(驪戎)의 여자. 진 헌공(晉獻公) 12년에 여융을 정벌해 그녀를 얻어 돌아왔다. 헌공의 총애를 받아 부인(夫人)이 되었다. 해제(奚齊)를 낳고 그를 태자(太子)로 세우려고 했다. 이에 헌공의 폐신(嬖臣) 양오(梁五)와 동관오(東關五)에게 뇌물을 주어 여러 공자(公子)를 참언(讒言)을 해 쫓아냈다. 태자 신생(申生)을 모살(謀殺)하고 공자 중이(重耳)와 이오(夷吾)를 몰아냈다. 헌공이 죽고 난 뒤 진나라가 어지러워지자 대부 이극(里克)이 해제와 탁자(卓子)를 살해한 뒤 그녀도 죽였다. 미인으로 이름이 높았다.

**역도원**(酈道元, 466(472)~527): 북위(北魏) 범양(范陽) 탁현(涿縣) 사람. 자는 선장(善長)이고, 역범(酈範)의 아들이다. 효문제(孝文帝) 태화(太和) 연간에 치서시어사(治書侍御史)가 되었다. 선무제(宣武帝) 때 기주진동부장사(冀州鎭東府長史)와 동형주자사(東荊州刺史)를 역임했지만 통치가 너무 가혹함으로 인해 면직되었다. 오랜 뒤에 하남윤(河南尹)으로 재기하여 안남장군(安南將軍)과 어사중위(御史中尉)를 지냈다. 법을 집행하는 데 있어서 엄격하기로 이름이 나서 권문귀족들의 증오의 대상이 되었다. 만년에 시중성양(侍中城陽) 왕휘(王徽)의 참언으로 관우대사(關右大使)로 내쫓겼다가 옹주자사(雍州刺史) 소보인(蕭寶夤)에게 살해되었다. 학문을 좋아했고 기서(奇書)를 두루 보았다. 북쪽 지역을 널리 여행하면서 물길이나 산세 등의 지리 형세를 자세히 관찰했는데, 그 산물로 『수경주(水經注)』 40권을 써냈다. 이 책은 고대 지리학의 명저일 뿐만 아니라 문체 또한 수려하기 그지없다.

**염약거**(閻若璩, 1636~1704): 청나라 산서(山西) 태원(太原) 사람. 자는 백시(百詩)이고, 호는 잠구거사(潛邱居士)이다. 20세 때『상서』를 읽고 고문(古文) 25편(篇)에 이르렀을 때 위서(僞書)를 의심하고 30여 년을 연구해 의문점들을 모두 해결하고『고문상서소증(古文尙書疏證)』을 완성했다. 고염무(顧炎武)의 학풍을 계승해『상서』의 진위를 연구하여 동진(東晉) 때 매색(梅賾)이 바친『고문상서(古文尙書)』와『공안국상서전(孔安國尙書傳)』이 위작이라고 주장했다. 또『맹자』와『사기』를 참고하여『맹자생졸년월고(孟子生卒年月考)』를, 지리학에도 뛰어나『사서석지』를 저술했다. 시 또한 아려(雅麗)했다. 그 밖의 저서에『모주시설(毛朱詩說)』과『상복이주(喪服異注)』,『잠구잡기(潛邱雜記)』,『잠구찰기(潛丘札記)』,『일지록보정(日知錄補正)』등이 있다.

**염잠구**(閻潛丘, 1636~1704): 청나라 산서(山西) 태원(太原) 사람인 염약거(閻若璩)이다. ☞ 염약거(閻若璩, 1636~1704)

**염파**(廉頗, ?~?): 전국시대 조(趙)나라 사람. 조나라 혜문왕(惠文王) 때 장(將)이 되고, 나중에 상경(上卿)으로 승진했다. 제나라와 위(魏)나라를 공격해 여러 차례 크게 이기고 제나라의 기(幾)와 위나라의 방릉(防陵), 안양(安陽) 등지 등 많은 땅을 빼앗았다. 장평(長平) 전투에서 견고하게 수비하여 진(秦)나라 군대가 3년 동안 출병했지만 얻은 것 없이 돌아가게 만들었다. 나중에 조나라가 진나라의 반간계에 걸려 해직되고 조괄(趙括)을 장수로 기용해 대패했다. 효성왕(孝成王) 15년 연(燕)나라가 대군을 일으켜 침입하자 오히려 역공을 취해 연나라 장수 율복(栗腹)을 죽이고 연나라의 수도를 포위한 뒤 5개 성을 할양받고 화친을 맺었다. 이 공으로 위문(尉文)에 봉해졌고, 신평군(信平君)

이 되어 가상국(假相國)에 임명되었다. 도양왕(悼襄王) 때 낙승(樂乘)으로 대신하게 하자 위나라로 달아나 대량(大梁)에서 살았다. 나중에 초나라에서 늙어 죽었다. 인상여(藺相如)와 생사를 같이하기로 하면서 문경지교(刎頸之交)를 맺은 일이 유명하다.

**영자엄**(潁子嚴, ?~?): 동한(東漢) 때 진(陳)나라 장평현[長平縣: 지금의 하남성(河南省) 주구시(周口市)] 사람. 이름은 용(容), 자엄(子嚴)은 그의 자이다. 박학다식했고, 『춘추좌씨전(春秋左氏傳)』에 조예가 깊었다. 벼슬에 나아가지 않고, 헌제(獻帝) 초평(初平) 연간에 형주(荊州)로 피난하였는데, 문도가 1천여 명이나 모여들었다. 유표(劉表)가 무릉태수(武陵太守)로 삼으려 했으나, 응하지 않았다. 저서로는 『춘추좌씨조례(春秋左氏條例)』와 『춘추석례(春秋釋例)』10권이 있다. 건안(建安) 연간에 죽었다.

**예**(羿, ?~?): 후예(后羿) 또는 이예(夷羿)로도 쓴다. 유궁씨(有窮氏) 부락의 수령. 요임금의 신하였다. 하나라 임금 태강(太康)을 내쫓고 그 땅을 점령했는데, 나중에 한착(寒浞)에게 살해당했다. 활을 잘 쏘았다고 한다. 전설에 따르면 요임금 때 하늘에 해가 열 개나 나타나서 곡식과 초목이 다 말라죽어 사람들이 굶주리게 되었다. 게다가 맹수와 긴 뱀[장사(長蛇)]까지 나타나 해를 끼쳤다. 요임금이 그에게 활로 아홉 개의 해를 떨어뜨리게 하고 맹수와 긴 뱀도 죽이게 하자 백성들이 모두 기뻐했다. 『맹자(孟子)』「이루하(離婁下)」에 "방몽(逢蒙)이 예(羿)에게 활 쏘는 법을 배워 예의 기술을 다 배우고는 천하에 오직 예만이 자기보다 낫다고 여겨 예를 죽였다."라고 했다. 예의 아내 항아(姮娥)가 남편이 먹던 불사약을 먹고는 달로 달아났다고 한다.

**예사관**(倪思寬, ?~?): 청대(淸代) 초기 사람. 본명은 세구(世球)이고, 자는 존미 (存未)이며, 호는 이초(二初)이다. 화정현(華亭縣) 늠선(廩膳)출신으로 천문, 지리, 수학 등에 고루 조예가 있었다. 저서로는 『산법(算法)』 5권, 『경적록요(經籍錄要)』 12권, 『문선음의정정(文選音義訂正)』 8권, 『이초재독서기(二初齋讀書記)』 10권, 『시고문집(詩古文集)』 10권 등이 있다.

**예양부**(芮良夫, ?~?): 중국 주나라의 경사(卿士)이다. 제후국인 예(芮)나라의 왕으로 자가 양부(良夫)이므로 예양부라고 부르는 것이다. 성은 희 (姬)이다. 여왕(厲王)이 영이공(榮夷公)을 경사로 삼으려고 하자, 영이 공은 이익을 좇기를 좋아하므로 그를 등용하면 주나라는 반드시 망 하게 될 것이라고 하며 강력하게 저지하였다. 결국 받아들여지지 않자 벼슬을 그만두고 은거하였다.

**예형**(禰衡, 173~198): 후한 말기 평원(平原) 반현(般縣) 사람. 자는 정평(正平) 이다. 젊었을 때부터 말주변이 있었고, 성격이 강직하면서 오만했 다. 오직 공융(孔融), 양수(楊修)와만 마음을 터놓고 사귀었다. 공융 이 그의 재능을 아껴 여러 차례 조조(曹操) 앞에서 칭송했다. 조조가 만나려고 불렀지만, 병을 핑계로 나가지 않았다. 조조가 불러 고사 (鼓史)로 삼아 빈객(賓客)들을 불러 모으고 그를 욕보이려고 했지만, 오히려 그에게 모욕을 당했다. 조조가 노하여 형주에 사신으로 보 내 유표(劉表)의 손을 빌려 그를 죽이려 했다. 유표를 만나 비난의 말을 퍼붓자 기분 나쁘게 여긴 유표는 그를 강하태수 황조(黃祖)에 게 보냈다. 결국 욱하는 성격의 황조를 욕하다가 죽임을 당했다. 작 품에 『앵무부(鸚鵡賦)』가 있다.

**오**(奡, ?~?): 한착(寒浞)이 하나라 임금 상(相)의 왕위를 찬탈하고 그의 아내를 취해서 얻은 아들. 중국 고대의 장사로 육지에서 배를 끌고 다닐 정도로 힘이 셌다고 한다. 『논어』「헌문」에 "예(羿)는 활을 잘 쏘았고, 오(奡)는 힘이 세어 육지에서 배를 끌고 다녔지만 모두 제명에 죽지 못했다.[羿善射; 奡盪舟, 俱不得其死.]"라고 하였고, 한유(韓愈)의 「천사(薦士)」에 "허공을 가로지르듯 경어를 구사하니, 그 어려운 글자를 온당하게 놓는 힘은 오를 밀어낼 정도이다.[橫空盤硬語, 妥帖力排奡.]"라고 했다.

**오가보**(吳嘉寶, ?~?): 미상.

**오가빈**(吳嘉賓, 1803~1864): 청나라 강서(江西) 남풍(南豊) 사람. 자는 자서(子序)이다. 양명학을 숭상하여 잠심독오(潛心獨悟)를 통한 자득(自得)을 중시했다. 삼례(三禮)를 깊이 연구하여 『의례설(儀禮說)』과 『예기설(禮記說)』, 『상복회통설(喪服會通說)』을 저술했다. 그 밖의 저서에 『주역설(周易說)』과 『상서설(尙書說)』, 『시설(詩說)』, 『사서설(四書說)』, 『구자득지실문초(求自得之室文鈔)』 등이 있다.

**오계공**(敖繼公, ?~?): 원나라 복주(福州) 장락(長樂) 사람. 이름을 계옹(繼翁)이라 하기도 한다. 자는 군선(君善) 또는 군수(君壽)이다. 오흥(吳興)에 집을 두고 작은 누대를 지어 그 안에서 기거했는데, 겨울에도 화로를 피우지 않고 여름에도 부채질을 하지 않으면서 힘써 책을 읽었다. 처음에 정성위(定成尉)를 지냈고, 진사가 되어 대책(對策)을 냈다가 당시 재상의 비위를 거슬러 끝내 벼슬하지 못했다. 이에 더욱 경학(經學) 연구에 매진했다. 성종(成宗) 대덕(大德) 연간에 추천을 받아 신주교수(信州教授)에 제수되었지만, 부임하기도 전에 죽었다. 『의례』를 깊이 연구하여 『의례집설(儀禮集說)』을 저술했다.

**오균**(吳均, 469~520): 남조 양(梁)나라 오흥(吳興) 고장(故鄣) 사람. 자는 숙상(叔庠)이다. 무제(武帝) 천감(天監) 초에 오흥태수(吳興太守) 유운(劉惲)이 불러 주부(主簿)로 삼았다. 날마다 시를 지었는데, 문체가 청발(淸拔)하고 고기(古氣)가 있어 당시 '오균체(吳均體)'로 불렸다. 관직은 봉조청(奉朝請)에 이르렀다. 『제춘추(齊春秋)』를 지었는데, 무제가 내용이 부실하다고 하여 불태우고 그는 면직되었다. 얼마 뒤 황명을 받아 『통사(通史)』를 편찬했는데 마치지 못하고 죽었다. 산수시(山水詩)를 즐겨 썼다. 저서에 지괴소설집인 『속제해기(續齊諧記)』와 『후한서주(後漢書注)』, 『십이주기(十二洲記)』 등이 있다. 명나라 사람이 편집한 『오조청집(吳朝請集)』이 있다.

**오대제**(吳大帝, 182~252): 삼국시대 오나라의 첫 번째 황제인 손권(孫權)의 시호(諡號)이다. 오군(吳郡) 부춘(富春) 사람이고, 자는 중모(仲謀)다. 시호는 태황제(太皇帝)고, 손견(孫堅)의 둘째 아들이다. 건안(建安) 5년 형 손책(孫策)이 죽자 뒤를 이어 주유(周瑜) 등의 보좌를 받아 강남(江南) 육군(六郡) 경영에 힘썼다. 당시 형주(荊州)에는 유표(劉表)가 세력을 떨치고, 화북(華北)에는 조조(曹操)가 있어 남하할 기회를 엿보고 있었다. 13년 유표가 죽고 아들 유종(劉琮)이 조조에게 항복하자 조조의 압력은 더욱 강화되었다. 이에 촉(蜀)나라 유비(劉備)와 결탁하여 남하한 조조의 대군을 적벽(赤壁)에서 격파함으로써 강남에서의 지위가 확립되었다. 이릉(彝陵) 전투에서도 육손(陸遜)의 전술에 힘입어 유비의 촉나라 군대에게 대승을 거두었다. 위나라와 촉나라가 각각 칭제(稱帝)하자 황룡(黃龍) 원년 무창(武昌)에서 제위에 올라 연호를 황무(黃武)라 정하고 도읍을 건업(建業, 南京)으로 정했다. 재위할 때 선박을 바다로 보내 이주(夷洲, 臺灣)에 닿기도 했다. 또 산월(山越) 지구에 군현(郡縣)을 설치하는 등 강남 개발을 촉진시켰다. 농관(農官)을 배치하고 둔전(屯田)을 개간했다. 그러나 부역(賦役)이 과중했고, 형벌이 잔혹하여 백성 가운데 저항하는 무리가 많았다. 24년 동안 재위했다.

**오영**(吳英, ?~?): 중국 송(宋)나라 때의 학자. 주희(朱熹)의 문인(門人)이며, 고종(高宗) 소흥(紹興) 연간에 진사가 되었다.

**오운**(伍員, ?~기원전 484): 춘추시대 정치가로 원래는 초(楚)나라 사람이었으나 아버지와 형이 살해당한 뒤 오나라에 망명한 오자서(伍子胥)이다.
☞ 오자서(伍子胥, ?~기원전 484)

**오인걸**(吳仁傑, ?~?): 중국 송(宋)나라 때 곤산(昆山) 사람으로, 자는 두남(斗南)이며, 스스로 호를 두은(蠧隱)이라 했다. 저서에『도정절선생연보(陶靖節先生年譜)』·『양한간오보유(兩漢刊誤補遺)』·『이소초목소(離騷草木疏)』·『역도설(易圖說)』등이 있다.

**오자서**(伍子胥, ?~ 기원전 484): 춘추시대 초나라 사람으로 오나라에 망명하여 살았다. 이름은 운(員)이고, 자는 자서(子胥)다. 오나라의 대부를 지냈다. 초평왕(楚平王)이 소인의 참소(讒訴)를 듣고 오자서의 아버지 오사(伍奢)와 형 오상(伍尙)을 죄 없이 죽이자 오나라로 망명하여 장수가 되어 초나라를 쳤다. 초나라를 격파한 공으로 그는 신[申: 지금의 황포강(黃浦江) 하류 일대]에 봉해졌으며, 이로 인해 그를 신서(申胥)라고도 한다. 이미 평왕이 죽은 다음이라 묘를 파내어 시체를 매질하여 아버지와 형의 복수를 했다. 나중에 오나라로 하여금 패권을 잡게 했다. 그 뒤 오나라 왕 부차(夫差)가 서시(西施)의 미색에 빠져 정사를 게을리하고 오히려 간하던 오자서에게 칼을 주어 자살하게 했다. 오자서는 자살하면서 자기의 눈을 오나라 성의 동문(東門)에 걸어서 자기의 말을 듣지 않고 자기를 죽이는 오나라가 멸망하는 것을 보도록 하라는 유언을 남겼다. 그로부터 9년 뒤 월나라가 오나라를 멸망시켰다.

**오정화**(吳廷華, 1682~1755): 청나라 절강(浙江) 전당(錢塘) 사람. 원명은 난방(蘭芳)이고, 자는 중림(中林)이며, 호는 동벽(東壁)이다. 강희(康熙) 53년(1714) 거인(擧人)이 되어 내각중서(內閣中書)를 거쳐 흥화통판(興化通判)을 지냈다. 건륭(乾隆) 연간에 『삼례의소(三禮義疏)』를 편수하는데 참여했다. 10년 동안 재직하면서 경전의 이동(異同)을 철저하게 살펴 상당수 바로잡았다. 방포(方苞), 이불상(李紱相)과 교분이 깊었다. 육경(六經)의 전주(箋注)를 깊이 연구했으며, 「상례(喪禮)」의 해석에 정밀했다. 장이기(張爾岐)의 『의례정주구두(儀禮鄭注句讀)』와 왕문청(王文淸)의 『의례분절구두(儀禮分節句讀)』의 미진한 부분을 보완하고 선유(先儒)의 견해를 절충하여 『의례장구(儀禮章句)』를 편찬했다. 그 밖의 저서에 『의례훈해(儀禮訓解)』와 『삼례의의(三禮疑義)』, 『동벽서장집(東壁書莊集)』 등이 있다.

**오하군**(五河君, ?~?): 유보남(劉寶楠)의 형 유보수(劉寶樹)이다.

**오확**(烏獲, ?~?): 중국 춘추전국시대 진(秦)나라 무왕(武王) 때의 용사(勇士)이
다. 천균(千鈞)의 무게를 들어 올릴 수 있는 장사로 무왕의 총애를
받았다. 『맹자(孟子)』「고자하(告子下)」에 "오확(烏獲)이 들던 짐을 들
면 또한 오확과 같은 사람이 될 뿐이다.[擧烏獲之任, 是亦爲烏獲而已
矣.]"라고 했는데, 주희(朱熹)의 『집주(集註)』에 "오확(烏獲)은 옛날에
힘이 센 사람으로, 천균(千鈞)을 들어서 옮길 수 있었다.[烏獲, 古之有
力人也, 能擧移千鈞.]"라고 했다.

**완원**(阮元, 1764~1849): 중국 청나라시대의 학자. 자는 백원(伯元)이고, 호는
운태(云台) 또는 뇌당암주(雷塘庵主)인데, 만년의 호는 이성노인(怡性
老人)이다. 시호는 문달(文達)이다. 강소성(江蘇省) 의징현(儀徵縣) 출
생. 벼슬길에 있으면서 학자를 육성하고 학술 진흥에 힘썼다. 광동
(廣東)에 학해당(學海堂), 항주(杭州)에 고경정사(詁經精舍)를 설립하고,
학자를 모아 『경적찬고(經籍纂詁)』, 『십삼경주소교감기(十三經註疏校
勘記)』를 편집하였다. 또 청나라 여러 학자의 경학에 관한 저술을 집
대성하여 『황청경해(皇淸經解)』를 편찬하였다. 한나라시대의 학문을
이상으로 하여 훈고를 주로 한 고대의 제도・사상의 탐구를 목표
로, 독특한 사적(史的) 방법론을 전개한 『국사유림전(國史儒林傳)』을
지었다. 또 금석문 연구인 『적고재종정이기관지(積古齋鐘鼎彛器款識)』
등의 뛰어난 찬술을 하여, 청나라 고증학(考證學)을 집대성하였다.
서론(書論)에 시문집인 『연경실집(揅經室集)』에는 청나라 서풍(書風)
에 큰 영향을 끼친 『북비남첩론(北碑南帖論)』과 『남북서파론(南北書
派論)』, 송학(宋學)의 해석을 비판한 『성명고훈(性命古訓)』 등이 수록
되어 있다. 그 밖의 저서에 『주인전(疇人傳)』, 『회해영령집(淮海英靈
集)』, 『양절유헌록(兩浙輶軒錄)』, 『광릉시집(廣陵詩集)』, 『증자주(曾子

註)』등이 있다.

**완효서**(阮孝緖, 479~536): 남조 양(梁)나라 진류(陳留) 울지(尉氏) 사람. 목록학
자. 자는 사종(士宗)이고, 은거한 채 벼슬에 나가지 않고 학문에만
전념했다. 13살 때 벌써 오경(五經)에 정통했다. 임방(任昉)이 흠모하
며 존중했다. 양무제(梁武帝) 보통(普通) 4년(523) 방대한 목록서적인
『칠록(七錄)』의 편찬을 시작하여 송나라와 제나라 이래의 도서 기록
들을 널리 수집해 경사자집(經史子集)과 방기(方伎), 불(佛), 도(道) 7류
(類)로 나누어 전대 목록학을 총결산했다. 그 밖의 저서에『고은전
(高隱傳)』과『정사삭번(正史削繁)』이 있다. 원효서(院孝緖)라고도 부른
다. 제자들이 문정처사(文貞處士)라 사시(私諡)했다.

**왕광지**(王廣之, 425~497): 남조 제나라 패군(沛郡) 상(相) 사람. 자는 사림(士
林) 또는 임지(林之). 활쏘기와 말타기를 좋아했고, 용맹과 담력을 갖
추었다. 유면(劉勔)을 따라 은염(殷琰)을 정벌했고, 합비(合肥)를 함락
시켰다. 나중에 정벌한 공으로 급사중(給事中)과 관군장군(冠軍將軍)
에 올랐고, 영도현자(寧都縣子)에 봉해졌다. 소도성(蕭道成, 齊高帝)이
창오왕(蒼梧王)을 폐하고, 그를 서주자사(徐州刺史)와 종리태수(鍾離太
守)로 내보냈다. 심유지(沈攸之)가 반란을 일으키자 석두(石頭)를 미
리 평정했다. 제나라에 들어 후(侯)로 작위가 올랐다. 제무제(齊武帝)
가 즉위하자 우위장군산기상시(右衛將軍散騎常侍)로 옮겼고, 전군장
군(前軍將軍)이 되었다. 소란(蕭鸞, 齊明帝)이 여러 왕을 해치자 안륙왕
(安陸王) 소자경(蕭子敬)을 강음(江陰)에 보내 정벌했다. 응성현공(應城
縣公)으로 진봉(進封)되고, 강주자사(江州刺史)가 되었다. 명제 건무(建
武) 2년(495) 위(魏)나라가 사주(司州)를 포위하자 군대를 이끌고 토

벌에 나서 포위를 풀었다. 시중(侍中)과 진군장군(鎭軍將軍)까지 올랐다.

**왕길**(王吉, ?~기원전 48): 전한 낭야(琅邪) 고우[皐虞, 산동성 제성(諸城)] 사람. 자는 자양(子陽)이다. 오경(五經)에 정통했다. 효렴(孝廉)으로 낭관(郎官)이 되어 창읍왕중위(昌邑王中尉)를 지냈다. 창읍왕이 음란한 행동으로 위기에 빠졌을 때 그가 간언하여 죽음에서 구했다. 선제(宣帝) 때 익주자사(益州刺使)와 박사(博士), 간대부(諫大夫)가 되었다. 글을 올려 시정의 득실을 논했지만 황제가 현실과는 어긋난다고 여겨 채택되지 않았다. 나중에 병으로 귀향했다. 원제(元帝)가 즉위하자 다시 간대부로 불렸는데, 경사(京師)에 닿기도 전에 죽었다. 춘추추씨학(春秋鄒氏學)과 양씨역학(梁氏易學)에 능했고, 『시경(詩經)』과 『논어』를 가르쳤다. 그의 학문은 아들 왕준(王駿)이 계승했다.

**왕랑**(王朗, ?~228): 삼국시대 위(魏)나라 동해(東海) 담[郯, 산동성 담성(郯城)] 사람. 초명은 엄(嚴)이고, 자는 경흥(景興)이며, 시호는 일성(日成)이다. 왕숙(王肅)의 아버지이고, 양사(楊賜)에게 수학했다. 처음에 통경(通經)으로 낭중(郎中)에 임명되었다. 서주자사(徐州刺史) 도겸(陶謙)이 무재(茂才)로 천거하여 도겸의 치중(治中)이 되었다. 조조(曹操)에게 귀순하여 간의대부(諫議大夫)가 되어 군사(軍事)에 참여했다. 헌제 때 효렴에 발탁되어 벼슬했는데, 조조의 아들 조비(曹丕)가 황제가 된 뒤에도 그를 섬겨 벼슬이 사공(司空)에 이르렀다. 낙평향후(樂平鄉侯)에 봉해졌다. 대리(大理)에 있으면서 옥사를 관대하게 처결했다. 명제(明帝) 때 난릉후(蘭陵侯)에 봉해졌고, 사도(司徒)로 옮겼다. 제갈량(諸葛亮)의 침공을 맞아 하후무(夏侯楙)가 대패한 뒤 당시 이미 76세

였지만 조진을 도와 출전해 제갈량과 전장에서 만나 토론하다가 그
의 조리 있는 변설에 화가 치밀어 낙마했고 후송도중 죽었다. 저서
에 『역전(易傳)』과 『춘추전(春秋傳)』, 『효경전(孝經傳)』, 『주관전(周官
傳)』 등이 있다.

**왕례**(王砅): 당대(唐代)의 의사인, 왕빙(王冰, 710~805)의 이칭(異稱)이다. 계현
자(啓玄子)라 자호(自號)하였다. 일찍이 태복령(太僕令)을 지냈으므로,
그를 왕태복(王太僕)으로 부르기도 한다. 왕빙은 『황제내경소문(黃帝
內經素問)』이 '대대로 전하여 내려오면서 잘못이 생겨 편목(篇目)이
거듭 겹치어지고 앞뒤가 맞지 않으며 글에 담긴 뜻이 동떨어져서
차이가 매우 심하다'라고 생각하고 부지런히 찾아다니며 묻기를 12년
동안 하여 사북에 이르렀다. 또한 곽자재당(郭子齋堂)이 스승 장공(張
公)으로부터 받은 비본(秘本)을 참조하여 꼼꼼하게 주(注)를 달고 아
울러 전에 보관하고 있던 책을 합쳐 81편(篇)으로 해서 762년에 『주
황제소문(注黃帝素問)』 24권을 지었는데, 이것은 전원기(全元起)가 주
(注)를 단 『황제소문(黃帝素問)』의 뒤를 이어 또 한 번 정리하고 주석
(注釋)을 달았기에 세상에서 『차주황제소문(次注黃帝素問)』이라고 일
컫는다. 왕빙은 『차주(次注)』 속에서, 적잖이 자기의 견해를 충분히
나타내어 한의학의 발전에 대하여 매우 큰 영향을 끼쳤다.

**왕류**(王鎏, 1786~1843): 청(淸)대의 학자. 원래의 이름은 중류(仲鎏)이고 자는
양생(亮生). 강소성(江蘇省) 오현(吳縣) 동산(東山) 사람. 일찍부터 벼슬
에 나아가지 않고 저술에 몰두했다. 도광(道光) 8년(828) 『전폐추언
(錢幣芻言)』을 저술하여 금속화폐를 지폐로 대체할 것을 주창했고,
오직 초법(鈔法)만이 나라를 부유하고 민중을 부유하게 할 수 있다

고 생각해서 화폐를 무제한으로 발행할 것을 주장했다. 저서로는
『향당정의(鄕黨正義)』, 『사서지리고(四書地理考)』, 『전폐추언(錢幣芻言)』, 『전폐추언속각(錢幣芻言續刻)』, 『전폐추언재속(錢幣芻言再續)』등이 있다.

**왕명성**(王鳴盛, 1722~1797): 청나라의 고증학자 겸 시인. 내각학사(內閣學士) 겸 예부시랑(禮部侍郞)을 지냈다. 학문은 청나라의 '고증사학(考證史學)'이라 부르며, 거의 같은 시대의 전대흔(錢大昕)・조익(趙翼) 등과 비견되는 유명한 역사학자이다. 자는 봉개(鳳喈), 호는 예당(禮堂)이다. 서장(西莊)과 서지(西沚)는 그의 별호이다. 저서는 여러 방면에 걸쳤으며 『상서후안(尙書後案)』, 『아술편(蛾術編)』 등이 있고, 시문집으로 『서장시존고(西莊始存稿)』, 『서지거사집(西沚居士集)』 등이 있다. 역사에도 정통하여 『십칠사상각(十七史商榷)』을 저술했다.

**왕무구**(王無咎, 1024~1069): 송나라 건창(建昌) 남성(南城, 강서성) 사람. 자는 보지(補之)이다. 가우(嘉祐) 연간에 진사(進士)가 되어 강도위(江都尉) 와 위진주부(衛眞主簿), 천태령(天台令)을 지냈다. 나중에 벼슬을 버리고 왕안석(王安石)과 어울렸다. 책을 좋아하고 열심히 공부하여 주변의 학자들이 많이 귀의했다. 왕안석이 천거하여 국자직강(國子直講)이 되었는데, 명령서가 내려가기도 전에 죽었다. 저서에 『논어해(論語解)』와 문집이 있다.

**왕봉**(王鳳, ?~ 기원전 22): 전한 제남(濟南) 동평릉(東平陵) 사람. 자는 효경(孝卿)이다. 원제(元帝)의 황후 왕정군(王政君)의 오빠다. 처음에 위위시중(衛尉侍中)이 되고, 양평후(陽平侯)를 이었다. 성제(成帝)가 즉위하자

대사마(大司馬)와 대장군(大將軍)이 되어 상서사(尙書事)를 맡았다. 그의 동생 다섯 사람도 같은 날 후(侯)에 봉해졌다. 왕씨의 자제들이 두루 요직에 앉아 황제가 제 역할을 할 수 없었다. 경조윤(京兆尹) 왕장(王章)이 평소 강직하여 과감하게 간언(諫言)을 올렸는데, 왕봉을 탄핵했다. 왕봉이 글을 올려 걸해골(乞骸骨)하니, 태후가 이 소식을 듣고 음식을 받지 않았다. 얼마 뒤 다시 재기하여 일을 보면서 상서(尙書)를 시켜 왕장을 탄핵하니 왕장은 옥중에서 죽었다. 이때부터 공경(公卿)들이 질시(疾視)했다. 정권을 보좌한 11년 동안 왕씨들이 조정을 장악한 것은 그로부터 시작되었고, 나중에 조카 왕망이 한나라를 대신하여 신(新) 왕조를 건립했다. 시호는 경성(敬成)이다.

**왕부**(王符, ?~?): 후한 말기 안정군(安定郡) 임경(臨涇) 사람. 자는 절신(節信)이다. 가문이 미천하여 고향 사람들에게 천대를 받았지만, 어려서부터 학문을 좋아했고, 마융과 두장(竇章), 장형(張衡), 최원(崔瑗) 등과 가깝게 지냈다. 절개를 굳게 지켰고, 농민들의 반란이 계속되는 세속(世俗)에 분개하여 숨어 살면서 30여 편의 책을 썼다. 평생 벼슬하지 않았다. 이름을 나타내기 싫어하여 저서도 『잠부론(潛夫論)』이라 했다. 이 책에서 당시의 득실(得失)을 지적하면서 치국부민(治國富民)의 방법을 논했다.

**왕빙**(王冰, 710~805): ☞ 왕례(王砅)

**왕상**(王祥, 184~268): 삼국시대 위(魏)나라 말 서진(西晉) 초 낭야(琅邪) 임기(臨沂) 사람. 자는 휴징(休徵)이다. 성품이 지극히 효성스러워 계모(繼母)가 한겨울에 생선회를 원하자 곧 강으로 가서 옷을 벗고 얼음 위에 누워 얼음을 녹여 고기를 잡으려고 하니 두 마리의 잉어(鯉魚)가 튀어나와 잡아 드렸다고 한다. 24효(孝)의 한 사람이다. 후한 말에 난리를 피해 여강(廬江)에서 30여 년 동안 은거했다. 서주자사(徐州刺史) 여건(呂虔)이 불러 별가(別駕)에 임명했는데, 치적을 올렸다. 위나라 고귀향공(高貴鄕公)이 즉위하자 사예교위(司隷校尉)에 임명되었고, 사공(司空)을 거쳐 태위(太尉)에 이르렀다. 진나라에 들어 태보(太保)에 오르고 수릉공(睢陵公)에 봉해졌다.

**왕숙**(王肅, 195~256): 중국 삼국시대의 위(魏)나라 학자이자 정치가. 자(字)는 자옹(子雍). 산동성(山東省) 동해(東海) 출생. 왕랑(王朗)의 아들. 시사(時事)와 제도에 대한 의견을 건의하여 정치활동을 하고, 산기상시(散騎常侍)의 벼슬에 승진하였다. 그의 딸은 사마문왕(司馬文王)에게 시집을 가서 진(晉)나라 무제(武帝)를 낳았다. 아버지에게 금문학(今文學)을 배웠으나 고문학자(古文學者) 가규·마융의 현실주의적 해석을 이어, 정현의 참위설(讖緯說)을 혼합한 통일해석을 반박하였다. 많은 경서를 주석하고 신비적인 색채를 실용적인 해석으로 대체하고, 정현의 예학(禮學) 체계에 반대하여 『성증론(聖證論)』을 지었다. 그의 학설은 모두 위나라의 관학(官學)으로서 공인받았다. 『위서(魏書)』에 따르면 그의 저술은 『상서(尙書)』와 『논어』, 삼례(三禮), 『춘추좌씨전(春秋左氏傳)』 등을 해석한 것이 있는데, 모두 당시 학관(學官)에 세워졌다고 한다. 그 밖의 저서로 『공자가어(孔子家語)』와 『마왕역의(馬王易義)』, 『주역주(周易注)』, 『상서왕씨주(尙書王氏注)』, 『모시왕씨주(毛詩王氏注)』, 『예기왕씨주(禮記王氏注)』, 『논어왕씨주(論語王氏注)』, 『국어장구(國語章句)』, 『왕자정론(王子正論)』, 『고문상서공굉국전(古文尙書孔宏國傳)』 등이 있다.

**왕숭**(王崧, 1752~1837): 원명은 번(藩), 자는 백고(伯高), 또 다른 자는 요산(樂山)이며, 호는 유산(酉山). 운남성(雲南省) 낭궁(浪穹) 사람. 『운남비정지(雲南備征志)』를 편찬했고, 『사기(史記)』「서남이전(西南夷傳)」 이하 사료 60종을 수집했다. 저서로는 『운남지초(雲南志鈔)』 8권, 『설위(說緯)』 6권과 『요산제예(樂山制藝)』, 『요산시집(樂山詩集)』 등이 있다.

**왕승건**(王僧虔, 426~485): 남조 제나라 낭야(琅邪) 임기(臨沂) 사람. 왕승작(王僧綽)의 동생이고, 진(晉)나라 왕희지(王羲之)의 4대 족손(族孫)이다. 송나라 때 태자사인(太子舍人)을 지내고, 무릉(武陵)과 오흥(吳興), 회계(會稽)의 태수(太守)를 거쳐 상주자사(湘州刺史)와 이부상서(吏部尙書)에 올랐다. 회계태수로 있을 때 권신 완전부(阮佃夫)에게 아부하지 않아 면직당했다. 제나라에 들어 시중(侍中)과 좌광록대부(左光祿大夫), 개부의동삼사(開府儀同三司)를 역임했다. 문사(文史)를 좋아하고 음률을 이해했으며, 특히 서예에 뛰어났다. 저서에 『논서(論書)』 등이 있다. 필적이 『왕염첩(王琰帖)』 등에 남아 있다. 시호는 간목(簡穆)이다.

**왕약허**(王若虛, 1174~1243): 중국 금(金)나라 고성(藁城) 사람. 호는 용부(慵父) 또는 호남유로(濠南遺老)고, 자는 종지(從之). 장종(章宗) 영안(永安) 2년(1197) 경의진사(經義進士)가 되어 부주녹사(鄜州錄事)와 저작좌랑(著作佐郎), 평량부판관(平凉府判官)을 역임했고, 한림직학사(翰林直學士)까지 올랐다. 금나라가 망하자 은거한 채 저술에 전념했다. 시문(詩文)에 대해 논하면서 사달이순(辭達理順)을 주장하고 험괴조탁(險怪雕琢)하는 태도에 반대했다. 강서시파(江西詩派)를 비판하고 두보(杜甫)와 백거이(白居易), 소동파(蘇東坡)의 창작 태도를 높이 평가했다. 저서에 『호남유로집(湖南遺老集)』 45권과 『오경변혹(五經辨惑)』, 『용부집(慵夫集)』 등이 있다.

**왕연수**(王延壽, 124?~148): 후한 남군(南郡) 의성[宜城, 지금의 호북(湖北)] 사람. 사부가(辭賦家). 자는 문고(文考) 또는 자산(子山). 왕일(王逸)의 아들이다. 뛰어난 재주가 있어 어릴 때 노국(魯國)을 유람하며 『영광전부(靈光殿賦)』를 지어 한나라 때의 건축과 벽화 등을 묘사했는데, 생동하는 형상에서 그 시대 사회의 한 측면을 볼 수 있다. 나중에 채옹도 같은 작품을 짓고자 했지만 이루지 못하다가 왕연수의 작품을 보고는 깊이 탄복하고 붓을 꺾어 버렸다. 나이 스무 살 때쯤 물에 빠져 죽었다.

**왕염손**(王念孫, 1744~1832): 강소(江蘇) 고우(高郵) 사람으로, 자는 회조(懷祖)이고, 호는 석구(石臞)이다. 청나라 고증학의 정맥을 이었다. 황하(黃河)의 수로에 대해 깊이 연구하여 『도하의(導河議)』 상하편을 저술했다. 훈고(訓詁) 및 교정에 뛰어나 단옥재와 더불어 '단왕(段王)'이라 불렸고, 귀납법과 연역법을 결합하여 실사구시(實事求是)를 추구했다. 고음학(古音學) 분야의 저서로 『시경군경초사운보(詩經群經楚辭韻譜)』와 『광아소증(廣雅疏證)』 등이 있고, 그 밖의 저서에 『독서잡지(讀書雜誌)』와 『군경자류(群經字類)』, 『일주서잡지(逸周書雜誌)』 등이 있다. 또 『왕석구선생유문(王石臞先生遺文)』과 『정해시초(丁亥詩鈔)』가 있다.

**왕원규**(王元規, 516~589): 수나라 태원(太原) 진양[晉陽, 산서성 태원(太原)] 사람. 자는 정범(正範)이다. 18살 때 『춘추좌씨전』과 『효경』, 『논어』, 『예기』「상복(喪服)」에 통달하여 남조 진(陳)나라 황제에게 『춘추좌씨전』과 『예기』「상복」을 진강(進講)했다. 양무제(梁武帝) 중대통(中大通) 원년(529) 춘추시책(春秋試策)으로 천거되었고, 간문제(簡文帝)가 동궁(東宮)에 있을 때 빈객(賓客)으로 들어갔다. 진(陳)나라 때 상서(尙書) 사부랑(祠部郞)이 되었고, 수나라가 들어서자 동각좨주(東閣祭酒)를 지냈다. 저서에 『춘추의기(春秋義記)』와 『효경의기(孝經義記)』, 『춘추발제사(春秋發題辭)』, 『좌전음(左傳音)』, 『춘추좌씨의략(春秋左氏義略)』, 『속경전대의(續經典大義)』 등이 있다.

**왕융**(王戎, 234~305): 서진(西晉) 낭야(琅邪) 임기[臨沂, 지금의 산동(山東)에 속함] 사람. 자는 준충(濬沖)이다. 왕혼(王渾)의 아들이고, 죽림칠현(竹林七賢) 가운데 한 사람이다. 어려서부터 영특했고 풍채가 비범했으며 청담(淸談)을 즐겼다. 완적(阮籍), 혜강(嵇康)과 더불어 죽림에서 노닐었는데, 왕융이 늦게 참여하자 완적이 "속물(俗物)이 다시 왔으니 남의 뜻을 그르치게 하겠다."라고 했던 것처럼 '칠현'들 가운데 가장 범속(凡俗)한 인물의 전형이었다. 진 무제(晉武帝) 때 이부황문랑(吏部黃門郞)과 산기상시(散騎常侍), 하동태수(河東太守), 형주자사(荊州刺史)를 역임했고, 안풍현후(安豊懸侯)의 작위가 수여되었다. 나중에 광록훈(光祿勳), 이부상서(吏部尙書) 등의 직책으로 옮겼다. 혜제(惠帝) 때 관직이 사도(司徒)에 이르렀다. 구차하게 아첨하여 총애를 얻었고 명리(名利)에 열중하여 조정에 서면 충간하여 바로잡는 성과가 없었다. 성품이 극히 탐욕스럽고 인색하여 전원(田園)이 여러 주(州)에 있었는데도 재물 모으기를 멈추지 않고 직접 셈판을 들고 밤낮으로 계산하면서 늘 부족한 듯 행동했다. 집에 훌륭한 오얏나무가 있었는데, 다른 사람이 가꿀까 봐 늘 씨앗에 구멍을 내어 팔았다. 이 때문에 세상 사람들에게 비난을 받았다. 평생 저서는 남기지 않았다.

**왕은**(王隱, ?~?): 중국 서진(西晉)부터 동진(東晉) 때까지의 역사가. 진군(陳郡) 진현(陳縣) 사람으로, 자는 처숙(處叔)이다. 아버지는 왕전(王銓), 형은 왕호(王瑚), 왕호는 자(字)가 처중(處仲)이라 하고, 왕은과는 달리 무(武)를 중히 여겼다. 태흥(太興) 초기에 곽박과 함께 저작랑(著作郎)이 되었다. 성도왕 사마영의 거병에 따라 참군이 되어 공적을 쌓고 유격장군이 되었다. 상관이 전횡을 심하게 했고, 이를 배제하려 했으나 오히려 주살당했다. 평소 진(晉) 왕조의 역사 사실에 관심이 있었으므로,『진서(晉書)』를 편찬했다.

**왕읍**(王邑, ?~23): 전한 말 위군(魏郡) 원성(元城) 사람. 왕상지(王商之)의 아들이며, 왕망의 종제(從弟)이다. 애제(哀帝) 때 성도후(成都侯)에 봉해졌다. 왕망이 섭정을 한 지 2년째 될 때 동군태수(東郡太守) 적의(翟義)가 병사를 일으켜 왕망에게 반기를 들자 황명을 받아 격파하고 보병장군(步兵將軍)에 임명되었다. 왕망이 즉위하자 대사공(大司空)으로 옮겼고, 융신공(隆新公)에 봉해졌다. 경시(更始) 원년(23) 녹림장군(綠林將軍)이 왕봉(王鳳, ?~?)과 유수(劉秀)를 거느리고 곤양(昆陽)을 공격해 점령하자 사도(司徒) 왕심(王尋)과 함께 군병(郡兵) 42만 명으로 포위했다. 그러나 대패하고 낙양(洛陽)으로 달아났다. 얼마 뒤 장안(長安)으로 돌아와 대사마(大司馬)에 임명되었다. 녹림장군이 장안에 입성한 뒤 피살당했다.

**왕응린**(王應麟, 1223~1296): 송나라 경원부(慶元府) 은현[鄞縣, 절강성(浙江省) 은현(鄞縣)] 사람으로, 자는 백후(伯厚)이며 호는 심녕거사(深寧居士) 또는 후재(厚齋)이다. 아버지가 여조겸(呂祖謙)의 제자 누방(樓昉)에게 배워 일찍이 온주지주(溫州知州)를 지냈다. 정주학파(程朱學派)에 속하는 왕야(王埜)와 진덕수 등에게서 영향을 받았고, 송나라가 망한 뒤(1276) 고향에 은거하면서 20년 동안 경사(經史)를 강술했다. 저작이 매우 많고 학술적 가치도 높아 고증학(考證學)이 대세를 이룬 청나라 때 매우 높은 평가를 받았다. 『옥해(玉海)』는 백과전서적인 저작으로 그가 박학굉사 시험을 준비할 때 정리한 것이다. 『곤학기문(困學紀聞)』은 필기류(筆記類) 저작으로 경사(經史)에 관한 연구에서 얻은 바를 정리했다. 『한제고(漢制考)』는 역사에 관한 저작이고, 『통감지리통석(通鑑地理通釋)』은 역사지리학 방면의 저작이다. 『소학감주(小學紺珠)』는 문자학 방면의 성과물이다. 그의 학술을 집성했다고 평가되는 『곤학기문』은 서재 이름이 곤학당(困學堂)인 데서 나왔다. 이 밖에도 『삼자경(三字經)』과 『백가성(百家姓)』을 남겼다.

**왕인지**(王引之, 1766~1834): 청나라 강소(江蘇) 고우(高郵) 사람. 자는 백신(伯申)이고, 호는 만경(曼卿)이며, 시호는 문간(文簡)이다. 어려서부터 부친의 학업을 계승하여 문자음운의 학문, 즉 소학(小學)에 통달하는 한편 9경3전(九經三傳)과 진한(秦漢)의 문헌을 널리 섭렵, 연구하여 의의를 밝혔는데, 방법이 과학적이어서 부친의 학문과 함께 실사구시(實事求是)의 학문이라 일컬었다. 저서로는 『경전석사(經傳釋詞)』 10권과 『경의술문(經義述聞)』이 있는데, 『경전석사(經傳釋詞)』는 고전에 나타나는 허자(虛字)에 새로운 해석을 내린 것이고, 『경의술문(經義述聞)』은 경서에 관한 이전의 주해를 비교해서 단정한 것이다.

**왕일**(王逸, 89?~158): 후한 남군(南郡) 의성[宜城, 지금의 호북(湖北)에 속함] 사람.

자는 숙사(叔師)이다. 저서에 부(賦), 뇌(誄), 서(書), 논(論) 등 모두 21편이 있으며, 또 한시(漢詩) 123수를 지었지만 대부분 없어졌다. 원래 문집 2권이 있었지만 이미 망실되었고, 명나라 사람이 편집한『왕숙사집(王叔師集)』이 있다. 그가 지은『초사장구(楚辭章句)』는 가장 완정한『초사』의 주본(注本)으로, 비록 견강부회한 곳이나 정밀치 못한 곳이 있기는 하지만, 문자를 훈석(訓析)하고 근거를 밝히고 있어 고대의 이론을 잘 보존하고 있다.

**왕임천**(王臨川, 1021~1086): 송나라 무주(撫州) 임천(臨川) 사람. 왕안석(王安石)이다. 신법당(新法黨)의 영수로, 자는 개보(介甫)고, 소자(小字)는 환랑(獾郞)이며, 호는 반산(半山)이다. 왕익(王益)의 아들이다. 인종(仁宗) 경력(慶曆) 2년(1042) 진사가 되어 첨서회남판관(簽書淮南判官)이 되었다. 7년(1047) 은현지현(鄞縣知縣)이 되어 수리시설을 개선하고 주민들에게 양곡을 대여하면서 행정제도를 엄수하여 빛나는 치적을 쌓았다. 서주통판(徐州通判)과 상주지주(常州知州)를 역임했다. 그렇게 강남지역의 지방관으로 근무하면서 이재(理財)의 능력을 인정받았다. 가우(嘉祐) 3년(1058) 입조하여 삼사탁지판관(三司度支判官)이 되었는데, 1만 언(言)에 이르는 글을 올려 변법개혁(變法改革)과 인재의 양성을 주장했지만 채택되지는 못했다. 지제고(知制誥)로 옮겼다가 어머니 상을 당해 사직했다. 신종(神宗)이 즉위하자 강녕부(江寧府)를 맡았다가 얼마 뒤 불려 한림학사겸시강(翰林學士兼侍講)이 되었다. 휘녕(熙寧) 2년(1069) 참지정사(參知政事)가 되어 변법을 강력하게 주장한 것이 신종의 뜻과 일치해 역사적으로 유명한 파격적인 개혁 정책을 실시하게 되었다. 삼사조례사(三司條例司)를 설치해 재정과 군사 제도를 정비하면서 부국강병(富國强兵)의 방안을 모색했다. 청묘법(靑苗法)과 시역법(市易法), 모역법(募役法), 보갑법(保甲法), 보마법(保馬法)을 실시했다. 다음 해 동중서문하평장사(同中書門下平章事)가 되었다. 과거(科擧)와 학교 제도를 개혁했다. 7년(1074) 사마광(司馬光)과 문언박(文彦博), 한기(韓琦) 등의 강력한 반대에 부딪쳐 재상 자리를 사직하고 강녕부로 옮겼다. 다음 해 다시 복직했지만, 다음 해 다시 파직되어 강녕부로 나갔다. 원풍(元豊) 3년(1080) 형국공(荊國公)에 봉해지고, 시호는 문(文)이다. 그의 신법은 국가재정의 확보와 국가행정의 효율성 증대 등에서 일정한 실적을 거두었지만 원래 취지인 농민과 상인의 구제라는 면에서는 결과적으로 세역(稅役)의 증대, 화폐경제의 강요 등으로 영세농민층의 몰락을 가속화시킨 문제점도 있었다. 저서에 『왕임천선생집(王臨川先生集)』과 『주관신의(周官新義)』, 『상서신의(尙書新義)』, 『시경신의(詩經新義)』, 『시의구침(詩義鉤沈)』, 『도덕경주(道德經注)』 등이 있다.

**왕자 진**(王子晉, ?~?): 주나라 영왕(靈王)의 태자. 이름을 교(喬)라고도 한다. 생황(笙簧)을 잘 불었는데 봉황의 소리를 본떠 「봉황곡(鳳凰曲)」을 만들었다. 이락간(伊洛間)을 놀러 다니다가 도인 부구생(浮丘生)의 인도로 선학(仙學)을 배워 신선이 되었다고 한다.

**왕정진**(汪廷珍, 1757~1827): 청대의 정치가이다. 자는 옥찬(玉粲), 호는 슬암(瑟庵)이다. 강소성(江蘇省) 산양[山陽, 지금의 회안(淮安)] 사람이다. 저서에 『실사구시재시문집(實事求是齋詩文集)』이 있다.

**왕존**(王尊, ?~?): 전한 말기의 관료. 자는 자공(子贛)이며 탁군 고양현(高陽縣) 사람이다. 어려서 부모를 여의고, 친척 집에서 양을 치며 살았다.

몰래 공부하여 열세 살에 옥리(獄吏)가 되었고, 몇 년 후 태수부(太守府)에서 일할 때 능력을 인정받아 임용되었다. 이후 병으로 사직하여 군문학(郡文學)의 밑에서 『서경』·『논어』를 익혀, 다시 임용되어 유주종사(幽州從事)로 천거되었다. 초원 연간에 천거되어 괵령(虢令)이 되었고, 괴리령(槐里令)·미양령(美陽令)을 겸하였다. 원제가 천하를 순시하여 괵을 지났을 때, 응대를 성실히 하여 안정태수로 승진하였다. 호강장군(護羌將軍)의 전교위(轉校尉)가 되었다가, 탁군태수서명(徐明)의 천거로 미령(郿令)이 되었고, 익주자사로 승진하였다. 경조윤에서 도적이 창궐하여, 왕봉의 천거로 간대부(諫大夫)·수경보도위(守京輔都尉)·행경조윤사(行京兆尹事)가 되었고, 한 달 만에 도적을 소탕하여 광록대부·수(守)경조윤으로 승진하였다가 이듬해에 정식으로 부임하였다. 그러나 하평 2년(기원전 27년)에 황제의 사자를 무례하게 대하여 파면되었다. 백성 중에서 왕존의 파면을 슬퍼한 이가 많았고, 호삼로(湖三老) 공승흥 등이 왕존의 공적을 칭송하였으므로 다시 조정의 부름을 받아 서주자사·동군태수를 역임하였다.

**왕중**(汪中, 1744~1794): 청나라 강소(江蘇) 강도(江都) 사람. 자는 용보(容甫)로, 어릴 때 아버지를 잃고 어머니께 배웠다. 건륭(乾隆) 42년(1777) 공생(貢生)이 되었다. 양주학파(楊州學派)의 대표적 인물로, 고염무(顧炎武)를 사숙했고 왕염손(王念孫), 유태공(劉台拱)과 교유했다. 학문은 전대의 학설을 묵수하지 않고 실사구시(實事求是)를 추구했다. 공자의 계승자를 순자(荀子)로 보는 등 전통 학술에 반기를 들었다. 『의례(儀禮)』와 『대대례(大戴禮)』, 『이아(爾雅)』를 교감했다. 저서에 『상서고이(尚書考異)』와 『춘추술의(春秋述義)』, 『소학설문구단(小學說文

求端)』, 『대대례기정오(大戴禮記正誤)』, 『상복답문기실(喪服答問記實)』,
『경의지신기(經義知新記)』, 『묵자표징(墨子表徵)』, 『묵자서(墨子序)』,
『순경자통론(荀卿子通論)』, 『순경자연표(荀卿子年表)』, 『술학(述學)』,
『광릉통전(廣陵通典)』, 『진잠식육국표(秦蠶食六國表)』, 『금릉지도고
(金陵地圖考)』, 『용보선생유시(容甫先生遺詩)』 등이 있다.

**왕찬**(王粲, 177~217): 후한 말기 산양(山陽) 고평(高平) 사람으로, 자는 중선(仲
宣)이다. 초평(初平) 원년(190) 헌제(獻帝)가 동탁(董卓)의 강요에 못 이
겨 장안(長安)으로 천도했을 때 배종(陪從)했다. 당대 제일의 학자 채
옹이 보고 기이하게 여겨 그가 왔다는 소식을 듣고 맨발로 달려 나
가 맞았다. 사도(司徒)가 불렀지만 나가지 않았다. 얼마 후 동탁(董
卓)이 암살되어 장안이 혼란에 빠지자 형주(荊州)로 몸을 피해 유표
(劉表)에게 의지했다. 유표가 죽자 그의 아들 유종(劉琮)을 설득하여
조조(曹操)에게 귀순시키고 자신도 승상연(丞相椽)이 되어 관내후(關
內侯)의 작위를 받았다. 군모좨주(軍謀祭酒)로 옮겼고, 위(魏)나라가
건국되자 시중(侍中)에 올랐다. 박학다식했으며 글을 잘 지었고, 시
명(詩名)도 높았다. 건안칠자(建安七子)의 한 사람이자 대표적 시인으
로, 표현력이 풍부하고 유려하면서도 애수에 찬 시를 남겼는데,「종
군시(從軍詩)」5수와「칠애시(七哀詩)」3수, 『등루부(登樓賦)』가 유명
하다. 저서에『왕시중집(王侍中集)』이 있다.

**왕창**(王昶, 1724~1806): 청나라 강소(江蘇) 청포[青浦, 상해(上海)] 사람이다. 금
석학자로 자는 덕보(德甫) 또는 금덕(琴德)이고, 호는 술암(述菴) 또는
난천(蘭泉)이다. 학자들은 난천선생(蘭泉先生)이라 불렀다. 건륭(乾隆)
19년(1754) 진사가 되어 내각중서(內閣中書)를 지내고, 형부우시랑(刑

部右侍郎)까지 올랐다. 사직한 뒤 누동서원(婁東書院)과 부문서원(敷文書院)의 주강(主講)을 맡았다. 시와 고문사(古文辭)에 능했고, 경학(經學)에 정통했으며, 금석(金石) 자료 모으기를 좋아해 고증(考證)에 해박하여 통유(通儒)로 불렸다. 혜동에게 경학과 음운학, 훈고학을 배웠다. 진혜전과 함께 『오례통고(五禮通考)』를 편찬했고, 『대청일통지(大淸一統志)』, 『속삼통(續三通)』, 『통감집람(通鑑輯覽)』, 『동문지(同文志)』 등을 편수하는 데 참여했다. 저서에 『춘룡당시문집(春龍堂詩文集)』과 『후촉모시석경잔본(後蜀毛詩石經殘本)』, 『금석췌편(金石萃編)』, 『천하서원지(天下書院志)』, 『운남동정전서(雲南銅政全書)』, 『명사종(明詞綜)』 등이 있다.

**왕초**(王樵, 1521~1599): 명나라 진강부(鎭江府, 강소성) 금단(金壇) 사람. 자는 명원(明遠)이고, 호는 방록(方麓)이며, 시호는 공간(恭簡)이다. 가정(嘉靖) 26년(1542) 진사가 되고, 행인(行人)에 임명되었다. 형부원외랑(刑部員外郎)을 지냈다. 『독률사전(讀律私箋)』을 지었는데, 아주 정확했다. 만력(萬曆) 초에 장거정(張居正)이 그의 능력을 알고 절강첨사(浙江僉事)에 임명했고, 상보경(尙寶卿)에 발탁되었다. 서거정이 탄핵한 언관(言官)을 처벌하는 것에 반대하여 그의 눈 밖에 나 남경홍려경(南京鴻臚卿)으로 나갔다가 얼마 뒤 파직되었다. 다시 기용되어 우도어사(右都御史)까지 올랐다. 저서에 『방록거사집(方麓居士集)』과 『주역사록(周易私錄)』, 『상서일기(尙書日記)』와 『춘추(春秋)』에 관한 설(說)이 있다.

**왕충**(王充, 27~104): 후한 회계(會稽) 상우(上虞) 사람. 자는 중임(仲任)이다. 한미한 집안 출신으로 관료로서는 불우하여 지방의 말단에 머물렀지만, 낙양(洛陽)에 유학하여 태학(太學)에서 공부하면서 반표(班彪)에게 배웠다. 가난하여 늘 낙양의 책방에서 책을 훔쳐 읽고 기억했다고 한다. 장구(章句)에 관심을 두지 않았다. 자사(刺史)가 불러 종사(從事)로 삼았고, 치중(治中)으로 옮겼다. 장제(章帝)가 특별히 공거(公車)를 보내 불렀지만 병으로 나가지 못했다. 생활은 곤궁했지만 저술에 잠심했다. 세속의 속유(俗儒)들이 경의(經義)에 얽매일 때 문을 닫고 깊이 생각하여 저술에 힘썼다. 사상적 전환기에 선 선구자로서 사상사에서 차지하는 지위는 크다. 대표적 저서에 전통적인 당시의 정치나 학문을 비판한『논형(論衡)』85편이 있다. 그 밖의 저서에『양생서(養生書)』와『정무서(政務書)』등이 있다고 하지만 전하지 않는다.

**왕통**(王通, 584~617): 수나라 강주(絳州) 용문(龍門) 사람. 자는 중엄(仲淹)이고, 시호는 문중자(文中子)이며, 당나라 왕발(王勃)의 조부이다. 어려서부터 준민(俊敏)하여 시서예역(詩書禮易)에 통달했다. 스스로 유자(儒者)임을 자부하고 강학에 힘을 쏟아 설수(薛收)와 방교(房喬), 이정(李靖), 위징(魏徵), 방현령(房玄齡) 등을 배출했다. 수나라 때 촉군사호서좌(蜀郡司戶書佐)를 지냈다. 문제(文帝) 인수(仁壽) 연간에 장안(長安)에 와서「태평십책(太平十策)」을 상주했는데, 채택되지 않은 것을 알고 하분(河汾) 일대로 돌아와 제자를 가르치는 것으로 업을 삼았다. 제자가 수천 명이라 하분문하(河汾門下)라는 말이 나왔다. 양제(煬帝)로부터는 부름을 받았지만 응하지 않고『문중자(文中子)』10권[또는『중설(中說)』]을 세상에 남겼다. 일찍이『춘추(春秋)』를 모방해『원경(元經)』[또는『육경(六經)』]을 지었다. 그의 이론이 유자(儒者)들에게는 환영을 받지 못했다.

**왕풍보**(王豐甫, ?~?): 미상.

**왕필**(王弼, 226~249): 삼국시대 위(魏)나라 산음(山陰, 산동성) 사람. 자는 보사(輔嗣)이다. 풍부한 재능을 타고난 데에다 유복한 학문적 환경에서 자랐기 때문에 일찍 학계에서 두각을 나타냈다. 하안과 함께 위진(魏晉) 현학(玄學, 老莊學)의 시조로 일컬어진다. 유도(儒道)에 대해 논하기 좋아했고, 하안, 하후현(夏侯玄) 등과 함께 현학청담(玄學淸談)의 풍조를 열었다. 한(漢)나라의 상수(象數)나 참위설을 물리치고 의(義)와 이(理)의 분석적이고 사변적인 학풍을 창설하여 중세의 관념론 체계에 영향을 끼쳤다. 노자의 무위자연(無爲自然)에 귀일함으로써 현실의 모순을 해결하려고 했다. 저서로는 『노자주(老子注)』와 『주역주(周易注)』가 있는데, 육조시대와 수당시대 때 성행했다.

**왕훤**(汪烜, 1692~1759): 청(淸)의 학자. 저서로 『시운석(詩韻析)』, 『악기혹문(樂記或問)』, 『사서전의(四書詮義)』 등이 있다.

**왕희순**(汪喜荀, 1786~1847): 청대의 문학가이며 학자. 이름은 희손(喜孫), 자는 맹자(孟慈)이다. 감천[甘泉: 지금의 양주(揚州)] 사람으로 널리 배우고 옛것을 좋아해서 음운학(音韻學)과 훈고학에 깊이 잠겼으며 더욱이 『예기』 연구에 정밀했다. 저서에 『차주암시문집(且住庵詩文集)』, 『국조명신언행록(國朝名臣言行錄)』, 『경사언행록(經師言行錄)』, 『상우기(尙友記)』, 『종정록(從政錄)』, 『고아편(孤兒編)』, 『대대차기보주(大戴劄記補注)』 등이 있다.

**왕희지**(王羲之, 307~365): 동진(東晉) 낭야(琅邪) 임기(臨沂) 사람. 자는 일소(逸

少), 우군장군(右軍將軍)을 지낸 사람들이 왕우군(王右軍)으로도 불렀다. 동진 왕조 건설에 공적이 컸던 왕도(王導)의 조카이고, 왕광(王曠)의 아들이다. 비서랑(秘書郎)으로 출발했다. 회계내사(會稽內史)를 지냈다. 왕술(王述)과 불화하여 사직하고 회계 산음(山陰)에 머물면서 산수를 유람했는데, 오두미도(五斗米道)를 섬겼다. 중국 고금(古今)의 첫째가는 서성(書聖)으로 존경받고 있다. 종요(鍾繇)와 함께 '종왕(鍾王)'으로 불린다. 해서와 행서, 초서의 각 서체를 완성함으로써 예술로서의 서예의 지위를 확립했다. 예서(隸書)를 잘 썼고, 당시 아직 성숙하지 못했던 해·행·초(楷行草)의 3체를 예술적인 서체로 완성한 공이 있다. 현재 그의 필적이라 전해지는 것도 모두 해·행·초의 3체에 한정되어 있다. 오늘날 전해 오는 필적만 보아도 그의 서풍(書風)은 전아(典雅)하고 힘차며, 귀족적인 기품이 높다. 해서의 대표작으로는 「낙의론(樂毅論)」과 『황정경(黃庭經)』이, 행서로는 「난정서(蘭亭序)」, 초서로는 그가 쓴 편지를 모은 「십칠첩(十七帖)」이 옛날부터 유명하다.

**요내**(姚鼐, 1731~1815): 청나라 안휘(安徽) 동성(桐城) 사람. 자는 희전(姬傳) 또는 몽곡(夢穀)이고, 호는 석포선생(惜抱先生)이다. 건륭(乾隆) 28년 (1763) 진사가 되었다. 서길사(庶吉士)에 올랐다가 예부주사(禮部主事)로 옮겼다. 산동(山東)과 호남(湖南)의 향시고관(鄕試考官)을 지냈고, 회시동고관(會試同考官)을 역임했다. 『사고전서(四庫全書)』 편수관으로, 책이 완성되자 사직을 청원하고 귀향했다. 40년 동안 강남(江南) 종산(鍾山)과 자양(紫陽) 등 서원(書院)의 강석(講席)을 지냈다. 동향 선배인 유대괴(劉大魁)에게 문장을 배워 간결하며 격조 높은 글을 썼다. 문장 이론은 역시 방포(方苞) 이래의 고문설(古文說)을 정리, 집대성하여 종래의 송학(宋學) 중심의 이론에 한학의 방법을 도입하여 널리 문학의 형식과 내용의 일치를 주장했다. 구양수(歐陽脩)와 증공(曾鞏) 등을 좋아했고, 방포(方苞), 유대괴와 함께 동성파(桐城派)의 기반을 구축했다. 고금의 모범적인 문장을 모아 비평을 더한『고문사유찬(古文辭類纂)』74권을 편찬했다. 그 밖의 저서에『구경설(九經說)』과『춘추삼전보주(春秋三傳補注)』,『국어보주(國語補注)』,『노자장의(老子章義)』,『장자장의(莊子章義)』,『석포헌전집(惜抱軒全集)』등이 있다.

**요문전**(姚文田, 1758~1827): 청나라 절강(浙江) 귀안(歸安) 사람. 자는 추농(秋農)이고, 시호는 문희(文僖)이다. 가경(嘉慶) 4년(1789) 진사(進士)가 되고, 수찬(修撰)에 올랐다. 거듭 승진하여 내각중서(內閣中書)와 예부상서(禮部尙書) 등을 지냈다. 완원을 사사했고, 학문을 논할 때는 송유(宋儒)의 의리(義理)를 따르고 경전을 연구할 때는 한유(漢儒)를 추종했다. 일찍부터 팔고문(八股文)을 잘 지어 유명했지만, 나중에는 그 폐단에 대해 성토했다. 식견이 열렸고 넓었다.『설문해자』에 정밀하여 엄가균(嚴可均)과 함께『설문각의(說文斠議)』와『설문고이(說文考異)』를 편찬했다. 저서에『설문성계(說文聲系)』와『설문교의(說文校義)』,『고음해(古音諧)』,『사성이지록(四聲易知錄)』,『학역토원(學易討原)』,『사서쇄어(四書瑣語)』,『춘추경전삭윤표(春秋經傳朔閏表)』,『수아당학고록(邃雅堂學古錄)』등이 있다.

**요배중**(姚配中, 1792~ 844): 청나라 안휘(安徽) 정덕(旌德) 사람. 자는 중우(仲虞)이다. 경사백가(經史百家)에 정통했고, 특히『주역』에 조예가 깊었다. 정씨의(鄭氏義)를 근본으로 삼아『주역참상(周易參象)』과『주역요씨학(周易姚氏學)』, 『주역통론월령(周易通論月令)』 등을 지었다. 평소에 거문고를 좋아해 전해지는 거문고 악보의 오류를 정리해 『금학(琴學)』을 짓기도 했다. 그 밖의 저서에 『서학습유(書學拾遺)』와 『지과심성송주(智果心成頌注)』 등이 있다.

**요신**(姚信, ?~?): 중국 삼국시대 오(吳)의 학자. 자는 원도(元道)이며, 또 다른 자는 덕우(德佑), 원직(元直)이다. 저서에 『사위(士緯)』 10권과, 『주역주(周易注)』, 『요씨신서(姚氏新書)』, 『흔천론(昕天論)』, 『계자(戒子)』 등이 있다.

**요의**(姚義, ?~?): 자(字)는 중유(仲由)이고, 왕통(王通)에게서 예(禮)를 배웠다고 한다. 또 다른 제자인 설수(薛收)와 함께 『문중자설(文中子說)』을 편집했다고 한다.

**우동**(尤侗, 1618~1704): 장주[長州: 지금의 강소성(江蘇省) 소주(蘇州)] 사람. 호는 회암(悔庵) 또는 간재(艮齋)이고 자는 동인(同人) 또는 전성(展成)이며, 만년의 자호는 서당노인(西堂老人)이다. 1679년 박학홍사과(博學鴻詞科)에 뽑혀 한림원(翰林院) 검토(檢討)가 되었고 『명사(明史)』 편찬에 참여하였다. 시문에 능하였고 사(詞)·변문(駢文)·희곡에도 뛰어났다. 시는 생활의 작은 일들을 쓴 것이 많고, 시풍은 밝고 자연스러워 백거이(白居易)와 비슷하다. 저서에 시문집 『우서당문집(尤書堂文集)』(22종 65권), 『간재권고유문집(艮齋倦稿遺文集)』 등이 있고, 전기(傳奇) 『균천락(鈞天樂)』과 잡극 『독이소(讀離騷)』, 『조비파(弔琵琶)』, 『도화원(桃花源)』, 『흑백위(黑白衛)』, 『청평조(淸平調)』 등이 있는데, 이 6종의 희곡을 합하여 『서당곡액(西堂曲腋)』이라 한다. 대부분의 작품은

『서당전집』에 수록되어 있으며, 잡극의 내용은 애국시인 굴원(屈原)을 칭송한 것, 민중을 위하여 해악을 없애는 여류협객을 송덕한 것 등이다.

**우번**(虞翻, 164~233): 삼국시대 오나라 회계(會稽) 여요(餘姚) 사람으로, 자는 중상(仲翔)이다. 학생을 가르칠 때 게으르지 않았고, 금문맹씨역(今文孟氏易)을 가전(家傳)했다. 『노자』와 『논어』, 『국어(國語)』의 훈주(訓注)와 『역주(易注)』를 지었지만 모두 없어졌다. 정현(鄭玄), 순상(荀爽)과 더불어 역학삼가(易學三家)로 일컬어진다. 저서에 『주역우씨의(周易虞氏義)』가 있는데, 당나라 이정조(李鼎祚)의 『주역집해(周易集解)』에 채록된 것과 청나라 황석(黃奭)의 한학당총서(漢學堂叢書) 및 손당(孫堂)의 한위이십일가역주(漢魏二十一家易注)에 집록된 것이 있다.

**우보**(羽父): 춘추시대 노나라의 대부 공자(公子) 휘(翬)의 자이다. 은공(隱公) 11년 11월 임진일에 자객을 보내어 은공을 시해하고 환공(桓公)을 세웠다.

**우흠**(于欽, 1284~1333): 원나라 익도(益都) 사람이다. 대종(代宗) 초에 박학하여 재명(才名)을 떨쳤다. 처음에 국자조교(國子助敎)가 되었다가 산동염방사조마(山東廉訪司照磨)로 발탁되고, 감찰어사(監察御史)를 역임했다. 계속 승진해서 병부시랑(兵部侍郎)이 되었고, 황제의 명을 받들어 산동에 가서 언덕과 습지를 두루 살피고 고을의 원로들에게 자문을 구하면서 수경(水經)과 지기(地紀)를 살펴 역대의 연혁까지 참고해 『제승(齊乘)』 6권을 완성했다.

**운경**(惲敬, 1757~1817): 청나라 강소(江蘇) 양호(陽湖) 사람으로, 자는 자거(子居) 또는 간당(簡堂)이다. 건륭(乾隆) 48년(1783) 거인(擧人)이 되고, 경사(京師)에서 교습(敎習)을 맡았다. 임기가 차자 지현(知縣)으로 임용되어 부양지현(富陽知縣)과 평음지현(平陰知縣), 신유지현(新喩知縣) 등을 지냈다. 이후 남창동지(南昌同知)와 오성동지(吳城同知)까지 올랐다. 성격이 올곧아 가는 곳마다 상관과 충돌하여 결국 집안사람들이 뇌물을 받았다는 무고를 받아 파직되었다. 장술조(蔣述祖), 장헌가(蔣獻可), 장혜언(張惠言), 진석린(陳石麟), 왕작(王灼) 등과 함께 경의(經義)와 고문(古文)을 연마했으며, 장혜언과 함께 양호파(陽湖派)의 창시자가 되었다. 문장이 간결하고 근엄하여 사마천(司馬遷)과 반고(班固)의 기풍이 있다는 평을 들었다. 저서에 『삼대인혁론(三代因革論)』, 『역대관복도설(歷代冠服圖說)』, 『대운산방문고(大雲山房文稿)』, 『자거결사(子居決事)』 등이 있다.

**웅리**(熊理, ?~?): 미상.

**웅안생**(熊安生, 498?~578): 북조 북주(北周) 장락(長樂) 부성(阜城) 사람으로, 자는 식지(植之)이다. 오경(五經)에 정통했고, 삼례(三禮)에 특히 밝았다. 북제(北齊) 때 국자박사(國子博士)가 되었다. 북주의 사자(使者) 윤공정(尹公正)과 함께 『주례(周禮)』의 의문점 수십 가지에 대해 변석(辨析)했는데, 공정하여 탄복을 받았다. 저서에 『예기의소(禮記義疏)』와 『주례의소(周禮義疏)』, 『효경의소(孝經義疏)』 등이 있었지만 지금은 전하지 않고, 『옥함산방집일서』에 『예기웅씨의소(禮記熊氏義疏)』만 실려 있다.

**웅역**(熊繹, ?~?): 서주(西周) 때 사람. 초나라의 선조(先祖)로, 죽웅(鬻熊)의 증손이고, 웅광(熊狂)의 아들이다. 주나라 성왕(成王)에 의해 처음으로 초나라 제후에 봉해져 단양(丹陽)에 살았다.

**원괴**(袁瓌, ?~?): 동진(東晉)의 교육가. 자는 산보(山甫)이며 진군(陳郡) 양하(陽夏) 사람이다.

**원굉**(袁宏, 328~376): 동진(東晉) 진군(陳郡) 양하(陽夏) 사람. 자는 언백(彦伯)이고, 어릴 때의 자는 호(虎)이다. 문장이 아주 뛰어났다. 영사시(詠史詩)를 지은 일로 사상(謝尙)의 눈에 띄어 참군(參軍)이 되었다. 이후 승진하여 대사마(大司馬) 환온(桓溫) 막부의 기실(記室)이 되었다. 사안(謝安)이 양주자사(揚州刺史)로 있을 때 동양태수(東陽太守)가 되었다. 『후한기(後漢紀)』30권을 지었는데, 내용이 충실해서 후한의 역사를 아는 데 중요한 자료로 쓰인다. 시인으로서 300여 편의 작품이 전하며, 저서에 『죽림명사전(竹林名士傳)』3권과 『삼국명신송(三國名臣頌)』등이 있다.

**원교**(袁喬, ?~?): 진(晉)나라 사람으로, 진군(陳郡) 양하[陽夏: 지금의 하남성(河南省) 태강(太康)] 사람이다. 자는 언숙(彦叔)이며, 어릴 때의 자는 자양(字羊), 시호는 간(簡)이다. 동진(東晉)의 관원(官員)이었고 장령(將領)이었으며 모사(謀士)였다. 동한(東漢) 말기의 낭중령(郎中令) 원환(袁渙)의 현손(玄孫)이며, 동진의 국자좨주(國子祭酒)였던 원괴(袁瑰)의 아들이다. 성장해서는 오랫동안 환온(桓溫)의 속관과 모사를 맡았으며 아울러 진이 성한(成漢)을 멸망시키는 전쟁에 참여해서 성공을 이루었지만, 전쟁 후에는 오래지 않아 세상을 떠났다. 환온을 도와 성한의 이세(李勢)를 친 공으로 용양장군(龍驤將軍)이 되고, 상서백(湘西伯)에 봉해졌고, 조정에서도 익주자사(益州刺史)를 추증했다. 저서로 『논어원씨주(論語袁氏注)』가 있다.

**원소**(袁紹, ?~202): 후한 말기의 무인이다. 자는 본초(本初)이고, 예주(豫州) 여남군(汝南郡) 여양현[汝陽縣: 지금의 하남성 상수현(商水縣)] 사람이다. 4대에 걸쳐 삼공(三公)의 지위에 오른 명문 귀족 출신으로 영제(靈帝)가 죽자 대장군 하진(何進)의 명을 받아, 조조(曹操)와 함께 강력한 군대를 편성하였다. 일찍이 하진을 도와 환관들을 죽였으며, 동탁을 칠 때에는 17제후의 맹주였다. 이어 공손찬을 멸하고 조조와 맞섰으나, 여러 차례 패한 끝에 진중에서 죽었다.

**원흥종**(員興宗, ?~1170): 중국 송대(宋代)의 학자. 자는 현도(顯道), 자호(自號)는 구화자(九華子)이다. 인수(仁壽) 사람으로 저서에 『구화집(九華集)』 50권이 있다.

**위명제**(魏明帝, 205?~239): 중국 삼국시대 위(魏)나라의 2대 황제로 묘호(廟號)는 열조(烈祖), 시호(諡號)는 명황제(明皇帝)이다. 성명은 조예(曹叡)이며, 자(字)는 원중(元仲)으로 문제(文帝) 조비(曹丕)의 장남으로 태어났다. 생모(生母)는 원소(袁紹)의 아들 원희(袁熙)의 처였던 문소황후(文昭皇后) 견씨(甄氏)이다. 220년에 무덕후(武德侯)로, 221년에 제공(齊公)으로 봉해졌으며, 222년에는 다시 평원왕(平原王)으로 봉해졌다. 226년 아버지인 조비(曹丕)가 중병(重病)이 들면서 황태자(皇太子)가 되었고, 그해 6월(黃初 7년 5월 16일) 조비가 죽자 황위에 올랐다.

**위강**(魏絳, ?~?): 춘추시대 진(晉)나라 사람. 대부를 지냈다. 시호는 장(莊) 또
는 소(昭)이다. 위장자(魏莊子)로도 불린다. 위주(魏犨)의 아들. 처음
에 중군사마(中軍司馬)에 임명되었다. 진 도공(晉悼公)이 제후들을 불
러 모았을 때 도공의 동생 양간(楊幹)이 군진(軍陣)에서 반란을 일으
켰는데 그 무리들을 소탕했다. 나중에 하군주장(下軍主將)이 되어 정
치를 맡았을 때 산융(山戎)과의 화친을 주장하면서 화친을 맺었을
때 얻을 다섯 가지 이익에 대해 설파했다. 마침내 동맹을 맺고 왕명
으로 제융(諸戎)을 감독함으로써 진나라의 국세를 떨치게 하여 패업
(霸業)을 이루도록 했다. 정나라 사람이 진나라에 음악을 뇌물로 바
치자 도공이 음악의 반을 그에게 하사했다. 사양하며 받지 않고 도
공에게도 거안사위(居安思危)의 자세를 잃지 말 것을 간했다. 이로써
진나라는 더욱 강해졌다.

**위관**(衛瓘, 220~291): 서진(西晉) 하동(河東) 안읍(安邑) 사람. 자는 백옥(伯玉)
이다. 젊어서부터 벼슬에 나아가 위(魏)나라 말에 상서랑(尙書郞)을
지냈다. 정위경(廷尉卿)에 올라 등애(鄧艾)와 종회(鍾會)의 군대를 몰
아 촉나라를 정벌했다. 촉나라가 멸망하고 종회가 촉에서 반란을
일으키자 이를 토벌했고, 등애를 살해했다. 서진에 들어 사공(司空)
에 올랐다. 무제(武帝)가 그의 아들 위선(衛宣)에게 번창공주(繁昌公
主)를 시집보냈다. 내외직을 두루 거쳐 상서령(尙書令)과 태보(太保)
의 벼슬에 올랐다. 성격이 엄정하고 법으로 아랫사람을 다스렸으
며, 정치가 간략하고 청렴해 칭송을 받았다. 양준(楊駿)의 참소를 받
아 자리에서 물러났다. 혜제(惠帝)가 즉위하자 원강(元康) 원년(291)
여남왕(汝南王) 사마량(司馬亮)이 정치를 보좌했는데 가후(賈后)에게
살해당했다. 송나라 때의 법첩인『순화각첩(淳化閣帖)』에 편지글「둔

주첩(屯州帖)」이 그의 글씨로 전하지만 확실하지 않다. 상서랑(尙書郎) 색정(索靖)과 함께 초서를 잘 써 '일대이묘(一臺二妙)'라 불렸다. 난릉군공(蘭陵郡公)에 추봉되고, 시호는 성(成)이다. 저서로는 『상복의(喪服儀)』1권과 『논어주(論語注)』8권이 있다.

**위기**(魏其, ?~기원전 131): 전한 신도(信都) 관진(觀津) 사람으로 한 무제(漢武帝) 때 승상을 지냈던 두영(竇嬰)의 봉호(封號)이다. 자는 왕손(王孫)이고, 문제(文帝) 두황후(竇皇后)의 조카다. 문제 때 오상(吳相)이 되었는데, 병으로 사직했다. 경제(景帝)가 즉위하자 첨사(詹事)가 되었다. 오초(吳楚)가 반란을 일으키자 대장군(大將軍)이 되어 형양(滎陽)을 지키면서 제(齊)와 조(趙)의 병사들을 감독했다. 7국(國)이 격파되자 위기후(魏其侯)에 봉해졌다. 경제가 사람됨이 가벼워 스스로를 진중하게 유지하지 못한다고 하여 재상으로 기용하지는 않았다. 무제(武帝) 초에 승상(丞相)에 임명되었고, 유술(儒術)을 숭상해 두태후의 뜻을 거슬러 파직되어 집에 머물렀다. 나중에 승상 전분(田蚡)과 사이가 나빠져 그의 모함을 받아 살해당했다.

**위소**(韋昭, 204~273): 삼국시대 오(吳)나라 오군(吳郡) 운향(雲陽) 사람. 자는 홍사(弘嗣)이고, 이름은 진나라 사마소(司馬昭)의 휘를 피해 요(曜)를 썼다. 손화(孫和)의 명령을 받아 『박혁론(博奕論)』을 지었고, 화핵(華覈)와 함께 『오서(吳書)』를 편찬했다. 손휴(孫休)가 즉위하자 황명을 받아 여러 책을 교정했다. 『국어』를 중요하게 여겨 『국어주(國語注)』를 편찬했다. 그 밖의 저서에 『효경해찬(孝經解讚)』과 『변석명(辨釋名)』, 『모시답잡문(毛詩答雜問)』, 『관직훈(官職訓)』 등이 있었지만 전해지지 않고, 일부분이 『옥함산방집일서(玉函山房輯佚書)』에 수록되어 있다.

**위표**(韋彪, ?~?): 후한 부풍(扶風) 평릉(平陵) 사람. 자는 맹달(孟達)이다. 학문을 좋아하고 견문이 넓어 유종(儒宗)으로 불렸다. 광무제(光武帝) 건무(建武) 말에 효렴(孝廉)으로 천거를 받아 낭중(郎中)이 되었다. 명제(明帝) 영평(永平) 6년 알자(謁者)에 오르고 거듭 승진하여 위군태수(魏郡太守)로 옮겼다. 장제(章帝) 때 대홍려(大鴻臚)에 이르렀다. 여러 차례 인재를 선발하면서 재행(才行)을 우선시하고 벌열(閥閱)을 배척했는데 황제가 수용했다. 원화(元和) 2년(85) 사도(司徒)의 일을 맡고 황제를 따라 동쪽을 순수(巡狩)했다가 돌아온 뒤 병으로 죽었다. 저서에 『위경자(韋卿子)』가 있다.

**유경승**(劉景升, 142~208): 후한 말기 산음(山陰) 고평(高平) 사람인 유표(劉表)이다. ☞ 유표(劉表)

**유길**(游吉, ?~기원전 507): 춘추시대 정나라 사람. 대부를 지냈다. 세숙(世叔) 또는 자태숙(子大叔), 태숙(太叔)으로도 불린다. 간공(簡公)과 정공(定公) 때 정경(正卿)을 지냈다. 전장(典章)에 밝았고, 사령(辭令)에 뛰어나서 제후(諸侯)에 사신으로 가 예에 따라 직분을 온전히 수행해 허점이 없었다. 자산을 집정(執政)시켜 인정(仁政)을 베풀었다. 정정공(鄭定公) 8년 자산의 뒤를 이어 국정을 맡았다. 당시 정나라에 도둑이 많았는데, 추부(萑苻)의 택변(澤邊)에 모여 있었다. 그가 병사를 이끌고 가 이들을 토벌했다.

**유목지**(劉穆之, 360~417): 남조(南朝)시대 송(宋)나라 명신(名臣). 자는 도화(道

和)이고, 어릴 때의 자는 도민(道民), 시호는 문선(文宣)이다. 동완군(東莞郡) 거현(莒縣) 사람으로 무제(武帝)를 따라서 건업(建業)을 평정하였다. 그는 안으로는 조정의 정사를 총괄하고 밖으로는 군려(軍旅)에 종사하였는데, 결단을 내리기를 물 흐르듯이 하여 일이 지체되는 것이 없었다. 빈객(賓客)이 몰려들고, 청원(請願)이 폭주하고, 안팎에서 올라오는 공문서가 온 방 안에 가득하였는데, 눈으로는 소장(訴狀)을 보고서 처리하고, 손으로는 공문서에 대한 답서(答書)를 쓰고, 귀로는 다른 사람의 말을 듣고, 입으로는 빈객과 대화를 나누기를 동시에 하였는데도 조금도 뒤섞임이 없이 모두 제대로 거행하였다.

**유문기**(劉文淇, 1789~1854): 청나라 강소(江蘇) 의징(儀徵) 사람. 자는 맹첨(孟瞻)이다. 가경(嘉慶) 24년(1819) 공생(貢生)이 되었다. 고적(古籍)을 깊이 연구해서 여러 경전에 정통했다. 『춘추좌씨전』에 공을 들였는데, 진(晉)나라 두예의 전(傳)에 오류가 많다고 판단했다. 나중에 훈도(訓導)에 선발되었다. 가규(賈逵)와 복건(服虔), 정현(鄭玄)의 주소(注疏)와 근세 유학자들의 보주(補注)를 망라해 일가의 설을 이루었다. 집안이 가난해 평생 곳곳을 떠돌면서 다른 사람의 책을 교정하며 살았다. 저서에 『좌전구주소증(左傳舊注疏證)』과 『좌전구소고증(左傳舊疏考證)』, 『양주수도기(揚州水道記)』, 『청계구옥문집(淸溪舊屋文集)』 등이 있다.

**유방**(劉芳, 453~513): 북조 북위(北魏) 팽성(彭城) 사람. 자는 백문(伯文)이고, 호는 석경(石經)이며, 시호는 문정(文貞)이다. 아버지 유옹(劉邕)은 송나라 때 연주장사(兗州長史)를 지냈다. 헌문제(獻文帝) 황흥(皇興) 3년

(468) 위나라로 들어왔다. 가난했지만 조금도 부끄러워하지 않았으며, 『분전(墳典)』에 뜻을 두어 낮에는 글을 써 주어 자급하다가 밤이 되면 경전을 밤새도록 읽기를 그치지 않았다. 특히 경의(經義)에 정통했고, 음훈(音訓)에 뛰어나 당시 사람들이 '유석경(劉石經)'이라 불렀다. 처음에 주객랑(主客郎)을 지냈다. 효문제(孝文帝)가 낙(洛)으로 옮기면서 도중에 조가(朝歌)를 지나다가 비간(比干)의 무덤을 지나면서 조문(弔文)을 남겼는데, 그가 주해를 달았다. 국자좨주(國子祭酒)로 승진하고, 나중에 산기상시(散騎常侍)와 서주대중정(徐州大中正), 행서주사(行徐州事)를 지냈다. 선무제(宣武帝) 때 중서령(中書令)과 태상경(太常卿) 등을 지내고, 외직으로 나가 청주자사(靑州刺史)에 올랐다. 조정으로 돌아와 태상경(太常卿)이 되어 율령과 조의(朝儀)를 제정했다. 경사음의(經史音義)에 관한 책 13종을 남겼다. 저서에 『궁통론(窮通論)』과 『모시전음의증(毛詩箋音義證)』, 『예기의증(禮記義證)』, 『주관의예증(周官儀禮證)』, 『주관의례음(周官儀禮音)』, 『주관음(周官音)』, 『상서음(尙書音)』, 『공양음(公羊音)』, 『곡량음(穀梁音)』, 『국어음(國語音)』, 『후한서음(後漢書音)』, 『변류(辨類)』, 『급구편속주음의증(急救篇續注音義證)』 등이 있다.

**유번**(劉璠, ?~?): 북주(北周)시대 패(沛)나라 사람. 자(字)는 보의(寶義)이다. 저서로는 『양전(梁典)』 30권과 문집 20권이 있다.

**유보수**(劉寶樹, ?~?): 유보남(劉寶楠)의 형이다. 주로 오하군(五河君)으로 불린다.

**유봉록**(劉逢祿, 1776~1829): 청나라 강소(江蘇) 상주(常州) 사람. 자는 신수(申

受) 또는 신보(申甫)이고, 호는 사오거사(思誤居士)이다. 외조부 장존여(莊存與)와 외삼촌 장술조(莊述祖)에게서 『춘추공양전(春秋公羊傳)』을 배웠다. 동중서(董仲舒)와 하휴(何休)의 금문경학(今文經學)을 종주로 삼고, 고문경학자를 비판했다. 저서에 『춘추공양해고(春秋公羊解詁)』와 『공양하씨석례(公羊何氏釋例)』, 『공양춘추하씨답난(公羊春秋何氏答難)』, 『신하난정(申何難鄭)』, 『의례결옥(議禮決獄)』, 『중용숭례론(中庸崇禮論)』, 『좌씨춘추고증(左氏春秋考證)』, 『유례부집(劉禮部集)』 등이 있다. 강유위(康有爲), 양계초(梁啓超)가 학맥을 이었다.

**유소**(劉昭, ?~?): 중국 남북조시대(南北朝時代) 남조(南朝) 양(梁)의 역사가. 자(字)는 선경(宣卿)이고, 평원(平原) 고당현[高唐縣, 지금의 산동(山東) 장구(章丘)] 사람이다. 중국 남북조시대(南北朝時代) 남조(南朝) 양(梁) 무제(武帝) 때의 인물로 자세한 생몰(生沒) 연대(年代)는 확인되지 않는다. 어려서부터 학문을 좋아하여 일곱 살에 이미 『노자(老子)』, 『장자(莊子)』의 뜻을 이해했다고 전해진다. 양(梁) 무제(武帝)의 천감(天監) 연간(年間) 초기에 관직에 나아가, 참군(參軍), 상서창부랑(尙書倉部郎), 무석령(無錫令), 임천기실(臨川記室), 통직랑(通直郎), 섬령(剡令) 등을 역임했다. 『양서(梁書)』 49권의 「문학상(文學上)·열전(列傳)」에 유소(劉昭)에 관한 기록이 전해지는데, 그는 송(宋)의 범엽(范曄)이 편찬한 『후한서(後漢書)』에 주석(註釋)을 붙여 180권의 『집주후한(集注後漢)』을 편찬하였다. 유소(劉昭)는 특히 동진(東晉)의 사마표(司馬彪)가 편찬한 『속한서(續漢書)』의 율력(律曆), 예의(禮儀), 제사(祭祀), 천문(天文), 오행(五行), 군국(郡國), 백관(百官), 여복(輿服) 등의 '팔지(八志)' 부분에 주석(註釋)을 덧붙여 30권으로 정리해 『후한서』의 내용을 보완하였다. 범엽은 445년 팽성왕(彭城王) 유의강(劉義康, 409~451)의 모반

(謀叛)에 참여했다가 『후한서(後漢書)』의 「지(志)」 부분을 완성하지 못한 채 처형되었다. 따라서 유소(劉昭)가 30권(卷)의 「지(志)」를 보완함으로써 「본기(本紀)」 10권, 「열전(列傳)」 80권, 「지(志)」 30권으로 이루어진 『후한서』의 체재가 완성되었다. 유소(劉昭)의 주석(註釋)은 30권의 「지(志)」 부분만 『보주후한지(補注後漢志)』라는 명칭으로 간행되어 왔는데, 북송(北宋) 진종(眞宗) 때 손석(孫奭)이 당(唐)의 장회태자(章懷太子) 이현(李賢, 654~684)이 주석(註釋)을 붙인 「본기(本紀)」, 「열전(列傳)」과 유소(劉昭)의 『보주후한지(補注後漢志)』를 합해 간행한 판본(板本)이 오늘날 전해지는 『후한서(後漢書)』의 체재가 되었다. 유소가 「본기(本紀)」와 「열전(列傳)」에 붙인 주석(註釋)은 현재 전해지지 않으며, 「지(志)」 부분만 남아 있다. 그 밖에 그는 10권(卷)의 『유동전(幼童傳)』을 남겼는데, 여기에는 재주가 뛰어난 신동(神童)들에 관한 글들이 수록되어 있다.

**유식**(劉寔, 220~310): 자(字)는 자진(子眞)이며 고당[高唐: 지금의 산동성(山東省) 고당(高唐)] 사람이다. 서한 제북왕(濟北王) 유발(劉勃)의 12세손이다. 삼국시대 때 조(曹)나라와 위(魏)나라 및 서진(西晉)의 관원을 지냈다. 춘추삼전(春秋三傳)에 정통했고 저서에 『춘추조례(春秋條例)』가 있다.

**유염**(兪炎: 1258~1327): 송말(宋末) 원초(元初)의 학자로 오군[吳郡: 지금의 강소성(江蘇省) 소주(蘇州)] 출신이다. 자는 옥오(玉吾)이고 호는 전양자(全陽子). 또는 임옥산인(林屋山人), 석간도인(石澗道人)이라고도 불렀다. 젊었을 때 유학을 공부하였으나, 송이 망하자 은거하여 도학을 연구하였으며, 특히 『역(易)』을 깊이 연구하였다. 저서로 『주역집설

(周易集說)』, 『독역거요(讀易擧要)』, 『역외별전(易外別傳)』, 『서재야화 (書齋夜話)』 등이 있다.

**유월**(兪樾, 1821~1907): 청나라 덕청성(德淸城) 관향(關鄕) 남태촌(南埭村) 사람으로 자는 음보(蔭甫)이고, 호는 곡원거사(曲園居士)이다. 청(淸)나라 말기의 관리이자 학자, 문학가, 서법가(書法家)이다. 소주(蘇州) 자양서원(紫陽書院)과 상해(上海) 구지서원(求志書院)의 주강(主講)을 맡았고, 항주(杭州) 고경정사(詁經精舍)에서 가장 오래 주강을 지내 31년을 있었다. 도광(道光) 30년(1850)의 진사 출신으로 벼슬은 한림원편수(翰林院編修), 하남학정(河南學政) 등을 지냈으나, 벼슬을 그만두고 소주(蘇州)에 거주하면서 40여 년 동안 학술에 전념했다. 경학(經學), 제자학(諸子學), 사학(史學), 훈고학(訓詁學), 희곡(戲曲), 시사(詩詞), 소설(小說), 서법(書法) 등에 두루 능통하여 중국은 물론이고 일본과 한국 등지에서도 학생들이 많이 찾아왔다. 경전 연구는 왕염손과 왕인지(王引之) 부자(父子)를 추종했고, 문하에서 장병린(章炳麟)이 배출되었다. 스스로 대요(大要)는 바른 구두(句讀)와 자의(字義)를 살피면서 고금의 가차(假借)에 정통한 것이라고 말했다. 저서는 『군경평의(群經平議)』와 『제자평의(諸子平議)』, 『고서의의거례(古書疑義擧例)』 3권을 완성했다. 그 밖의 저서도 아주 많아 『다향실경설(茶香室經說)』과 『춘재당수필(春在堂隨筆)』, 『고경정사자과문(詁經精舍自課文)』, 『빈맹집(賓萌集)』, 『춘재당시편(春在堂詩編)』, 『소부매한화(小浮梅閑話)』, 『우태선관필기(右台仙館筆記)』, 『다향실잡초(茶香室雜鈔)』 등이 있다. 한 시대를 대표하는 학자로 명성이 멀리 일본까지 미쳤다.

**유유**(劉裕, 363~422): 남조 송나라의 초대 황제(재위, 420-422). 조적(祖籍)은

팽성(彭城)이고, 동진(東晉) 때 경구(京口)로 옮겨 와 살았다. 시호는 무제(武帝)이고, 묘호는 고조(高祖)이다. 자는 덕여(德興)이고, 소자는 기노(寄奴)이다. 서주(徐州)의 가난한 집안에서 태어나 농사를 짓고 짚신을 팔고 물고기를 잡으면서 살았다. 처음에 북부병장령(北府兵將領)으로 유뢰지(劉牢之)를 따라 손은(孫恩)의 거병(擧兵)을 진압했다. 진안제(晉安帝) 의희(義熙) 원년(405) 환현(桓玄)을 격파하고, 시중(侍中)과 거기장군(車騎將軍)을 거쳐 도독제군사(都督諸軍事)에 이르러, 조정을 장악했다. 이어 양주(揚州)를 중심으로 군사권을 장악하여 6년(410) 남연(南燕)을 멸망시키고, 군사를 돌려 노순(盧循)과 서도복(徐道覆)을 격파했다. 다시 유의(劉毅)를 제거하고 서쪽으로 초종(譙縱)을 공격한 뒤 파촉(巴蜀)을 접수했다. 또 관중(關中)으로 출병하여 후진(後秦)을 멸망시켰다. 상국(相國)에 올라 송왕(宋王)에 봉해졌다. 나아가 집정(執政)이 되어 토단정책(土斷政策)을 단행했다. 황제의 폐립을 행하고, 진(晉) 왕실의 반대파를 제거했다. 원희(元熙) 원년(419) 공제(恭帝)의 선양으로 제위에 올라 국호를 송이라 하고 연호를 영초(永初)로 정했다. 정치를 하면서 검약을 숭상했고, 경술토단(庚戌土斷)을 시행해 중앙집권제를 강화했다. 즉위한 지 3년 만에 죽었다.

**유육숭**(劉毓崧, 1818~1867): 청나라 강소(江蘇) 의징(儀徵) 사람. 자는 백산(伯山) 또는 송애(松崖)이다. 유문기(劉文淇)의 아들이고, 유수증(劉壽曾)의 아버지다. 도광(道光) 20년(1840) 우공생(優貢生)으로 천거되어 팔기관학교습(八旗官學敎習)에 임명되었다. 일찍이 증국번(曾國藩)과 증국전(曾國荃)의 막부(幕府)에 들어갔고, 금릉서국(金陵書局)을 주관했다. 아버지의 사업을 이어『춘추』를 공부해 평생 교정과 편저에 몰두했지만, 향년이 길지 못해『구주소증(舊注疏證)』을 완성하지는 못했다. 그 밖의 저서에 『춘추좌씨전대의(春秋左氏傳大義)』와 『주례구소고증(周禮舊疏考證)』, 『예기구소고증(禮記舊疏考證)』, 『상서구소고증(尙書舊疏考證)』, 『모시구소고증(毛詩舊疏考證)』, 『경전통의(經傳通義)』, 『제자통의(諸子通義)』, 『통의당문집(通義堂文集)』 등이 있다.

**유장**(劉章, ?~기원전 177): 전한의 종실(宗室). 한고조(漢高祖) 유방(劉邦)의 손자이고, 제도혜왕(齊悼惠王) 유비(劉肥)의 아들이다. 고후(高后) 때 주허후(朱虛侯)에 봉해지고, 여록(呂祿)의 딸을 아내로 맞았다. 유방의 비인 여태후(呂太后)가 정권을 천단할 때 연회가 열렸는데, 군법에 따라 술을 돌려 여씨 일족 가운데 한 사람이 술에 취했다. 술을 피해 달아나니 그가 쫓아가 죽였는데, 이때부터 여씨들이 그를 두려워했다. 여태후가 죽은 뒤 주발(周勃) 등과 함께 여씨 일족을 죽이고 유항(劉恒)을 맞아 문제(文帝)로 옹립했다. 성양왕(城陽王)에 봉해졌다. 시호는 경(景)이다.

**유정섭**(兪正燮, 1775~1840): 청나라 안휘(安徽) 이현(黟縣) 사람. 자는 이초(理初)이다. 천하를 널리 떠돌아다니면서 책을 얻으면 바로 읽고, 읽으면 소기(疏記)를 남겼다. 수십 권의 분량이라도 일마다 제목을 달아 오랜 동안 정리하여 문장을 마무리했다. 학문은 구시(求是)를 위주로 했고, 강영, 대진(戴震)의 학풍을 계승했다. 경학은 한유(漢儒)를 종주로 했지만 주소(注疏)에 구애받지 않고 훈고와 고증을 중시하여 자득(自得)을 추구했다. 저서에 『설문부위교보(說文部緯校補)』와 『해국기문(海國紀聞)』, 『계사류고(癸巳類稿)』, 『계사존고(癸巳存稿)』 등이 있다. 『계사류고』는 그가 심혈을 쏟은 저작으로, 다루는 범위가 넓고 논한 내용 또한 탁월했다.

**유종주**(劉宗周, 1578~1645): 명나라 절강(浙江) 산음(山陰) 사람. 자는 기동(起東)이고, 호는 염대(念臺) 또는 극념자(克念子), 즙산선생(蕺山先生)이며, 사시(私諡)는 정의(正義)고, 청나라 때 하사한 시호는 충개(忠介)이다. 만력(萬曆) 29년(1601) 진사가 되고, 행인(行人)에 올랐다. 천계(天啓) 원년(1621) 의제주사(儀制主事)를 거쳐 우통정(右通政)으로 위충현(魏忠賢)을 탄핵하다 삭적(削籍)되고 귀향했다. 숭정(崇禎) 원년(1628) 불려 순천부윤(順天府尹)이 되고, 여러 차례 글을 올려 사종(思宗)의 비위를 거스르자 병을 이유로 사직했다. 8년(1635) 다시 불려 공부좌시랑(工部左侍郎)이 되고, 거듭 승진하여 좌도어사(左都御史)에 올랐는데, 강채(姜埰)와 웅개원(熊開元) 등을 구하려다가 파직되고 귀향했다. 복왕(福王)이 감국(監國)할 때 복직하여 마사영(馬士英)과 고걸(高傑), 유택청(劉澤淸)을 탄핵하면서 완대월(阮大鋮)을 기용할 수 없다면서 다투었지만 듣지 않자 마침내 사직했다. 남도(南都)가 함락된 뒤 단식하다가 23일 만에 죽었다. 학문은 묵수(墨守)를 반대하고 심득(心得)을 위주로 했으며, 주희의 이재기선설(理在氣先說)에 반대하여 기(氣)를 천지만물의 근원으로 보았다. 학술사적으로는 허부원(許孚遠)을 계승하여 황종희(黃宗羲), 진확(陳確)에게 전해 준 인물로 평가된다. 저서에 『주역고문초(周易古文鈔)』와 『역연(易衍)』, 『역도설(易圖說)』, 『성학종요(聖學宗要)』, 『학언(學言)』, 『원지(原旨)』, 『논어학안(論語學案)』, 『도통록(道統錄)』, 『인보(人譜)』, 『인보류기(人譜類記)』, 『양명전신록(陽明傳信錄)』, 『증인사약언(證人社約言)』 등이 있다.

**유지기**(劉知幾, 661~721): 당나라 서주(徐州) 팽성(彭城) 사람. 자는 자현(子玄), 시호는 문(文)이다. 고종(高宗) 영흥(永興) 원년(680) 진사(進士)가 되고, 획가주부(獲嘉主簿)에 올랐다. 저작랑(著作郎)과 숭문관학사(崇文

館學士) 등을 지냈다. 무측천(武則天) 때 봉각사인(鳳閣舍人) 겸 수국사(修國史)에 올랐다. 중종(中宗) 때 태자율갱령(太子率更令)이 되고, 비서소감(秘書少監)으로 옮겨 『측천황후실록』을 편찬했다. 또 『사통(史通)』을 경룡(景龍) 4년(710) 완성했다. 자신을 양웅(揚雄)에 비유하여 고성선왕(古聖先王) 및 유가 경전에 대해 회의하거나 비판했다. 최고의 저서로 내편 39편, 외편 13편으로 구성된 『사통』이 있는데, 이 가운데 외편 제4편 「혹경(惑經)」은 『춘추』에 대해 논한 것이고, 제5편 「신좌(申左)」는 『춘추좌씨전』에 대해 논한 것이다. 그 밖의 저서에 『유자현집(劉子玄集)』과 『예종실록(睿宗實錄)』 등이 있다. 30년 동안 국사 편찬 일에 몸담으면서 항상 정확하게 기록할 것을 주장해 역사가라면 재학식(才學識) 세 가지를 갖추어야 한다고 주장했다.

**유창**(劉敞, 1019~1068): 중국 북송 임강군(臨江軍) 신유(新喩) 사람. 자는 원보(原父)이고, 호는 공시(公是)이다. 박학하고 『춘추』에 정통했는데, 전주(傳注)에 얽매이지 않았다. 한유(漢儒)의 설을 비판적으로 검토했다. 저서에 『칠경소전(七經小傳)』과 『춘추권형(春秋權衡)』, 『춘추전(春秋傳)』, 『춘추의림(春秋意林)』, 『춘추전설례(春秋傳說例)』, 『공시집(公是集)』 등이 있다. 동생 유반(劉攽), 아들 유봉세(劉奉世)와 함께 『한서표주(漢書標注)』를 저술했다.

**유창종**(劉昌宗, ?~?): 동진(東晉) 시기의 학자라고는 하나, 생몰연대는 자세하지 않다. 『삼례(三禮)』를 주석하여 세상에 이름을 떨쳤다고 한다. 저서에는 『주례음(周禮音)』 등이 있다.

**유태공**(劉台拱, 1751~1805): 청나라 강소(江蘇) 보응(寶應) 사람. 자는 임단(端臨)이다. 건륭(乾隆) 35년(1770) 거인(擧人)이 되고, 단도현(丹徒縣) 훈도(訓導)를 지냈다. 천문과 율려(律呂), 성음(聲音), 문자에 이르기까지 두루 정통했다. 주균(朱筠), 왕염손, 대진(戴震) 등과 교유했다. 입신처세(立身處世)에 있어서는 송유(宋儒)의 의리(義理)를 중시했고, 경적(經籍) 연구에 있어서는 한유(漢儒)의 훈고(訓詁)만을 종주로 했다. 특히 고정(考訂)에 뛰어났다. 저서에 『논어보주(論語補注)』와 『논어변지(論語騈枝)』, 『방언보교(方言補校)』, 『한학습유(漢學拾遺)』, 『순자보주(荀子補注)』, 『국어보교(國語補校)』 등이 있다.

**유표**(劉表, 142~208): 후한 말기 산음(山陰) 고평(高平) 사람으로, 자는 경승(景升)이다. 노공왕(魯恭王)의 후손으로 헌제(獻帝) 초평(初平) 원년(190) 형주자사(荊州刺史)가 되었다. 형주 호족의 지지를 얻어 호북(湖北)과 호남(湖南) 지방을 장악했다. 이각(李傕)과 곽사(郭汜)가 장안(長安)에 들어왔을 때 그를 진남장군(鎭南將軍)과 형주목(荊州牧)에 임명하고 성무후(成武侯)에 봉했다. 조조(曹操)와 원소(袁紹)가 관도(官渡)에서 대치하고 있을 때 원소가 그에게 구원을 청했지만, 어느 쪽도 도와주지 않았다. 혼전에 가담하지 않고 주민을 돌보면서 조용히 자신을 지켰다. 조조가 원소를 물리치고 정벌하러 왔지만 도착하기 전에 병으로 죽었다. 아들 유종(劉琮)이 조조에게 항복했다. 저서에 『역주(易注)』와 『역장구(易章句)』, 『후정상복(后定喪服)』 등이 있다.

**유향**(劉向, 기원전 77?~기원전 6): 전한 말기 패현(沛縣) 사람. 본명은 갱생(更生)이었는데, 성제(成帝)가 즉위하자 임용되어 이름을 향(向)으로 바꾸었다. 자는 자정(子政)이다. 『춘추곡량(春秋穀梁)』을 공부했고, 음양휴구론(陰陽休咎論)으로 시정(時政)의 득실을 논하면서 여러 차례 외척이 권력을 잡는 일에 대해 경계했다. 성선설, 성악설을 모두 부정했는데, 성 자체에는 선악이 없으며, 외부의 자극이 있기 때문에 선악의 이동(異同)이 있게 된다고 주장했다. 궁중 도서의 교감에도 노력하여 해제서 『별록(別錄)』을 만들어 중국 목록학의 비조로 간주된다. 춘추전국시대로부터 한나라 때 이르기까지 사람들의 언행을 분류하여 『신서(新序)』와 『설원(說苑)』을 편찬했다. 『시경』과 『서경』에 나타난 여인들 중 모범과 경계로 삼을 만한 사례를 모아 『열녀전(列女傳)』을 저술했다. 그 밖의 저서에 『홍범오행전(洪範五行傳)』이 있다.

**유현**(劉炫, 546?~ 613?): 수나라 하간(河間) 경성(景城) 사람. 자는 광백(光伯)이고, 사시(私諡)는 선덕선생(宣德先生)이다. 유헌지(劉獻之)의 삼전제자(三傳弟子)이다. 어려서부터 총명하여 유작(劉焯)과 함께 10년 동안 책을 읽었다. 경적에 두루 정통해 '이류(二劉)'로 불렸다. 문제(文帝) 개황(開皇) 연간에 삼성(三省)을 두루 거치면서 국사(國史) 편찬에 참여하고, 천문율력(天文律曆)을 편찬했지만 관직에는 나가지 못했다. 양제(煬帝) 대업(大業) 연간에 사책(射策)에서 좋은 점수를 받아 태학박사(太學博士)에 올랐지만, 그해 말에 사직했다. 만년에 물러나 제유(諸儒)와 함께 오례(五禮)를 수정했다. 대업 말년에 상당수의 제자들이 농민군에 가담해 그를 불러 갔는데, 전투에서 패한 뒤 추위와 굶주림으로 죽었다. 저서에 『논어술의(論語述議)』와 『효경술의(孝經述議)』, 『상서술의(尙書述議)』, 『춘추술의(春秋述議)』, 『모시술의(毛詩述議)』, 『춘추공매(春秋攻昧)』, 『오경정명(五經正名)』, 『시서주(詩序注)』 등이 있고, 조정에서 일서(佚書)를 구하자 『연산역(連山易)』과 『노사기(魯史記)』를 위조하여 바쳤다.

**유협**(劉勰, 465~521): 남조 양(梁)나라 동완(東莞) 거현(莒縣) 사람. 자는 언화
(彦和)이다. 어릴 때 고아가 되어 학문에 열중하면서 결혼도 하지 않
고 사문(沙門) 승우(僧祐)에 귀의해 함께 10여 년을 생활하면서 경론
(經論)에 정통하게 되었다. 양 무제(梁武帝) 태감(太監) 초에 봉조청(奉
朝請)을 시작으로 임천왕(臨川王) 소굉(蕭宏)의 기실(記室)이 되었다가
동궁통사사인(東宮通事舍人)을 거쳐 보병교위(步兵校尉)로 옮겼다. 만
년에 출가하여 법명을 혜지(慧地)라고 했지만, 얼마 뒤 죽었다. 일찍
이 정림사(定林寺) 장경(藏經)을 정리했다. 불전(佛典)을 비롯하여 각
종 서적을 열독하여 많은 교양을 쌓았는데, 그의 심오한 학문적 소
양은 『문심조룡(文心雕龍)』에 잘 나타나 있다. 이 책의 원고를 탈고
하여 당시 문단의 중진이었던 심약(沈約)에게 교열을 부탁하자 심약
은 한 번 보고 감탄하면서 탁자 위에 정중히 놓았다고 한다. 소명태
자(昭明太子)의 신임이 두터웠으며, 소명태자의 『문선(文選)』 편찬에
는 그의 창작이론이 많은 영향을 주었다.

**유회**(劉繪, 458~502): 남조 팽성(彭城) 사람으로 자는 사장(士章)이다. 총명하
고 재빠르며 문의(文義)가 있고, 예서(隸書)에 뛰어났다. 『능서인명
(能書人名)』을 편찬했으며, 제 고제(齊高帝) 때 대사마종사중랑(大司馬
從事中郎)이 되었다.

**유효표**(劉孝標, 458~521): 남조 양(梁)나라 평원(平原) 사람으로 이름은 준(峻)
이고, 본명은 법무(法武)이며, 효표(孝標)는 그의 자이다. 현정선생(玄
靖先生)으로 불린다. 배우기를 좋아했지만 집안은 가난했다. 제나라

무제(武帝) 영명(永明) 중에 강남(江南)으로 돌아가 많은 책을 읽어 '서음(書淫)'이라 불렸다. 양 무제(梁武帝) 천감(天監) 초에 불려 서성(西省)에 들어가 비서(秘書)를 교정했다. 안성왕(安城王) 소수(蕭秀)가 불러 호조참군(戶曹參軍)을 삼고 『유원(類苑)』을 편찬하게 했지만 완성하지 못하고 병으로 물러났다. 동양(東陽) 자암산(紫巖山)에서 강학(講學)했는데, 와서 배우는 사람이 아주 많았다. 『산서지(山栖志)』는 문장이 아주 아름다웠다. 무제가 만나 보았는데, 응대(應對)가 여의치 않아 등용되지 못하자 『변명론(辨明論)』을 써서 생각을 담았다. 『세설신어(世說新語)』에 주를 달았는데, 4백여 종의 서적을 널리 이용했다. 병려문에 능했고, 사회의 여러 모순을 세련된 필치로 폭로했다. 작품에 『광절교론(廣絶交論)』 등이 있고, 명나라 때 편집한 『유호조집(劉戶曹集)』이 있다.

**유흠**(劉歆, 기원전 53?~기원전 23): 전한 말기 패현(沛縣) 사람. 자는 자준(子駿)인데, 나중에 이름을 수(秀), 자를 영숙(穎叔)으로 고쳤다. 유향(劉向)의 아들이다. 젊었을 때 『시경』과 『서경』에 정통했고, 글을 잘 지었다. 성제(成帝) 때 황문랑(黃門郎)이 되어 아버지와 함께 많은 서적들을 교정했다. 나중에 왕망을 죽이려다가 음모가 발각되자 자살했다. 『좌씨춘추(左氏春秋)』와 『모시(毛詩)』, 『일례(逸禮)』, 『고문상서』를 존중하여 학관(學官)에 전문박사(專門博士)를 두기 위해 학관 박사들과 논쟁을 벌였지만 이루지 못하고 하내태수(河內太守)로 전출되었다. 궁정의 장서를 정리하고 육예(六藝)의 여러 서적을 7종으로 분류한 『칠략(七略)』을 썼다. 『칠략』의 내용은 상당수가 『전한서(前漢書)』「예문지(藝文志)」로 편입되었다. 그 밖에 『삼통역보(三統曆譜)』를 지었고, 명나라 사람이 편집한 『유자준집(劉子駿集)』이 있다.

**유흥은**(柳興恩, 1795~1880): 청나라 강소(江蘇) 단도(丹徒) 사람. 본명은 흥종 (興宗)이고, 자는 빈숙(賓叔)이다. 도광(道光) 12년(1832) 거인(擧人)이 되었다. 완원(阮元)에게 수학했고,『모시(毛詩)』와『춘추곡량전』에 조예가 깊었다. 가난했지만 학문을 좋아했다. 완원이『황청경해(皇 淸經解)』를 엮으면서『춘추곡량전』을 누락시킨 것에 발분(發憤)하여 『곡량춘추대의술(穀梁春秋大義述)』를 저술했는데, 완원이 보고 칭송 하며 서문을 지어 주었다. 그 밖의 저서에『주역괘기보(周易卦氣補)』 와『우씨일상고(虞氏逸象考)』,『상서편목고(尙書篇目考)』,『의례석관 고변(儀禮釋官考辨)』,『군경이의(群經異義)』,『유향연보(劉向年譜)』,『모 시주소규보(毛詩注疏糾補)』,『속시지고(續詩地考)』,『설문해자교감기 (說文解字校勘記)』등이 있다.

**유희**(劉熙, ?~?): 후한 말기의 훈고학자로, 자는 성국(成國)이며, 북해(北海) 사람이다. 관직은 남안태수(南安太守)를 지냈으며, 정현의 제자라고 알려져 있으나 분명하지 않다. 저서로 훈고의 자서(字書)인『석명(釋 名)』8권과,『맹자주(孟子注)』가 있는데,『맹자주』는 전하지 않고,『석 명』은 훈고학의 중요한 자서로 후대에 까지 커다란 영향을 끼쳤다.

**육가**(陸賈: ?~?): 전한 초기 초(楚) 사람. 변설에 능했다. 고조(高祖) 유방(劉 邦)을 좇아 천하를 통일하는 데 크게 공헌했다. 사신으로 남월(南越) 에 가서 남월왕 조타(趙佗)로 하여금 칭신(稱臣)하도록 했다. 때로 고 조에게『시경』과『서경』에 대해 말하면 고조가 "말 위에서 천하를 얻었는데, 어느 겨를에『시경』이나『서경』따위를 보겠는가?"라고 대꾸했다. 이에 "말 위에서 천하를 얻을 수는 있지만, 말 위에서 어 찌 천하를 다스리겠습니까?(居馬上得之, 寧可以馬上治之?)"라고 대답했다. 고조가 진(秦)나라가 멸망한 까닭에 대해 묻자『신어(新語)』를 지어 올렸다. 혜제(惠帝) 때 여후(呂后)가 여씨들을 제후에 앉히려고 하자 병을 핑계로 사직했다. 나중에 진평(陳平)을 위해 일을 도모해 주발(周勃)을 끌어들여 여씨 일족을 주살했다. 문제(文帝) 때 다시 남월에 가서 조타를 효유(曉喩)했다. 시서(詩書)를 좋아하고 문무병용 (文武倂用) 정치의 필요성을 역설했다.『신어』는 12편으로 구성되었는데 덕에 의한 왕도정치를 존중하고, 힘에 의한 패도정치를 배격하여 정치의 요체는 수신(修身)에 있다고 주장했다.

**육경여**(陸敬興, 754~805): 당나라 소주(蘇州) 가흥(嘉興) 사람인 육지(陸贄)로, 경여(敬興)는 그의 자이다. 대종(代宗) 대력(大曆) 6년(771) 진사(進士)가 되고, 박학홍사과(博學鴻詞科)에 올랐다. 덕종(德宗)이 즉위하자 감찰어사(監察御史)에서 불려 한림학사(翰林學士)가 되었다. 건중(建中) 4년(783) 주차(朱泚)가 반란을 일으키자 덕종을 따라 봉천(奉天)으로 달아나 조서(詔書)를 지었는데, 문장이 간절하여 무부한졸(武夫悍卒)조차 읽고 눈물을 흘리며 감동하지 않는 사람이 없었다. 정원(貞元) 7년(791) 병부시랑(兵部侍郎)에 올랐다. 다음 해 중서시랑(中書侍郎)과 동문하평장사(同門下平章事)를 지냈다. 재상으로 있을 때 폐정(弊政)을 없애고, 가혹한 세금을 폐지했다. 10년(794) 겨울 호부시랑(戶部侍郎) 배연령(裵延齡)의 술책으로 재상직에서 파직되었다. 다음 해 충주별가(忠州別駕)로 쫓겨났다. 순종(順宗) 때 죽었고, 시호는 선(宣)이다. 재주가 남달랐으며, 민정(民情)을 몸소 살폈고, 성품이 강직했다. 문장 또한 배우(排偶)를 잘 활용해 유창했다. 저서에『육씨집험방(陸氏集驗方)』50권이 있고,『시문별집(詩文別集)』15권이 있었지만전하지 않는다.『한원집(翰苑集)』등도 있다.

**육구연**(陸九淵, 1139~1192): 남송 무주(撫州) 금계(金溪) 사람이다. 자는 자정 (子靜)이고, 호는 상산(陸山)이며, 또 다른 호는 존재(存齋) 또는 상산 옹(象山翁)이고, 시호는 문안(文安)이다. 육구사(陸九思)의 동생이다. 어려서부터 재능이 뛰어났다. 효종(孝宗) 건도(乾道) 8년(1172) 진사 가 되었다. 정안주부(靖安主簿)와 국자정(國子正)을 지냈다. 젊었을 때 정강(靖康) 때의 일을 듣고 금나라 군대의 침입에 분개하여 용사 (勇士)를 찾아다니면서 국세를 회복할 방책을 상의했다. 일찍이 윤 대(輪對)하여 다섯 가지 일을 개진했지만 급사중(給事中) 왕신(王信)의 반박을 당하자 귀향하여 귀계(貴溪)의 상산에 강당을 짓고 후학 양 성에 전념했다. 광종(光宗) 때 형문군(荊門軍)을 맡아 군성(軍城)을 수 리하면서 변방의 방어를 공고히 하는 등 치적을 쌓았다. 주희(朱熹) 와 이름을 나란히 했지만 견해는 대립하여 학계를 양분하는 학문적 세력을 형성했는데, 사상적 계보로는 모두 정호(程顥)와 정이(程頤) 의 학문을 계승했다. 주희와 서신으로 논쟁하면서 아호(鵝湖)에서 만나 변론을 벌였다. 두 사람은 서로의 학문을 존중하여 도의적 교 유는 변하지 않았다. 명나라의 왕수인(王守仁)이 그의 사상을 계승해 육왕학파(陸王學派)를 형성했다. 저서에 어록과 서간, 문집을 수록한 『상산선생전집(象山先生全集)』36권이 있다.

**육기**(陸璣, ?~?): 중국 삼국(三國)시대 오(吳)나라의 학자. 자는 원각(元恪)이 다. 오군[吳郡: 지금의 소주(蘇州)] 사람이다. 저서에『모시초목조수충 어소(毛詩草木鳥獸蟲魚疏)』2권이 있다.

**육기**(陸機, 260~303): 서진(西晉) 오군(吳郡) 오현(吳縣) 사람. 자는 사형(士衡) 이며, 명문가 출신으로, 할아버지 육손(陸遜)은 삼국 시대 오(吳)나라의 재상, 아버지 육항(陸抗)은 군사령관을 지냈다. 동생 육운(陸雲)도 문재(文才)가 있어 그와 함께 '이륙(二陸)'으로 불렸다. 젊어서 아버지의 군대를 지휘하며 아문장(牙門將)이 되었다. 20살 때 오나라가 멸망하자 고향으로 돌아가 10년간 학문에만 전념했다. 이때 『변망론(辯亡論)』을 지었다. 진 무제(晉武帝) 태강(太康) 말에 동생과 함께 낙양(洛陽)으로 나가 문재로 명성을 얻었다. 장화(張華)의 인정을 받았고, 가밀(賈謐)과 함께 문인과 교유했다. 조왕(趙王) 사마륜(司馬倫)이 정치를 보좌할 때 상국참군(相國參軍)이 되고, 가밀을 주륙하는 데 참여했다. 제왕(齊王) 사마경(司馬冏)에게 잡혀 정위(廷尉)에 넘겨졌다가 성도왕(成都王) 사마영(司馬穎)의 도움으로 풀려난 뒤 그에 의지해 평원내사(平原內史)가 되었다. 장사왕(長沙王) 사마의(司馬懿)를 토벌하고 후장군(後將軍)과 하북대도독(河北大都督)이 되었지만 혜제(惠帝) 때 정국이 혼란하여 팔왕(八王)의 난이 일어나자 이에 휘말려 동생과 함께 사마영에게 죽임을 당했다. 「문부(文賦)」는 그의 문학비평의 방법을 논한 내용으로 유명하다. 저서에 『육사형집(陸士衡集)』 10권이 있다.

**육덕명**(陸德明, ?~?): 중국 당나라의 학자로, 이름은 원랑(元朗)이고 자(字)가 덕명(德明)이다. 처음에 수(隋)나라를 섬겼으나, 당고조의 초빙으로 대학박사·국자박사가 되었다. 그가 편찬한 『경전석문(經典釋文)』은 경학(經學) 원전(原典) 정리의 효시로 불린다.

**육상산**(陸象山, 1139~1192): 남송 무주(撫州) 금계(金溪) 사람 육구연(陸九淵, 1139~1192)이다. ☞ 육구연(陸九淵)

**육전**(陸佃, 1042~1102): 북송 월주(越州) 산음(山陰) 사람. 자는 농사(農師)이고, 호는 도산(陶山)이다. 철종(哲宗) 초에 이부시랑(吏部侍郎)이 되어 『중종실록(中宗實錄)』 편찬에 참여했다. 여러 차례 외직을 지냈는데, 옥사를 잘 처결한다는 소리를 들었다. 휘종(徽宗)이 즉위하자 부름을 받아 예부시랑(禮部侍郎)이 되고, 『철종실록』 편찬에 참여했다. 왕안석(王安石)에게 수학하여 학문적 영향을 받았지만, 신법(新法)에 대해서는 찬성하지 않았다. 원우(元祐)의 인재들을 기용할 것을 주장하고 원우의 여당(餘黨)을 가혹하게 처벌하는 것에 반대하다가 모함을 받아 박주지주(亳州知州)로 쫓겨난 뒤 죽었다. 문자학에 정통하여 『비아(埤雅)』를 저술했다. 고례(古禮)를 깊이 연구했는데, 왕숙(王肅)의 학설을 위주로 하고 정현(鄭玄)의 학설은 배척했다. 그 밖의 저서에 『예상(禮象)』과 『춘추후전(春秋後傳)』, 『이아신의(爾雅新義)』 등이 있다.

**육통**(陸通, ?~?): 춘추시대 초나라 사람. 소왕(昭王) 때 정치에 법도가 없는 것을 보고 거짓으로 미친 체하며 벼슬을 하지 않았는데, 당시 사람들이 초광(楚狂)이라 불렀다고 하며, 자가 접여(接輿)라고 한다.

**윤돈**(尹焞, 1071~1142): 북송 하남(河南) 사람. 자는 언명(彥明) 또는 덕충(德充)이고, 호는 화정(和靖)이며, 윤원(尹源)의 손자이다. 젊었을 때 정이(程頤)를 사사(師事)했다. 원우(元祐) 4년(1089) 거인(擧人)이 되어 응거(應擧)했는데, 시제(試題)가 원우(元祐)의 제신(諸臣)들을 주륙(誅戮)해야 한다는 것을 보고 포기하고 돌아와 다시는 응시하지 않았다. 흠종(欽宗) 정강(靖康) 초에 종사도(種師道)가 천거하여 경사(京師)에 와 화정처사(和靖處士)란 호를 하사받았다. 고종(高宗) 소흥(紹興) 초에 숭정전설서(崇政殿說書)와 예부시랑(禮部侍郎) 겸 시강(侍講), 휘유각대제(徽猷閣待制) 등을 역임했다. 상서하여 금나라와의 화의를 극력 반대하다가 치사(致仕)를 요청했다. 학문적으로는 내성함양(內省涵養)을 중시하고 박람(博覽)을 추구하지 않았다. 저서에 『논어맹자해(論語孟子解)』와 『화정집(和靖集)』, 『문인문답(門人問答)』이 있다.

**윤문**(尹文, 기원전 360?~기원전 280?): 전국(戰國)시대의 철학자로 직하도가학파(稷下道家學派)의 대표적 인물이다. 윤문은 직하도가학파는 제나라 선왕(宣王) 때 직하(稷下)에 거주하면서 유가(儒家)와 묵가(墨家)의 조화를 주장한 학파를 말한다. 당시 송견(宋鈃), 팽몽(彭蒙), 전변(田駢)과 더불어 명성을 떨쳤고, 명가의 공손룡과 친분이 깊었다. 어록에 『윤문자』가 있는데, 중국 전국시대 제나라의 이 군왕의 올바른 정사에 관하여 논한 책이다. 「대도상(大道上)」・「대도하(大道下)」의 2편으로 나누어 정치의 대요를 논하고 허정(虛靜)을 위정(爲政)의 근원으로 삼았다. 그 사상은 노자(老子)의 무위자연(無爲自然)에 바탕을 두고, 거기에 도가(道家)・명가・법가의 사상을 가미하였으나, 이것은 점차 봉건화되어 가는 전국시대 당시의 사회적 배경에 의한 것으로 여겨진다.

**윤상**(尹賞, ?~3): 전한 거록(鉅鹿) 양씨(楊氏) 사람. 자는 자심(子心)이다. 군리(郡吏)로 청렴한 것을 인정받아 누번(樓煩)의 장이 되었다. 무재(茂才)로 천거되어 읍령(邑令)이 되었다. 좌풍익(左馮翊) 설선(薛宣)이 관료로서 자질이 뛰어나다고 천거하여 빈양령(頻陽令)이 되었다. 성제(成帝) 영시(永始)와 원연(元延) 연간에 장안(長安)을 수비하던 관리들이 고을을 간악(奸惡)하게 다스려 체포당해 죽은 사람이 많았는데, 그가 다스리자 몇 달 만에 도적들이 달아나서 감히 장안(長安)을 넘보지 못했다. 강하태수(江夏太守)로 옮겨 강적(江賊)을 체포해 죽이면서 살해한 이민(吏民)이 아주 많았다. 평제(平帝) 원시(元始) 2년(2) 우보도위(右輔都尉)가 되었다가 집금오(執金吾)로 옮겼는데, 삼보(三輔)의 이민(吏民)들이 모두 두려워했다. 다음 해 재직 중에 죽었다.

**윤어**(尹圉, ?~?): 주(周)나라 때 사람으로 윤(尹) 땅에 봉해졌다. 윤문공(尹文公)이라고도 한다. 윤길보(尹吉甫)의 후손으로 선왕(宣王) 때 윤길보가 대부가 된 뒤부터 세습해 경대부(卿大夫)가 되었다. 노나라 소공 22년에 주나라 경왕(景王)이 죽자 왕자 조(朝)가 변란을 일으켰다. 유자(劉子)와 선자(單子)가 왕자 맹(猛)을 데리고 황(皇) 땅으로 파천하였다가 가을에 왕성으로 들어갔으나 왕자 맹이 곧 죽었다. 이듬해에 경왕(敬王)이 즉위하였다가 다시 적천(狄泉)으로 쫓겨났고 윤씨가 왕자 조를 주나라의 왕으로 세웠다. 그러나 소공 26년에 진(晉)나라 군대가 경왕을 왕실로 복귀시켰고 왕자 조와 윤씨 일족은 초나라로 도망갔다. 『춘추공양전(春秋公羊傳)』「은공(隱公)」 3년에 "여름 4월 신묘일에 윤씨가 죽었다. 윤씨란 누구인가? 천자의 대부이다. 윤씨라 칭한 것은 무엇 때문인가? 폄한 것이다. 어찌하여 폄했는가? 경(卿)을 세습한 것을 비판한 것이니, 경을 세습하는 것은 예가 아니다.[夏, 四月, 辛卯, 尹氏卒, 尹氏者何. 天子之大夫也. 其稱尹氏何. 貶. 曷爲貶. 譏世卿, 世卿, 非禮也.]"라고 했다.

**윤제**(尹齊, ?~?): 전한 중기의 관료로, 동군 치평현(茌平縣) 사람이다. 본래 말단 관리였으나, 승진을 거듭하여 어사(御史)가 되어 장탕을 섬겼다. 장탕은 윤제의 청렴함과 무용을 높이 사 도적을 잡도록 하였고, 윤

제는 죄인을 처형할 때에 신분의 고하를 따지지 않았다. 관도위(關
都尉)로 전임된 후에는 영성보다도 잔혹하다는 평판이 있었다. 무제
는 윤제가 유능하다고 여겨 그를 중위에 임명하였다. 윤제는 꾸밈
없고 강직한 자여서, 간악한 관리들은 스스로 움츠러들었지만 선량
한 관리들 또한 일을 제대로 처리하지 못하게 되었다. 결국 윤제는
법에 걸려 해임되었고, 전임자인 왕온서가 다시 중위가 되었다. 왕
온서가 죽고 몇 년 후 회양도위를 지내다가 병들어 죽었고, 집안에
남은 돈은 50금이 채 되지 않았다. 윤제에게 주살된 자가 회양 땅에
특히 많아, 주살된 자의 유족들이 시신을 불태우려 하니, 아내가 시
신을 들고 달아나 장사 지냈다.

**윤지장**(尹知章, 669?~718?): 강주(絳州) 익성[(翼城: 지금의 산서(山西) 익성(翼城)]
사람으로 당(唐) 전기의 대신이다. 성품이 온화해서 기쁨과 노여움
이 얼굴에 드러나지 않았다. 어릴 때부터 학문에 힘써 6경에 정통하
였으며, 마침내 유학(儒學)으로 명성을 떨쳤다. "어릴 때는 학문을
하더라도, 그다지 깊이 통달하지 못하였는데, 홀연히 꿈에 한 사람
이 커다란 끌을 가지고 와서 그 심장을 가르고 그 안에 약(藥) 같은
것을 집어넣었다. 깜짝 놀라 깨어났는데 이후로 지사(志思)가 밝게
뚫려서 마침내 육경(六經)에 두루 밝아졌다.[尹知章, 絳州翼城人. 少雖學,
未甚通解, 忽夢人持巨鑿破其心, 內若劑焉. 驚悟, 志思開徹, 遂徧明六經.]"(『신당
서(新唐書)』 권199, 「윤지장열전(尹知章列傳)」)라고 한다.

**윤하**(尹何, ?~?): 춘추시대 정나라의 권력자인 자피(子皮)의 가신이다.

**은중감**(殷仲堪, ?~339): 동진(東晉)시대의 무장(武將). 진군(陳郡) 장평현(長平

縣) 사람으로 동진(東晉)의 태상(太常) 은융(殷融)의 손자이며, 진릉태수(晉陵太守) 은사(殷師)의 아들이다. 벼슬은 형주자사(荊州刺史)에 올랐다. 저서에 『은형주요방(殷荊州要方)』이 있다고는 하나, 지금은 없어졌다.

**응소**(應劭, ?~?): 후한 여남(汝南) 남돈[南頓: 하남성(河南城) 항성(項城)] 사람이다. 자는 중원(仲遠) 또는 중원(仲援), 중원(仲瑗)이다. 영제(靈帝) 때 효렴(孝廉)으로 천거되어 영릉령(營陵令)과 태산태수(泰山太守) 등을 지냈다. 저서에 『한서집해(漢書集解)』와 『한조박의(漢朝駁議)』, 『율략론(律略論)』, 『한궁의(漢官儀)』, 『풍속통의(風俗通義)』 등이 있었지만 대부분 없어지고, 『풍속통의』 일부만이 한위총서(漢魏叢書)와 사고전서(四庫全書) 등에 전할 뿐이다.

**응억지**(應抑之, ?~?): 미상.

**이개**(李鍇, 1686~1755): 청나라 한군(漢軍) 정황기(正黃旗) 사람. 자는 철군(鐵君)이고, 호는 미생(眉生) 또는 치청산인(豸青山人), 유구자(幽求子), 초명자(焦明子)이다. 이휘조(李輝祖)의 아들이다. 일찍이 필첩식(筆帖式)에 충당되었다가 얼마 뒤 그만두고 돌아왔다. 건륭(乾隆) 원년(1736) 홍박(鴻博)에 천거되었지만 합격하지는 못했다. 악장대학사(岳丈大學士) 색액도(索額圖)가 성세(聲勢)를 떨치자 이를 피해 반산(盤山) 치봉(豸峰) 아래 은거했다. 시도 탈속의 분위기를 담았지만 억지로 고아함을 구해 조탁의 흔적을 지우지 못했다. 저서에 『첩소집(睫巢集)』과 『상사(尙史)』 등이 있다.

**이고**(李翱, 772~841): 당나라 농서[隴西, 감숙성 진안(秦安)] 조군(趙郡) 사람이다. 자는 습지(習之)이고, 시호는 문(文). 양무소왕(凉武昭王)의 후예다. 정원(貞元) 14년(798) 진사가 되고, 처음에 교서랑(校書郎)에 올랐다. 이후 국자박사(國子博士)와 사관수찬(史館修撰)을 지냈다. 양숙(梁肅)에게 수학했고, 한유(韓愈)의 친한 벗이자 질서(姪婿)로 그의 학문을 계승 발전시켜 '한리(韓李)'라 불렸다. 유가사상을 숭상하여 공맹(孔孟)의 도를 지키는 것으로써 자신의 임무라 여겼다. 저서에 『이문공집(李文公集)』속에 있는「복성설(復性說)」과 『역전(易詮)』, 『맹자주(孟子注)』, 『논어필해(論語筆解)』등이 있다.

**이고**(李固, 94~147): 한중(漢中) 성고(城固) 사람으로 자는 자견(子堅)이다. 동한 시기의 대신(大臣)으로 사도(司徒) 이합(李郃)의 아들이다. 대장군(大將軍) 양기(梁冀)에 의해 종사중랑(從事中郎)에 임명되었고, 그 뒤에 형주자사(荊州刺史), 태산태수(太山太守), 대장(大匠), 대사농(大司農), 태위(太尉) 등을 역임했다. 질제(質帝: 후한시대의 황제)가 별세한 후 양기와 환제(桓帝)의 옹립문제를 놓고 논쟁하다가 최후에는 양기의 무고로 말미암아 살해당했다.

**이공**(李塨, 1659~1733): 청나라 직례(直隸) 여현(蠡縣, 하북성) 사람. 자는 강주(剛主)이고, 호는 서곡(恕谷)이다. 만년에 통주학정(通州學政)을 제수받았지만 병으로 사직했고, 습재학사(習齋學舍)에서 강학했다. 아버지 이명성(李明性)에게 가학을 전수받았고, 뒤에 안원(顔元)에게 배워 안리학파(顔李學派)를 형성했다. 항상 경사(京師)를 왕래하면서 만사동(萬斯同), 염약거(閻若璩), 호위(胡渭), 방포(方苞) 등 명사들과 교유했다. 이로 말미암아 안원의 학문이 널리 알려지게 되었다. 정주(程

朱)의 이선기후설(理先氣後說)을 반대하여 기(氣) 밖에 따로 이(理)가 있는 것이 아니라는 주장을 펼쳤다. 경세치용을 제창하여 실용에 절실한 학문을 추구했다. 저서에 『대학변업(大學辨業)』과 『역시춘추 사서전주(易詩春秋四書傳注)』, 『평서정(平書訂)』, 『소학계업(小學稽業)』, 『성경학규찬(聖經學規纂)』, 『서곡후집(恕谷後集)』 등이 있다.

**이광**(李廣, ?~기원전 119): 한(漢)나라 때 농서(隴西) 성기(成紀) 사람이다. 문제 (文帝) 때 양가(良家)의 자제로 종군하여 흉노(匈奴)를 격퇴하여 낭(郎) 이 되고, 무기상시(武騎常侍)를 지냈다. 경제(景帝) 때 효기도위(驍騎徒 尉)에 올랐다. 나중에 농서와 북지(北地), 안문(雁門) 등 군(郡)의 태수 (太守)를 역임했다. 무제(武帝) 때 입조하여 미앙위위(未央衛尉)가 되 고, 우북평태수(右北平太守)를 지냈다. 활을 잘 쏘았고, 병졸을 아끼 고 잘 이끌어 모두 날래고 용맹해 전투하기를 좋아했다. 흉노가 두 려워하여 몇 년 동안 감히 국경을 침범하지 못하고 비장군(飛將軍)이 라 칭송했다. 일곱 군데 변방 군의 태수를 지냈고, 전후 40여 년 동 안 군대를 이끌고 흉노와 대치하면서 70여 차례의 크고 작은 전투 를 치렀다. 병사들의 마음을 깊이 얻었지만 끝내 봉후(封侯)되지는 못했다. 원수(元狩) 4년(기원전 119) 대장군 위청(衛靑)을 따라 흉노를 공격했다가 길을 잃고 문책을 받자 자살했다.

**이광의**(李匡義, ?~?): 당나라시대 인물. 당 소종(昭宗) 때 종정소경(宗正少卿) 을 지냈다. 이정문(李正文) 또는 이광부(李匡父)라고도 하며, 자는 제 옹(濟翁). 저서에는 『자가집(資暇集)』 3권과 『양한지당년기(兩漢至唐 年紀)』 1권이 있다.

**이광지**(李光地, 1642~1718): 청나라 복건(福建) 안계(安溪) 사람. 자는 진경(晉卿)이고, 호는 용촌(榕村) 또는 후암(厚庵)이며, 시호는 문정(文貞)이다. 경학(經學)과 악률(樂律), 역산(曆算), 음운(音韻) 등에 정통했으며, 황제의 칙명으로『성리정의(性理精義)』와『주자대전(朱子大全)』등을 편수했다. 정주학(程朱學)을 추숭하여 강희제의 신임으로 청나라 초기 주자학의 대표적 인물이 되었지만, 절충적인 태도를 취하여 육왕학도 배척하지 않았다. 그러나 전조망(全祖望) 같은 학자는 그가 율려(律呂)나 역산, 음운에만 밝았지 나머지 분야는 부족했다고 평했다. 근래의 평가도 정주학에 기대 관직에만 연연한 사람으로 평가하고 있다. 저서에『주역관단(周易觀彖)』과『주역통론(周易通論)』,『상서해의(尙書解義)』,『효경전주(孝經全注)』,『대학고본설(大學古本說)』,『중용여론(中庸餘論)』,『논어맹자차기(論語孟子箚記)』,『이정유서(二程遺書)』,『주자어류사찬(朱子語類四纂)』,『홍범설(洪範說)』,『고악경(古樂經)』,『용촌전집(榕村全集)』,『용촌어록(榕村語錄)』등이 있다.

**이교**(李嶠, 646~715): 당나라 조주(趙州, 하북성) 찬황(贊皇) 사람. 자는 거산(巨山)이다. 시문(詩文)에 뛰어났고, 소미도(蘇味道)와 이름을 나란히 해 소리(蘇李)로 불렸다. 또 소미도, 최융(崔融), 두심언(杜審言)과 함께 '문장사우(文章四友)'로도 불렸다. 당시 궁정시인의 거두로, 저서에『이교잡영(李嶠雜詠)』이 전해진다.

**이궤**(李軌, ?~?): 중국 진(晉)나라 때의 학자. 양웅의『법언(法言)』을 주석했다.

**이궤제**(夷詭諸, ?~기원전 678): 춘추시대 주나라 사람. 대부로서 이(夷)를 식읍(食邑)으로 하였다. 진 무공(晉武公)이 이(夷)를 정벌하고 그를 잡자,

주가 대부 위국(蔿國)이 청원해서 사면하였으나, 사례를 하지 않아서 위국이 결국은 진나라 사람을 설득해서 이(夷)를 정벌하고 그를 죽였다.

**이기**(李奇, ?~?): 남양인(南陽人) 정도로만 알려져 있고, 그 외의 행적은 자세하지 않다.

**이돈**(李惇, 1734~1784): 청나라 강소(江蘇) 고우(高郵) 사람. 자는 성유(成裕) 또는 효신(孝臣)이다. 『시경』 및 『춘추』의 삼전(三傳)에 정통했으며, 역산(曆算)에도 조예가 깊었다. 저서에 여러 경전의 고의(古義)를 밝힌 『군경식소록(群經識小錄)』과 『복서론(卜筮論)』, 『상서고문설(尙書古文說)』, 『모시삼조변(毛詩三條辨)』, 『대공장란간문(大功章爛簡文)』, 『명당고변(明堂考辨)』, 『역대관제고(歷代官制考)』, 『좌전통석(左傳通釋)』, 『두씨장력보(杜氏長歷補)』, 『고공거제고(考工車制考)』, 『설문인서자이고(說文引書字異考)』, 『혼천도설(渾天圖說)』 등이 있다.

**이법**(李法, ?~?): 한중(漢中) 남정(南鄭) 사람. 자는 백도(伯度)이며, 동한(東漢)의 이목강(李穆姜)의 아우이다. 관직은 여남태수(汝南太守)와 사례교위(司隷校尉)를 지냈다. 여러 서적에 널리 통했고, 성품이 강직하며 절개가 있었다.

**이선**(李善, 630?~ 690): 당나라 양주(揚州) 강도(江都, 강소성) 사람. 호는 서록(書麓)이다. 고종(高宗) 현경(顯慶) 연간에 숭현관(崇賢館) 직학사(直學士)를 거쳐 비서랑(秘書郎)을 지냈다. 건봉(乾封) 연간에 경성현령(涇城縣令)으로 나갔다가 일에 연좌되어 요주(姚州)로 유배를 갔다. 나중에 사면을 받았지만 후진 양성에만 전력했다. 박학다식했지만 문장은 잘 지을 줄 몰라 사람들이 서록(書麓)이라 불렀다. 교수(教授) 및 학문 방법 등에 있어 오로지 『문선(文選)』을 위주로 하여 문선학(文選學)이라 불리었으며, 현경(顯慶) 3년(658) 『문선주(文選注)』 60권을 지어 조정에 바치기도 했다. 이 책은 당나라 이전 고서주석(古書注釋)의 최고 수준이며, 후대에 많은 영향을 끼쳤다. 그 밖의 저서에 『한서변혹(漢書辨惑)』 등이 있다.

**이순**(李巡, ?~189): 여남(汝南) 여양(汝陽) 사람이다. 동한(東漢) 말기의 환관(宦官)이었다. 당시 궁중에 있으면서, 청렴하고 충직하며 다른 사람과 위세와 권력을 다투지 않아, 사인(士人)들에게 칭찬을 받았다. 『이아(爾雅)』의 주석을 남겼다고 하지만, 오늘날에는 전해지지 않는다. 한 영제(靈帝)에게 오경(五經)을 비석에 새길 것을 건의했다.

**이연수**(李聯琇, 1820~1878): 청(淸)나라 말기의 관리이자 학자, 시인으로, 강서성(江西省) 임천현(臨川縣) 온수장계촌(溫圳楊溪村) 사람이다. 자는 계영(季瑩)이고, 호는 소호(小湖)이다. 박학다식하고 천문여지(天文輿地), 명물훈고(名物訓詁), 전장제도(典章制度), 쇄한일사(瑣閑軼事), 고증해석(考證解釋) 등에 정통하고 남다른 견해를 지니고 있었다. 저서로 『호운루초집(好雲樓初集)』, 『이집(二集)』, 『청사열전(淸史列傳)』, 『사산시존(師山詩存)』, 『변풍답기(采風劄記)』, 『치망일록(治忘日錄)』 등이 있다.

**이오**(夷吾, ?~기원전 637): 춘추시대 진(晉)나라의 군주인 진 혜공(晉惠公)의 이름이다. 진 헌공(晉獻公)의 셋째 아들이다. 헌공의 총희(寵姬) 여희(驪

姬)의 참언으로 태자 신생(申生)이 자살하자 자신에게도 위해가 닥칠 것을 두려워해 양(梁)나라로 달아났다. 여희의 소생 해제(奚齊)가 즉위하자, 신하 이극(里克)이 해제와 탁자(卓子)를 죽이고 그를 맞았다. 진(秦)나라에 하서(河西)의 땅을 주겠다면서 귀국시켜 주기를 부탁했다. 이에 진 목공(秦穆公)이 군사를 그에게 보내 진(晉)나라로 들어가게 하고 이극을 죽이지 않겠다고 약속했다. 이때 제 환공(齊桓公)이 진(晉)나라가 어지럽다는 소식을 듣고 군사를 이끌고 진나라로 가서 진(秦)나라와 함께 그를 세웠다. 즉위한 뒤 이극과 그 일당들을 살해하고 약속을 어겨 진(秦)나라에 땅을 주지도 않았다. 진(晉)나라에 기근이 들자 진(秦)나라에 식량을 요청하니 진나라가 곡식을 주었다. 다음 해 진(秦)나라에 기근이 들어 도움을 요청했지만 곡식을 주지 않았다. 진 목공이 화가 나 정벌에 나서 한원(韓原)에서 전투를 벌였다. 진(晉)나라가 패하자 포로가 되었다. 나중에 귀국했다. 14년 동안 재위했다.

**이윤승**(李允升, ?~?): 중국 청나라 건가(乾嘉) 시기 산동(山東) 문등(文登) 사람이다. 저서에 『사서증의(四書證疑)』, 『시의방통(詩義旁通)』, 『논어보의(論語補疑)』 등이 있다.

**이이**(李頤, ?~?): 진대(晉代) 영천(潁川) 양성(襄城) 사람이다. 자는 경진(景眞), 자호(自號)는 현도자(玄道子). 진(晉)의 승상참군(丞相參軍)을 지냈다. 저서에 『장자집해(莊子集解)』 30권이 있다.

**이이덕**(李眙德, 1783~1832): 청나라 절강(浙江) 가흥(嘉興) 사람. 자는 천이(天彝)이고, 호는 차백(次白)이다. 가경(嘉慶) 20년(1818) 거인(擧人)이 되

었다. 일찍이 금릉(金陵) 손성연(孫星衍)의 집에 머물면서 아주 가깝
게 지냈다. 풍등부(馮登府)와도 교유했다. 손성연과 함께『십삼경일
주(十三經佚注)』를 편찬했다. 경학을 깊이 연구했고,『시경』에 뛰어
났다. 저서에『춘추좌씨전가복주집술(春秋左氏傳賈服注輯述)』과『시
고이(詩考異)』,『시경명물고(詩經名物考)』,『주례잉의(周禮剩義)』,『십
칠사고이(十七史考異)』,『남청각시초(攬靑閣詩鈔)』등이 있다.

**이중선**(李仲璿, ?~?): 후위(後魏) 사람. 돈(暾)의 사촌 동생. 벼슬은 홍농태수
(弘農太守)를 지냈다.

**이충**(李充, ?~?): 동진(東晉) 강하[江夏, 호북성 운몽(雲夢)] 사람. 자는 홍도(弘度)
이다. 젊어서 형명학(刑名學)을 좋아했고, 해서(楷書)를 잘 썼다. 부화
(浮華)한 선비를 몹시 싫어했으며, 당시 전적(典籍)들이 정리되지 않
아 혼란스러웠는데, 그가 정리를 맡아 번다하고 중복된 것들은 제
거하는 일을 했다. 영가(永嘉) 이후로 전란이 잦아지자 전적이 산일
(散失)될 것을 염려하여 갑부오경(甲部五經), 을부사기(乙部史記), 병부
제자(丙部諸子), 정부시부(丁部詩賦) 네 부분으로 나누어 조리 있게 정
리했다.『상서』의「주」와『주역지(周易旨)』를 지었다.『한림론(翰林
論)』과『학잠(學箴)』등도 지었지만 없어졌다.

**이현**(李鉉, ?~?): 북조 북제(北齊) 발해(渤海, 하북성) 남피(南皮) 사람. 자는 보
정(寶鼎)이다. 집안이 가난해서 봄과 여름에는 농사를 짓고 가을과
겨울에 공부했다. 스승을 따라『시경(詩經)』과『서경』, 삼례(三禮),
『좌씨춘추(左氏春秋)』등을 배웠다. 대유(大儒) 서준명(徐遵明)에게 5년
동안 수학하여 고제(高弟)로 인정받았다.『효경(孝經)』과『논어(論

語)』, 『모시(毛詩)』, 삼례(三禮)의 의소(義疏)와 삼전(三傳)의 이동(異同) 등을 찬정하여 30여 권으로 묶었다. 수재(秀才)로 천거되어 태학박사(太學博士)를 지냈다. 고환(高歡)이 고징(高澄)을 시켜 뛰어난 학자를 선발해 자제들을 가르치게 할 때 그를 천거해 진양(晉陽)에 나갔다. 강학하는 여가에 『자변(字辨)』을 편찬하여 육경(六經) 주소(注疏)의 오자(誤字)를 산정했다. 선문제(宣文帝) 때 국자박사(國子博士)가 되었다. 이주인(李周仁)에게 모시와 『상서(尚書)』를, 유자맹(劉子猛)에게 『예기』를, 방과(房蝌)에게 『주례』와 『의례』를, 선우영복(鮮于靈馥)에게 『춘추좌씨전』을 전수받았으며, 서준명에게는 경학의 요지를 터득했다. 저서에 『효경의소(孝經義疏)』와 『모시의소(毛詩義疏)』, 『삼례의소(三禮義疏)』, 『주역의례(周易義例)』 등이 있다.

**이현**(李賢, 654~684): 자(字)는 명윤(明允)이고, 시호(諡號)는 장회태자(章懷太子)이다. 당(唐) 고종(高宗, 재위 649~683)의 여섯째 아들이며, 중국에서 여성으로 유일하게 황제(皇帝)가 되었던 측천무후(則天武後, 재위 690~705)의 둘째 아들이다. 태어난 뒤 노왕(潞王)에 봉(封)해졌다가 일곱 살에 패왕(沛王)으로 다시 봉해졌다. 18세에는 이름을 이덕(李德)으로 바꾸고 옹왕(雍王)으로 봉해졌지만, 20세부터는 다시 이현(李賢)이라는 이름을 사용했다. 『열번정론(列藩正論)』, 『춘궁요록(春宮要錄)』, 『수신요람(修身要覽)』 등을 저술하였고, 장대안(張大安), 유눌언(劉訥言), 격희원(格希元), 허숙아(許叔牙) 등의 학자들을 소집하여 범엽(範曄, 398~445)이 편찬한 『후한서(後漢書)』에 주석을 붙였다. 이현의 주석은 후대에도 널리 읽혀서, 오늘날 전해지는 『후한서』도 본기(本紀), 열전(列傳)에 이현의 주석(註釋)을 붙이고, 지(志)에는 양(梁)의 유소(劉昭)가 주석(註釋)을 붙인 북송(北宋, 960~1126) 때의 판본

(板本)을 기초로 한다.

**익봉**(翼奉, ?~?): 전한 동해(東海) 하비[下邳, 강소성(江蘇省) 비현(邳縣)] 사람. 자는 소군(少君)이다. 경학박사(經學博士)와 간대부(諫大夫)를 지냈다. 소망지(蕭望之), 광형(匡衡)과 함께 후창(后蒼)에게 제시(齊詩)를 배워 제시익씨학(齊詩翼氏學)의 창시자가 되었다. 율력(律曆)과 음양으로 점치기를 좋아했다. 육경(六經)을 매우 숭상했고, 시경학(詩經學)에 사시오제설(四始五際說)을 전해 『시경』의 「천보(天保)」와 「기부(祈父)」, 「채기(采芑)」, 「대명(大明)」은 음양오행과 서로 배치되므로 정치의 득실과 조정의 흥망을 추론할 수 있다고 주장했다. 『전한서(前漢書)』 「예문지」에 따르면 『효경익씨설(孝經翼氏說)』을 지었다고 하는데, 지금은 전하지 않는다.

**임개**(任愷, 223~283): 서진(西晉)의 인물. 자는 원포(元襃)이고, 임호(任昊, ?~?)의 아들이다. 서주 낙안군 박창현 사람으로 어려서부터 지식이 많고 위나라 때 조예의 딸 제장공주와 결혼했고 중서시랑, 원외산기상시 등을 역임했으며, 263년에 서진이 건국되자 시중이 되어 창국헌후에 봉해졌고 사마염에게 위서를 추천했다. 국가를 경영하는 것에 재능을 가져 기회를 파악해 일을 가리지 않고 많은 이들을 챙겼으며, 성실하면서 바르고 국가를 경영하는 것을 임무로 해서 사마염으로부터 높은 평가를 받아 정사를 논의했다. 가충, 순욱, 풍담 등이 사치하고 천자가 이용하는 식기를 이용한다는 모함을 받자 탄핵되어 관직에서 물러났다. 일찍이 시중으로 있을 때, 위서를 산기상시로 천거한 적이 있었는데, 283년 4월 산도가 죽자 위서(魏舒, 209~290)가 우광록대부·개부의동삼사·영사도에 임명되어, 임개보다 높은 자리에 오르게 되었다. 그러나 이때 임개는 관직이 수산경에 그쳤으므로, 이를 분개해 한탄하다가 마침내 근심으로 졸했다. 향년 61세였으며, 시호는 원(元)이다.

**임계운**(任啓運, 1670~1744): 청나라 강소(江蘇) 의흥(宜興) 사람. 자는 익성(翼聖)이고, 호는 거처 근처에 옛 조대가 있어 조대선생(釣臺先生)이라 했다. 54살 때 거인(擧人)이 되고, 옹정(雍正) 11년(1733) 진사가 되어 편수(編修)에 올랐다. 삼례관(三禮館) 부총재(副總裁)와 종인부(宗人府) 부승(府丞) 등을 지냈다. 삼례(三禮)에 밝았으며, 특히『의례』에 정밀했다. 학문은 주희를 종주로 삼았는데, 예경(禮經)만은 주희의 전(傳)이 없다고 하여『사헌나궤식례(肆獻祼饋食禮)』를 지었다. 그 밖의 저서에『주역세심(周易洗心)』과『사서약지(四書約旨)』,『효경장구(孝經章句)』,『예기장구(禮記章句)』,『경전통찬(經傳通纂)』,『맹자시사고(孟子時事考)』,『궁실고(宮室考)』,『죽서기년고(竹書紀年考)』,『일서보(逸書補)』등이 있다.

**임대춘**(任大椿, 1738~1789): 청나라 강소(江蘇) 흥화(興化) 사람. 자는 유식(幼植) 또는 자전(子田)이다. 건륭(乾隆) 34년(1769) 진사(進士)가 되고, 예부주사(禮部主事)와 사고전서(四庫全書) 찬수관(纂修官), 어사(御史) 등을 지냈다. 대진(戴震)의 영향으로 한유(漢儒)의 학문을 깊이 연구했다. 고례(古禮)의 명물(名物)을 상세히 고증하여『심의석례(深衣釋例)』와『변복석례(弁服釋例)』,『석증(釋繒)』등을 저술했다. 그 밖의 저서에『소학구침(小學鉤沈)』과『자림고일(字林考逸)』,『열자석문고이(列子釋文考異)』등이 있다.

**임석**(臨碩, ?~?): 미상. 『정지(鄭志)』 권하(卷下)에는 "임석난(臨石難)"으로 되어 있고, 『주례주소(周禮注疏)』 권26, 「춘관종백하 · 여무(春官宗伯下 · 女巫)」 가공언(賈公彦)의 「소(疏)」에는 "임석난(林碩難)"으로 되어 있다.

**자반**(子反, ?~기원전 575): 성은 미(芈)이고, 씨는 웅(熊)이며, 이름은 측(側)이니, 바로 공자 측(公子側)이다. 춘추시대 초나라의 사마(司馬)였는데, 초 목왕(楚穆王)의 아들이며, 초 장왕(莊王)과 형제이다.

**자범**(子犯, ?~?): 중국 춘추전국시대 진(晉)나라 대부. 이름은 호언(狐偃)이다. 자범은 그의 자이며, 또 다른 자는 구범(舅犯, 咎犯)이다. 호돌(狐突)의 아들로, 진나라의 공자 중이[重耳, 진 문공(晉文公)]의 장인이다. 대부가 되어 중이를 따라 19년 동안 함께 망명 생활을 했다. 주 양왕(周襄王) 16년 중이를 도와 귀국하여 중이가 왕위에 오르니, 그가 진 문공이다. 상군좌(上軍佐)에 임명되었다. 나중에 진 문공이 주 왕실의 내란을 평정하고 패자(覇者)가 되었을 때 그의 지략이 큰 도움이 되었다. 성복(城濮) 전투에서 형 호모(狐毛)와 함께 초나라 군대를 격파했다.

**자산**(子産, 기원전 580?~기원전 522): 춘추시대 정(鄭)나라 사람. 성은 희(姬)이고, 씨는 국(國)이며, 이름은 교(僑), 자는 자산 또는 자미(子美)이다. 공손 교(公孫僑) 또는 공손 성자(公孫成子)로도 불린다. 자국(子國)의 아들이다. 정나라 목공(穆公)의 후손으로 태어나 기원전 543년 내란을 진압하고 재상이 되었다. 정 간공(鄭簡公) 23년 정경(正卿)이 되어 집정(執政)했다. 정치와 경제 개혁을 실시하고, 북쪽의 진(晉)나라와 남쪽의 초(楚)나라 등 대국 사이에 끼어 어려운 처지에 있던 정나라에서 외교적으로 성공을 거두었다. 내정에서도 중국 최초의 성문법을 정하여 인습적인 귀족정치를 배격했고, 농지를 정리하여 전부(田賦)를 설정, 국가재정을 강화했다. 또한 미신적인 행사를 배척하는 등 합리적이고 인간주의적 활동을 함으로써 공자(孔子) 사상의 선구가 되었다. 관맹상제(寬猛相濟)를 정치의 요체로 삼아, 천도(天道)는 멀고 인도(人道)는 가깝다는 관점을 제시했다. 시호는 성자(成子)이다.

**자서**(子胥, ?~기원전 484): 춘추시대 정치가로 원래는 초(楚)나라 사람이었으나 아버지와 형이 살해당한 뒤 오나라에 망명한 오자서(伍子胥)이다.
☞ 오자서(伍子胥, ?~기원전 484)

**자숙희**(子叔姬, ?~?): 춘추시대 노나라 여자로서 제나라 소공(昭公)의 부인이 되어 아들 사(舍)를 낳았다.

**자어**(子魚, 기원전 264~기원전 208): 전국시대 말기 때 사람인 공부(孔鮒)이다. 자는 갑(甲)이며, 또 다른 자가 자어(子魚)이다. 공자의 9세손이다. 진시황이 분서갱유(焚書坑儒)를 하기 전에 『논어(論語)』와 『효경(孝經)』, 『상서(尙書)』 등의 책을 숨기고 은(魏)나라에 은거했는데, 뒤에 진승(陳勝)의 부름을 받고 나아가 박사(博士)가 되었다. 저서에 『공총자(孔叢子)』가 있는데, 근래에는 후인(後人)들이 위탁(僞託)한 것으로 본다.

**자어**(子魚, 기원전 580~기원전 531): 춘추시대(春秋時代) 진(晉)나라 대부 양설부(羊舌鮒)이다. 희성(姬姓)이고 양설(羊舌)은 씨(氏)이며, 이름이 부(鮒)이다. 또 다른 이름은 숙부(叔鮒)이고 자는 숙어(叔魚). 최초의 부정

부패 관료로 알려져 있다. 관직은 진(晉)나라 대리사마(代理司馬)와 대리사구(代理司寇)에 올랐으나, 장물을 탐하고 법을 왜곡시키다가 피살되었다.

**자운**(子雲, 기원전 53~기원전 18): 서한(西漢: 전한)시대의 관리이자 철학자인 양웅(揚雄, 기원전 53~기원전 18)이다. 촉군(蜀郡) 성도(成都)시 피(郫)현 출신으로. 자는 자운(子雲), 양웅(揚雄)으로도 쓴다. 어릴 때부터 배우기를 좋아했고, 많은 책을 읽었으며, 경학(經學)은 물론 사장(辭章)에도 뛰어났다. 청년 시절에 동향의 선배인 사마상여(司馬相如)의 작품을 통해 배운 문장력을 인정받아, 성제(成帝) 때 궁정 문인의 한 사람이 되었으나, 일생을 곤궁하게 지내면서 저술에 힘썼고, 정치에는 큰 관심을 갖지 않았다. 40여 살 때 처음으로 경사(京師)에 가서 문장으로 부름을 받아, 성제의 여행에 수행하며 쓴 「감천부(甘泉賦)」와 「하동부(河東賦)」, 「우렵부(羽獵賦)」, 「장양부(長楊賦)」 등을 썼는데, 화려한 문장이면서도 성제의 사치를 꼬집는 풍자도 잊지 않았다. 나중에 왕망(王莽) 밑에서도 일해 대부(大夫)가 되었다. 천록각(天祿閣)에서 책을 교정했다. 학자로서 각 지방의 언어를 집성한 『방언(方言)』과 『역학(易學)』을 모방해 『태현경(太玄經)』을 지었고, 『법언(法言)』은 『논어(論語)』를 모방하여 지었다. 이 두 권의 책은 모두 유가의 관점에서 문제를 파악하고 있는 철학과 사회에 관한 자신의 견해였다. 이 밖에도 시대에 적응하지 못한 자신의 불우한 원인을 묘사한 산문부인 「해조(解嘲)」와 「해난(解難)」 및 「축빈부(逐貧賦)」 등이 있다.

**자태숙**(子太叔, ?~기원전 507): 춘추시대 때 사람. 유씨(游氏)고, 이름은 길(吉)

이며, 자가 태숙이다. 공손채(公孫蠆)의 아들이다. 정 간공(鄭簡公)과 정공 때 경이 되었고, 사령(辭令)에 뛰어났는데, 일찍이 초나라와 진(晉)나라 등에 사신을 갔다. 정 정공 8년 자산의 뒤를 이어 집정(執政)이 되었다. 당시 정나라에 도둑이 많아 갈대가 많이 자란 연못에 모여 살았는데, 그가 병사를 모아 진압하면서 모두 죽였다.

**자피**(子皮, ?~기원전 529): 춘추시대 정나라 사람. 한호(罕虎)로도 불리며, 자전(子展)의 아들이다. 노양공(魯襄公) 29년 아버지의 자리를 이어 정 집정(鄭執政)이 되었다. 당시 기황(饑荒)이 들자 나라 사람들에게 양식을 공급했다. 다음 해 자산이 현명하고 재주가 있는 것을 보고 집정을 자산에게 양보하고 그의 정치를 도우려고 했다. 죽은 뒤 자산이 그를 위해 통곡했다.

**자한석**(子韓晳, ?~?): 제나라 대부라고 하는데, 자세한 것은 알려져 있지 않다.

**자혁**(子革, ?~?): 춘추시대 정(鄭)나라 사람 연단(然丹)으로 정단(鄭丹)이라고 도 쓴다. 정 목공(鄭穆公)의 손자다. 정 자공(鄭子孔)이 정권을 쥐자 자전(子展)과 자서(子西)가 나라 사람을 이끌고 자공(子孔)을 죽였다. 수하의 갑사(甲士)들이 일찍이 자공의 경비를 섰는데, 화가 미칠까 두려워 초(楚)나라로 달아났다. 초 영왕(楚靈王) 때 우윤(右尹)을 지냈다. 영왕이 전쟁을 좋아해 나라 사람들이 고통스러워하자 간언하여 군대를 줄이자고 했지만 듣지 않았다. 건계(乾谿)의 난(難)이 닥쳤을 때 자살했다.

**장강**(莊姜, ?~?): 제(齊)나라 여자. 위 장공(衛莊公)의 부인. 미인(美人)이었으나 아들이 없어 장공의 총애를 잃었다.

**장담**(張湛, ?~?): 동진(東晉) 시기의 기공양생가(氣功養生家)로 자(字)는 처도(處度), 양생(養生)의 도(道)에 정통했다. 저서에 『양생요집(養生要集)』, 『열자주(列子注)』, 『충허지덕진경주(衝虛至德眞經注)』 등이 있다.

**장돈**(章惇, 1035~1105): 중국 북송 중기 건주(建州) 포성(浦城) 사람. 정치가이며 개혁가이다. 자는 자후(子厚), 호는 대척옹(大滌翁)으로, 폐지된 왕안석(王安石)의 신법(新法)을 다시 시행하면서 이에 반대하는 사마광(司馬光), 문언박(文彦博), 여공저(呂公著), 범순인(范純仁) 등 원우제현(元祐諸賢)이라 불리는 사람들을 배척하였다. 저서에 『장자후내제집(章子厚內制集)』이 있다.

**장림**(臧琳, 1650~1713): 청나라 강소(江蘇) 무진(武進) 사람. 자는 옥림(玉林)이다. 『상서(尙書)』와 『춘추』를 깊이 연구했고, 양한(兩漢)의 학문에 정통했다. 한유(漢儒)의 「주(注)」와 당유(唐儒)의 「소(疏)」를 위주로 하고 『이아(爾雅)』와 『설문해자』도 중시하여, 훈고를 통해 경전을 해석하는 방법을 중시했다. 당나라 이전 경학자들의 설을 수집해 여러 경전의 뜻을 해석한 『경의잡기(經義雜記)』를 저술했는데, 염약거(閻若璩)와 전대흔(錢大昕)의 칭찬을 받았다. 그 밖의 저서에 『상서집해(尙書集解)』와 『상서고이(尙書考異)』, 『대학고이(大學考異)』, 『수경주찬(水經注纂)』, 『지인편(知人編)』, 『곤학록(困學錄)』 등이 있다.

**장문풍**(張文虣, ?~?): 청나라 절강(浙江) 소산(蕭山) 사람. 자는 풍림(風林) 또는 수성(樹聲)이다. 강희(康熙) 53년(1714) 거인(擧人)이 되어 성도현령(成都縣令)을 지냈다. 모기령(毛奇齡)에게 배웠다. 저서에 『대학우언(大學偶言)』과 『나강일기(螺江日記)』 등이 있다.

**장삼**(張參, ?~?): 당나라 하간(河間) 사람. 오경(五經)을 자세히 교정하여 『오경문자(五經文字)』 3권을 편찬했는데, 3200여 자를 수록하고 편방(偏旁)에 따라 160부(部)로 나누어 놓았다. 강론당(講論堂)에 써넣었다. 개성(開成) 연간에 석각(石刻)했는데, 이것이 이른바 당석경(唐石經)이다.

**장수절**(張守節, ?~?): 당(唐)나라시대의 역사학자. 저서로 『사기정의(史記正義)』 30권이 있다.

**장술조**(莊述祖, 1751~1816): 청나라 강소(江蘇) 무지(武進) 사람. 자는 보침(葆琛)이고, 호는 진예(珍藝)이다. 장배인(莊培因)의 아들이다. 백부 장존여(莊存與)에게 배워 금문경학을 위주로 했다. 『상서대전(尚書大傳)』과 『일주서(逸周書)』, 『백호통의(白虎通義)』 등을 교정하여 천구(舛句)와 와자(訛字), 일문(佚文), 탈간(脫簡) 등을 바로잡았다. 문자학에도 능통해 고주문자(古籀文字), 전주해성(轉注諧聲) 및 『설문해자』의 편방체례(偏旁體例)를 고증했으며, 『이아(爾雅)』, 『광운(廣韻)』을 고증하여 『설문해성(說文諧聲)』을 편찬했다. 저서에 『상서고금고증(尚書古今考證)』과 『하소정경전고석(夏小正經傳考釋)』, 『모시고증(毛詩考證)』, 『모시주송구의(毛詩周頌口義)』, 『오경소학술(五經小學述)』, 『설문고주소(說文古籀疏)』, 『제자직집해(弟子職集解)』, 『역대재적족징록(歷代載籍足徵錄)』 등이 있다. 학문은 유봉록(劉逢祿), 송익풍(宋翔風) 등에 의

해 계승되었다.

**장식**(張栻, 1133~1180): 송(宋)의 학자. 사천(四川)성 한주(漢州) 면죽[綿竹, 지금의 사천성 덕양(德陽)]시 출신으로, 자는 경부(敬夫), 흠부(欽夫), 낙재(樂齋)이고 호는 남헌(南軒)이다. 주희, 여조겸(呂祖謙, 1137~1181)과 더불어 '동남삼현(東南三賢)'으로 불리고, 뒤에 이관(李寬), 한유, 이사진(李士眞), 주돈이, 주희, 황간동(黃干同)과 더불어 '석고서원칠현사(石鼓書院七賢祠)'에 모셔져 '석고칠현(石鼓七賢)'으로 일컬어진다. 저서에는 인(仁)에 관한 논설인 『희안록(希顏綠)』, 『남헌역설(南軒易說)』, 『논어설(論語說)』, 『맹자설(孟子說)』 등이 있다. 주희가 장식의 유고집인 문집 『남헌집(南軒集)』을 편찬하였다.

**장안**(張晏, ?~?): 원(元)나라 시대, 대덕(大德), 연우(延佑) 연간의 인물. 자는 언청(彦淸)이며, 형태(邢台) 사하(沙河) 사람이다. 시호는 문정(文靖)으로 어사중승(御史中丞)을 역임했고, 섬서행성평장정사(陝西行省平章政事)에 추증되었고, 위국공(魏國公)에 봉해졌다. 『사기(史記)』를 주해(註解)하였다.

**장애백**(臧哀伯, ?~?): 본명은 장손달(臧孫達). 희성(姬姓) 장씨(臧氏)로 이름은 달(達)이며 시호가 애(哀)이다. 대부(大夫) 장희백(臧僖伯, ?~기원전 718)의 아들이며 노 효공(魯孝公, ?~기원전 769)의 손자로 춘추시대 노나라의 정경이 되어 노 은공, 노 환공, 노 장공을 섬겼다.

**장열**(張說, 667~731): 당나라 하남(河南) 낙양(洛陽) 사람. 선조는 범양(范陽) 사람이고, 하동(河東)에 살았다. 자는 도제(道濟) 또는 열지(說之). 문사(文辭)에 뛰어나 조정의 중요한 문건이 대개 그의 손에서 나왔다. 허국공(許國公) 소정(蘇頲)과 함께 연허대수필(燕許大手筆)로 불렸다.

**장용**(臧庸, 1767~1811): 청나라 강소(江蘇) 무진(武進) 사람으로 학자이자 문학가이며, 고거학자(考據學者)이다. 본명은 용당(鏞堂)이고, 자는 재동(在東) 또는 동서(東序)이다. 이름을 고친 뒤 자는 용중(用中) 또는 서성(西成)을 썼다. 실명(室名)이 배경(拜經)이다. 동생 장예당(臧禮堂)과 함께 노문초(盧文弨)를 사사했고, 전대흔(錢大昕), 단옥재(段玉裁), 왕영(王泳) 등과 학문을 논했다. 완원(阮元)를 도와 『경적찬고(經籍纂詁)』를 집성했고, 장림(臧琳)의 『경의잡기(經義雜記)』 체례(體例)에 의거해 『배경일기(拜經日記)』를 지었으며, 정현(鄭玄)의 『역주(易注)』를 교감하여 『자하역전(子夏易傳)』을 저술했다. 그 밖의 저서에 『시이고(詩異考)』와 『월령잡설(月令雜說)』, 『효경고이(孝經考異)』, 『한시이기(韓詩異記)』, 『이아고주(爾雅古注)』, 『악기이십삼편주(樂記二十三篇注)』, 『설문구음고(說文舊音考)』, 『배경당문집(拜經堂文集)』 등이 있다.

**장우**(張禹, ?~기원전 5): 전한 하내(河內) 지현(軹縣) 사람. 자는 자문(子文)이고, 시호는 절후(節侯)이다. 경학을 익혀 박사(博士)가 되었다. 원제(元帝) 초원(初元) 중에 불려 태자에게 『논어』를 가르쳐 광록대부(光祿大夫)가 되고, 관내후(關內侯)와 영상서사(領尙書事) 등을 지냈다. 시수(施讎)에게 『주역』을 배웠고, 『제논어(齊論語)』 전수자인 왕양(王陽)과 공안국(孔安國)의 제자 용생(庸生)에게 『논어』를 배웠다. 역학을 전수 받은 이름난 제자로는 팽선(彭宣), 대숭(戴崇) 등이 있다. 『노론(魯論)』에 근본하고 『제론(齊論)』을 가미한 『논어장구(論語章句)』를 저술했는데, 『장후론(張侯論)』이라 부르기도 한다. 현존하는 『논어』

는 정현(鄭玄)이 『장후론』과 『고론(古論)』을 혼합한 것이다. 그 밖의 저서에 『논어노안창후설(論語魯安昌侯說)』과 『효경안창후설(孝經安昌侯說)』 등이 있었지만 모두 없어졌다.

**장이기**(張爾岐, 1612~1678): 명말청초 때 산동(山東) 제양(齊陽) 사람. 자는 직약(稷若), 호는 호암(蒿庵) 또는 한만(汗漫)이다. 명나라 말에 제생(諸生)이 되었지만 청나라가 들어서자 벼슬하지 않고 학문 연구에 전념했다. 정주(程朱)의 이학(理學)을 독신(篤信)하고 왕양명의 양지설(良知說)을 반대했다. 『산동통지(山東通志)』를 편수할 때 고염무(顧炎武)와 사귀어 학문을 논했고, 유우생(劉友生), 이상선(李象先), 이옹(李顒), 왕굉(王宏) 등과도 절친했다. 『의례』를 정밀히 연구해 『의례정주구두(儀禮鄭注句讀)』를 지었고, 『주역』과 『시경』에도 뛰어나 『주역설략(周易說略)』과 『시경설략(詩經說略)』을 저술했다. 만년에는 『춘추』에 잠심하여 『춘추전의(春秋傳義)』를 지었지만 완성하지 못하고 죽었다. 그 밖의 저서에 『노자설략(老子說略)』과 『하소정전주(夏小正傳注)』 등이 있다.

**장재**(張載, 1020~1077): 북송 봉상(鳳翔) 미현(郿縣) 사람. 자는 자후(子厚), 호는 횡거(橫渠), 시호는 명공(明公)이다. 인종(仁宗) 가우(嘉祐) 2년(1058) 진사(進士)가 되고, 운암령(雲巖令)이 되었다. 신종(神宗) 희녕(熙寧) 초에 숭문원교서(崇文院校書)에 올랐다. 얼마 뒤 병으로 사직하고 남산(南山) 아래서 지내면서 독서와 강학을 병행했다. 10년(1077) 여대방(呂大防)의 천거로 지태상례원(知太常禮院)이 되었지만 병으로 사직하고 돌아오는 도중 죽었다. 문인들이 명성(明誠)이라 시호를 하려고 했지만 나중에 헌(獻)으로 정해졌다. 영종(寧宗) 가정(嘉定) 때

명공이라는 시호가 내려졌다. 송나라 이학(理學)을 창시한 오현(五
賢) 가운데 한 사람으로 관중(關中)에서 강학했기 때문에 그 학문을
관학(關學)이라 부른다. 정호(程顥), 정이(程頤) 형제와 함께 『주역』을
강론했고, 이단을 버리고 『주역』과 『중용』을 정밀히 탐구하여 신유
학의 기초를 세웠다. 기일원론(氣一元論)은 왕정상(王廷相), 왕부지(王
夫之), 대진(戴震) 등에 의해 계승·발전되었고, 인성론(人性論)은 주
희에 의해 계승·발전되었다. 저서에 『정몽(正蒙)』과 『횡거역설(橫
渠易說)』, 『경학이굴(經學理窟)』, 『장자전서(張子全書)』가 있다.

**장정석**(蔣廷錫, 1669~1732): 청나라 강소(江蘇) 상숙(常熟) 사람. 자는 양손(楊
孫), 호는 유군(酉君) 또는 남사(南沙), 시호는 문숙(文肅)이다. 강희(康
熙) 42년(1703) 진사가 되고, 처음에 거인(擧人)을 거쳐 내정(內廷)에
서 공봉(供奉)한 뒤 옹정(雍正) 연간에 예부시랑(禮部侍郞)에 올라 『성
조실록(聖祖實錄)』 편찬에 참여했다. 문화전대학사(文華殿大學士)와
태자태부(太子太傅) 등을 지냈다. 『대청회전(大淸會典)』 편찬 부총재
등을 지냈다. 시를 잘 지어 송락(宋犖)이 '강좌십오자(江左十五子)'의
한 사람으로 꼽았다. 그림도 잘 그렸다. 저서에 『상서지리금석(尙書
地理今釋)』과 『청동각집(靑桐閣集)』이 있다.

**장제**(蔣濟, ?~249): 삼국시대 위나라 초국(楚國) 평아(平阿) 사람. 자는 자통
(子通)이다. 처음에 군계리(郡計吏)가 되었다. 조조(曹操)가 단양태수
(丹陽太守)에 임명했다. 문제(文帝)가 즉위하자 『만기론(萬機論)』을 올
려 산기상시(散騎常侍)가 되었다. 조인(曹仁)이 패하자 동중랑장(東中
郞將)이 되어 그의 병사를 통솔했다. 불려 상서(尙書)에 올랐다. 명제
(明帝) 때 호군장군(護軍將軍)으로 옮기고, 산기상시가 더해졌다. 경

초(景初) 중에 정역(征役)이 빈번해지고 기근이 심해지자 글을 올려 간절히 간언했다. 제왕(齊王) 조방(曹芳) 때 관직이 태위(太尉)에 이르렀다. 사마의(司馬懿)를 위해 조상(曹爽)이 모반한다는 표문(表文)을 올림으로써 사마의가 쿠데타를 성공하는 데 크게 기여했다. 도향후(都鄉侯)에 봉해졌다. 진(晉)나라의 침공을 받았을 때, 몇 번 항전에 실패하자 도망하라는 권유를 물리치고 "멀지 않아 망하리라는 것은 누구나 알고 있지만 국난을 당하여 어찌 편안히 있겠느냐."라고 하면서 나가 싸우다 죽었다. 시호는 경(景)이다.

**장존여**(莊存與, 1719~1788): 청나라 강소(江蘇) 무진(武進) 사람. 자는 방경(方耕), 호는 양념(養恬)이다. 일찍이 호북(湖北)과 직례(直隸), 산동(山東), 하남(河南) 등지의 학정(學政)을 맡았다. 금문경학(今文經學) 상주학파(常州學派)의 개창자로, 학문은 조카 장술조(莊述祖), 외손자 유봉록(劉逢祿)과 송익봉에 의해 계승 발전되었고, 공자진(龔自珍), 위원(魏源)에게도 많은 영향을 끼쳤다. 『춘추』에 뛰어나 『춘추정사(春秋正辭)』를 저술했는데, 이는 동중서, 하휴의 공양학(公羊學)에 의거하여 『춘추』의 미언대의(微言大義)를 밝힌 것이다. 그 밖의 저서에 『전전론(象傳論)』과 『역설(易說)』, 『상서기견(尙書旣見)』, 『상서설(尙書說)』, 『모시설(毛詩說)』, 『주관기(周官記)』, 『주관설(周官說)』, 『악설(樂說)』, 『사서설(四書說)』, 『미경재유서(味經齋遺書)』 등이 있다.

**장천**(長倩, 기원전 109?~기원전 47): 중국 전한 때의 학자이자 관리인 소망지(蕭望之). 동해(東海) 난릉(蘭陵) 사람으로 장천은 그의 자이다. 후창(后蒼)에게 『제시(齊詩)』를 배웠고 하후승(夏侯勝)에게 『논어』와 예복(禮服)을 배웠으며, 백기(白奇)에게도 수학했다. 소제(昭帝) 말년에 갑과(甲科)에 급제하여 낭관이 되었고, 선제(宣帝) 때 어사대부(御史大夫)와 태자태부(太子太傅) 등을 지냈다. 감로(甘露) 3년(기원전 51년) 석거각회의(石渠閣會議)에 참석하여 여러 학자와 오경(五經)의 동이(同異)에 대해 토론했다. 제시(齊詩)와 『노논어(魯論語)』를 전했으며, 『춘추곡량전』과 『춘추좌씨전』에도 밝았다. 학문은 주운(朱雲) 등에게 전해졌다. 당시의 실력자 곽광(霍光)에게 압박을 받았지만 곽씨가 몰락한 뒤에는 선제(宣帝)에게 신임을 얻어 지방장관과 법무장관, 황태자의 교육관 등을 역임했다. 곡물 납입에 의한 속죄제(贖罪制)에 반대하는 등 도덕주의적 입장에 서서 환관(宦官)의 전횡을 막아 제도를 개혁하려 했지만 중서령(中書令) 홍공(弘恭)과 석현(石顯)의 모함에 빠져 자살했다.

**장총**(張璁, 1475~1539): 명나라 때의 대신(大臣). 절강(浙江) 온주부(溫州府) 영가(永嘉) 사람으로 자는 병용(秉用)이고, 호는 나봉(羅峰) 또는 장각로(張閣老)이며, 시호는 문충(文忠)이다. 가정(嘉靖) 원년(1522)에 진사(進士) 출신으로 벼슬은 내각수보(內閣首輔), 문연각대학사(文淵閣大學士)를 지냈다. 저서로 『예기장구(禮記章句)』, 『대례요략(大禮要略)』, 『나산주소(羅山奏疏)』, 『나산문집(羅山文集)』, 『정선사공자사전집의(正先師孔子祀典集議)』, 『금등변의(金縢辨疑)』, 『두율훈해(杜律訓解)』, 『칙유록(敕諭錄)』, 『유대록(諭對錄)』, 『흠명대옥록(欽明大獄錄)』, 『비설편(霏雪編)』, 『가정온주부지(嘉靖溫州府志)』 등이 있다.

**장평**(長平, ?~기원전 106): 전한 하동(河東) 평양(平陽) 사람인 위청(衛青)을 가리킨다. 자는 중경(仲卿)이고, 시호는 열(烈)이다. 본성은 정(鄭)이다. 아버지 정계(鄭季)가 평양후(平陽侯)의 가첩(家妾) 위온(衛媼)과 정을 통해 그를 낳았는데, 어머니의 성을 따랐다. 처음에 평양공주(平陽公主)의 가노(家奴)로 있었는데, 누이 위자부(衛子夫, 衛皇后)가 무제의 총희(寵姬)여서 관직에 진출해 태중대부(太中大夫)가 되었다. 원광(元光) 6년(기원전 129) 거기장군(車騎將軍)으로 군대를 거느리고 흉노(匈奴)를 격파하고 관내후(關內侯)에 올랐다. 원삭(元朔) 2년(기원전 127) 다시 병사를 운중(雲中)으로 출병하여 하투(河套) 지구를 수복하고 장평후(長平侯)에 봉해졌다. 원수(元狩) 4년(기원전 119) 대장군(大將軍)으로 곽거병(霍去病)과 함께 대군을 이끌고 막북(漠北)으로 나가 흉노의 주력을 궤멸시켰다. 이후 7차례에 걸쳐 흉노를 정벌하여 더 이상한나라의 위협이 되지 못하도록 했다. 곽거병과 함께 대사마(大司馬)가 되었다.

**장협**(張協, 255?~ 310?): 서진(西晉) 안평(安平) 사람. 자는 경양(景陽)이고, 장재(張載)의 동생이다. 어려서부터 명성을 얻어 형 장재, 동생 장항(張亢)과 함께 '삼장(三張)'으로 불렸다. 처음에 공부연(公府掾)에 올랐고, 비서랑(秘書郎)을 지냈는데, 청렴하고 욕심 없이 정치를 했다. 보화음령(補華陰令)으로 옮겼다가 중서시랑(中書侍郎)으로 전근했으며, 관직이 하간내사(河間內史)에 이르렀다. 천하가 점점 혼란스러워지자 속세와 인연을 끊고 산천소택(山川沼澤)에 은거하여 시문(詩文)을 지으면서 여생을 보냈다. 영가(永嘉) 초년(307년 전후) 다시 황문시랑(黃門侍郎)에 천거되었지만 병을 핑계로 관직에 나가지 않았고 오래지 않아 집에서 죽었다. 원래 문집 4권이 있지만 이미 없어졌고, 명나라 사람이 편집한 『장경양집(張景陽集)』이 있다.

**장형**(張衡, 78~139): 후한 남양(南陽) 서악(西鄂, 하남성 南召) 사람. 자는 평자

(平子)이다. 젊어서부터 글을 잘 지었다. 영원(永元) 연간에 효렴(孝廉)으로 천거되어 태학(太學)에 들어가 오경(五經)과 육예(六藝)를 배웠다. 천문(天文)과 음양(陰陽), 역산(曆算)을 정밀히 연구했다. 수력(水力)으로 움직이는 혼천의(渾天儀)와 지진(地震)을 측정하는 후풍지동의(候風地動儀)를 최초로 발명했다. 경학 관련 저서에 『주관훈고(周官訓詁)』가 있었지만 전하지 않는다. 천문에 관한 저서로『영헌(靈憲)』과 『산망론(算罔論)』, 『혼천의(渾天儀)』 등이 있다. 화제(和帝) 영원(永元) 연간에 「동경부(東京賦)」와 「서경부(西京賦)」 등을 지었고, 나중에 「응간부(應間賦)」와 「사현부(思玄賦)」 등도 지었다. 저서에『장하간집(張河間集)』이 있다.

**장혜언**(張惠言, 1761~1802): 청나라 강소(江蘇) 무진(武進) 사람. 자는 고문(皐聞) 또는 고문(皐文)이고, 호는 명가(茗柯)이다. 처음에 병려문을 잘 지었는데, 문채가 아주 화려했다. 사(詞)에도 능해, 상주사파(常州詞派)를 창시했다. 나중에 고문(古文)에 전념해 한유(韓愈)와 구양수(歐陽脩)를 배웠는데, 이를 영호파고문(陽湖派古文)이라 불렀다. 경학에도 전념하여 『주역』에 있어서는 우번(虞翻)을 종주로 삼았는데, 혜동(惠棟)의 우씨역학(虞氏易學)을 따르고 정현, 순상(荀爽)의 주소(注疏)를 겸하여 맹희(孟喜)로부터 전하(田何), 양숙(楊叔)에 이르기까지 계통을 정리한『주역우씨역(周易虞氏易)』을 지었다. 『의례(儀禮)』는 정현을 종주로 삼았는데, 송나라 양복(楊復)이 지은『의례도(儀禮圖)』를 보충하여 별도의『의례도』를 지었다. 음운학에도 정밀하여『설문해성보(說文諧聲譜)』를 지었지만 다 이루지 못해 아들 장성손(張成孫)이 완성했다. 그 밖의 저서에 『우씨역례(虞氏易禮)』와 『우씨역사(虞氏易事)』, 『우씨역언(虞氏易言)』, 『우씨역후(虞氏易候)』, 『주역순씨

구가의(周易荀氏九家義)』, 『역도조변(易圖條辨)』, 『역의별록(易義別錄)』,
『주역정씨의(周易鄭氏義)』, 『독의례기(讀儀禮記)』, 『명가문편(茗柯文
編)』, 『명가사(茗柯詞)』, 『사선(詞選)』, 『칠십가사초(七十家詞鈔)』 등이
있다.

**장홍**(萇弘, ?~기원전 492): 춘추시대 주나라 경왕(景王)과 경왕(敬王) 때 사람이
다. 장굉(萇宏)으로도 불리며, 자가 숙(叔)이라 장숙(萇叔)으로도 불린
다. 대부를 지냈다. 공자가 일찍이 그에게 악(樂)을 배웠다. 경왕 28년
진(晉)나라의 대부 범길역(范吉射)과 중행인(中行寅)이 난을 일으켰는
데, 함께 일을 도모했다. 진나라 사람이 이 일로 주나라 왕실을 문책
하자 촉(蜀) 땅에서 주나라 사람들에게 살해되었다. 또는 주영왕(周
靈王) 때 사람으로, 천문에 밝았고 귀신에 관한 일을 잘 알았다고 한
다. 일설에 따르면 그가 죽은 뒤 피가 흘러 돌 또는 벽옥(碧玉)으로
변했는데, 시신은 보이지 않았다고 한다.

**장회**(張恢, ?~?): 미상.

**장회**(章懷, 654~684): 당(唐) 고종(高宗, 재위 649~683)의 여섯째 아들인 이현(李
賢)이다. ☞ 이현(李賢)

**장횡거**(張橫渠, 1020~1077): 북송 봉상(鳳翔) 미현(郿縣) 사람인 장재(張載)이
다. ☞ 장재(張載)

**재신**(梓愼, ?~?): 춘추시대 노나라 대부. 술수에 밝았다.

**적공**(翟公, ?~?): 서한(西漢) 때 사람. 하규(下邽)의 정위(廷尉) 벼슬을 할 때 손님이 하도 많아 문지방이 닳았는데, 그 자리에서 물러나자 문에 거미줄이 슬어 새를 잡는 그물을 친 듯했다. 이를 "문전나작(門前羅雀)"이라 한다. 그가 다시 정리가 되니 또 손님들이 들끓어서 문에 크게 방을 붙이기를[적공서문(翟公書門)], "죽은 뒤에야 그 참다운 사귐을 알아볼 수 있고, 가난해져 보아야 부자로 살 때의 참된 태도를 알 수 있으며, 한 번 귀하게 되고 한 번 천하게 되는 그 속에서 사귄 정이 어떠했는지를 알게 되네.[一死一生乃知交情, 一貧一富乃知交態, 一貴一賤交情乃見.]"라고 하여 세상 인정의 경박함을 말했다.

**적공손**(翟公巽, 1076~1141): 중국 송나라 시대 윤주(潤州) 단양현[丹陽縣: 지금의 강소성(江蘇省) 단양시(丹陽市)] 사람인 적여문(翟汝文)이다. 공손(公巽)은 그의 자이다. 시인이자 문학가였으며, 서화와 의학에도 해박했다. 송 고종(宋高宗) 때 참지정사(參知政事)를 역임했다. 문집에 『충혜집(忠惠集)』이 있다.

**적방진**(翟方進, ?~~ 기원전 7): 전한 여남(汝南) 상채(上蔡) 사람. 자는 자위(子威)이다. 집안은 대대로 미천해 태수부(太守府)의 하급 관리를 지냈다. 사직하고 경술(經術)을 배워 석책갑과(射策甲科)에 합격하여 낭(郞)이 되었다. 성제(成帝) 하평(河平) 연간에 경학박사(經學博士)가 되고, 삭방자사(朔方刺史)로 옮겼다. 재직하면서 일을 번거롭게 하거나 가혹하지 않고도 위명(威名)을 떨쳤다. 승상사직(丞相司直)으로 옮겼다. 영시(永始) 2년(기원전 15) 어사대부(御史大夫)가 되었다. 설선(薛宣)이 재상직을 떠나자 승상(丞相)에 발탁되고, 고릉후(高陵侯)에 봉해졌다. 10년 동안 승상에 있으면서 유교의 이념으로 관리의 업무를 처리해 통명(通明)하다는 평을 들었다. 수화(綏和) 2년(기원전 7) 성제에 대한 불만으로 천상(天象)의 변이가 생겼다는 책망을 듣고 자살했다. 시호는 공(恭)이다. 『춘추곡량전』과 『춘추좌씨전』을 깊이 연구했다.

**적성암**(狄惺菴, ?~?): 청나라 가경(嘉慶)·도광(道光) 때의 학자. 이름은 자기(子奇)이고, 성암(惺菴)은 그의 자인데, 성원(惺垣)이라 하기도 하고, 숙영(叔穎)이라 하기도 한다. 대대로 유학자인 집안에서 태어났다. 저서에 『사서질의(四書質疑)』 40권과 『사서석지변의(四書釋地辨疑)』·『향당도고변의(鄕黨圖考辨疑)』 각 1권이 있으며, 정은택(程恩澤)과 함께 편찬한 『전국책지명고(戰國策地名考)』 20권이 있고, 이 외에 잘 알려진 『공자편년(孔子編年)』과 『맹자편년(孟子編年)』이 각각 4권씩 있는데, 합해서 『공맹편년(孔孟編年)』이라고 한다.

**적언**(籍偃, ?~?): 춘추시대 진(晉)나라의 대부. 적계(籍季)의 아들이고, 적담지자(籍談之子)의 아버지이다.

**적호**(翟灝, 1736~1788): 중국 청(淸)대의 학자. 자(字)는 대천(大川)이고, 또 다른 자는 청강(晴江)이며, 인화(仁和) 사람이다. 저술로는 『설문칭경증(『說文稱經證)』, 『사서고이(四書考異)』, 『이아보곽(爾雅補郭)』, 『통속편(『通俗編)』 등이 있다.

**전가선**(錢可選, ?~?): 미상.

**전광백**(錢廣伯, ?~?): 청나라 절강(浙江) 해녕(海寧) 사람. 이름은 복(馥)이고,

광백(廣伯)은 그의 자, 호는 만정(幔亭) 또는 녹창(綠窓)이다. 생애는 자세하지 않다. 평생 과거 공부를 포기하고, 학생을 가르치는 것으로 업을 삼았다. 장이상(張履祥)의 학문을 흠모했고, 진전(陳鱣), 엄원조(嚴元照)와 학문을 연마했다. 경학 연구에 있어서는 한유(漢儒)를 종주로 했고, 음운학(音韻學)과 교감(校勘)에 뛰어나 당대 학자인 단옥재(段玉裁)와 노문초(盧文弨)의 칭송을 받았다. 수십 종의 책을 교정했다. 저서에 문인이 집록한 『소학암유고(小學盦遺稿)』가 있다. 마흔을 넘기지 못하고 죽었다.

**전대흔**(錢大昕, 1728~804): 청나라 강소(江蘇) 가정(嘉定) 사람. 호는 죽정거사(竹汀居士)고, 자는 효징(曉徵) 또는 신미(辛楣)이다. 어렸을 때부터 신동으로 불렸고, 15살 때 제생(諸生)이 되었다. 건륭(乾隆) 16년 (1751) 건륭제가 남쪽 지방에 순행했을 때 부(賦)를 바쳐 거인(擧人)으로 천거, 내각중서(內閣中書)로 임용되었다. 이듬해 북경(北京)에 가서 서양의 수학과 천문학, 중국의 역산서(曆算書)를 연구하여 『삼통술연(三統術衍)』을 저술했다. 한림원의 벼슬을 역임하면서 『열하지(熱河志)』와 『속문헌통고(續文獻通考)』, 『속통지(續通志)』, 『대청일통지(大淸一統志)』 등 칙찬서 편찬에 참가했다. 경사(經史)와 금석(金石), 문자, 음운, 천산(天算), 여지(輿地) 등 여러 학문에 정통했고, 고사(考史)에 있어서는 청나라 제일이라는 평을 들었다. 저서에 『이십이사고이(二十二史考異)』와 『십가재양신록(十駕齋養新錄)』, 『원사예문지(元史藝文志)』, 『원사씨족표(元史氏族表)』, 『항언록(恒言錄)』, 『의년록(疑年錄)』 등이 있는데, 『잠연당전서(潛研堂全書)』 안에 수록되어 있다.

**전설제**(鱄設諸, ?~ 기원전 515): 전제(專諸)라고도 한다. 춘추시대 오나라 당읍

(堂邑) 사람. 오 공자(吳公子) 광(光)이 오왕 요(吳王僚)를 죽이려고 했
는데, 오자서(伍子胥)가 광에게 전제를 추천했다. 오왕 요 12년 광이
연회를 열어 요(僚)를 초청하자 그가 비수를 고기 뱃속[어복(魚腹)]에
숨기고 다가가 요를 찔러 죽였다. 그 역시 요의 측근에 의해 살해되
었다.

**전점**(錢坫, 1741~1806): 청나라 강소(江蘇) 가정(嘉定) 사람. 자는 헌지(獻之)
또는 전추(篆秋)이고, 호는 십란(十蘭)이다. 훈고(訓詁)와 여지학(興地
學)에 정통했다. 서예에도 일가견이 있어 소전(小篆)을 잘 썼다. 주균
(朱筠), 홍량길(洪亮吉), 필원(畢沅), 손성연(孫星衍) 등과 학문을 토론
했다. 마융(馬融)과 정현(鄭玄), 공영달(孔穎達), 가공언의 주소(注疏)를
상세히 논변했다. 저서에 『십경문자통정서(十經文字通正書)』에 『설
문해자각전(說文解字斠詮)』, 『시음표(詩音表)』, 『논어후록(論語後錄)』,
『이아석의(爾雅釋義)』, 『이아고의(爾雅古義)』, 『이아석지사편주(爾雅
釋地四篇注)』, 『거제고(車制考)』, 『한서지리지집석(漢書地理志集釋)』, 『사
기보주(史記補注)』 등이 있다.

**전조망**(全祖望, 1705~1755): 청나라 절강(浙江) 은현(鄞縣) 사람. 자는 소의(紹
衣)이고, 호는 사산(謝山)이다. 『영락대전(永樂大全)』을 빌려 읽으면
서 구하기 어려운 책들을 초록했다. 나중에 유종주(劉宗周)가 세운
즙산(蕺山)과 광동(廣東)의 단계서원(端溪書院)에서 주강(主講)을 맡았
다. 평생 황종희(黃宗羲)를 흠모하여 그의 미완의 저서 『송원학안(宋
元學案)』을 완성시켰고, 『수경주(水經注)』의 교정에 고심했다. 사학
(史學)에 밝았다. 명나라 말기의 충렬(忠烈)들과 청나라 초기의 학자
들의 사적에 관심을 쏟아 『길기정집(鮚埼亭集)』을 편찬했는데, 이런

부류 인사들의 비(碑)나 표(表), 전(傳), 지(志) 등이 대략 수록되어 있다. 그 밖의 저서에 『경사문답(經史問答)』과 『구여토음(勾餘土音)』, 『한서지리지계의(漢書地理志稽疑)』가 있고, 『곤학기문(困學記聞)』에 대해 전(箋)을 달았으며, 『용상기구시(甬上耆舊詩)』를 편집했다.

**전종**(全琮, ?~249): 중국 삼국시대 오(吳)나라 오군(吳郡) 전당(錢塘) 사람. 자는 자황(子璜)이다. 아버지를 따라 오나라를 섬겼고, 명성이 있었다. 손권(孫權)이 비위교위(備威校尉)로 삼아 병사 수천 명을 주면서 산월(山越)을 토벌하도록 했다. 한 헌제(漢獻帝) 건안(建安) 연간에 관우(關羽)가 번(樊)과 양양(襄陽)을 포위하자 관우를 칠 계책을 아뢰었다. 손권 황무(黃武) 초에 위(魏)나라 수군(水軍)을 격파하고, 수남장군(綏南將軍)으로 옮긴 뒤 전당후(錢塘侯)에 봉해졌다. 나중에 동안군태수(東安郡太守)가 되었다. 산민(山民)이 반란을 일으키자 항복을 권유해 만여 명의 목숨을 구했다. 관직은 우대사마(右大司馬)와 좌군사(左軍師)까지 이르렀다.

**전화**(田和, ?~기원전 384): 전국시대 제나라 사람 제 태공(齊太公)이다. 성은 규(嬀), 씨는 전(田), 이름이 화(和)다. 전상(田常)의 증손이다. 제나라에서 벼슬하여 경이 되었다. 제 강공(齊康公)이 주색에 빠져 정치를 돌보지 않았다. 태공이 그를 바닷가로 내쫓고 성 하나를 식읍으로 주어 조상 제사를 모시도록 했다. 강공 16년(기원전 389년), 탁택에서 당시의 패자로 인정받는 위 문후(魏文侯, ?~기원전 396)와 회견해 주 왕실에 자신을 제후로 정식 인준해 줄 것을 요청했다. 문후는 주 왕실에 이를 요청했고, 당시 동주 안왕의 허락을 받아, 강공 19년(기원전 386년) 전화가 강공을 대신하여 제후(齊侯)가 되어 주실(周室)과 나

란히 서니, 기원 원년으로 삼았다. 2년 동안 재위했다. 이후의 제나
라는 망할 때까지 태공 화의 자손이 다스려, "전씨의 제나라"라는
의미로 "전제"라고도 한다.

**정강성**(鄭康成, 127~200): 후한 말기 북해(北海) 고밀(高密) 사람인 정현(鄭玄)
이다. 강성(康成)은 정현의 자(字)이다. ☞ 정현(鄭玄)

**정걸**(丁杰, 1738~1807): 청나라 절강(浙江) 귀안(歸安) 사람. 원명은 금홍(錦鴻)
이고, 자는 승구(升衢) 또는 소산(小山)이며, 호는 소필(小疋)이다. 건
륭(乾隆) 46년(1781) 진사(進士)가 되고, 영파부학교수(寧波府學敎授)에
올랐다. 경사(經史)에 심혈을 쏟아 공부했고, 교감학에 특히 뛰어났
으며, 문자학과 음운학, 산수학(算數學) 등에도 뛰어나 사고전서관
(四庫全書館)에 나가 소학류(小學類)를 교감했다. 주균(朱筠)과 대진(戴
震), 노문초(盧文弨), 김방(金榜), 정요전(程瑤田) 등과 함께 학문을 강
습했다. 『대대례(大戴禮)』를 깊이 연구했다. 저서에 『대대례기역(大
戴禮記繹)』, 『주역정주후정(周易鄭注後定)』, 『모시육소(毛詩陸疏)』, 『방
언(方言)』, 『한예자원고정(漢隷字原考正)』, 『복고편(復古編)』, 『자림고
일(字林考逸)』 등이 있다.

**정공열**(程公說, 1171~1207): 남송 미주(眉州) 미산(眉山) 사람. 자는 백강(伯剛)
이고, 호는 극재(克齋)이다. 25살 때 과거에 합격하여 진사가 되었
다. 공주교수(邛州敎授)를 지냈다. 열심히 공부하고 저술에 힘썼으
며, 『춘추』 경전(經傳)에 정통했다. 오희(吳曦)가 촉(蜀)에서 반란을
일으켰다는 소식을 듣고 경전을 안고 아버지를 받들면서 산으로 들
어가 근심 속에 생을 마쳤다. 저서가 아주 많아 『좌씨시종(左氏始終)』

을 비롯해 『좌씨통례(左氏通例)』, 『좌씨비사(左氏比事)』, 『시고문사(詩古文辭)』, 『어록사훈(語錄士訓)』이 있었지만 없어졌고, 지금은 『춘추분기(春秋分紀)』만 전한다.

**정덕**(鄭德, ?~?): 『전한서서례(前漢書敍例)』의 「주」에 북송(北宋)의 역사가인 송기(宋祁, 998~1061)를 인용해서 "북해(北海) 사람인데, 이름은 알 수 없다.[北海人不知其名.]"라고 했으며, "지금의 책에서는 단지 정씨라고만 칭한다.[今書但稱鄭氏.]"라고 했다.

**정민정**(程敏政, 1445~1499): 명나라 휘주부[徽州府, 지금의 안휘성 휴녕(休寧)] 사람. 자는 극근(克勤)이고, 정신(程信)의 아들이다. 10살 때 이미 신동으로 한림원(翰林院)에 초청되어 책을 읽었다. 성화(成化) 2년(1466) 진사에 급제하여 편수(編修)에 임명되었다. 좌유덕(左諭德)을 지냈고, 학문이 해박한 것으로 저명해 직접 황태자를 가르치기도 했다. 한림(翰林) 가운데 학문에 해박하기로는 민정(敏政)이라 일컬었으며, 문장이 고아(古雅)하기로는 이동양(李東陽)이라고 칭해져 각자 당시의 으뜸이 되었다. 효종(孝宗) 홍치(弘治) 연간에 예부우시랑(禮部右侍郎) 겸 시독학사(侍讀學士)에 올랐다. 회시(會試)를 주관하면서 당인(唐寅)의 향시권(鄕試卷)을 보고 격찬했다. 12년(1499) 회시(會試)를 주관했는데, 시제(試題)가 외부로 유출되어 탄핵을 받고 당인 등과 함께 체포되어 투옥되었다. 출옥한 뒤 억지로 치사(致仕)하고, 오래지 않아 종기가 나서 죽었다. 시문으로 유명했는데, 문집으로 『황돈집(篁墩集)』 93권과 『송유민록(宋遺民錄)』 15권, 『영시집(咏詩集)』이 있고, 그 밖에 『명문형(明文衡)』과 『신안문헌지(新安文獻志)』 등을 편찬했다.

**정사농**(鄭司農): 후한시대 관리이자 경학자인 정중(鄭衆, ?~83)이다. ☞ 정중
(鄭衆)

**정안**(丁晏, 1794~1875): 청나라 강소(江蘇) 산양(山陽, 淮安) 사람. 자는 검경(儉
卿) 또는 자당(柘堂)이다. 도광(道光) 원년(1821) 거인(擧人)이 되었다.
함풍(咸豊) 연간에 재적지(在籍地)에서 단련(團練)을 맡아 내각중서(內
閣中書)에서 삼품함(三品銜)이 더해졌다. 한학(漢學)을 경학의 종주로
삼아 평생 정현의 학문을 좋아했고, 한학과 송학(宋學)의 융합을 주
장했다. 학문은 청나라 환파경학(皖派經學)에서 일정한 영향을 받았
다. 일생 동안 교정하고 저술한 책이 대단히 많았다. 정현의 모시주
(毛詩注)를 고증하여 『모정시석(毛鄭詩釋)』을, 『모시보(毛詩譜)』를 고
증하여 『정씨시보고증(鄭氏詩譜考證)』을, 정현의 설에 근거하여 송나
라 왕응린(王應麟)의 『삼가시고(三家詩考)』를 시정한 『시고보주(詩考
補注)』와 『유보(遺補)』를, 정현의 예기주(禮記注)를 증명한 『삼례석주
(三禮釋注)』를 각각 편찬했다. 그 밖의 저서에 『주역해고(周易解故)』
와 『주역술전(周易述傳)』, 『주역상류(易經象類)』, 『주역송괘천설(周易
訟卦淺說)』, 『상서여론(尙書餘論)』, 『우공집석(禹貢集釋)』, 『시집전부석
(詩集傳附釋)』, 『주례석주(周禮釋注)』, 『예기석주(禮記釋注)』, 『독경설
(讀經說)』, 『추지정오(錐指正誤)』 등이 있다. 그의 저술은 모두 47종
으로, 간행된 것은 『이지재총서(頤志齋叢書)』로 묶여졌다.

**정연조**(程延祚, 1691~1767): 청나라 강녕(江寧) 사람으로 원명(原名)은 묵(黙),
자는 계생(啓生), 호는 면장(綿莊)이다. 저서로 『역통(易通)』, 『단효구
시설(彖爻求是說)』, 『상서통지(尙書通識)』, 『상서통의(尙書通議)』, 『청
계시설(靑溪詩說)』, 『춘추지소록(春秋識小錄)』과 시·문집 등이 있다.

**정요전**(程瑤田, 1725~1814): 청나라 안휘(安徽) 흡현(歙縣) 사람. 안휘파(安徽派) 경학(經學)과 유학(儒學)의 대표인물 중 하나이다. 초명은 역(易)이고, 자는 역전(易田) 또는 역주(易疇), 백역(伯易)이며, 호는 양당(讓堂) 또는 즙하(葺荷), 즙옹(葺翁), 즙랑(葺郎), 양천과객(讓泉過客), 양천노인(讓泉老人), 수장인(壽丈人) 등이다. 대진(戴震), 김방(金榜)과 함께 강영에게 수학했다. 명물(名物)과 훈고(訓詁)에 정통했고, 고증(考證)에 뛰어났다. 수학·천문·지리·생물·농업종식·수리·병기·농기·문자·음운 등의 영역을 깊이 연구했으며, 일대의 통유(通儒)라 부를 만했다. 의리(義理)와 제도(制度), 훈고(訓詁), 명물(名物), 성률(聲律), 상수(象數) 등을 상세히 고증한『통예록(通藝錄)』과 경사(經史)를 근거로 정현의『예기주(禮記注)』를 바로잡은『의례상복문족징기(儀禮喪服文足徵記)』를 저술했다. 그 밖의 저서에『우공삼강고(禹貢三江考)』와 『주비구수도주(周髀矩數圖注)』, 『의례경주의직(儀禮經注疑直)』,『종법소기(宗法小記)』,『해자소기(解字小記)』,『논학소기(論學小記)』,『논학외편(論學外篇)』,『고공창이소기(考工創異小記)』,『성률소기(聲律小記)』,『경절고의(磬折古義)』,『석궁소기(釋宮小記)』,『구혁강리소기(溝洫疆里小記)』 등이 있다.

**정정조**(程廷祚, 1691~1767): 청나라 강소(江蘇) 상원(上元) 사람. 초명은 묵(默) 또는 석개(石開)이고, 자는 계생(啓生)이며, 호는 면장(綿莊)이고, 만호(晚號)는 청계거사(青溪居土)이다. 제생(諸生)이 된 뒤 여러 차례 과거에 낙방하자 은거하여 학문에 전념했다. 이공(李塨)에게 수학하여 안원(顏元)의 사상을 계승했다. 안원의『사존편(四存編)』을 읽고 그 학문에 탄복하여 이때부터 안원의 학설로 정주학(程朱學)의 부족한 부분을 보충했다. 많은 책을 읽어 박식했는데, 대개 실용을 중시했다. 황종희(黃宗羲)와 고염무(顧炎武)의 사상을 참조하여, 성명(性命)을 공담(空談)하는 송명이학(宋明理學)에 반대하고 실용지학(實用之學)을 제창했다. 경전 연구에 있어서는 한유(漢儒)와 송유(宋儒)의 폐단을 모두 비판하고 장점만을 따르려 했다. 또한『위고문상서(僞古文尙書)』를 위작으로 보고 모기령(毛奇齡)의 설을 배척했으며,『주역』에 있어서는 상수학(象數學)을 반대하고 의리학을 위주로 했다. 저서에『역통(易通)』과『대역택언(大易擇言)』,『역설변정(易說辨正)』,『상효구시설(象爻求是說)』,『만서정의(晚書訂疑)』,『상서통의(尙書通義)』,『노시설(魯詩說)』,『청계시설(靑溪詩說)』,『논어설(論語說)』,『주례설(周禮說)』,『춘추식소록(春秋識小錄)』등이 있다.

**정중**(鄭衆, ?~83): 후한 하남(河南) 개봉(開封) 사람. 자는 중사(仲師). 대사농(大司農) 벼슬을 하였으므로 정사농이라 칭한다. 아버지의 춘추좌씨학을 계승했고,『주역』과『시경』,『주례』,『국어(國語)』및 역산(曆算)에도 밝았다. 저서에『춘추난기조례(春秋難記條例)』와『춘추산(春秋刪)』등이 있었지만 모두 없어졌다. 현존하는 저서로『옥함산방집일서』에 수록된『주례정사농해고(周禮鄭司農解詁)』와『정중춘추첩례장구(鄭衆春秋牒例章句)』,『정씨혼례(鄭氏婚禮)』,『국어장구(國語章句)』와『옥함산방집일서』속편에 수록된『주역정사농주(周易鄭司農注)』,『모시선정의(毛詩先鄭義)』가 있다.

**정중사**(鄭仲師, ?~83?): ☞ 정중(鄭衆)

**정진**(鄭珍, 1806~1864): 청나라 귀주(貴州) 준의(遵義) 사람. 자는 자윤(子尹)이고, 별호(別號)는 오척도인(五尺道人) 또는 차동정장(且同亭長), 소경소주(巢經巢主)이며, 만호(晩號)는 시옹(柴翁)이다. 학문은 허신(許愼)과 정현(鄭玄)을 종주로 삼았고, 문자훈고학과 삼례(三禮)에 정통했다. 고대의 궁실 관복 제도에 밝았다. 한학(漢學)과 송학(宋學)의 융합을 주장했고, 청나라 때 송시학파(宋詩學派)의 대표적 인물이다. 저서에 『의례사전(儀禮私箋)』과 『윤여사전』, 『설문일학(說文逸學)』, 『설문신부고(說文新附考)』, 『설문일자(說文逸字)』, 『소경소경학(巢經巢經學)』, 『소경소시초(巢經巢詩鈔)』, 『부씨도(鳧氏圖)』, 『정학록(鄭學錄)』, 『신속기(新屬記)』 등이 있다.

**정초**(鄭樵, 1104~1162): 송나라 흥화군(興化軍) 보전(莆田) 사람. 자는 어중(漁仲)이고, 자호는 계거일민(溪西逸民) 또는 협제선생(夾漈先生)이다. 박학강기(博學强記)했고, 과거 시험에 응시하지 않으면서 30여 년 동안 협제산(夾漈山)에 은거해 독서와 저술에 몰두했다. 예악과 문자, 천문, 지리, 충어(蟲魚), 초목, 방서(方書) 등 많은 학문에 정통했다. 고종(高宗) 소흥(紹興) 연간에 왕륜(王綸) 등의 천거로 우적공랑(右迪功郞) 등에 임명되었고, 이어 예부와 병부의 가각(架閣)을 지냈다. 어사(御史)의 탄핵을 받아 감남악묘(監南岳廟)로 옮겼다. 입조하여 추밀원(樞密院) 편수관(編修官) 등을 지냈다. 사학(史學)에 있어서는 충분히 사료를 검토할 것을 주장하면서 통사(通史)를 중시했다. 사마천(司馬遷)을 존숭하고 반고(班固)를 폄하했다. 또한 음양오행재이(陰陽五行災異)의 설에 대해서도 요학(妖學)이라 하여 배척했다. 저서가 대단히 많았다. 저서에 모공(毛公)과 정현의 설을 공박한 『시전변망(詩傳辨妄)』과 『이아주(爾雅注)』, 『통지(通志)』, 『협제유고(夾漈遺稿)』 등이 있다.

**정현**(鄭玄, 127~200): 후한 말기 북해(北海) 고밀(高密) 사람. 경학(經學)의 대성자다. 자는 강성(康成)이다. 젊어서 향색부(鄕嗇夫)가 되고, 나중에 태학(太學)에서 공부했다. 제오원선(第五元先)을 스승으로『경씨역(京氏易)』과『공양춘추(公羊春秋)』에 정통했다. 다시 장공조(張恭祖)에게『주례』와『좌씨춘추』,『고문상서』를 배웠다. 시종 재야의 학자로 지냈고, 제자들에게는 물론 일반인들에게서도 훈고학과 경학의 시조로 깊은 존경을 받았다. 환제(桓帝) 때 당화(黨禍)가 일어나자 금고(禁錮)를 당했는데, 문을 걸어 잠그고 수업에만 전념했다. 북해상(北海相) 공융(孔融)이 깊이 존경하여 고밀현에 특별히 정공향(鄭公鄕)을 세우고, 문을 넓게 열고 통덕문(通德門)이라 했다. 그 후 마융 등에게 사사하여,『주역』과『상서』,『춘추(春秋)』 등의 고전을 배운 뒤 40살이 넘어서 귀향했다. 돌아와서 학생을 모아 강학했는데, 제자가 천 명에 이르렀다. 낙양을 떠날 때 마융이 "나의 학문이 정현과 함께 동쪽으로 떠나는구나."하고 탄식했을 만큼 학문에 힘을 쏟았다. 건안(建安) 중에 대사농(大司農)에 올랐는데, 얼마 뒤 죽었다. 저서 가운데 현존하는 것은『모시전(毛詩箋)』과『주례』,『의례』,『예기』에 대한 주해뿐이고, 나머지는 단편적으로 남아 있다. 고문경학(古文經學)을 위주로 하면서 금문경설(今文經說)도 채용하여 일가를 이루었는데, 이를 일러 정학(鄭學)이라 부른다.

**정효**(鄭曉, 1499~1566): 명나라 절강(浙江) 해염(海鹽) 사람. 자는 질보(窒甫), 호는 담천(淡泉), 시호는 단간(端簡)이다. 날마다 옛 문서를 읽으며 천하의 요충지와 군사적인 허실, 강약의 상황에 대해 모두 익혔다. 상서(尙書) 김헌민(金獻民)을 위해『구변도지(九邊圖志)』를 만들었다. 병부우시랑(兵部右侍郞)에 올라 부도어사(副都御史)를 겸했고, 조운(漕

運)을 총괄했다. 배를 건조하고 성을 쌓으면서 병사를 훈련시켜 통주(通州)와 해문(海門) 등지의 왜구를 제어하는 공을 세웠다. 형부상서(刑部尚書)에 올라 군사 업무를 도왔다. 엄숭(嚴嵩)과 여러 차례 알력이 생겨 파직되자 귀향했다. 경술(經術)에 밝았고, 장고(掌故)를 잘 알았다. 저서에 『사서강의(四書講義)』와 『우공설(禹公說)』, 『우공도설(禹公圖說)』, 『오학편(吾學編)』 등이 있다.

**제곡**(帝嚳, 기원전 2480?~기원전 2345?): 성은 희(姬)이고, 이름은 준(俊), 호는 곡(嚳)이며, 고신씨(高辛氏)이다. 중국 고대 부족장이자 제왕으로 중국인의 시조라 불리는 황제의 증손이다. 황제, 전욱, 요, 순과 더불어 '오제(五帝)'로 일컬어진다. 조부는 현효(玄囂)이고, 부친은 교극(蟜極), 모친은 악부(握裒)이며, 전욱은 그의 백부이다. 『사기(史記)』「오제본기(五帝本紀)」에 태어날 때부터 자신의 이름을 말할 수 있는 명석한 사람이었다고 기록되어 있을 정도로 어려서부터 총명하고 행실이 고상해서 12세에 이미 이름을 알렸다. 15세 때 백부 전욱[현제(玄帝)]이 자신의 조수로 받아들여 공을 세우자 신후(辛侯)에 봉했다. 전욱이 사망하자 조카 고신(高辛)이 즉위하니 그가 곧 제곡이다. 즉위한 후에는 명석한 판단력과 민의를 따르는 마음으로 백성을 생각하니 천하의 백성이 그에게 복종했다. 해와 달 그리고 별을 관장하면서 백성을 이롭게 했고, 토지의 산물을 아껴서 사용했다. 또 시세의 운행을 잘 살피고 기운을 잘 다스려 농업생산을 발전시키는 데 공헌했다. 특히 홍수의 재난을 막기 위해 노력하여 태평성대를 누렸다. 재위 70년에 105세까지 살았으며 죽어서는 전욱과 마찬가지로 복양(濮陽) 돈구성(頓丘城) 밖 남쪽의 대음야(臺陰野)에 장사 지냈다고 한다.

**제남왕강**(濟南王康, ?~?): 광무(光武)의 아들이다. 가장 존중받았으나, 교만하고 사치가 심해 좌천되었다고 한다.

**제오원선**(第五元先, ?~?): 후한 경조(京兆, 섬서성 西安) 사람. 정현의 스승이다. 정현이 태학(太學)에 들어갔을 때 스승으로 섬겨 경씨역학(京氏易學)과 『춘추공양전(春秋公羊傳)』, 『삼통력(三統曆)』, 『구장산술(九章算術)』에 정통하게 되었다.

**제표**(齊豹, ?~?): 춘추시대 위(衛)나라 대부, 영공(靈公)의 신하. 사구(司寇)로 있을 때 맹칩(孟縶)에게 멸시를 당한 이유로 반란을 일으켰다.

**조공무**(晁公武, 1105~1180): 송나라 사람. 자는 자지(子止)이다. 장서(藏書)가 많기로 유명하다. 진사(進士)를 거쳐 직학사(直學士)와 임안부(臨安府)의 소윤(少尹)을 지냈다. 저서로는 『소덕문집(昭德文集)』60권, 『석경고이(石經考異)』, 『계고후록(稽古后錄)』, 『중용대전(中庸大傳)』, 『소덕당고(昭德堂稿)』, 『역고훈전(易詁訓傳)』, 『숭고초창(嵩高樵唱)』, 『부지(附志)』1권, 『육첩주(六帖注)』30권, 『노자통술(老子通述)』2권이 있었으나, 지금은 겨우 『군재독서지(郡齋讀書志)』만 남아 있고, 대부분 산실되었다.

**조긍지**(祖暅之, ?~?): 중국 남북조(南北朝)시대 수학자. 범양군(范陽郡) 주(遒)현 사람이다. 또 다른 이름은 조긍(祖暅), 자(字)는 경삭(景爍)이다. 양(梁)나라 시대 태부경(太府卿)을 역임했다. 남북조시대 수학자이며 천문학자인 조충지(祖冲之, 429~500)의 아들이다.

**조기**(趙岐, 108?~201): 후한(後漢) 말의 학자. 본래 이름은 가(嘉)이며 자(字)는 대경(臺卿)이었으나, 난리를 피하여 이름은 기, 자는 빈경(邠卿)으로 바꾸었다. 사례(司隸) 경조윤(京兆尹) 장릉현(長陵縣) 사람이다. 『맹자(孟子)』를 정리하여 『맹자장구(孟子章句)』를 저술하였다. 병주자사(幷州刺史)를 역임하였으나 당고의 화[黨錮之禍]로 인해 면직되었다가 뒤에 의랑(議郎)·태상(太常)에 임명되었다. 향년 90세이다.

**조대가**(曹大家, 45~117?): 후한 부풍(扶風) 안릉(安陵) 사람인 반소(班昭)이다. 여류 시인. 자는 혜반(惠班)이고, 일명 희(姬)라고도 한다. 반표(班彪)의 딸이고, 반고(班固)의 누이다. 같은 고을 조수(曹壽)에게 출가했지만 남편과는 일찍 사별하고 조대가(曹大家)라 불렸다. 박학하고 재주가 높았다. 『전한서(前漢書)』의 편찬자 반고와 서역 경영에 활약한 무장 반초(班超)의 누이동생으로 반고가 『전한서』를 완성하지 못하고 죽자, 화제(和帝)의 명으로 그 일을 계승하여 『전한서』 중 8편 표(表)와 천문지(天文志)를 완성함으로써 『전한서』 편찬을 완결했다. 『전한서』가 처음 출간되었을 때 교수(敎授) 마융이 송독했다. 궁중에 여러 차례 초빙되어 황후를 비롯한 여러 부인들의 교육을 담당했다. 그녀가 지은 『여계(女誡)』 7편의 저서는 정숙한 부녀의 도를 논술한 것이다. 부송(賦頌)을 잘 지어 여행 체험을 담은 「동정부(東征賦)」가 있고, 기타 16편의 작품이 있다.

**조맹**(趙孟, ?~기원전 541): 춘추시대 진(晉)나라 사람인 조무(趙武)이다. 조문자(趙文子)로도 불린다. 대부를 지냈다. 진 경공(晉景公) 때 도안가(屠岸賈)가 조씨 집안을 주멸(誅滅)할 때 조삭의 아내 장희(莊姬, 진 경공의 누이)가 유복자로 낳았다. 정영(程嬰)과 공손저구(公孫杵臼)의 도움을 받아 목숨을 구하고 어머니 장희를 따라 공궁(公宮)에서 양육되었다. 나중에 조씨의 후사(後嗣)로 세워졌다. 진 도공(晉悼公)이 즉위하자 경(卿)에 임명되었다. 진 도공 10년 국정(國政)을 장악했고, 12년 초(楚)나라의 굴건[屈建, 자목(子木)]과 함께 종전(終戰)의 회합을 주최했다. 시호는 문(文)이다.

**조무**(趙武 ?~기원전 541): ☞ 조맹(趙孟)

**조보**(造父, ?~?): 주 목왕(周穆王)의 어인(御人)으로, 고대의 이름난 말몰이꾼이다. 주 목왕에게 팔준마(八駿馬)를 바쳐 총애를 받았다. 목왕이 그에게 말을 몰게 하여 서쪽으로 순수(巡狩)를 가 서왕모(西王母)를 만나 즐거움에 빠져 돌아올 줄 몰랐다. 그때 서언왕(徐偃王)이 반란을 일으켰는데, 그가 말을 몰아 하루에 천리를 달려 서언왕을 공격하여 대파시켰다. 그 공으로 목왕이 그에게 조성(趙城)이란 이름을 주었고, 그리하여 조씨(趙氏)의 조상이 되었다.

**조세숙**(曹世叔, ?~?): 중국 후한의 문인 · 학자. 반고의 여동생인 반소(班昭)의 남편으로 요절함.

**조숙 진탁**(曹叔振鐸, ?~?): 성(姓)은 희(姬)이고 이름은 진탁(振鐸)으로 주나라 문왕의 아들이자 무왕(武王)의 동모(同母) 아우이다. 무왕이 은(殷)나라를 이긴 뒤에 조숙 진탁(曹叔振鐸)을 조(曹)나라에 봉하였는데, 후에 조나라가 송(宋)나라에게 멸망되었다. 후세의 자손들이 마침내 조(曹)를 성(姓)으로 삼았다.

**조순손**(趙順孫, 1215~1276): 송나라 처주(處州) 진운(縉雲) 사람. 자는 화중(和仲)이고, 호는 격재(格齋) 또는 격암(格庵)이다. 이종(理宗) 순우(淳祐) 10년(1250) 진사가 되었다. 비서랑(秘書郎)에서 시작해 거듭 승진하여 시어사(侍御史)에 올랐는데, 모두 시독(侍讀)을 겸했다. 재이(災異)를 당할 때마다 경전(經傳)과 지난 왕조의 사건에 근거하여 수시로 경계하도록 했다. 동지추밀원사(同知樞密院事)로 참지정사(參知政事)를 겸했다. 일찍이 직언으로 정치의 폐단을 논하다가 가사도(賈似道)의 눈 밖에 났지만, 도종(度宗)의 큰 신임을 받았다. 이부상서(吏部尚書)와 복건안무사(福建安撫使), 복주지주(福州知州) 등을 역임했다. 학자들은 격재선생이라 불렀다. 주희(朱熹) 및 그의 제자들이 사서(四書)에 대해 토론한 것들을 모아 『사서찬소(四書纂疏)』를 편찬했다. 그 밖의 저서에 『근사록정의(近思錄精義)』와 『중흥명신언행록(中興名臣言行錄)』, 『격재집(格齋集)』 등이 있다.

**조식**(曹植, 192~232): 삼국시대 위(魏)나라 패국(沛國) 초현(譙縣) 사람. 자는 자건(子建)이고, 조조(曹操)의 아들이다. 일찍부터 조숙했고, 문재(文才)가 있었다. 어린 나이로 조조의 사랑을 받아 건안(建安) 16년(211) 평원후(平原侯)에 봉해지고, 19년(214) 임치후(臨淄侯)로 옮겨 봉해졌다. 한 차례 황태자로 올리려 했지만 성격대로 행동하여 총애를 잃고 말았다. 형 조비(曹丕, 文帝)가 황제(文帝)가 되자 황초(黃初) 3년(222) 견성왕(鄄城王)에 봉해지고, 다음 해 옹구왕(雍丘王)으로 옮겨 봉해졌지만, 재주와 인품을 싫어한 문제가 시기하여 해마다 새 봉지(封地)에 옮겨 살도록 강요했다. 엄격한 감시 아래 신변의 위험을 느끼며 불우한 나날을 보냈다. 명제(明帝) 태화(太和) 3년(229) 동아왕(東阿王)이 되었다가 다시 진왕(陳王)에 봉해졌다. 항상 등용되기를 기대했지만 끝내 기용되지 못했다. 6년(232) 다시 봉지를 옮겼다가 마지막 봉지인 진(陳)에서 죽었다. 시호는 사(思)다. 그리하여 진사왕(陳思王)으로 불린다. 시문을 잘 지어 조조, 조비와 함께 '삼조(三曹)'로 불린다. 약 80여 수의 시가 전하고, 사부(辭賦)나 산문도 40여 편 남아 있다. 「칠보시(七步詩)」가 유명하다. 송나라 때 『조자건집(曹子建集)』이 나왔다.

**조우**(趙佑, 1727~1800): 청나라 절강(浙江) 인화(仁和) 사람. 자는 계인(啓人)이고, 호는 녹천(鹿泉)이다. 근 40여 년 동안 관직에 있으면서 과거를 관장하고 학문을 감독하면서 한 해도 허비하지 않았다. 팔고문(八股文)을 잘 지어 크게 명성을 떨쳤다. 저서에 『청헌당집(清獻堂集)』이 있다.

**조이**(祖伊, ?~?): 은(殷)나라 때 사람. 서백[西伯, 주 문왕(周文王)]이 병사를 일으켜 기국(饑國)을 공격하여 그 땅을 차지했다. 이에 재앙이 곧 닥칠 것을 알고 주(紂)에게 충간을 올렸지만, 주는 듣지 않고, "우리의 목숨은 하늘에 달려 있는 것이 아닌가?[我生不有命在天乎]"라고 말했다. 그러자 "아아! 폐하의 죄가 하늘에 벌려져 있거늘 천명(天命)을 책할 수 있겠습니까? 은나라가 곧 망하려고 하는 것은 바로 폐하께서 저지른 일 때문이니, 폐하의 나라에 죽음이 없겠습니까?"라고 꾸짖었다. 『서경(書經)』「서백감려(西伯戡黎)」에 나온다.

**조익**(趙翼, 1727~1814): 청나라 강소(江蘇) 양호(陽湖) 사람. 자는 운송(耘松) 또는 운송(雲崧)이고, 호는 구북(甌北)이다. 건륭(乾隆) 26년(1761) 진사 시험에 3등으로 급제하여, 편수(編修)에 올랐다. 광서(廣西) 진안

지부(鎭安知府)를 거쳐 귀서도(貴西道)까지 올랐다. 일찍이 양광총독(兩廣總督) 이시요(李侍堯)의 막부에서 보좌했다. 만년에 안정서원(安定書院) 주강(主講)을 지냈다. 칙선서(勅選書)『통감집람(通鑑輯覽)』의 편집에 참여했다.『이십이사차기(二十二史箚記)』36권은 정사의 고증이고,『해여총고(陔餘叢考)』43권은 언어와 사물의 기원과 전거(典據)를 기록한 청나라 고증학을 대표하는 저작의 하나이다. 시에도 뛰어나 원매(袁枚), 장사전(蔣士銓)과 함께 '건륭삼대가(乾隆三大家)'라 불린다.『구북시화(甌北詩話)』는 이백(李白)과 두보(杜甫) 등 역대 시인을 논평한 책이다. 그 밖의 저서에『황조무공기성(皇朝武功紀盛)』과『첨폭잡기(恕曝雜記)』, 시집『구북시초(甌北詩鈔)』,『구북집(甌北集)』53권 등이 있다.

**조조**(曹操, 155~220): 위 무제(魏武帝). 후한 말기 패국(沛國) 초현(譙縣) 사람. 자는 맹덕(孟德)이고, 묘호는 태조(太祖)이며, 시호는 무황제(武皇帝)라 추존되었다. 본성은 하후(夏侯)씨고, 조숭(曹嵩)의 아들이다. 어릴 때부터 권모술수에 능했고, 나이 스물에 효렴(孝廉)으로 천거되어 낭(郞)이 되었다가 돈구령(頓丘令)으로 옮겼다. 기도위(騎都尉)가 되어 황건적(黃巾賊) 토벌에 공을 세우고 두각을 나타내어 마침내 헌제(獻帝)를 옹립하고 종횡으로 무략(武略)을 휘두르게 되었다. 초평(初平) 3년(192) 연주목(兗州牧)이 되어 황건군의 항복을 유도해 정예병을 청주병(靑州兵)으로 편입시켰다. 화북(華北)을 거의 평정하고 나서 남하를 꾀했다. 건안(建安) 13년(208) 승상(丞相)이 되고, 손권(孫權)과 유비(劉備)의 연합군과 적벽(赤壁)에서 싸워 대패했다. 이후 세력이 강남(江南)에까지는 미치지 못했다. 위왕(魏王)에 봉해졌다. 정치상의 실권은 잡았지만 스스로는 제위에 오르지 않았다. 연강(延康) 원년(220) 1월 낙양(洛陽)에서 죽었다. 문학을 사랑하여 많은 문인들을 불러들였고, 자신도 두 아들 조비(曹丕), 조식(曹植)과 함께 시부(詩賦)의 재능이 뛰어나, 이른바 건안문학(建安文學)의 흥성을 가져오게 했다. 저서에 『손자약해(孫子略解)』와 『병서접요(兵書接要)』, 『조조집(曹操集)』이 있다.

**조헌**(曹憲, ?~?): 수말당초 때 양주(揚州) 강도(江都) 사람. 수나라 때 비서학사(秘書學士)를 지냈다. 양제(煬帝)가 제유(諸儒)들과 함께 『계원주총(桂苑珠叢)』을 편찬하게 하고, 『광아(廣雅)』에 주를 달게 했다. 태종이 항상 사람을 보내 난자(難字)에 대해 질문했는데, 이에 음주(音注)를 달았다. 『문선(文選)』으로 학생들을 가르쳤다. 문자훈고학에 뛰어나 『박아(博雅)』에 주를 달았고, 『문선음의(文選音義)』를 저술했다. 수당(隋唐) 때 『문선』에 대한 학문을 개창한 인물로 평가된다. 그 밖의 저서에 『문자지귀(文字指歸)』와 『이아음의(爾雅音義)』 등이 있었지만, 모두 전하지 않는다.

**조휴**(曹休, ?~228): 삼국시대 위나라 패국(沛國) 초현(譙縣) 사람. 조조(曹操)의 조카이고, 자는 문열(文烈)이다. 조조를 따라 정벌에 나서 기도위(騎都尉)가 되고, 중령군(中領軍)으로 옮겼다. 위문제(魏文帝)가 오나라를 정벌할 때 진남장군(鎮南將軍)과 정동대장군(征東大將軍)이 되어 오나라 장군 여범(呂範)을 격파하고 양주목(揚州牧)에 올랐다. 명제(明帝)가 즉위하자 사마의(司馬懿)와 함께 조서(詔書)를 받아 보좌했다. 장평후(長平侯)에 봉해지고, 대사마(大司馬)에 올랐다. 태화(太和) 2년(228) 오나라를 정벌했는데, 파양태수(鄱陽太守) 주방(周魴)이 거짓 항복했다. 사마의와 병사를 나누어 오나라를 공격하다가 주방에 의해

석정(石亭)으로 유인되어 패했고 손실도 대단히 많았다. 수치심으로 병을 얻어 오래지 않아 죽었다. 시호는 장(壯)이다.

**종로**(宗魯, ?~?): 춘추시대 위(衞)나라 사람이다.

**종회**(鍾會, 225~264): 삼국시대 위나라 영천(潁川) 장사(長社) 사람. 자는 사계 (士季)이고, 종요(鍾繇)의 아들이다. 어릴 때부터 총명했고, 명리(名理)에 정통했다. 비서랑(秘書郞)으로 시작해서 황문시랑(黃門侍郞)과 사도(司徒)를 거쳐 동무정후(東武亭侯)에 봉해졌다. 사마소(司馬昭)가 위지해 모주(謀主)로 삼았는데, 혜강(嵇康) 등을 살해한 일이 모두 그의 손에서 나왔다. 위원제(魏元帝) 경원(景元) 중에 진서장군(鎭西將軍)과 가절(假節), 도독관중제군사(都督關中諸軍事) 등을 지내고, 등애(鄧艾) 등과 함께 촉나라를 공격했다. 촉나라의 장군 강유(姜維)가 항복했다. 등애가 성도(成都)로 진군하자 유선(劉禪)이 항복했다. 등애에게 비밀스럽게 반란을 일으키자고 말했다. 등애가 잡히자 혼자 대군을 이끌고 모반했지만 전투 중에 죽었다. 『노자』와 『주역』에 뛰어나 『주역무호체론(周易無互體論)』과 『도론(道論)』, 『노자주(老子注)』 등을 지었지만 모두 없어졌다. 『노자주』의 일부분이 『도장(道藏)』에 전한다. 그 밖의 저서에 명나라 사람이 집록한 『종사도집(鍾司徒集)』이 있다. 사마소의 장자방(張子房)으로 불렸다.

**주란**(朱蘭, 1800~1873): 절강(浙江) 여도(餘姚) 사람으로 자는 구향(久香)이고, 호는 내암(耐庵)이다. 청(淸)나라 때의 관리이자 학자이다. 도광(道光) 9년(1829)에 진사 출신으로 벼슬은 편수(編修), 어사(御史), 호북학정 (湖北學政), 시강(侍講), 소첨사(少詹事), 공부시랑(工部侍郞), 내각학사

(內閣學士) 등을 역임했다. 저서로 『보독실문초(補讀室文鈔)』, 『여요문수(餘姚文藪)』, 『군적척문(群籍摭聞)』 등이 있다.

**주목**(朱穆, 100~163): 동한 남양군(南陽郡) 완[宛: 지금의 하남성(河南省) 남양시(南陽市)] 사람이다. 시어사(侍御史)가 되어 당시 경박한 풍속에 격분하여 가슴을 치고 숭후론(崇厚論)·절교론(絶交論)을 제창하였음. 충간자(忠諫者)의 비유로 쓰임.

**주밀**(周密, 1232~1308): 송나라 말기 제남(濟南) 사람. 나중에 오흥(吳興)으로 옮겨 살았다. 사(詞) 작가로, 자는 공근(公瑾)이고, 호는 초창(草窓) 또는 빈주(蘋洲), 변양노인(弁陽老人), 사수잠부(四水潛夫) 등을 썼다. 일찍이 변산(弁山)에 살면서 자호를 변양소옹(弁陽嘯翁)이라 했고 또 소재(蕭齋)라고도 했다. 송나라가 망하자 벼슬하지 않고 항주(杭州)로 옮겨 가 왕기손(王沂孫), 장염(張炎), 구원(仇遠) 등과 함께 사사(詞社)를 결성했다. 저서가 대단히 많은데, 옛것을 수집하고 기록한 것이 대부분이다. 『제동야어(齊東野語)』와 『초창사(草窓詞)』, 『초창운어(草窓韻語)』, 『무림구사(武林舊事)』, 『계신잡지(癸辛雜識)』, 『호연재아담(浩然齋雅談)』, 『운연과안록(雲烟過眼錄)』 등은 모두 학술적 가치가 있다. 남송 사인(詞人)들의 작품을 모은 『절묘호사(絶妙好詞)』도 있다.

**주발**(周勃, ?~기원전 169): 전한 초기 사수(泗水) 패(沛) 사람. 시호는 무후(武侯)이다. 진(秦)나라 때 박곡(薄曲, 양잠할 때 쓰는 도구)으로 옷감을 짜면서 생계를 꾸렸다. 또 항상 통소를 불어 남의 장례(葬禮)를 도와주었다. 나중에 중연(中涓)으로 유방(劉邦)을 좇아 패에서 일어나 여러 차례 진나라 군대를 격파했다. 항우(項羽)를 공격하는 데 따라가 천하를 평정했다. 고조(高祖) 6년(기원전 201) 강후(絳侯)에 봉해졌다. 한나라 초기 유방을 따라 한신(韓信)과 진희(陳豨) 및 노관(盧綰)의 반란을 진압했다. 사람됨이 질박하면서도 강직했고, 돈후(敦厚)하여 고조가 큰일을 많이 맡겼다. 혜제(惠帝) 때 태위(太尉)에 임명되었다. 여후(呂后)가 죽은 뒤 여씨들이 유씨(劉氏)들을 위협할 때 진평(陳平)과 함께 여씨들을 주살(誅殺)하고 한나라 왕실을 안정시켰다. 문제(文帝)를 옹립한 뒤 우승상(右丞相)에 올랐다. 공이 높으면 재앙을 초래한다고 여겨 차츰 정치를 등한히 하다가 병을 핑계로 사직했다. 진평이 죽자 다시 재상이 되었지만 곧 그만두었다.

**주병중**(周柄中, 1738~1801): 중국 청대의 학자. 저서에 『사서전고변정(四書典故辨正)』 등이 있다.

**주빈**(朱彬, 1753~1834): 청나라 강소(江蘇) 보응(寶應) 사람으로 자는 무조(武曹) 또는 울보(鬱甫)이다. 건륭(乾隆) 60년(1795) 거인(舉人)이 되었다. 왕무횡(王懋竑)의 경학(經學)을 계승하고, 외형(外兄) 유대공(劉臺拱) 및 왕염손(王念孫)과 함께 공부했다. 훈고(訓詁)와 성음(聲音), 문자(文字)를 깊이 연구했다. 주희의 이학(理學)을 추존하고, 육왕학(陸王學)을 배척했다. 한당송(漢唐宋) 학자들의 장점을 두루 취하고 확실한 근거를 제시했다. 저서에 『경전고증(經傳考證)』과 『예기훈찬(禮記訓纂)』, 『유도당시문집(游道堂詩文集)』 등이 있다.

**주생렬**(周生烈, ?~?): 삼국시대 위(魏)나라 돈황(敦煌) 사람. 본성은 당(唐)이고, 자는 문일(文逸)이다. 위나라 초에 인재들을 부를 때 양주자사(涼州刺史) 장기례(張旣禮)의 부름을 받아 낭중(郎中)을 지냈다. 하안의

『논어집해』에 그가 지은 의례(義例)가 들어 있다. 저서에『주생렬자(周生烈子)』가 있었지만 없어졌고, 현존하는 판본은 청나라 장주(張澍)가『태평어람』에서 뽑아 만든 것이다.

**주운**(朱雲, ?~?): 전한 노(魯, 산동성) 사람인데, 가족이 평릉(平陵)으로 옮겼고, 자는 유(游)이다. 젊어서부터 임협(任俠)을 좋아했다. 나이 마흔에 백우자(白友子)에게『주역』을, 소망지(蕭望之)에게『논어』를 배웠다. 원제(元帝) 때 소부(少府) 오록충종(五鹿充宗)과 논쟁을 벌여 연달아 꺾고 박사(博士)가 되었다. 두릉령(杜陵令)으로 옮겼고, 나중에 괴리령(槐里令)이 되었다. 사람됨이 강직해서 여러 차례 글을 올려 조정 대신들이 시위소찬(尸位素餐)하는 것을 비판했다가 결국 금고(禁錮)를 당하고 원제 때야 풀려났다. 성제(成帝) 때 조정에서 간신 장우(張禹)를 참수해야 한다고 주청했다가 황제의 화를 사서 끌어내 죽임을 당할 뻔했다. 황제의 노여움을 사서 어사에게 끌려갈 때 "관용방(關龍逢)과 비간(比干)의 뒤를 따라 지하에서 노닐 수 있으면 족하다![得下從龍逢·比干, 遊於地下, 足矣!]"라고 외치며 전각의 난간을 끝까지 붙잡고 버티는 바람에 난간이 모두 부서졌다. 뒤에 성제가 그의 충심을 깨닫고는 부서진 난간을 그대로 보존하여 직신의 정표(旌表)로 삼게 했던 고사가 전한다. 이때 좌장군(左將軍) 신경기(辛慶忌)가 목숨을 걸고 간쟁해 사면을 받을 수 있었다. 이후 다시는 관직에 나가지 못했다. 만년에는 학생들을 가르치며 보냈다. 이름난 제자로 박사가 된 엄망(嚴望), 엄원(嚴元)이 있다. 70여 세로 죽었다.

**주이존**(朱彝尊, 1629~1709): 청나라 절강(浙江) 수수(秀水) 사람. 자는 석창(錫鬯)이고, 호는 죽타(竹坨) 또는 행십(行十), 소장로조어사(小長蘆釣魚

師), 금풍정장(金風亭長)이다. 젊어서 명나라가 망한 것을 애통하게 여기면서 왕조의 회복에 뜻을 두었다. 얼마 뒤 천하를 떠돌면서 명성이 점점 높아가자 강희(康熙) 18년(1679) 박학홍사과(博學鴻詞科)에 선발되었다. 고학(古學)에 힘써 금석고증(金石考證) 및 고문시사(古文詩詞)에 밝았다. 『명사(明史)』 편찬에 참여했고, 『문원(文苑)』과 『영주도고록(瀛洲道古錄)』, 『일하구문(日下舊聞)』 등을 편찬했으며, 『오대사(五代史)』에 주를 달기도 했다. 경학 관련 저술로는 한나라 때부터 명나라 때까지의 경설(經說)을 모두 수집하여 편찬한 『경의고(經義考)』가 있는데, 존(存), 일(佚), 궐(闕), 미견(未見) 등으로 자료마다 주석을 달아 목록학의 발전에 크게 공헌했다. 시문(詩文)과 사(詞)에도 일가를 이루어, 시는 왕사진(王士禎)과 이름을 나란히 했고, 사는 진유숭(陳維崧)과 함께 '주진(朱陳)'으로 불렸다. 그 밖의 저서에 수수(秀水) 지방의 장고(掌故)를 기록한 『화록(禾錄)』, 염정(鹽政)을 기록한 『차록(鹺錄)』 및 『폭서정집(曝書亭集)』, 『명시종(明詩綜)』, 『사종(詞綜)』 등이 있다.

**주창**(周昌, ?~기원전 192): 한나라 패현(沛縣) 사람. 주가(周苛)의 종제(從弟)다. 진(秦)나라 때 사수졸사(泗水卒史)를 지냈다. 나중에 유방(劉邦)을 따라 패현에서 봉기하여 입관(入關)했고 진나라를 격파하여 중위(中尉)가 되었다. 내사(內史)로 오창(敖倉)을 견고하게 방어하여 어사대부(御史大夫)가 되고, 항우(項羽)를 격파했다. 유방이 제위에 오르자 6년(기원전 201) 분음후(汾陰侯)에 봉해졌다. 사람됨이 고집이 세 직언을 서슴지 않았고 말을 더듬었다. 고조가 태자(太子, 惠帝)를 폐하고 여의(如意)를 세우려고 하자 한사코 이를 막았다. 여후(呂后)가 조왕(趙王)을 독살하자 병이라 하여 입조(入朝)하지 않았다. 시호는 도(悼)다.

**준불의**(儁不疑, ?~?): 전한 발해(渤海) 사람. 자는 만천(曼倩)이다. 『춘추』를 연구하여 군문학(郡文學)이 되었다. 무제(武帝) 말에 청주자사(青州刺史)가 되었다. 소제(昭帝) 초에 경조윤(京兆尹)에 발탁되었는데, 항상 유가경술(儒家經術)로 일을 처리했다. 시원(始元) 5년(기원전 82) 어떤 남자가 위태자(衛太子)를 모칭(冒稱)한 것을 승상어사(丞相御史)도 판별하지 못했는데, 그가 『춘추』에 근거해 관리를 질책하여 체포하고 투옥시켰다. 황제가 듣고 가상하게 여겼는데, 이때부터 명망(名望)이 조정에 떨치게 되었다.

**중괴**(仲傀, ?~?): 은나라 성탕(成湯)의 좌상(左相)이었다는 중훼(仲虺)와 동일한 인물이란 설도 있고, 은나라의 저명한 무당이라는 설도 있으며, 그 독음이 비슷하기 때문에 '웅훼(雄虺)'로 바꿔 쓰기도 한다.

**중이**(重耳, 기원전 697?~기원전 628): 춘추시대 진(晉)나라의 군주인 진 문공(晉文公)의 이름이다. 진 헌공(晉獻公)의 둘째 아들이다. 아버지가 총희 여희(驪姬)의 참소를 믿고 태자 신생(申生)을 죽이자, 망명하여 19년 동안 떠돌았다. 헌공이 죽고 마침내 여희의 아들이 해제(奚齊)가 왕위에 올랐지만 측근에 의해 살해되고 중이의 동생 이오(夷吾)가 진나라의 왕위에 올라 혜공(惠公)이 되었다. 하지만 중이(重耳)는 동생 이오의 견제로 진나라로 돌아갈 수 없게 되었고 자객으로부터 생명의 위협을 느끼고 제(齊)나라로 달아났다. 혜공이 죽고 회공(懷公)이 뒤를 이었지만 민심을 얻지 못했다. 마침내 진 목공(秦穆公)의 도움으로 귀국해서 즉위했다. 호언(狐偃)과 조쇠(趙衰), 선진(先軫) 등 어진 신하를 등용해서 난국을 수습하고 국력을 강화시켰다. 주(周) 왕실의 왕자 대(帶)의 반란을 평정하고 주 양왕(周襄王)을 맞아 복위시키면서 존왕(尊王)을 호소해 위신을 세웠다. 성복(城濮) 전투에서 초(楚)·진(陳)·채(蔡) 세 나라의 군대를 대파하고, 천토(踐土)에서 제후를 회합해 패주(霸主)로 자리했다. 제 환공에 이어 제후의 맹주(盟主)가 되었다. 9년 동안 재위했다.

**중장통**(仲長統, 179~220): 후한 산양(山陽) 고평(高平) 사람. 자는 공리(公理)이다. 어려서 학문을 좋아해서 여러 서적을 두루 탐독했고 문사(文辭)에도 뛰어났다. 뜻이 크고 기개가 있어 직언(直言)을 서슴지 않으면서도 자신의 절개를 자랑하지 않아 당시의 사람들이 광생(狂生)이라 불렀다. 여러 곳에서 그를 군현(郡縣)에 임용하고자 했지만 매번 병을 핑계대고 나가지 않았다. 헌제(獻帝) 때 상서랑(尚書郎) 순욱(荀彧)이 그의 명성을 듣고 재주를 기이하게 여겨 상서랑(尚書郎)으로 천거했다. 나중에는 조조(曹操)의 군사(軍師)로 참여했다. 고금(古今) 및 시속(時俗)의 일들을 설파할 때마다 발분탄식(發憤歎息)하여 글에 담았다. 저서에 『창언(昌言)』이 있는데, 36편 10여만 자다. 『창언』은 현재 대부분 없어졌지만, 『후한서(後漢書)』 본전 중에 「이란(理亂)」과 「손익(損益)」, 「법계(法誡)」 등의 몇 편이 실려 있다.

**증언화**(曾彦和, ?~?): 중국(中國) 송(宋)대의 학자로, 이름은 민(旼)이며 언화(彦和)는 그의 자이다. 용계[龍溪: 지금의 복건성(福建省) 장주(漳州) 용해시(龍海市)] 사람이다.

**지순**(摯恂, ?~?): 후한 경조(京兆) 사람. 자는 계직(季直)이다. 글을 잘 지었고, 『예기』와 『주역』에 밝았다. 위수(渭水) 강가에 은거하며 마융과 환린(桓驎) 등 많은 제자를 가르쳤다. 영화(永和) 연간에 조정에서 국석보(國碩輔)에 천거했지만 나가지 않았다. 마융의 재능이 뛰어난 것을 알고 사위로 삼았다.

**지윤견**(支允堅, ?~?): 명(明)나라 시대 인물. 자는 자고(子固)이고, 호는 매파거사(梅坡居士)이다. 본관은 자세하지 않다. 저서에『이림(異林)』10권이 있다.

**진군**(陳群, ?~237): 삼국시대 위(魏)나라 영천(潁川) 허창(許昌) 사람. 자는 장문(長文)이고, 진기(陳紀)의 아들이다. 공융(孔融)과 사귀었고, 젊어서부터 명성을 날렸다. 유비(劉備)가 뽑아 별가(別駕)가 되었다. 나중에 조조(曹操)에게 귀의하여 사공서조연속(司空西曹掾屬)이 되고, 거듭 승진하여 어사중승(御史中丞)이 되었다. 연강(延康) 원년(220) 조비(曹丕)가 위나라를 세웠을 때 상서(尙書)가 되어 구품중정제(九品中正制)의 실시를 건의했고, 스스로 중정관이 되어 인재를 등용했다. 조비가 선양받아 황제로 즉위하자 상서복야(尙書僕射)로 옮기고 시중(侍中)이 더해졌다. 명제(明帝) 때 사공(司空)과 녹사성사(錄尙書事)를 지냈다. 영음후(潁陰侯)에 봉해졌다. 황제에게 민생을 살펴 무리하게 궁실을 건축해서는 안 된다고 간언했다. 시호는 정(靖)이다.

**진덕수**(眞德秀, 1178~1235): 송나라 건녕부(建寧府) 포성(浦城) 사람. 자는 경원(景元) 또는 희원(希元)인데, 나중에 경희(景希)로 고쳐 불렀다. 호는 서산(西山)이고, 시호는 문충(文忠)이다. 일설에는 원래 성이 신(愼)이었는데, 효종(孝宗) 조신(趙昚)의 이름을 피해 고쳤다고도 한다. 영종(寧宗) 경원(慶元) 5년(1199) 진사(進士)가 되고, 개희(開禧) 원년(1205) 박학굉사과(博學宏詞科)에 합격했다. 이종(理宗) 때 예부시랑(禮

部侍郞)에 발탁되어 직학사원(直學士院)에 올랐다. 사미원(史彌遠)이
그를 꺼려 탄핵을 받고 파직되었다. 나중에 천주(泉州)와 복주(福州)
의 지주(知州)를 지냈다. 단평(端平) 원년(1234) 입조하여 호부상서(戶
部尙書)에 오르고, 한림학사(翰林學士)와 지제고(知制誥)가 되었다. 다
음 해 참지정사(參知政事)에 이르렀는데, 얼마 뒤 죽었다. 강직하기
로 유명해 조정에서 명성이 자자했다. 시정(時政)에 대해 자주 건의
했고, 주소(奏疏)는 수십만 자에 이르렀다. 주자학파(朱子學派)의 학
자로, 『대학연의(大學衍義)』는 『대학장구(大學章句)』에 비견한다는
평을 들었다. 경원당금(慶元黨禁) 이후 정주(程朱)의 이학(理學)이 다
시 성행하는 데 공헌한 바 컸다. 그 밖의 저서에 『당서고의(唐書考疑)』
와 『독서기(讀書記)』, 『문장정종(文章正宗)』, 『서산갑을고(西山甲乙
稿)』, 『서산문집(西山文集)』 등이 있다.

**진 도공**(晉悼公, 기원전 586~기원전 558): 춘추시대 진나라의 국군(國君). 이름
은 주(周) 또는 규(糾)고, 주 양공(周襄公)의 증손이다. 난서(欒書)가 여
공(厲公)을 살해하고 주나라에서 맞이했다. 즉위한 뒤 불신자(不臣者)
일곱 명을 내쫓았다. 공업(功業)을 닦고 덕정을 베풀면서, 제후를 모
아 여러 차례 초나라와 정나라를 두고 전쟁을 벌였는데, 정나라가
항복하자 초나라도 감히 다투지 못했다. 위강(魏絳)을 보내 융(戎)과
화해하니 융인(戎人)이 직접 귀부(歸附)했다. 14년 육경(六卿)에게 제
후들과 회합하여 진(秦)나라를 정벌하도록 하여 깊이 진나라 땅으로
들어가 경수(涇水)를 지나 역림(棫林)까지 이르렀지만 장수들 사이에
뜻이 맞지 않아 철수했다. 진(晉)나라가 다시 패자(覇者)가 되었다.
15년 동안 재위했다.

**진례**(陳澧, 1810~1882): 청나라 광동(廣東) 번옹(番禺) 사람. 자는 난보(蘭甫)이고, 호는 동숙(東塾)이다. 청나라 고증학의 근원이 주희(朱熹)에게 있다고 여겨 주희에 대한 비판을 반대했다. 한학(漢學)을 위주로 했는데, 특히 정현의 주석을 종주로 삼았다. 음운과 문자, 천문, 수학, 악률(樂律) 등에 조예가 깊었고, 경세치용의 학문을 주장했다. 순자(荀子)의 성악설(性惡說)을 반대하고 맹자(孟子)의 성선설(性善說)을 지지했다. 저서 『동숙독서기(東塾讀書記)』는 평생 독서를 통해 얻은 식견을 정리한 책으로, 일종의 학술사이다. 성명도덕(性命道德)에 관한 어의를 푼 『한유통의(漢儒通義)』 외에 『성률통고(聲律通考)』, 『절운고(切韻考)』 9권, 『동숙집(東塾集)』, 『한지수도도설(漢志水道圖說)』 등 음악과 음운(音韻), 지리, 천문, 산학(算學)에 걸친 저술을 남겼다. 그 밖의 저서에 『경순비의(經馴比義)』와 『절운고(切韻考)』, 『수경주제강(水經注提綱)』, 『삼통술상설(三統術詳說)』, 『금률(琴律)』 등이 있다.

**진립**(陳立, 1809~1869): 청나라 강소(江蘇) 구용(句容) 사람. 자는 탁인(卓人) 또는 묵재(默齋)이다. 한림원(翰林院) 서길사(庶吉士)를 거쳐 운남(雲南) 곡정지부(曲靖知府)를 역임했다. 젊어서 매식지(梅植之), 능서(凌曙), 유문기(劉文淇)에게 수학했다. 『춘추공양전』을 정밀히 연구했는데, 당나라 이전의 구설(舊說)을 채집하고 청나라 공광삼(孔廣森), 유봉록(劉逢祿) 등의 고증학을 수용해 『공양의소(公羊義疏)』를 저술했다. 그 밖의 저서에 『백호통소증(白虎通疏證)』과 『설문해성자생술(說文諧聲孶生述)』, 『이아구주(爾雅舊注)』, 『구계잡저(句溪雜著)』 등이 있다.

**진무령**(陳懋齡, ?~?): 중국 청나라 강소(江蘇) 상원(上元) 사람. 자(字)는 면보(勉甫)이며, 건륭(乾隆) 57년 부공생(副貢生)이 되었다. 박문강기했고,

역산에 통달했다. 저서로『경서산학천문고(經書算學天文考)』,『춘추윤삭교식고(春秋閏朔交食考)』,『육조지리고(六朝地理考)』가 있다.

**진상도**(陳祥道, 1053~1093): 북송 복주(福州) 민청(閩淸) 사람. 자는 용지(用之) 또는 우지(祐之)이다. 박학했고, 특히 예학(禮學)에 정통했다. 저서에 『예서(禮書)』와『논어전해(論語全解)』가 있다.

**진선**(陳善, ?~?): 송(宋)나라 때의 학자. 자는 자겸(子兼)이며 또 다른 자는 경보(敬甫)이고, 호는 추당(秋塘)이다. 나원(羅源) 사람으로 저서에『문슬신화(捫蝨新話)』15권이 있고,『사고총목(四庫總目)』이 세상에 전한다.

**진수**(陳壽, 233~297): 서진(西晉) 파서(巴西) 안한(安漢) 사람. 자는 승조(承祚)이다. 진씨는 파서의 호족으로, 아버지와 그는 촉한(蜀漢)에서 벼슬했다. 관각영사(觀閣令史)에 올랐지만 환관 황호(黃皓)에게 아부하지 않았다가 쫓겨났다. 촉나라가 망하고 진나라가 들어서자 사공(司空) 장화(張華)가 그 재주를 아껴 효렴(孝廉)으로 천거하여 저작좌랑(著作佐郞)에 올랐다. 외직으로 나가 양평령(陽平令)이 되었다. 저작랑(著作郞)을 거쳐 어사치서(御史治書)까지 올랐다. 역사에 재능이 많아『삼국지(三國志)』를 지었다. 하후담(夏侯湛)이 읽어 보고 자신이 지은 『위서(魏書)』를 파기했다고 한다. 그 밖의 저서에『고국지(古國志)』 와『익도기구전(益都耆舊傳)』등이 있다.『제갈량집(諸葛亮集)』을 편찬하기도 했다.

**진수기**(陳壽祺, 1771~1834): 청나라 복건(福建) 민현(閩縣) 사람. 자는 공보(恭

甫) 또는 위인(葦仁)이고, 호는 좌해(左海) 또는 산사(珊士)이며, 만년에 자호를 은병산인(隱屛山人)이라 했다. 가경(嘉慶) 4년(1799) 진사(進士)가 되어 한림원(翰林院) 서길사(庶吉士)와 편수(編修) 등을 지냈다. 14년(1809) 회시동고관(會試同考官)을 지냈다. 부모가 죽은 뒤에는 출사하지 않았다. 천주(泉州) 청원서원(淸源書院)과 복주(福州) 오봉서원(鼇峰書院)의 주강(主講)을 역임했다. 전대흔(錢大昕), 단옥재, 왕염손, 정요전(程瑤田) 등과 교유했고, 장혜언(張惠言), 왕인지와 이름을 나란히 했다. 처음에는 송명이학(宋明理學)을 공부하다가 나중에는 오로지 한학(漢學)만을 연구했다. 저서에 『좌해경변(左海經辨)』과 『오경이의소증(五經異義疏證)』, 『상서대전정본(尙書大傳定本)』, 『홍범오행전집본(洪範五行傳輯本)』이 있고, 아들 진교종(陳喬樅)이 완성한 『금문상서경설고(今文尙書經說考)』와 『삼가시유설고(三家詩遺說考)』 등이 있다.

**진식**(陳寔, 104~187): 후한 영천(潁川) 허(許) 사람. 자는 중궁(仲躬)이고, 『채중랑집(蔡中郞集)』에는 중궁(仲弓)으로 되어 있다. 젊어서 현리(縣吏)가 되었지만 배움에 뜻을 두자 현령(縣令) 등소(鄧邵)가 태학(太學)에 수업하게 했다. 환제(桓帝) 때 태구장(太丘長)에 임명되었는데, 송사(訟事)를 판정하는 것이 매우 공정했다. 당고(黨錮)의 화(禍)가 일어나자 다들 재난을 피하기에 바빴지만 홀로 투옥을 자청하고 수금(囚禁)당했다. 나중에 사면되어 풀려났다. 집에서 죽었을 때 조문객이 3만여 명에 이르렀고, 상복을 입은 사람이 수백을 헤아릴 정도였다고 한다. 시호는 문범선생(文范先生)이다. 아들 진기(陳紀), 진심(陳諶)과 함께 명성을 얻어 '삼군(三君)'으로 불렸다.

**진여**(陳餘, ?~기원전 205): 진(秦)나라 말기 장이(張耳, ?~기원전 202)의 부하 장수. 두 사람은 전국시대 말기의 유생으로, 진여가 장이를 아버지로 섬길 정도로 친밀한 정을 나누었다. 두 사람은 진(秦)나라 말기에 대의를 명분으로 일어난 진섭(陳涉) 밑에 들어가 조(趙)나라의 장상(將相)을 새로 세우는 등 세력을 확장하였으나, 진나라와 한(漢)나라의 대립이 깊어지자 두 사람은 친분을 나누던 사이에서 원수 관계가 되어, 장이는 한나라로 가고 진여는 초(楚)나라를 도왔다. 처음에는 진여가 장이를 깨뜨려 조나라에서 대왕(代王)이 되었다. 그러나 뒤에 장이가 한나라에 투항하여 조나라를 멸망시키고 진여를 죽여 그 공로로 조나라 왕에 봉해졌다.

**진 여공**(晉厲公, ?~기원전 573): 춘추시대 진(晉)나라의 임금이다. 이름은 수만(壽曼)이고, 경공(景公)의 아들이다. 정(鄭)나라가 진나라를 배신하고 초나라와 동맹을 맺자 여공 6년 군사를 이끌고 정벌했다. 초나라 사람들이 와서 구원하자 언릉(鄢陵)에서 초나라 군대를 대파했다. 이때부터 위명을 크게 떨쳤다. 나중에 교만하고 사치에 빠져 총희(寵姬)를 여럿 거느리고, 대부(大夫)들을 모두 내쫓고 총희의 형제들로 채웠다. 총희의 오빠 서동(胥童)을 경(卿)으로 삼고, 대부 극기(郤錡)와 극주(郤犫), 극지(郤至)를 살해했다. 결국 난서(欒書)와 중행언(中行偃)에게 살해당했다. 8년 동안 재위했다.

**진 원제**(晉元帝, 276~322): 동진(東晉)의 황제. 자는 경문(景文)이고, 사마의(司馬懿)의 증손이다.

**진자명**(陳自明, ?~?): 송나라 무주(撫州) 임천(臨川) 사람으로 자는 양보(良甫)

이다. 의학에 정통했고, 건강부(建康府) 명도서원(明道書院) 의학교수(醫學教授)를 지냈다. 그가 지은 『부인대전양방(婦人大全良方)』은 조경(調經)과 중질(衆疾), 구사(求嗣), 태교(胎教), 임신(姙娠), 좌월(坐月), 산난(産難), 산후(産後), 여덟 부문으로 나누어 여러 학자의 처방과 비법을 수집해 부인과의 증상에 따라 치료하게 했는데, 상세하여 빠진 것이 없었다. 앞에 이종(理宗) 가희(嘉熙) 원년(1237)의 서문에 있는데, 삼대에 걸쳐 의학을 공부했고 집안에 의학 서적 몇 권이 있었는데, 일찍이 동남 지역을 다니면서 가는 곳마다 방서(方書)를 구해 읽었다고 했다. 그 밖의 저서에 『외과정요(外科精要)』가 있다.

**진작**(晉灼, ?~?): 진(晉)나라 하남(河南) 사람으로, 상서랑(尚書郎)을 지냈으며, 저서로는 『한서음의(漢書音義)』 17권이 있었으나, 지금은 일실되었고, 서목(書目)이 『수서(隋書)』 「예문지(藝文志)」와 『당서(唐書)』 「예문지(藝文志)」에 보인다.

**진전**(陳鱣, 1753~1817): 청나라 절강(浙江) 해녕(海寧) 사람. 자는 중어(仲魚)이고, 호는 간장(簡莊) 또는 하장(河莊)이다. 아버지에게 허신(許愼)의 『설문해자(說文解字)』를 배웠으며, 문자훈고(文字訓詁)와 교감(校勘)에 뛰어났다. 박람강기했고, 문자훈고에 전념했으며, 교감과 집일(輯佚)에 뛰어났다. 장서가 대단히 많았다. 저서에 『논어고훈(論語古訓)』과 『간장문초(簡莊文鈔)』, 『속당서(續唐書)』 등이 있다.

**진조범**(陳祖範, 1675~1753): 청나라 때의 경학자. 자는 역한(亦韓)이고, 호는 견복(見復)이다. 강소(江蘇) 상숙(常熟) 사람으로 건륭(乾隆) 연간에 경학으로 천거를 받아 국자감(國子監) 사업(司業)을 지냈다. 자양서원

(紫陽書院)과 운룡서원(雲龍書院), 경부서원(敬敷書院), 안정서원(安定書院) 등의 주강(主講)을 지냈다. 저서에 『경지(經咫)』와 『장록(掌錄)』, 『진사업시문집(陳司業詩文集)』 등이 있다.

**진항**(陳恒, ?~?): 춘추시대 제(齊)나라 대부. 진성자(陳成子) 또는 전성자(田成子), 전상(田常)으로도 불린다. 제 간공(齊簡公) 때 감지(闞止)와 함께 좌우상(左右相)을 맡았다. 선조들의 전통을 계승하여 대두(大斗)로 재어 양식으로 대여하고, 소두(小斗)로 재어 거둬들여 민심(民心)을 얻었다. 제 간공 4년 감지와 간공을 공격해 살해하고, 간공의 동생 오(鰲)를 세워 평공(平公)으로 삼았다. 스스로 재상이 되어 제나라의 국정을 장악하고, 공족(公族) 가운데 강성한 이들은 모두 제거했다. 봉읍(封邑)을 확대하니, 이때부터 제나라의 권력은 전씨(田氏)가 독차지하게 되었다.

**진혜전**(秦蕙田, 1702~1764): 청나라 강소(江蘇) 금궤(金匱) 사람. 자는 수봉(樹峰) 또는 수풍(樹灃)이고, 호는 미경(味經)이며, 시호는 문공(文恭)이다. 삼례(三禮)에 정밀했는데, 서건학(徐乾學)의 『독례통고(讀禮通考)』를 계승한 『오례통고(五禮通考)』를 지었다. 『주역』에도 조예가 깊어 『주역상의일전(周易象義日箋)』을 저술했다. 그 밖의 저서에 『미경와류집(味經窩類集)』과 『관상수시(觀象授時)』 등이 있다.

**진환**(陳奐, 1785~1863): 청나라 강소(江蘇) 장주(長洲) 사람. 자는 탁운(倬雲)이고, 호는 석보(碩甫) 또는 사죽(師竹)이며, 만호는 남원노인(南園老人)이다. 환파경학(皖派經學)의 계승자로, 강원(江沅)에게 고학(古學)을 배웠고, 단옥재(段玉裁)에게도 수학했다. 왕염손(王念孫), 왕인지(王引

之), 학의행(郝懿行), 호배휘(胡培翬) 등과 교유했다. 왕인지의 『경의
술문(經義述聞)』에 대해 이견을 제시했고, 호승공(胡承珙)을 위해 『모
시후전(毛詩後箋)』을 지어 보충했다. 또한 학의행의 『이아의소(爾雅
義疏)』, 호배휘의 『의례정의(儀禮正義)』, 김악(金鶚)의 『구고록(求古錄)』
을 교열하여 간행했다. 『시경』에 조예가 깊어 『모시전소(毛詩傳疏)』
를 지었는데, 모전(毛傳)만을 해설하되 전한(前漢) 이전의 구설(舊說)
을 널리 증명하여 그 뜻을 밝혔지만 정현(鄭玄)의 「전(箋)」은 쓰지 않
았다. 정현의 「전」이 제시(齊詩)와 노시(魯詩), 한시(韓詩)의 삼가시
(三家詩)에 바탕을 둔 것이 많아 모전(毛傳)과 다르다는 사실을 밝히
기 위해 『정씨전고증(鄭氏箋考證)』을 지었다. 그 밖의 저서에 『모시
설(毛詩說)』과 『모시음(毛詩音)』, 『모시전의류(毛詩傳義類)』, 『시의류
(詩義類)』, 『곡량일례(穀梁逸禮)』, 『공양일례고징(公羊逸禮考徵)』 등이
있다.

**진후**(晉侯, ?~기원전 532): 춘추시대 진나라의 국군(國君)인 진 평공(晉平公)이
다. 이름은 표(彪)고, 도공(悼公)의 아들이다. 3년 제후의 군대를 이
끌고 노나라를 구하기 위해 제나라를 공격하여 수도를 포위했다.
다음 해 제후들과 독양(督揚)에서 모여 대국이 소국을 침범하지 않
는다는 조약을 맺었다. 세금을 지나치게 많이 걷고 백성들의 형편
을 돌보지 않았으며, 음락(淫樂)을 즐겼다. 정치가 조(趙)·한(韓)·
위(魏) 삼가(三家)로 몰려갔다. 26년 동안 재위했다.

**진후**(晉侯, ?~기원전 573): 춘추시대 진나라의 임금인 진 여공(晉厲公, ?~기원전
573)이다. ☞ 진 여공(晉厲公)

ㅊ

**채덕진**(蔡德晉, ?~?): 청나라 강소(江蘇) 무석(無錫) 사람. 자는 인석(仁錫) 또는 신석(宸錫)이고, 호는 경재(敬齋)이다. 옹정(雍正) 4년(1726) 거인(擧人)이 되었다. 건륭(乾隆) 연간에 예부상서(禮部尙書) 양명시(楊名時)의 천거로 국자감학정(國子監學正)을 지내고, 공부사무(工部司務)로 옮겼다. 송·원·명나라 이래 여러 학자의 학설과 주소(注疏) 등을 참고하여 예경(禮經)의 뜻을 해석한 『예경본의(禮經本義)』를 지었다. 또한 주·진·양한(周秦兩漢)의 서적과 선현들의 예(禮)에 대한 격언을 모아 『예전본의(禮傳本義)』도 저술했다. 그 밖의 저서에 『통례(通禮)』와 『시경본의(詩經本義)』 등이 있다.

**채모**(蔡謨, 281~356): 동진(東晉) 진류(陳留) 고성(考城) 사람으로 자는 도명(道明)이고, 시호는 문목(文穆)이다. 처음에 동중랑장(東中郎將) 사마소(司馬昭)의 참군(參軍)이 되었다. 소준(蘇峻)을 평정하는 데 공이 있어 제양남(濟陽男)에 봉해졌다. 성제(成帝) 함강(咸康) 5년(339) 태위(太尉) 치감(郗鑒)이 죽자 정북장군(征北將軍)에 임명되어 서주(徐州)와 연주(兗州), 청주(靑州)의 제군사(諸軍事)를 감독하면서 서주자사(徐州刺史)에 올랐다. 군사 7천 명을 이끌고 방어하는 데 지략을 발휘했다. 강제(康帝) 때 시중(侍中)과 사도(司徒)에 임명되었지만 사양했다. 목제(穆帝) 때 불려 사신이 십여 차례나 오갔지만 오지 않았다. 대신들이 오만하다고 지적해 서인(庶人)으로 떨어졌다. 이후 학생들을 가르쳤다. 다시 황명을 받아 광록대부(光祿大夫)에 이르렀다. 저서에 『채씨상복보(蔡氏喪服譜)』와 『논어채씨주(論語蔡氏注)』, 『예기음(禮記音)』, 『한서집해(漢書集解)』 등이 있다.

**채옹**(蔡邕, 132~192): 중국 후한의 학자·문인·서예가. 자는 백개(伯喈)이고, 하남성(河南省) 기현(杞縣)에서 태어났다. 젊어서부터 박학하기로 이름이 높았고 문장에 뛰어났다. 170년 영제(靈帝)의 낭중(郎中)이 되어 동관(東觀)에서 서지 교정에 종사하였으며, 175년 제경(諸經)의 문자평정(文字平定)을 주청하여 스스로 써서 돌에 새긴 후 태학(太學)의 문 밖에 세웠다. 이것이 『희평석경(熹平石經)』이다. 후에 중상모략을 받고 유배되었다가 대사령(大赦令)을 받았으나 귀향하지 않고 오(吳)에서 10여 년을 머물렀다. 189년 동탁(董卓)에게 발탁되어 시어사(侍禦史), 시중(侍中)에서 좌중랑장(左中郎將)까지 승급하였으나 동탁이 벌을 받고 죽음을 당한 후 투옥되어 옥중에서 사망하였다. 조정의 제도와 칭호에 대하여 기록한 『독단(獨斷)』, 시문집 『채중랑집(蔡中郎集)』이 있다. 또 비백체(飛白體)를 창시하였다.

**채의**(蔡義, 기원전 150?~기원전 71): 하내군 온현 사람. 명경으로 대장군의 막부에서 일했다. 집이 가난하여 항상 걸어 다녔다. 막부에서 주는 보수가 다른 관청보다 적었다. 사람들이 돈을 추렴하여 채의를 위하여 자그마한 달구지를 사서 이를 타게 하였다. 수년 후 복앙성문의 문후로 승진했다. 이윽고, 칙명이 있어 한시를 지을 수 있는 이를 찾았다. 채의가 부름을 받아 임관을 기다렸으나, 아무리 기다려도 배알할 기회가 오지 않자 상소문을 올려 무제에게 불려가 『시경』을 강의하였다. 광록대부 급사중이 되어 소제에게도 강의하였다. 수년이 지나 소부에 임명되고 기원전 75년 어사대부가 되었다가, 기원전 75년 승상이 되었으며, 양평후(陽平侯)에 봉해졌다. 기원전 75년 병으로 죽었으며, 시호는 절(節)이다.

**채절**(蔡節, ?~?): 남송(南宋)시대 영가(永嘉) 사람. 순우(淳祐) 6년에 일찍이 조산랑(朝散郎)과 집영전수찬(集英殿修撰)을 역임했고, 뒤에 무주(撫州)·경원(慶元) 등 징역의 지사가 되었는데, "출전은 보번(輔藩)이지만 열조(列朝)에 올랐다."라고 불릴 만한 지방관이 되었다. 그러나 그는 오히려 정치를 청렴하게 하였으며 공무를 받들고 올바름을 지켰다. 대표적인 저술로는 『논어집설(論語集說)』이 있는데, 문체가 명확하고 각 학파의 학설을 두루 체용했다.

**채청**(蔡淸, 1453~1508): 명나라 복건(福建) 진강(晉江) 사람. 자는 개부(介夫)이고, 호는 허재선생(虛齋先生)이며, 시호는 문장(文莊)이다. 성화(成化) 20년(1481) 진사가 되어 예부주사(禮部主事)에 올랐다. 무종(武宗) 정덕(正德) 초에 강서제학부사(江西提學副使)를 지냈다. 주신호(朱宸濠)의 미움을 받아 치사(致仕)했다. 나중에 남경(南京) 국자감좨주(國子監祭酒)로 재기했지만 이미 사망한 뒤였다. 임비(林玭)에게 『주역』을 배웠는데, 특히 『주역』과 『중용』에 뛰어났다. 학문은 처음에는 주정(主靜) 중심이었다가 나중에 주허(主虛)를 중시해 거처를 허명재(虛名齋)라 했다. 저서에 『사서몽인(四書蒙引)』과 『역경몽인(易經蒙引)』, 『간하도낙서설(看河圖洛書說)』, 『어요(語要)』, 『성신법(省身法)』, 『허재집(虛齋集)』 등이 있다.

**채희**(蔡姬, ?~?): 춘추시대 채 목후(蔡穆侯)의 누이이자 제 환공(齊桓公)의 아내이다.

**척곤**(戚袞, 519~581): 남조 진(陳)나라 오군(吳郡) 염관(鹽官) 사람. 자는 공문 (公文)이다. 젊어서 건강(建康)에 유학하여 유문소(劉文紹)와 함께 송 회(宋懷) 삼례(三禮)를 배워 남북이학(南北二學)의 장점을 터득했다. 양무제(梁武帝) 때 대책(對策)이 최고 성적을 받아 양주좨주종사사(揚 州祭酒從事史)에 임명되었다. 얼마 뒤 태학박사(太學博士)를 겸했다. 양(梁)나라 간문제(簡文帝)가 태자로 있을 때 일찍이 불러 중서자(中 庶子) 서리(徐摛)와 함께 경의(經義)를 질의했다. 양경제(梁敬帝)가 즉 위하자 강주자사(江州刺史)가 되었다. 정문계(程文季)를 따라 북정(北 征)에 나섰다가 군대가 패하자 북주(北周)로 들어갔는데, 오랜 뒤 돌 아올 수 있었다. 진나라 선제(宣帝) 태건(太建) 중에 시흥왕부녹사참 군(始興王府錄事參軍)으로 죽었다. 저서에 『삼례의기(三禮義記)』와 『주 례음(周禮音)』, 『예기의(禮記義)』가 있었는데, 『주례음』 외에는 다 없 어졌다.

**척부인**(戚夫人): 중국 전한(前漢) 고조(高祖)의 총비(寵妃)이다. 고조가 죽은 뒤 여후(呂后)에 의해 팔다리가 잘리고 눈이 뽑히며 벙어리·귀머거 리가 된 채 측간에 갇혀 '사람 돼지[人彘]'라고 불렸다.

**초순**(蕉循, 1763~1820): 중국 청나라시대의 학자. 강소(江蘇)성 감천(甘泉) 사 람이다. 자(字)는 이당(里堂)이다. 학술 방면에서 대진(戴震, 1723~ 1777)을 계승하였으며, 완원(阮元)에게 수학했다. 집에다 조고루(雕菰 樓)라는 서실을 지어 놓고 평생 독서와 저술에 힘써서 다양한 저서 를 많이 남겼다. 경사(經史)는 물론 성력(曆算), 성운(聲韻), 훈고(訓詁) 등에 정통했고, 경전 가운데 특히 『주역』과 『맹자』, 『시경』 등을 깊이 연구했다. 저술로는 첫째, 역학(易學) 저작으로 역학삼서(易學三

書)라는 항목 아래에 『역학장구(易學章句)』12권, 『도략(圖略)』8권,
『통석(通釋)』20권, 『역화(易話)』2권, 『역광기(易廣記)』3권 등이 있
다. 둘째, 『역』이외의 경학 저작으로 육경보소(六經補疏)라는 항목
아래에 『논어보소(論語補疏)』3권, 『주역보소(周易補疏)』2권, 『상서
보소(尙書補疏)』2권, 『시경보소(詩經補疏)』5권, 『춘추보소(春秋補疏)』
5권, 『예기보소(禮記補疏)』5권, 『군경궁실도(群經宮室圖)』2권, 『우공
정주석(禹貢鄭注釋)』2권, 『맹자정의(孟子正義)』30권이 있으며, 셋째,
수학(數學)과 기타 저작으로 이당산학기(里堂算學記)라는 항목 아래에
『가감승제법(加減乘除法)』8권, 『천원일서(天元一書)』2권, 『석호(釋
弧)』3권, 『석륜(釋輪)』2권, 『석타(釋楕)』1권이 있다.

**초주**(譙周, 201~270): 삼국시대 촉(蜀)나라 파서(巴西) 서충(西充) 사람. 자는
윤남(允南)이다. 경사(經史)에 정통했고, 서찰을 잘 썼다. 제갈량(諸葛
亮)이 익주목(益州牧)으로 있을 때 불러 권학종사(勸學從事)가 되었다.
유선(劉禪)이 태자로 있을 때 복(僕)이 되고, 가령(家令)으로 옮겼다가
광록대부(光祿大夫)를 지냈다. 경요(景曜) 말에 위나라 군대가 촉을
공격하자 유선에게 항복하기를 힘써 권했다. 위나라에 들어가 양성
정후(陽城亭侯)에 봉해졌다. 진(晉)나라에 들어 기도위(騎都尉)가 되었
는데, 스스로 공이 없다고 하여 작토(爵土)를 반환하겠다고 청했다.
풍모는 질박했고, 성격은 진실했으며, 꾸밈이 없고 임기응변에 능하
진 못했지만 명민한 두뇌의 소유자였다. 후한 말기의 형세와 남북
조시대의 변화를 누구보다 빨리 읽은 사람이기도 했다. 저서에 『오
경론(五經論)』과 『법훈(法訓)』, 『고사고(古史考)』 등이 있었지만, 모두
없어졌다.

**초횡**(焦竑, 1541~1620): 명나라 응천부(應天府) 강녕(江寧) 사람. 자는 약후(弱侯)이고, 호는 담원(澹園)이다. 많은 책을 두루 읽었고, 전장(典章)에 밝았으며, 공문(古文)에도 능해 명가로 손꼽혔다. 나여방(羅汝芳)과 경정향(耿定向) 등에게서 학문을 배웠고, 이탁오(李卓吾)와 절친했다. 왕수인(王守仁)의 치양지설(致良知說)을 학문의 근본 입장으로 삼았다. 선학(禪學)의 관점에서 정호(程顥)의 불교 비판을 반박하면서, 불교에서 말하는 본래무일물(本來無一物)은 『중용』의 미발(未發)과 같다고 주장, 유불(儒佛)의 조화를 시도했다. 저서에 『초씨필승(焦氏筆乘)』과 경전목록집 『국사경적지(國史經籍志)』는 중국 문헌학상 중요한 자료로 평가된다. 그 밖의 저서에 『노자익(老子翼)』과 『장자익(莊子翼)』, 『국조헌징록(國朝獻徵錄)』 등의 주석집과 시문집 『담원집(澹園集)』이 있다. 시호는 문단(文端)이다.

**최선**(崔譔, ?~?): 중국(中國) 동진(東晉)시대 사람. 『장자(莊子)』의 주석을 달았지만 저서는 전하지 않고, 그의 글이 『경전석문(經典釋文)』에 남아 있다.

**최영은**(崔靈恩, ?~?): 남조 양(梁)나라 청하(淸河) 무성(武城) 사람. 젊어서부터 학문에 전념해 오경(五經)을 두루 배웠고, 삼례(三禮)와 삼전(三傳)에 정통했다. 경전의 이치를 분석하여 경사(京師) 유자(儒者)들의 존경을 받았다. 계주자사(桂州刺史)까지 올랐다. 저서에 『모시집주(毛詩集注)』와 『집주주례(集注周禮)』, 『주관례집주(周官禮集注)』, 『삼례의종(三禮義宗)』, 『좌씨경전의(左氏經傳義)』, 『좌씨례(左氏例)』, 『춘추좌씨전입의(春秋左氏傳立義)』, 『춘추신선유전론(春秋申先儒傳論)』, 『춘추경전해(春秋經傳解)』, 『경전해(經傳解)』, 『춘추서(春秋序)』, 『공양곡량문구의(公羊穀梁文句義)』 등이 있었지만 모두 전하지 않는다.

**최원**(崔瑗, 78~143): 후한 탁군(涿郡) 안평(安平) 사람. 자는 자옥(子玉)이다. 어릴 때 아버지를 잃었지만 학문에 뜻을 두고 매진하여 가규(賈逵)에게 배워 천문역산(天文曆算)에 정통했다. 경방(京房)의 『역전(易傳)』에도 밝았다. 마융(馬融), 장형(張衡)과 절친했다. 저서에 『초서세(草書勢)』가 있다.

**최인**(崔駰, ?~92): 후한 탁군(涿郡) 안평(安平) 사람. 자는 정백(亭伯)이다. 박학하고 경전에 정통했으며, 문장을 잘 지어 젊어 태학(太學)에서 공부했다. 반고(班固), 부의(傅毅)와 이름을 나란히 했다. 일찍이 양웅의 「해조(解嘲)」를 모방해 「달지(達志)」를 지었다. 장제(章帝) 때 「사순송(四巡頌)」을 올려 한나라의 덕을 칭송했고, 화제(和帝) 초에 거기장군(車騎將軍) 두헌(竇憲)이 부(府)의 관리로 삼았다. 두헌이 정권을 장악하고 교만해지자 여러 차례 충고했지만 두헌이 듣지 않았다. 외직으로 나가 장잠장(長岑長)이 되었지만, 부임하지 않고 귀향했다. 경전은 물론 백가(百家)의 훈고(訓詁)에 이르기까지 두루 능통했다. 본래 문집이 있었지만 없어졌고, 「달지」와 「칠의(七依)」, 「혼례결언(婚禮結言)」, 「주경(酒警)」 등만 남아 있다. 명나라 때 편집된 『최정백집(崔亭伯集)』이 있다.

**최저**(崔杼, ?~기원전 546): 춘추시대 제(齊)나라 대부. 최무자(崔武子) 또는 최자(崔子)로도 불린다. 영공(靈公) 때 정(鄭)나라와 진(秦)나라 등의 정벌에 공을 세웠다. 자신의 처와 사통한 장공(莊公)을 시해하고 경공(景公)을 세워 전권을 휘둘렀지만 집안의 불화를 틈탄 경봉(慶封)에 의해 멸문을 당했다.

**축목**(祝穆, ?~?): 송나라 건녕부(建寧府) 숭안(崇安) 사람. 조적(祖籍)은 흡현(歙
縣)이고, 초명은 병(丙)이며, 자는 화보(和甫)이다. 어릴 때 고아가 되
어 동생 축계(祝癸)와 함께 고부(姑夫) 주희에게 배웠다. 은거해 벼슬
하지 않고 학문에 전념하여 유학(儒學)으로 일가를 이루었다. 저서
에『방여승람(方輿勝覽)』과『사문류취(事文類聚)』등이 있다.

**태공**(太公, ?~?): 주나라 문왕의 스승 여상(呂尙)의 호인 태공망(太公望)을 이른다. 성은 강(姜)이고, 이름은 상(尙)이며, 자는 자아(子牙)다. 강상(姜尙) 또는 여상(呂尙), 태공망(太公望) 등 다양하게 불린다. 나이 팔순에 위수(渭水)에 낚시를 드리우며 때를 기다린 지 10여 년 만에 주나라 문왕을 만나 초빙된 다음, 문왕의 스승이 되었다. 문왕은 그가 조부인 태공(太公)이 항시 바라던 사람이라는 뜻에서 태공망(太公望)이라고 했다. 병법 이론에 밝아서 문왕이 죽은 뒤에 무왕(武王)을 도와 목야(牧野) 전투에서 은나라 주(紂)왕의 군대를 물리치고 주나라를 세우는 데 큰 공을 세웠다. 이에 무왕은 그를 높여 사상보(師尙父)라 했다. 나중에 제(齊) 땅을 영지로 받아 도읍을 영구(榮丘)에 두었는데, 제나라의 시조(始祖)가 되었다. 팔십 평생을 낚시질을 하면서 때를 기다렸다고 하는데, 고기 잡는 일이 목적이 아니었기 때문에 낚싯바늘은 곧게 펴서 물에 드리웠다고 한다. 저서에 『육도삼략(六韜三略)』이 있다.

**팽조**(彭祖, ?~?): 성은 전(籛)이고 이름은 갱(鏗)이다. 상고시대 때 사람으로, 육종씨(陸終氏)의 아들이자 전욱(顓頊)의 현손이다. 전하는 말에 요임금 때 등용되어, 하나라부터 은나라 말까지 8백여 년을 넘게 살았다고 한다. 늘 계수(桂樹)와 지초(芝草)을 먹었고, 도인(導引)을 잘해 기운을 운영했다. 팽성(彭城)에 봉해져 후세에 팽조로 불리게 되었다.

**평당**(平當, ?~기원전 5): 전한 양국(梁國) 하읍(下邑) 사람. 부풍(扶風) 평릉(平陵)으로 옮겼다. 자는 자사(子思). 명경(明經)으로 천거되어 박사(博士)가 되었고, 공경(公卿)들이 천거하여 급사중(給事中)에 올랐는데, 매번 재이(災異)가 일어나면 전거(典據)를 밝히면서 득실을 설명했다. 성제(成帝) 때 기도위(騎都尉)가 되고, 하제(河堤)를 다스렸다. 애제(哀帝) 때 광록대부제리산기(光祿大夫諸吏散騎)와 광록훈(光祿勳), 어사대부(御史大夫)를 거쳐 승상(丞相)까지 역임했다. 관내후(關內侯)에 봉해졌다. 『서경(書經)』「우공(禹貢)」에 밝았다.

**평숙**(平叔): 하안(何晏, 193?~249)의 자(字)이다. ☞ 하안(何晏)

**포승지**(暴勝之, ?~기원전 91): 전한 중기의 관료로, 자는 공자(公子)이며 하동군 사람. 한 무제 때 직지사자(直指使者) 겸 수의어사(繡衣御史)가 되어 각지를 돌며 도적 토벌을 감독하였으며, 도적을 막지 못한 태수들을 탄핵하고 현령 등을 주살하였다. 수의어사로서 각지를 시찰하던 중, 피양령(被陽令) 왕혼에게 책임을 물어 그를 죽이려 하였다. 하지만 왕혼이 자신을 설득하니, 이를 받아들여 친분을 맺고 조정으로 돌아가 그를 천거하였다. 또 발해에서 명성을 떨치던 준불의(雋不疑)를 무제에게 천거하였다. 광록대부가 되었다가 다시 어사대부로 승진하였다. 정화 2년(기원전 91년), 강충의 참소를 받은 여태자가 반란을 일으키자, 승상 유굴리가 반란 진압을 지휘하였는데, 승상사직 전인이 여태자를 놓아주니 그를 죽이려 하였다. 하지만 포승지가 이를 만류하였다. 결국 유굴리는 전인을 풀어 주었으나 이 소식을 들은 무제는 크게 노하여 포승지를 힐책하였고, 포승지는 하옥되었다가, 결국 두려움에 스스로 목숨을 끊었다.

**포신언**(包慎言, ?~?): 중국 청나라의 학자. 자는 맹개(孟開)이다. 저서에 『공양전역보(公羊傳曆譜)』, 『논어온고록(論語溫故錄)』 등이 있다.

**포여익**(包汝翼, ?~?): 청대(淸代)의 학자이다.

**포함**(包咸, 기원전 6~ 65): 후한 회계(會稽) 곡아(曲阿) 사람이다. 자는 자량(子良)으로, 젊어서 제생(諸生)이 되었다. 젊어서 경학박사(經學博士) 우사세군(右師細君)에게 노시(魯詩)와 『논어(論語)』를 배웠다. 광무제(光武帝) 건무(建武) 초에 효렴(孝廉)으로 천거되어 낭중(郎中)이 되었고, 태자(太子)에게 『논어』를 가르쳤다. 명제(明帝) 영평(永平) 중에 대홍려(大鴻臚)로 옮겼고, 사은(師恩)으로 특별히 봉록이 더해 내려졌는데, 모두 제생 가운데 가난한 사람들에게 나눠 주었다. 아들 포복(包福)이 낭중이 되어 화제(和帝)에게 『논어』를 전수했다.

**풍경**(馮景, 1652~1715): 청나라 절강(浙江) 전당[錢塘, 항주(杭州)] 사람. 자는 산공(山公) 또는 소거(少渠)이다. 학자들은 문개선생(文介先生)이라 불렀다. 제생(諸生)이 되었다. 17살 때 고문(古文)을 배웠다. 경세(經世)에 뜻을 두어 경술(經術)에 정통했고, 『고문상서(古文尙書)』가 위작이라며 믿지 않았다. 염약거(閻若璩), 모기령(毛奇齡) 등과 절친하게 지냈는데, 서로 뜻이 같았다. 강희(康熙) 연간에 홍박(鴻博)으로 천거되었지만 나가지 않았다. 시문(詩文)에 뛰어났고, 표장절의(表章節義)를 많이 썼다. 염약거의 『모주시설(毛朱詩說)』과 『사서석지(四書釋地)』의 잘못을 지적해 바로잡았고, 『고문상서소증(古文尙書疏證)』의 저술을 도와 매색(梅賾)의 『고문상서』가 위작임을 밝혔다. 저서에 『해용집시초(解春集詩鈔)』와 『번중집(樊中集)』, 『산공구원(山公九原)』, 『소거문초(少渠文鈔)』 등이 있다.

**풍계화**(馮季驊, 1753~1818): 청(淸)대의 학자이다.

**풍등부**(馮登府, 1783~1841): 청나라 절강(浙江) 가흥(嘉興) 사람. 자는 운백(雲伯)이고, 호는 유동(柳東) 또는 작원(勺園)이다. 한림원(翰林院) 서길사(庶吉士)와 장락지현(將樂知縣) 등을 지냈다. 영파부학교수(寧波府學敎授)까지 올랐다. 한나라와 송나라 경학에 정통했고, 고문(古文)은 동성파(桐城派)를 추숭했다. 성음훈고(聲音訓詁)에 뛰어났고, 금석문자(金石文字)에 조예가 있었으며, 완원(阮元)과 절친했다. 시사(詩詞)도 잘 지었다. 저서에 『석경각문집(石經閣文集)』과 『석경보고(石經補考)』, 『석경고이(石經考異)』, 『삼가시이문보유(三家詩異文補遺)』, 『논어이문고증(論語異文考證)』, 『십삼경고답문(十三經詁答問)』, 『금설록(金屑錄)』, 『석여록(石餘錄)』, 『금석종례(金石綜例)』, 『옥서사보(玉書史

補)』등이 있다.

**풍립**(馮立, ?~?): 전한 상당로[上黨潞, 산서성 장야시(長治市)] 사람. 자는 성경(聖卿)이고, 풍봉세(馮奉世)의 아들이다. 부음(父蔭)으로 낭(郎)이 되었다. 원제(元帝) 말에 왕의 장인으로 오원속국도위(五原屬國都尉)를 지냈고, 서하태수(西河太守)와 상군태수(上郡太守) 등을 역임했다. 가는 곳마다 치적(治積)을 거두었다. 가학인『춘추』를 계승했다.

**풍야왕**(馮野王, ?~?): 전한 상당로 사람. 자는 군경(君卿)이고, 풍봉세(馮奉世)의 아들이다. 부음(父蔭)으로 태자중서인(太子中庶人)이 된 뒤 우풍익(左馮翊), 농서태수(隴西太守) 등을 지냈다. 경사(京師)에서 위엄과 신뢰로 칭송을 받아 대홍려(大鴻臚)로 옮겼다. 원제(元帝) 때 어사대부(御史大夫)에 결원이 생겼는데 능력으로 그를 따를 사람이 없었고 여러 사람이 추천했지만, 여동생이 소의(昭儀)여서 황제 후궁의 친족을 기피해 임용되지 못했다. 이에 탄식하며 "다른 사람은 여자 덕분에 총애를 받아 귀해지는데, 우리 형제만 천해지는구나.[人以女寵貴, 我兄弟獨以賤.]"라고 말했다. 성제(成帝)가 즉위하자 왕구(王舅)로 상군태수(上郡太守)로 나갔다가 병으로 사직하고 귀향했다. 경학박사(經學博士)에게 수업을 받아『시경(詩經)』에 통달했다.

**풍용지**(馮用之, ?~?): 중국 하남(河南) 낙양(洛陽) 사람. 당(唐) 현종(玄宗) 때 만년현(萬年縣) 현령과 금부원외랑(金部員外郎), 창부낭중(倉部郎中) 등의 직책을 역임했다. 저술로는『기론(機論)』이 있는데, 기회, 재치, 기술을 주요 내용으로 하는 정치적 지혜를 담고 있다.

**풍위**(馮偉, ?~?): 북제(北齊)의 학자로서, 중산(中山) 안희현(安喜縣) 사람으로, 자는 위절(偉節)이다. 신장이 여덟 자[八尺]였으며, 의관을 매우 위엄 있게 차려 보는 자들마다 숙연해 하며 경탄하였다고 한다. 어려서 이보정(李寶鼎)을 쫓아 유학했는데, 이보정이 그의 총명함과 명민함을 중히 여겨 항상 특별한 뜻으로 시험 삼아 질문하면 이해하고 통달한 것이 많았고, 더욱이 예에 밝았다. 고향으로 돌아온 뒤에는 두문불출해서 빈객들과 교류도 없이 오로지 정일하게 깊이 사색하여 무소불통(無所不通)하였다고 한다.

**풍의**(馮椅, ?~?): 송나라 남강(南康) 도창(都昌) 사람. 자는 기지(奇之) 또는 의지(儀之)고, 호는 후재(厚齋)이다. 광종(光宗) 소희(紹熙) 4년(1193) 진사가 되고, 강서운사간판공사(江西運司幹辦公事)와 상고현령(上高縣令) 등을 지냈다. 이후 사직하고 강학(講學)과 연구에 전념했다. 주희(朱熹)에게 수학했고, 역학(易學)에 정밀했다. 저서에『후재역학(厚齋易學)』과『주역집설명해(周易輯說明解)』,『경설(經說)』,『서명집설(西銘輯說)』,『효경장구(孝經章句)』,『상례소학(喪禮小學)』,『공자제자전(孔子弟子傳)』,『속사기(續史記)』,『시문지록(詩文志錄)』 등이 있다.

**필원**(畢沅, 1730~1797): 청나라 강소(江蘇) 진양(鎭洋) 사람. 자는 양형(纕蘅) 또는 추범(秋帆)이고, 호는 영암산인(靈巖山人)이다. 심덕잠(沈德潛)과 혜동(惠棟)에게 수학했다. 경학에 있어서는 한유(漢儒)를, 문자학에 있어서는 허신(許愼)을 종주로 했다.『경전문자서(經典文字書)』와『음동의이변(音同義異辨)』,『설문해자구음(說文解字舊音)』 등을 지어 문자, 음운의 변천을 상세히 징험했고,『산해경(山海經)』을 교정하고『진서(晉書)』「지리지(地理志)」를 보정(補正)하여 지리(地理)와 사학

(史學)을 상호 보완해 연구했다. 『관중금석기(關中金石記)』와 『중주금석기(中州金石記)』를 지어 금석으로 경사(經史)를 고증했다. 그 밖의 저서에 『통경표(通經表)』와 『안자춘추음의(晏子春秋音義)』, 『묵자교주(墨子校注)』, 『여씨춘추교정』 등이 있는데, 대부분 경훈당총서(經訓堂叢書)에 수록되어 있다.

**하동지**(何佟之, 449~503): 남조 여강(廬江) 첨현(灊縣) 사람으로 자는 사위(士威)이다. 송나라에서 양주종사(揚州從事)로 벼슬을 시작해 총명관학사(總明館學士)를 지냈고, 상서사부랑(尚書祠府郎)으로 옮겼다. 제(齊)나라에서는 국자조교(國子助敎)를 하면서 『상복(喪服)』을 강의했다. 상세하게 잘 가르쳐서 순유(醇儒)로 불렸다. 제 명제(齊明帝) 건무(建武) 연간에 진북기실참군(鎮北記室參軍)과 태자시강(太子侍講)을 역임했다. 국가의 길흉사(吉凶事)에 갖춰야 할 예칙(禮則)을 고안했다. 국자박사(國子博士)와 효기장군(驍騎將軍)을 지냈다. 양나라에서는 상서좌승(尚書左丞)을 지내면서 조의제도(朝儀制度)를 정했다. 삼례(三禮)에 뛰어나 조정의 의례 제정에 모두 참여했다.

**하상공**(河上公, ?~?): 전한 때 사람. 성명(姓名)은 알 수 없다. 문제(文帝) 때 하빈(河濱)에 초가집을 짓고 살아 사람들이 하상공이라 불렀다고 한다. 황제가 『노자(老子)』를 읽기 좋아했는데, 읽다가 모르는 곳이 나와도 대답할 사람이 없었다. 그가 『노자』의 뜻을 안다는 말을 듣고 직접 가 물어보니 황제에게 『소서(素書)』 2권을 주었다. 이를 세심히 살핀 결과 의심스러운 곳이 다 풀렸다고 한다.

**하소공**(何邵公, 129~182): 중국 후한 말의 사상가인 하휴(何休)이다. 소공(邵公)은 그의 자이다. ☞ 하휴(何休)

**하안**(何晏, 193?~249): 중국 삼국시대 위(魏)나라의 관료이자 사상가이며 자(字)는 평숙(平叔)이다. 어머니 윤(尹)씨가 후에 조조(曹操, 155~220)의 부인이 된 탓으로 위나라 궁정 안에서 자랐고, 위나라 공주를 아내로 맞았다. 조상(曹爽)이 권력을 잡자 이부상서(吏部尚書)로 승진하였으나, 사마의(司馬懿)에 의해 조상 일족과 함께 살해되었다. 그가 왕필(王弼)과 주고받은 청담(淸談)은 일세를 풍미하였고, 그 뒤 언제까지나 '정시(正始)의 음(音)'으로 일컬어져 청담의 모범이 되었다. 왕필과 더불어 위진(魏晉)의 현학(玄學)의 시조로 받들어지며, 『논어』·『역경』·『노자』를 상통(相通)하게 하여, 유교의 도(道)·성인관(聖人觀)을 노장풍(老壯風)으로 해석하였다. 『논어집해』의 대표 편집자이다. 『논어집해』는 남송 이후에 중국에서는 소실되었다가, 청나라 때 일본에서 중국으로 다시 전해졌다고 한다.

**하이손**(何異孫, ?~?): 중국 원(元)대의 경학가(經學家). 저서에 『십일경문대(十一經問對)』가 있다.

**하지용**(夏之蓉, 1698~1785): 청나라 강소(江蘇) 고우(高郵) 사람. 자는 부상(芙裳)이고, 호는 예곡(醴谷)이다. 옹정(雍正) 11년(1733) 진사가 되어 한림(翰林)에 들어갔다. 건륭(乾隆) 원년(1736) 홍박(鴻博)으로 천거되어 한림원검토(翰林院檢討)에 임명되었다. 복건향시정고관(福建鄉試正考官)과 광동(廣東)과 호남(湖南)의 학정(學政)을 역임했다. 귀향한 뒤 종산(鍾山) 여정서원(麗正書院)을 이끌었다. 경사(經史)에 정통했고, 시문(詩文)도 잘 지었다. 저서에 『독사제요록(讀史提要錄)』과 『반방재시문집(半舫齋詩文集)』이 있다.

**하진**(何進, ?~189): 후한 말기 남양(南陽) 완현(宛縣) 사람. 자는 수고(遂高)이다. 영제(靈帝) 때 누이가 입궁하여 귀인(貴人)이 되고, 태후(太后)에 올랐다. 백정 출신이었지만 영제가 하태후를 총애하자 관직을 받았다. 낭중(郎中)과 영천태수(潁川太守), 시중(侍中) 등을 지냈다. 황건적(黃巾賊)의 난이 발생한 뒤 대장군(大將軍)까지 지냈다. 장각(張角) 등의 거사 계획을 와해시키고 신후(愼侯)에 봉해졌다. 중평(中平) 6년(189) 영제가 죽자 하황후의 아들 소제(少帝) 유변(劉辯)을 옹립한 뒤 태부(太傅) 원외(袁隗)와 함께 정치를 보좌했다. 상군교위(上軍校尉) 소황문(小黃門) 건석(蹇碩)을 주살(誅殺)했다. 원소(袁紹)와 함께 환관들을 주살하려 했지만 하태후의 만류로 중지했다. 외병(外兵)을 수도로 들이려 하다가 중상시(中常侍) 장양(張讓)과 단규(段珪) 등에게 속아 장락궁(長樂宮)에서 죽임을 당했다.

**하창**(何敞, ?~105?): 후한 부풍(扶風) 평릉(平陵) 사람. 자는 문고(文高)이다. 장제(章帝) 원화(元和) 연간에 태위송유부(太尉宋由府)가 되었다. 화제(和帝) 때 고제(高第)로 시어사(侍御史)가 되었다가 상서(尚書)로 옮겼다. 여러 차례 간언을 올렸는데, 말이 대개 두헌(竇憲)의 죄과에 관한 것이어서 그가 몹시 원망했다. 외직으로 나가 제남왕태부(濟南王太傅)로 있다가 여남태수(汝南太守)로 옮겼다. 그곳에서 오래된 도랑을 수리해서 주민들에게 도움을 주고 밭 3만여 경(頃)을 개간했다. 영원(永元) 연간에 세 번 오관중랑장(五官中郎將)으로 옮겼다. 원흥(元興) 원년 일에 연루되어 죄를 짓고는 집에서 죽었다. 『예기(禮記)』와 『춘추(春秋)』 등에 능통했다.

**하후건**(夏侯建, ?~?): 전한 동평(東平) 사람. 성은 하후(夏侯)씨고, 이름은 건

(建)이며, 자는 장경(長卿)이다. 선제(宣帝) 때 의랑박사(議郎博士)가 되고, 태자소부(太子少傅)에 이르렀다. 금문상서소하후학(今文尚書小夏侯學)의 개창자로, '소하후(小夏侯)'로 불린다. 하후승(夏侯勝)과 구양고(歐陽高)를 사사하여 『상서(尚書)』를 배웠다. 감로(甘露) 3년(기원전 51) 석거각회의(石渠閣會議)에서 그의 상서학(尚書學)을 학관(學官)에 세우기로 했다. 또한 석거각회의에 참가하여 경전을 토론했다. 장구(章句)를 중시해서 하후승에게 장구소유(章句小儒)란 비난을 들었다. 그 역시 하후승의 학문이 소략하다고 평가했다. 이 때문에 『상서』에 대소하후(大小夏侯)의 학문이 나눠지게 되었다. 이름난 재전제자(再傳弟子)로 정관중(鄭寬中)과 장무고(張無故), 이심(李尋), 진공(秦恭), 사창(假倉) 등이 있다.

**하후승**(夏侯勝, 기원전 152~기원전 61): 전한 동평(東平) 사람. 자는 장공(長公)이고, 하후시창(夏侯始昌)의 족자(族子)이다. 하후시창에게 『상서(尚書)』와 『홍범오행전(洪範五行傳)』을 배웠고, 또 예관(兒寬)의 제자인 간경(簡卿)과 구양씨(歐陽氏)에게도 배웠다. 소제(昭帝) 때 박사(博士)를 거쳐 광록대부(光祿大夫)를 지냈다. 음양재이(陰陽災異)로 시정(時政)의 득실을 추론했다. 선제(宣帝)가 즉위하자 장신소부(長信少府)로 옮겼다. 선제가 무제(武帝)를 높이는 것을 비난했는데, 무제는 전쟁에서는 비록 공이 있지만 많은 사졸들이 죽거나 부상당했고, 천하의 재화를 소모시켰으니 묘악(廟樂)을 세우는 것은 옳지 않다고 주장했다. 승상장사(丞相長史) 황패(黃霸)가 그 말을 따랐다. 마침내 황패와 함께 투옥되었다. 옥중에서 황패가 그에게 배웠다. 나중에 사면을 받은 뒤 간대부급사중(諫大夫給事中)이 되었다가 장신소부로 복직하고 태자태부(太子太傅)로 옮겼다. 금문상서대하후학(今文尚書大夏

侯學)의 개창자로, '대하후(大夏侯)'로 일컬어졌다. 『노논어(魯論語)』
와 『춘추곡량전(春秋穀梁傳)』에 뛰어났다. 선제에게 『춘추곡량전』의
부흥을 진언했는데, 황제의 명으로 『상서설(尙書說)』과 『논어설(論語
說)』을 편찬했다. 제자로 하후건(夏侯建), 황패, 소망지(蕭望之), 공패
(孔霸) 등이 있다. 저서에 『전한서(前漢書)』「예문지(藝文志)」에 보이
는 『상서대소하후장구(尙書大小夏侯章句)』와 『상서대소하후해고(尙書
大小夏侯解故)』, 『논어노하후설(論語魯夏侯說)』이 있었지만 지금은 전
하지 않는다. 그 밖의 저서에 『옥함산방집일서』에 수록된 『상서대
하후장구(尙書大夏侯章句)』와 『황청경해속편(皇淸經解續編)』에 수록
된 『상서구양하후유설고(尙書歐陽夏侯遺說考)』가 있다.

**하휴**(何休, 129~182): 후한 말기 임성(任城) 번현(樊縣) 사람. 자는 소공(邵公)
으로 육경(六經)을 깊이 연구하여 어느 학자도 따라오지 못했다. 15년
의 각고 끝에 『춘추공양해고(春秋公羊解詁)』를 완성했다. 이 책은
『공양전(公羊傳)』을 바탕으로 『춘추』의 미언대의(微言大義)를 기술한
것이다. 그의 공양학은 한나라 경제(景帝) 때의 박사(博士) 호무생(胡
母生)에서 비롯되어 동중서(董仲舒)를 거쳐 그에게 이어진 것으로, 청
나라 말에 이르러 금문공양학(今文公羊學)으로 개화했다. 그 밖의 저
서에 『공양묵수(公羊墨守)』와 『좌씨고맹(左氏膏肓)』, 『곡량폐질(穀梁
廢疾)』 등이 있었지만, 모두 없어지고, 편집본이 일부 남아 있다. 『논
어정의』에는 "邵"가 "劭"로 되어 있는데, 잘못이다.

**하흔**(夏炘, 1789~1871): 청나라 안휘(安徽) 당도(當塗) 사람. 자는 흔백(炘伯)
또는 도보(弢甫)이다. 학문은 한송(漢宋)시대의 학설을 종합했고, 주
자학에 심취하여 『술주질의(述朱質疑)』를 편찬했다. 『시경』과 『예

기』에 뛰어나 『학례관석(學禮管釋)』과 『독시차기(讀詩箚記)』, 『학제통술(學制統述)』, 『육서전주설(六書轉注說)』, 『단궁변무(檀弓辨誣)』, 『삼강제복존존술의(三綱制服尊尊述義)』 등을 지었다.

**학경**(郝敬, 1558~1639): 명나라 호광(湖廣) 경산(京山) 사람. 자는 중여(仲輿)이고, 호는 초망(楚望)이며, 학승건(郝承健)의 아들이다. 어린 시절 사람을 죽여 투옥되었는데, 이유정(李維楨)의 도움으로 석방된 뒤 마음을 바로잡아 독서에 열중했다. 만력(萬曆) 17년(1589) 진사가 되고, 진운지현(縉雲知縣)을 거쳐 예과(禮科)와 호과(戶科)의 급사중(給事中)을 지냈다. 일찍이 산동세감(山東稅監) 진증(陳增)의 탐욕과 횡포를 탄핵했다가 강음지현(江陰知縣)으로 쫓겨났다. 탄핵을 받아 사직하고 귀향했다. 이후 저술에 몰두하면서 경학(經學)을 공부했다. 하학상달(下學上達)의 학문을 주장했으며, 왕수인의 양지설(良知說)과 지행합일설(知行合一說)을 반대했다. 저서에 『주역정해(周易正解)』와 『역령(易領)』, 『상서변해(尚書辨解)』, 『모시원해(毛詩原解)』, 『주례완해(周禮完解)』, 『의례절해(儀禮節解)』, 『예기통해(禮記通解)』, 『춘추직해(春秋直解)』, 『담경(談經)』, 『맹자설해(孟子說解)』, 『사기쇄쇄(史記瑣瑣)』, 『시습신지(時習新知)』, 『산초당집(山草堂集)』, 『지언(知言)』 등이 있다.

**학의행**(郝懿行, 1755~1823): 청나라 산동(山東) 서하(栖霞) 사람. 자는 순구(恂九)이고, 호는 난고(蘭皐)이다. 가경(嘉慶) 4년(1799) 진사(進士)가 되어 호부주사(戶部主事)에 올랐다. 강남사주사(江南司主事) 등을 지냈다. 낭서(郎署)로 21년을 지내면서도 학문에 잠심하여 명물(名物)과 훈고(訓詁), 고증(考證)에 뛰어났다. 『이아』를 깊이 연구하여 『이아의소(爾雅義疏)』를 저술했다. 또한 경문(經文)을 위주로 하면서 삼전(三傳)

을 인용하여 상세히 고증한『춘추설략(春秋說略)』을 저술했다. 그 밖의 저서에『역설(易說)』과『서설(書說)』, 『춘추비(春秋比)』, 『정씨예기전(鄭氏禮記箋)』, 『죽서기년교정(竹書紀年校正)』, 『산해경전소(山海經箋疏)』 등이 있다. 특히 꿀벌의 생활을 관찰한『봉아소설(蜂衙小說)』과 제비의 생태를 다룬『연씨춘추(燕氏春秋)』에서는 실학(實學)이 일어나던 당시의 풍조를 엿볼 수 있다.

**한영제**(漢靈帝, 156~189): 기주(冀州) 하간(河間) 사람으로 본명은 유굉(劉宏)이다. 동한(東漢) 시기의 12대 황제(皇帝)로 한(漢)나라 장제(章帝) 유달(劉炟)의 현손이다. 부친의 작위를 이어받아 해독정후(解瀆亭侯)로 봉해졌다. 167년에 한환제(漢桓帝) 유지(劉志)가 붕어한 뒤에 외척(外戚) 두씨(竇氏)에 의해 선택되어 황제로 등극했다. 영제가 즉위했을 때 동한의 정치는 극도로 부패한 상태였으며 자연재해가 끊이지 않고 질병이 만연했다. 백성들의 원성은 높아 가고 국력은 나날이 쇠퇴하고 있었다. 게다가 환관과 외척의 권력투쟁이 환관의 승리로 끝나면서 두씨 일가는 몰락하고 두태후(竇太后, 장제의 황후)는 연금되었다. 환관 세력은 이응, 범방(範謗, 137~169) 등 태학생 100여 명을 죽이고 800여 명을 유배 보내거나 구속했다. 이들 대부분이 옥중에서 사망하는 2차 '당고의 화[黨錮之禍]'가 발생했다. 공개적으로 관직에 가격을 매겨 팔고 토지세를 늘리는 등 재원을 모아 궁실을 대대적으로 보수하고 환관들이 횡행했다. 환관들은 영제의 총애를 등에 업고 나쁜 짓을 일삼고 백성들의 재산을 강탈하여 부패가 극에 달했다. 환관에 대한 영제의 총애는 곧이어 일어난 환란의 도화선이 되었다. 조정의 부패와 자연재해가 한꺼번에 겹치자 여기저기서 반란이 일어났다. 장각이 백성을 선동하여 반란을 일으켰다. 그는 "창천(蒼天)은 이미 끝났으니 황천(黃天)이 서야 한다. 갑자년이 되면 천하가 대길할 것이다."라는 구호 아래 거사를 일으켰다. 이를 '황건적의 난'이라 한다. 이 난은 결국 평정되었으나 전 국토를 휩쓸었기 때문에 피해가 막심하여 동한은 멸망의 길로 접어들었다. 189년 영제는 34세의 나이로 숨을 거두었고, 시호는 효령황제(孝靈皇帝)이다. 22년 동안 재위했다. 재임 중에 희평석경(熹平石經)을 새기고, 홍도문학(鴻都門學; 서예를 배우는 교육기관)을 설치했다. 사부에 능하여 「황희편(皇義篇)」, 「추덕부(追德賦)」, 「영의송(令儀頌)」, 「초상가(招商歌)」 등의 작품을 남겼다.

**한 헌제**(漢獻帝, 181~234): 유협(劉協). 후한의 황제. 영제(靈帝)의 둘째 아들이다. 영제가 죽고 소제(少帝)가 즉위했지만 불과 5개월 만에 동탁(董卓)에 의해 폐위되자, 9살로 진류왕(陳留王)에 옹립되었다. 수도를 장안(長安)으로 옮겼지만, 이미 한 왕실은 유명무실한 존재가 되어 갔다. 왕윤(王允)이 동탁을 주살하자 이각(李催)의 위협을 당했다. 건안(建安) 원년(196) 조조(曹操)가 그를 허도(許都)로 맞으니, 권력은 조조에게로 돌아갔다. 건강(建康) 원년(220) 조조가 죽고 아들 조비(曹丕)가 한나라를 대신해 칭제(稱帝)하자 폐위되어 산양공(山陽公)이 되고, 후한은 멸망했다. 당시는 황건(黃巾)의 난을 비롯하여 농민 반란이 잇달았고, 환관과 관료, 외척, 지방호족의 세력다툼이 끊이지 않아, 수도인 낙양(洛陽)과 장안 사이를 방황했다. 31년 동안 재위했다.

**한강백**(韓康伯, 332~380): 동진(東晉) 영천(潁川) 장사[長社, 하남성 장갈(長葛)] 사람. 이름은 백(伯)이고, 강백(康伯)은 자이다. 집안이 가난했고, 성장하여 문예에 뜻을 두었다. 사마욱(司馬昱, 簡文帝)이 번저에 있을 때 그를 불러 담객(談客)이 되었다. 사도좌서속(司徒左西屬)과 예장태수(豫章太守), 이부상서(吏部尙書), 시중(侍中), 태상(太常) 등을 역임했다. 학문을 좋아했고, 현리(玄理)를 잘 말했다. 49살로 죽었다. 하안(何晏), 왕필(王弼)이 주장한 이무위본설(以無爲本說)을 계승하고, 곽상(郭象)의 독화설(獨化說)도 수용하려 했다. 왕필(王弼)의 『주역경주(周易經注)』를 이어 「계사전(繫辭傳)」과 「설괘전(說卦傳)」, 「서괘전(序卦傳)」, 「잡괘전(雜卦傳)」에 주를 달았는데, 이 가운데 「계사전」의 「주」만 『십삼경주소(十三經注疏)』에 전한다. 저서에 『변겸론(辯謙論)』과 『주역계사주(周易繫辭注)』가 있다.

**한단순**(邯鄲淳, 132~220?): 삼국시대 위(魏)나라 영천[潁川, 지금의 하남성(河南省) 우현(禹縣)] 사람. 일명 축(竺)이고, 자는 자숙(子叔) 또는 자례(子禮)이다. 저서에 『고소화집(古笑話集)』과 『소림(笑林)』 3권, 『예경(藝經)』 등이 있는데, 기재된 내용이 대부분 우스갯소리로 중국 고대 최초의 소화(笑話) 전문서다. 서예로도 명성이 있어 옛 서체(書體)에 대한 지식이 풍부했다. 전서(篆書)가 특히 뛰어났고, 예서(隸書)는 양곡(梁鵠)에 버금간다고 평가되었다.

**한선자**(韓宣子): 한기(韓起, ?~기원전 514)의 시호. 춘추시대 진(晉)나라 사람. 한궐(韓厥)의 아들로, 아버지를 이어 경이 되어 도공(悼公)을 보좌했다. 진 평공(晉平公) 18년 집권하자 노나라에 사신으로 가 태사씨(太史氏)에게서 『역(易)』과 『상(象)』, 『노춘추(魯春秋)』 등을 보고는 주나라의 예법이 노나라에 남아 있음에 감탄했다.

**한영**(韓嬰, ?~?): 한생(韓生)이라고 한다. 전한 연[燕, 북경(北京)] 사람으로, 문제(文帝) 때 박사(博士)를, 경제(景帝) 때 상산왕(常山王) 유순(劉舜)의 태부(太傅)를 지냈다. 한시학(韓詩學)의 개창자로, 『시경(詩經)』과 『주역(周易)』을 깊이 연구했다. 무제(武帝) 때 동중서(董仲舒)와 황제 앞에서 논란을 펼쳤는데, 동중서가 당해 내지 못했다. 이름난 제자로 분생(賁生)과 조자(趙子)가 있다. 저서에 『한시내전(韓詩內傳)』과 『한시외전(韓詩外傳)』이 있었지만, 남송 이후부터 『한시외전』만 전한다. 그의 이론은 『제시(齊詩)』나 『노시(魯詩)』와는 다른 부분이 있었다. 그 밖의 저서로 『옥함산방집일서』에 『한시고(韓詩故)』와 『한시설(韓詩說)』, 『주역한씨전(周易韓氏傳)』이 집록되어 있다.

**한유**(韓愈, 768~824): 중국 당나라 때의 정치가이며 사상가, 시인이자 문장가. 자는 퇴지(退之)이며, 하양[河陽, 하내군(河內郡) 남양(南陽)] 출신이다. 그의 선조가 창려(昌黎)에 살았으므로 세인들은 그를 한창려라고 부르기도 한다. 시호(諡號)는 문공(文公)이다. 사상적으로는 도가와 불가를 배척하고 유가의 정통성을 적극 옹호·선양했다. 그의 시는 300여 수가 남아 있는데 독특한 표현을 추구하여 일가를 이루었으며 문장에 있어서는 유종원(柳宗元)과 함께 고문운동을 주도, 산문의 새로운 경지를 개척하여 당송팔대가(唐宋八大家)의 머리를 차지하였다. 산문으로 「제십이랑문(祭十二郎文)」, 「사설(師說)」, 「장중승전후서(張中丞傳後序)」 등이 있다. 시문집으로 그가 남긴 글을 문인 이한(李韓)이 편집하여 만든 『한창려선생집(韓昌黎先生集)』이 있다.

**한착**(寒浞, ?~?): 하나라 때 사람. 전하는 말로 한(寒)에서 살았다고 하며, 성씨는 의(猗)씨다. 참언(讒言)을 잘해 임금 백명(伯明)에게 쫓겨났다. 유궁국(有窮國)의 임금 후예(后羿)에게 몸을 맡겨 중용되었다. 후예가 하군(夏君)의 지위를 빼앗은 뒤 상(相)에 올랐다. 나중에 가중(家衆)을 이용해 후예를 죽이고 왕이 되어 후예의 처첩을 차지하고 두 아들 요(澆)와 희(豷)를 낳았다. 요가 하후상(夏后相)을 공격해 살해했다. 나중에 하후상의 아들 소강(少康)이 부족을 규합해 하 왕조를 부활시켰다.

**한흠**(韓歆, ?~39?): 후한 하남(河南) 남양(南陽) 사람. 자는 옹군(翁君)이다. 건무(建武) 연간에 상서령(尚書令)이 되어 비직(費直)의 역학(易學)과 춘추좌씨학(春秋左氏學)에 박사(博士)를 둘 것을 건의했다.

**합려**(闔廬, 기원전 515~기원전 496): 춘추시대 오나라의 국군(國君). 합려(闔閭)로도 쓴다. 이름은 광(光). 오왕(吳王) 제번(諸樊)의 아들이다. 오왕 요(吳王僚)가 아버지 여매(餘昧)를 이어 즉위하자 불만을 품고, 전저(專諸)를 이용해 오왕 요를 살해하고 즉위했다. 초나라의 망명객 오원(伍員)을 기용해 행인(行人)으로 삼고 손무(孫武)를 장군으로 삼아 국력을 부강시키면서 초나라를 조금씩 약화시켰다. 9년 초나라를 정벌하여 대패시키고 승기를 타 초나라의 수도 영(郢)까지 진격했다. 진(秦)나라 군대가 와 구원하고 국내에 내란이 일어나 후퇴했다. 나중에 월왕(越王) 구천(句踐)과 싸워 취리(檇李)에서 패했는데, 부상을 당해 죽었다. 19년 동안 재위했다.

**합좌사**(合左師, ?~?): 중국 춘추시대 말기 송나라의 집정대부를 지낸 향술(向戌)을 가리킨다. 성은 자성(子姓)이고 씨(氏)는 향(向)인데, 송 환공의 증손으로 관직을 좌사(左師)를 지냈고, 그의 봉지가 합읍(合邑)이었기 때문에 합좌사(合左師)라고도 불렸다.

**항창자**(亢倉子, ?~?): 전설상의 주(周)나라 때 도가(道家)의 인물로 알려진 사람이다. 이름이 초(楚)이고, 경상자(庚桑子) 또는 항상자(亢桑子)라고도 한다. 노자(老子)의 제자라고 하는데 확실치는 않다.『장자(莊子)』「경상초(庚桑楚)」에 의하면 노나라 외루(畏壘)의 산 속에서 3년 동안 살면서 사람들에게 성인으로 존경을 받았으며 노자에게 배운 무위자연(無爲自然)의 도를 실천했다고 한다. 일설에는 항상자의 무리들은 말하는 것이나 행동하는 것이 모두 공언무실(空言無實)했다고 한다. 지금 전해지고 있는『항창자』9편은 후대인의 위서로 알려져 있다.

**해중**(奚仲, ?~?): 성은 해(奚) 혹은 임(任)이다. 황제(黃帝)의 증손인 제곡(帝嚳)의 후예다. 제곡은 우호(禺號, 바다와 바람의 신)를 낳았고, 우호는 음양(淫梁)을 낳았고, 음양은 번우(番禺)를 낳았고, 번우는 해중을 낳았다. 하(夏)나라 때 해중은 거복대부[車服大夫, 거정(車正)으로도 불린다]라는 관직을 얻었다. 하나라 군주 하우씨(夏禹氏)가 그를 설(薛) 땅에 봉하였으므로, 해중은 설나라와 설씨(薛氏)의 시조가 되었고, 설 땅에 거주하다가 나중에 비(邳) 땅으로 갔다. 은(殷)나라 초기에 해중의 12세손 중훼(仲虺)가 설 땅에 거주하면서 상나라 군주 탕왕(湯王)의 좌상(左相)을 맡기도 했다.

**허박창**(許博昌, ?~?): 안릉(安陵) 사람으로, 육박법(六博法)에 뛰어났다고 한다.

**허신**(許信, 30~124): 허신에 대한 기록은 동한(東漢)시대의 정사(正史)인『후한서(後漢書)』에 독립된 열전(列傳)이 없고, 「유림열전」에 간략하게 기술되어 있을 뿐이어서 그의 평생 행적을 자세히 알아보기는 어려

운 형편이다. 자(字)를 숙중(叔重)이라 하고, 동한의 광무제(光武帝)
건무(建武) 31년(55)에 태어나 안제(安帝) 연광(延光) 4년(125)경에 향
년 70세 전후로 세상을 떠난 듯하다. 천자(天子)의 조서(詔書)를 받들
어 동관(東觀)에서 오경(五經)과 제자서(諸子書) 등을 교정(校定)하였
다. 그 후 효렴(孝廉)으로 천거 받아 효(洨)의 장(長)이 되었으나, 병으
로 부임하지 못했다. 허신의 저작은『설문해자(說文解字)』외에도
『오경이의(五經異義)』와『회남자주(淮南子注)』등이 있는데,『오경이
의』는 송나라 때에 유실되었다가, 청나라 학자들에 의해 1백여 조
(條)만 다시 수집되었다. 그리고『회남자주』는 북송(北宋) 초기까지
는 고유(高誘)의 주석본(注釋本)과 함께 병용되었으나, 이후 유실되고
말았다.

**허유**(許由, ?~?): 전설시대의 은자(隱者). 요임금이 천하를 물려주려고 했지
　　만 받지 않고 영수(潁水) 북쪽 기산(箕山) 아래로 숨었다. 요임금이
　　다시 불러 구주장(九州長)으로 삼으려고 하자 더러운 소리를 들었다
　　면서 영수(潁水) 강가에서 귀를 씻었다.

**형병**(邢昺, 932~1010): 중국 북송(北宋)시대의 학자.『논어정의(論語正義)』와
　　『논어주소(論語注疏)』를 저술하였다.

**혜동**(惠棟, 1697~1758): 청나라 강소(江蘇) 오현(吳縣) 사람. 자는 정우(定宇)
　　또는 송애(松崖)이고, 호는 소홍두선생(小紅豆先生)이다. 할아버지 혜
　　주척(惠周惕)과 아버지 혜사기(惠士奇)의 가학을 계승하여 오파경학
　　(吳派經學)을 확립했다. 경학 연구는 한유(漢儒)의 설을 중심으로 삼
　　았다.『주역』에 대해서는 순상(荀爽), 우번(虞翻)의 설을 위주로 하고

정현(鄭玄), 송함(宋咸), 간보(干寶)의 설을 참고하여『주역술(周易述)』
과『역한학(易漢學)』,『역례(易例)』를 저술했고,『상서(尚書)』에 대해
서는 사서(史書) 및 여러 경전의 주소(注疏)를 모아『고문상서(古文尚
書)』가 위작(僞作)임을 밝힌『고문상서고(古文尚書考)』를 지었다. 그
밖의 저서에『구경고의(九經古義)』와『후한서보주(後漢書補註)』,『주
역본의변증(周易本義辨證)』,『좌전보주(左傳補注)』,『명당대도록(明堂
大道錄)』,『체설(禘說)』,『산해경훈찬(山海經訓纂)』등이 있다.

**혜사기**(惠士奇, 1671~1741): 청나라 강소(江蘇) 오현(吳縣) 사람. 자는 천목(天
牧) 또는 중유(仲儒)이고, 호는 반농거사(半農居士) 또는 홍두주인(紅豆
主人)이다. 학자들은 홍두선생(紅豆先生)이라 불렀다. 한림원(翰林院)
편수(編修)와 시독학사(侍讀學士) 등을 지냈다. 옹정(雍正) 때 황제의
뜻을 거슬러 지방을 전전하다가 건륭(乾隆) 초에 재기하여 시독(侍
讀)이 되었다. 경학 연구는 한유(漢儒)의 설을 종주로 삼았다.『주역』
에 대해서는 왕필(王弼) 이후의 공소(空疏)한 설을 바로잡으려 했고,
『예기』에 대해서는 해박한 고음(古音), 고자(古字)에 대한 식견으로
주대(周代)의 예제(禮制)를 고증했다. 또한『춘추』에 대해서는『주례』
에 근본을 두고 사실을 기록한 것이라 주장했다. 저서에『대학설(大
學說)』과『역설(易說)』,『춘추설(春秋說)』,『예설(禮說)』,『교식거우(交
食擧隅)』,『반농인시(半農人詩)』등이 있다.

**호광충**(胡匡衷, ?~?): 청나라 안휘(安徽) 적계(績溪) 사람. 자는 인신(寅臣)이고,
호는 박재(樸齋)이다. 호배휘(胡培翬)의 할아버지이다. 공생(貢生)을
지냈다. 효성스럽고 우애가 깊어 고향에서 존경을 받았다. 경학(經
學)에 힘써 선유(先儒)들의 학설에 얽매이지 않고 이경증경(以經證經)

의 방법으로 경전을 연구하여 독자적인 견해를 많이 피력했다. 조카 호병건(胡秉虔), 손자 호배휘와 함께 '적계삼호(績溪三胡)'라 일컬어졌다. 74살로 죽었다. 저서에『주역전의의참(周易傳義疑參)』과『삼례차기(三禮箚記)』,『정전출부고(井田出賦考)』,『주례정전도고(周禮井田圖考)』,『의례석관(儀禮釋官)』,『좌전익복(左傳翼服)』,『논어고본증이(論語古本證異)』,『논어보전(論語補箋)』,『장자집평(莊子集評)』,『이소집주(離騷集注)』,『박재문집(樸齋文集)』등이 있다.

**호명중**(胡明仲, 1098~1156): 송나라 건녕(建寧) 숭안(崇安)의 학자인 호인(胡寅). 명중(明仲)은 그의 자이다. 학자들은 치당선생(致堂先生)이라 부른다. 호안국(胡安國)의 조카이다. 흠종(欽宗) 정강(靖康) 초에 불려 교서랑(校書郎)이 되고, 좨주(祭酒) 양시(楊時)에게 공부했다. 고종(高宗) 건염(建炎) 연간에 장준(張浚)의 천거로 기거랑(起居郎)에 발탁되었다. 상서하여 금나라에 대항할 대책을 진술하고 구차하게 화의하는 것에 반대했는데, 어조가 간절하고 강직했다. 소흥(紹興) 연간에 중서사인(中書舍人)이 되어 금나라에 사신 보내는 것을 극력 저지하다가 엄주(嚴州)와 영주(永州)의 지주(知州)로 나갔다. 관직은 예부시랑겸직학사원(禮部侍郎兼直學士院)까지 올랐다. 진회(秦檜)가 정권을 잡자 몹시 꺼려 조정을 비방하고 폄하했다는 이유로 파직되어 신주(新州)에 안치되었다. 진회가 죽은 뒤 복직했다. 시호는 문충(文忠)이다. 저서에『논어상설(論語詳說)』과『독사관견(讀史管見)』,『비연집(斐然集)』이 있다.

**호배휘**(胡培翬, 1782~1849): 청나라 안휘(安徽) 적계(績溪) 사람. 자는 재병(載屛) 또는 죽촌(竹村)이다. 삼례(三禮)를 깊이 연구하여 40여 년의 공력을 들여 『의례정의(儀禮正義)』를 저술했는데, 완성하지 못하고 죽자 제자 양대육(楊大堉)이 완성했다. 이 책은 정현과 가규의 「주」와 가공언의 「소」를 상세히 고증한 것이다. 또한 정현의 생졸(生卒)을 고증하여 『연침고(燕寢考)』를 저술했다. 그 밖의 저서에 『체협답문(禘祫答問)』과 『연육실문초(研六室文鈔)』 등이 있다.

**호병문**(胡炳文, 1250~1333): 원나라 휘주(徽州) 무원(婺源) 사람. 자는 중호(仲虎)이고, 호는 운봉(雲峰)이다. 어려서부터 배우기를 좋아했다. 강녕교유(江寧教諭) 등을 지냈다. 주희(朱熹)의 종손(宗孫)에게 『주역(周易)』과 『서경(書經)』을 배워 주자학에 잠심했으며, 특히 『주역』에 뛰어났다. 신주(信州) 도일서원(道一書院) 산장(山長)을 지내고, 난계주학정(蘭溪州學正)이 되었는데, 나가지 않았다. 저서에 『주역본의통석(周易本義通釋)』과 『서집해(書集解)』, 『춘추집해(春秋集解)』, 『예서찬술(禮書纂述)』, 『사서통(四書通)』, 『대학지장도(大學指掌圖)』, 『오경회의(五經會義)』, 『이아운어(爾雅韻語)』 등이 있다.

**호소훈**(胡紹勳, 1789~1862): 청나라 안휘(安徽) 적계(績溪) 사람. 자는 문보(文甫)이고, 호는 양천(讓泉)이다. 호배휘의 족제(族弟)고, 문자학에 조예가 깊었다. 저서에 『주역이문소증(周易異文疏證)』과 『춘추이문소증(春秋異文疏證)』, 『사서습의(四書拾義)』가 있었는데, 지금은 『사서습의』만 전한다.

**호안국**(胡安國, 1074~1138): 북송(北宋) 시기의 관리이자 경학자(經學者). 자는 강후(康侯)이고, 시호는 문정(文定)이며, 호연(胡淵)의 아들이다. 태학박사(太學博士)와 제거호남(提擧湖南), 성도학사(城都學事) 등을 역임했다. 그러나 명예와 이익을 외면하고 아부를 할 줄 몰라 채경(蔡京)과 경남중(耿南仲)의 미움을 받았다. 벼슬에서 물러나 형양(衡陽) 남악(南嶽)에서 거주하며 수신(修身)을 위한 학문을 바탕으로 경세치용(經世致用)을 주장하였는데, 특히 『춘추(春秋)』에 정통했다. 1131년 상담현(湘潭縣) 은산(隱山)에서 차남 호굉(胡宏)과 더불어 벽천서당(碧泉書堂)을 열고, 호상학파(湖湘學派)를 개창했다. 왕안석(王安石)이 『춘추』를 폐하여 학관(學官)에 끼지 못해 『춘추』학이 쇠퇴한 것을 탄식하고, 20년을 연구하여 『호씨춘추전(胡氏春秋傳)』30권을 저술했다. 그 밖의 저서에 『자치통감거요보유(資治通鑑擧要補遺)』100권과 『문집』15권 등이 있다. 시호가 문정(文定)이기 때문에 호문정공(胡文定公)으로 일컬어진다.

**호위**(胡渭, 1633~1714): 청나라 절강(浙江) 덕청(德淸) 사람. 초명은 연생(渭生)이고, 자는 굴명(朏明)이며, 호는 동초(東樵)이다. 태학에 들어가 공부했지만 과거를 단념하고 학문에 전념했다. 경학 연구에 진력했는데, 특히 지리고증(地理考證)에 정밀했다. 일찍이 염약거(閻若璩), 고조우(顧祖禹), 황의(黃儀) 등과 함께 서건학(徐乾學)을 도와 『대청일통지(大淸一統志)』를 편수했다. 저서에 『우공추지(禹貢錐指)』와 『역도명변(易圖明辨)』, 『홍범정론(洪範正論)』, 『대학익진(大學翼眞)』, 『주역규방(周易揆方)』 등이 있다. 『역도명변』은 송유(宋儒)가 말한 하도낙서(河圖洛書)가 거짓임을 밝힌 책이고, 『우공추지』는 전인(前人)들이 지리상으로 소홀했거나 틀린 부분을 바로잡은 책이다.

**호인**(胡寅, 1098~1156): 송나라 건녕(建寧) 숭안(崇安) 사람. 자는 명중(明仲)이고, 학자들은 치당선생(致堂先生)이라 부른다. 호안국(胡安國)의 조카이다. 휘종(徽宗) 선화(宣和) 3년(1121) 진사가 되었다. 흠종(欽宗) 정강(靖康) 초에 불려 교서랑(校書郞)이 되고, 좨주(祭酒) 양시(楊時)에게 공부했다. 고종(高宗) 건염(建炎) 연간에 장준(張浚)의 천거로 기거랑(起居郞)에 발탁되었다. 상서하여 금나라에 대항할 대책을 진술하고 구차하게 화의하는 것에 반대했는데, 어조가 간절하고 강직했다. 소흥(紹興) 연간에 중서사인(中書舍人)이 되어 금나라에 사신 보내는 것을 극력 저지하다가 엄주(嚴州)와 영주(永州)의 지주(知州)로 나갔다. 관직은 예부시랑겸직학사원(禮部侍郞兼直學士院)까지 올랐다. 진회(秦檜)가 정권을 잡자 몹시 꺼려 조정을 비방하고 폄하했다는 이유로 파직되어 신주(新州)에 안치되었다. 진회가 죽은 뒤 복직했다. 시호는 문충(文忠). 저서에 『논어상설(論語詳說)』과 『독사관견(讀史管見)』, 『비연집(斐然集)』이 있다.

**호진**(胡縉, 1438~?): 강서(江西) 길안부(吉安府) 여릉현(廬陵縣) 사람. 자는 왈신(曰紳)으로, 명나라 사람이며, 진사 출신이다.

**혼량부**(渾良夫, ?~?): 춘추시대(春秋時代) 위나라 대부 공문자(孔文子)의 노비이다.

**홍경선**(洪慶善, 1090~1155): 남송 진강(鎭江) 단양(丹陽) 사람인 홍흥조(洪興祖)로, 경선(慶善)은 그의 자다. ☞ 홍흥조(洪興祖)

**홍공**(弘恭, ?~기원전 47): 전한 패현(沛縣) 사람. 어릴 때 죄에 연좌되어 부형(腐刑)을 당하고 중황문(中黃門)이 되었다. 이어 중상서(中尙書)에 올랐다. 선제(先帝) 때 중서령(中書令)에 발탁되었다. 법령과 고사(故事)

에 밝았고, 주청을 잘해 총애를 받았다. 나중에 원제(元帝)를 옹립하여 석현(石顯)과 함께 신임을 얻어 정권을 마음대로 좌우했다. 전장군(前將軍) 소망지(蕭望之) 등을 모함해 죽였다. 나중에 병사했다.

**홍괄**(洪适, 1117~1184): 중국 송나라 때 요주(饒州) 파양(鄱陽) 사람으로, 원명은 "조(造)"였는데, 뒤에 괄(适)로 바꿨다. 자는 경백(景伯)이고, 또 다른 자는 온백(溫伯) 또는 경온(景溫)이며, 호는 반주(盤州)이다. 만년에 요주(饒州) 파양(鄱陽)에 거주하였기 때문에 자호를 반주노인(盤州老人)이라고 했다. 금석학 방면에 조예가 매우 깊어 구양수(歐陽修)·조명성(趙明誠)과 함께 송대 금석 삼대가라고 불렸다. 저서에『예석(隸釋)』·『예속(隸續)』등이 있다.

**홍량길**(洪亮吉, 1746~1809): 청나라 강소(江蘇) 양호(陽湖) 사람. 자는 치존(稚存) 또는 군직(君直)이고, 호는 북강(北江)이다. 건륭(乾隆) 55년(1790) 진사가 되고, 편수(編修)에 올랐다. 가경(嘉慶) 4년 시폐(時弊)를 논박한 상서가 격렬해서 겨우 목숨을 건지고 이리(伊犁)로 유형을 당했다. 100일 후인 다음 해 "홍량길에게 죄를 준 뒤부터 일에 대해 말하는 사람이 날로 줄어든다.(罪亮吉後, 言事者日少.)" 하여 석방하자 귀향했다. 스스로 갱생거사(更生居士)라 부르며, 10년을 고향에서 지내다가 죽었다. 젊은 시절 시인으로 황경인(黃景仁)과 함께 명성이 높았고, 우정도 돈독했다. '홍황(洪黃)'으로 불렸다. 황경인의 집안이 가난해서 분주(汾州)에서 객사하자 그가 직접 산서(山西)로 가서 장례를 돌봤다. 산문 및 사륙문(四六文)에도 능해 공광삼(孔廣森), 손성연(孫星衍) 등과 함께 '변려문팔대가(騈驪文八大家)'의 한 사람으로 알려졌다. 경학과 역사지리학에도 조예가 깊어, 인구가 지나치게 느는

폐해에 대해 지적했는데, 근대 인구학설(人口學說)의 선구자로 평가받고 있다. 저서에『춘추좌전고(春秋左傳詁)』20권과『동진강역지(東晉疆域志)』4권,『십륙국강역지(十六國疆域志)』16권 등을 지었다. 저술 22종은『홍북강전집(洪北江全集)』84권으로 간행되었다. 시문집에『권시각집(卷施閣集)』41권과『갱생재집(更生齋集)』28권,『북강시화(北江詩話)』6권 등이 있다.

**홍이훤**(洪頤煊, 1765~1833): 청나라 절강(浙江) 임해(臨海) 사람. 자는 정현(旌賢)이고, 호는 균헌(筠軒) 또는 권방노인(倦舫老人)이다. 가경(嘉慶) 6년(1801) 공생(貢生)이 되고, 신현지현(新縣知縣) 등을 지냈다. 손성연(孫星衍)에게 수학했고, 완원(阮元)과 학문을 토론했다. 경훈(經訓)에 뛰어났고, 천문과 지리에도 밝았다. 학문은 정현(鄭玄)의 설을 종주(宗主)로 삼았는데, 역산(曆算)과 금석(金石)에도 밝았다. 스승 손성연(孫星衍)을 위해『손씨서목(孫氏書目)』을 편찬했다. 저서에『예경궁실문답(禮經宮室問答)』과『공자삼묘기주(孔子三廟記注)』,『경전집림(經典集林)』,『효경정주보증(孝經鄭注補證)』,『홍범오행기론(洪範五行紀論)』,『제사고이(諸史考異)』,『한지수도소증(漢志水道疏證)』,『독서총록』,『평진관독비기(平津館讀碑記)』,『관자의증(管子義證)』 등이 있다.

**홍적**(洪適, 1117~1184): 자는 경백(景伯)이고, 호는 반주(盤洲)이다. 송(宋)나라 시대 요주(饒州) 파양(鄱陽) 사람이다. 시호는 문혜(文惠)이다. 금석(金石)을 수집해서 보관하기를 좋아했고, 아울러 이것을 통해 역사 전기의 착오를 바로잡았다. 저서에『예석(隸釋)』과『예속(隸續)』,『반주집(盤洲集)』 등이 있다.

**홍진훤**(洪震煊, 1770~1815): 청나라 절강(浙江) 임해(臨海) 사람. 자는 백리(百里)이고, 호는 삼당(檉堂)이다. 형 홍곤훤(洪坤煊), 동생 홍이훤(洪頤煊)과 함께 '삼홍(三洪)'으로 불렸다. 가경(嘉慶) 18년(1813) 공생(貢生)이 되었다. 일찍이 직례독학막중(直隸督學幕中)에 들어갔다. 완원(阮元)을 도와『십삼경교감기(十三經校勘記)』와『경적찬고(經籍纂詁)』를 편찬하는 일을 도왔다. 시문에 능했다. 저서에『하소정소의(夏小正疏義)』와『석고문고이(石鼓文考異)』,『삼당시초(檉堂詩鈔)』등이 있다.

**홍흥조**(洪興祖, 1090~1155): 남송 진강(鎭江) 단양(丹陽) 사람이다. 자는 경선(慶善)이고, 호는 연당(練塘)이다. 휘종(徽宗) 정화(政和) 8년(1118) 진사가 되었다. 고종(高宗) 초에 비서성정자(秘書省正字)가 되었다가 태상박사(太常博士)로 옮겼다. 소흥(紹興) 4년(1134) 황명에 응해 상서(上書)했는데, 조정의 기강 문란을 논해 재상의 미움을 사 태평관(太平觀)을 관리하게 되었다. 광덕군(廣德軍)을 맡아 다스리다가 제점강동형옥(提點江東刑獄)을 거쳐 진주(眞州)와 요주(饒州)의 지주(知州)를 지냈는데, 가는 곳마다 혜정을 베풀었다. 진회(秦檜)의 눈 밖에 나서 소주(昭州)로 쫓겨났다가 그곳에서 죽었다. 저서에『주역통의(周易通義)』와『좌역고이(左易考異)』,『고금역총지(古今易總志)』,『논어설(論語說)』,『좌씨통해(左氏通解)』,『고경서찬(考經序贊)』,『노장본지(老莊本旨)』,『초사보주(楚辭補注)』,『초사고이(楚辭考異)』등이 있다.『논어정의』에는 "洪氏"라고 언급되었다.

**화제황태후**(和帝皇太后, ?~?): 후한의 효장황제(孝章皇帝) 유달(劉炟, 57~88)의 비(妃) 두황후(竇皇后)를 가리킨다.

**환관**(桓寬, ?~?): 전한 여남(汝南, 하남성 上蔡) 사람. 자는 차공(次公)이다. 선제(宣帝) 때 주로 활동하여 천거를 받아 낭(郞)이 되고, 여강태수승(廬江太守丞) 등을 지냈다.『춘추공양전(春秋公羊傳)』에 뛰어났다. 학식이 깊고 문장을 잘 지었다. 소제(昭帝) 때 승상, 어사(御史) 및 여러 현량(賢良), 문학들과 함께 염철(鹽鐵) 관영(官營)의 문제를 논한 염철 회의의 변론 기록을 집성하여『염철론(鹽鐵論)』을 만들었다.

**환담**(桓譚, 기원전 24~56): 후한 초기 패국(沛國) 상현(相縣) 사람. 자는 군산(君山)이다. 음률을 좋아했고, 거문고에 능했으며, 오경(五經)에 밝았다. 고학(古學)을 좋아하여 유흠(劉歆)과 양웅(楊雄)을 따라 의심스럽고 이상한 일들을 변별해서 분석[辯析]하는 방법을 배웠고, 속유(俗儒)들을 비판하는 일을 좋아했다. 문장에도 능했다. 왕망(王莽)이 천하를 찬탈했을 때 장락대부(掌樂大夫)를 지냈고, 유현(劉玄) 때는 중대부(中大夫)가 되었다. 광무제 때 불려 의랑급사중(議郞給事中)에 발탁되었다. 그러나 광무제가 참언(讖言)을 이용하여 정치를 하자 저지하려다 노여움을 사 거의 죽임을 당할 뻔하다가 육안군승(六安郡丞)으로 좌천되어 부임하던 중에 죽었다. 저서에『신론(新論)』29편이 있었지만, 지금은 없어졌다. 현재 남아 있는「형신(形神)」은 촛불을 형신에 비유하여 정신은 형체에서 이탈하여 독립적으로 존재할 수 없다는 사실과 형체가 멸하면 정신도 없어져 생장과 사망은 자연 법칙임을 인식한 내용이다. 그 밖의 잔편(殘篇)이 청나라 사람이 편집한 책에 남아 있다.

**황간**(皇侃, 488~545): 중국 양(梁)나라 학자.『논어집해의소(論語集解義疏)』를 저술하였다.

**황보규**(皇甫規, 104~174): 동한 시기의 무장(武將)으로 안정(安定) 조나(朝那) 사람이며 자는 위명(威明)이다. 벼슬은 태산태수(泰山太守), 중랑장(中郎將), 도료장군(度遼將軍), 호강교위(護羌校尉) 등을 지냈다. 사후에 대사농(大司農)으로 추증되었다.

**황보밀**(皇甫謐, 215~282): 서진(西晉) 안정(安定) 조나(朝那) 사람. 자는 사안(士安)이고, 어릴 때 이름은 정(靜)이며, 자호는 현안선생(玄晏先生)이다. 황보숭(皇甫嵩)의 증손이다. 20살 무렵부터 부지런히 공부해 게으르지 않았다. 집이 가난해 직접 농사를 지었는데, 책을 읽으면서 밭갈이를 해 수많은 서적을 통독했다. 나중에 질병에 걸렸으면서도 손에서 책을 놓지 않고 저술에 전심하면서 밥 먹는 것도 잊어버려 사람들이 서음(書淫)이라 했다. 자신의 병을 고치려고 의학서를 읽어 가장 오랜 침구 관련서인 『침구갑을경(鍼灸甲乙經)』을 편찬했다. 역사에도 조예가 깊어 『제왕세기(帝王世紀)』와 『연력(年歷)』, 『고사전(高士傳)』, 『일사전(逸士傳)』, 『열녀전(列女傳)』, 『현안춘추(玄晏春秋)』 등을 지었다.

**황식삼**(黃式三, 1789~1862): 청나라 절강(浙江) 정해(定海) 사람. 자는 미향(薇香)이다. 『주역』과 『춘추』를 공부했고, 삼례(三禮)에 해박했다. 정현의 학문을 위주로 하면서도 주자학을 아울러 존숭했고, 육왕학(陸王學)의 심즉리설(心卽理說)은 반대했다. 『춘추』를 연구해 두예(杜預)의 잘못된 석례(釋例)를 정정한 『춘추석(春秋釋)』을 지었다. 그 밖의 저서에 『논어후안(論語後案)』과 『시서통설(詩序說通)』, 『시전전고(詩傳箋考)』, 『시총설(詩叢說)』, 『역석(易釋)』, 『상서계몽(尙書啓蒙)』, 『경거집경설(儆居集經說)』, 『음운부략(音韻部略)』, 『주계편략(周季編略)』, 『경거집(徹居集)』, 『독자집(讀子集)』, 『잡저(雜著)』등이 있다.

**황진**(黃震, 1212~1280): 남송 경원부(慶元府, 절강성) 자계(慈溪) 사람. 자는 동발(東發)이고, 호는 유월(兪越)이며, 사시(私諡)는 문결선생(文潔先生)이다. 도종(度宗) 때 사관검열(史館檢閱)이 되어 영종(寧宗)과 이종(理宗) 양조의 『국사(國史)』와 『실록(實錄)』을 편찬했다. 주돈이(周敦頤)와 이정(二程), 주희(朱熹)를 학문의 모범으로 삼았다. 주희의 삼전제자(三傳弟子) 왕문관(王文貫)을 사사했고, 하기(何基) 등과 함께 주자학을 계승·발전시킨 주요 인물이다. 저서에 『황씨일초(黃氏日鈔)』와 『고금기요(古今紀要)』, 『고금기요일편(古今紀要逸編)』, 『무진수사전(戊辰修史傳)』등이 있다.

**효무제**(孝武帝, 430~464): 중국 남북조시대 송(宋)의 제4대 황제. 이름은 유준(劉駿)이고, 아명은 도민(道民)이며, 자는 휴룡(休龍)이다. 중국 남북조시대 430년 송의 제3대 황제 문제(文帝)의 아들로 태어났다. 유준(劉駿)은 아버지 문제의 정책을 이어 가면서, 형주·양주·강주의 군부의 권한을 축소하고, 중앙집권화 정치를 추진했다. 형의 일족을 죽이는 포학성을 보였고 사치를 즐겨, 재원 확보를 위해 조세를 강화하여 송나라 쇠퇴의 단서를 제공하였다. 묘호는 세조(世祖), 시호는 효무제로 추증되었다.

**후기**(后夔, ?~?): 순임금 당시의 음악(音樂)을 맡았던 신하이다.

**후백**(侯白, ?~?): 수(隋)나라 시대의 학자. 자는 군소(君素), 위군(魏郡) 임장(臨漳, 지금의 하북성 임장현) 사람이다. 저서에 『정이기(旌異記)』와 『계안록(啓顏錄)』이 있다.

**후창**(后倉, ?~?): 전한 동해(東海) 담현(郯縣, 산동성 담현) 사람. 후창(後倉)이라
고도 한다. 자는 근군(近君)이다. 무제(武帝) 때 명경(明經)으로 박사
가 되었고, 본시(本始) 2년(기원전 72년) 소부(少府)에 이르렀다. 맹경
(孟卿)에게 예학(禮學)과『춘추』를 배웠고, 하후시창(夏侯始昌)에게『제
시(齊詩)』및 오경(五經)을 익혔다. 익봉(翼奉)과 소망지(蕭望之), 광형
(匡衡), 백기(白奇) 등에게 시를 전수하여 제시익씨학(齊詩翼氏學), 제
시광씨학(齊詩匡氏學), 제시사씨학(齊詩師氏學), 제시복씨학(齊詩伏氏
學)이 형성되었다. 문인통한(聞人通漢)과 대덕(戴德), 대성(戴聖), 경보
(慶普) 등에게 예를 가르쳐 대대례학(大戴禮學), 소대례학(小戴禮學),
경씨예학(慶氏禮學)이 있게 되었다. 저서에『제후씨고(齊后氏故)』와
『제후씨전(齊后氏傳)』,『후씨곡대기(后氏曲臺記)』가 있었지만 전하지
않고,『옥함산방집일서』에『제시전(齊詩傳)』과『효경후씨설(孝經后
氏說)』만이 집록되어 있다.

**휴홍**(眭弘, ?~기원전 78): 전한 노국번(魯國蕃) 사람. 자는 맹(孟)이다. 동중서
(董仲舒)의 제자 영공(嬴公)에게『춘추공양전』을 배워 엄팽조(嚴彭祖),
안안락(顏安樂), 우공(貢禹) 등에게 전했다. 엄팽조와 안안락은 박사
가 되었고, 이로 인해 춘추공양엄씨학, 춘추공양안씨학이 형성되었
다. 저술은 전하지 않고,『옥함산방집일서』에『춘추공양휴생의(春
秋公羊眭生義)』가 집록되어 있다.

**휼유**(恤由, ?~?): 춘추시대(春秋時代) 노(魯)나라 애공(哀公) 때의 대부(大夫)
이다.

흥종(興宗, 1016~1055): 중국(中國) 요(遼)나라의 7대 왕. 6대 성종(聖宗) 채곽 (蔡廓)의 맏아들이다. 이름은 야율종진(耶律宗眞)이다. 즉위 초년에는 어려서 생모가 섭정하였고 성인이 되서는 생모를 유폐시키고 친정 을 시작하였다. 군사력을 증강해 송(宋)에 대한 압력을 강화하고 신 흥세력인 서하(西夏)에 군대를 보내 조공을 받기도 하는 등 요(遼)의 재건을 위해 진력하였다. 그러나 잦은 전쟁으로 백성의 세금이 늘 어 불만의 요소가 되었으며 불교를 앞세워 낭비를 일삼고 관료들이 부패하고 군대에 대한 통솔력이 떨어져 총체적으로 국력이 쇠퇴하 기 시작하였다고 평가된다.

# 색 인

## 인명 색인

### ● ㄱ

가공언(賈公彦)  220
가규(賈逵)  80, 278
가보(家父)  45
간당(簡堂)  182
간목(簡穆)  166
간보(干寶)  37
간암(諫菴)  145
간장(簡莊)  269
간재(艮齋)  180
간정(艮庭)  38
갈부선생(葛夫先生)  84
감소공(甘昭公)  146
강동생(江東生)  63
강백(康伯)  294
강번(江藩)  97
강상(姜尙)  280
강성(康成)  241, 247
강습붕(姜隰朋)  134
강영(江永)  39, 68, 76, 194
강유위(康有爲)  190
강정선생(康靖先生)  86
강주(剛主)  210
강촌(江村)  44
강평(江平)  83
강후(康侯)  302

개보(介甫)  171
개부(介夫)  274
개상(開祥)  61
갱생(更生)  197
갱생거사(更生居士)  305
거산(巨山)  212
거인(居仁)  149
거인(擧人)  85
건안칠자(建安七子)  112
걸(桀)  58
걸왕(桀王)  37
검경(儉卿)  243
계훤(揭喧)  40
겐엔(蘐園)  87
격암(格庵)  252
격재(格齋)  252
격재선생(格齋先生)  252
견복(見復)  269
경강(敬姜)  40
경공(景公)  143
경도(鼉濤)  38
경문(敬文)  118
경문(景文)  268
경백(景伯)  35, 305
경범(景范)  47
경보(慶父)  41
경보(敬甫)  266
경부(敬夫)  227

경삭(景爍)　249

경상자(庚桑子)　298

경선(慶善)　307

경선(景宣)　65

경성(敬成)　164

경순(景純)　55

경승(景升)　197

경안(敬安)　142

경양(景陽)　233

경여(敬輿)　202

경영(敬嬴)　41

경온(景溫)　305

경웅(頃熊)　41

경원(景元)　263

경이(景怡)　48

경재(敬齋)　272

경재(絜齋)　61

경중(敬仲)　141

경흥(景興)　161

경희(景希)　263

계거일민(溪西逸民)　246

계곤(繼坤)　45

계생(啓生)　243, 244

계아(季雅)　78

계양(季襄)　42

계영(季瑩)　214

계옹(繼翁)　155

계인(啓人)　253

계자(季子)　122

계장(季長)　83

계직(季直)　262

계찰(季劄)　42

계찰(季札)　42, 131

계태(啓泰)　124

계평자(季平子)　64

계현자(啓玄子)　162

계환자(季桓子)　42

고계(杲溪)　72

고귀향공(高貴鄉公)　43

고문(皐文)　234

고문(皐聞)　234

고성숙(苦成叔)　45

고신(高辛)　248

고신씨(高辛氏)　248

고염무(顧炎武)　84, 97, 152, 173, 229

고유(高誘)　42

고유겸(顧柔謙)　47

고자(高子)　46

고조(高祖)　193

고죽군(孤竹君)　47

고추(古湫)　47

곡길(谷吉)　48

곡량(穀梁)　35

곡원거사(曲園居士)　192

곤론(崑崙)　140

곤성(昆城)　110

공간(恭簡)　175

공군(贛君)　117

공근(公瑾)　257

공량(公良)　77

공리(公理)　262

공맹칩(公孟縶)　50

공면(恭俛)　31

공문(公文)　275

공문자(孔文子)　304

공미(公彌)　50

공보(孔父)　50

공보(恭甫)　266

공보가(孔父嘉)　50, 128
공보문백(公甫文伯)　40
공부(孔鮒)　222
공세자(恭世子)　51
공손(公孫)　51
공손(公巽)　236
공손교(公孫僑)　80, 221
공손룡(公孫龍)　51, 52, 81, 87
공손 성자(公孫成子)　221
공손앙(公孫鞅)　111
공손채(公孫蠆)　224
공손추(公孫丑)　46
공숙성(共叔成)　63
공시(公是)　196
공양고(公羊高)　53
공양수(公羊壽)　53
공어자(孔圉子)　55
공영달(孔穎達)　35, 89, 103, 140, 143
공융(孔融)　154
공자(公子)　281
공자(共子)　63
공자(孔子)　40, 111
공자 요(公子廖)　134
공자 찰(公子札)　42
공자 측(公子側)　221
공조(孔晁)　55
공중(共仲)　41
공휴(公休)　85
곽박(郭璞)　122
곽숙(霍叔)　90
곽영(郭榮)　56
관숙(管叔)　90
관역보(觀射父)　57
관중(管仲)　134

관지(貫之)　129
광무제(光武帝)　96
광미(廣微)　123
광백(光伯)　198
광백(廣伯)　238
광서(光緖)　31
광자승우(光子乘羽)　111
괴외(蒯聵)　55
구계(臼季)　59
구범(舅犯)　221
구북(甌北)　253
구산(龜山)　144
구양(歐陽)　36
구양생(歐陽生)　59
구주(九疇)　45
구향(久香)　256
구화자(九華子)　184
군경(君卿)　79, 284
군공(君公)　78
군란(君蘭)　148
군명(君明)　40
군빈(君賓)　52
군산(君山)　308
군선(君善)　155
군소(君素)　310
군수(君壽)　155
군실(君實)　108
군이(君彝)　140
군직(君直)　305
굴명(詘明)　303
굴원(屈原)　36, 181
궁상씨(窮桑氏)　123
권방노인(倦舫老人)　306
권옹(倦翁)　139

귀우(歸愚) 136
균보(均甫) 121
균헌(筠軒) 306
극근(克勤) 242
극념자(克念子) 195
극재(克齋) 241
극주(郤犨) 45
극환노인(極丸老人) 98
근군(近君) 311
금덕(琴德) 174
금보(禽父) 100
금천씨(金天氏) 123
금포(金圃) 110
금풍정장(金風亭長) 260
금홍(錦鴻) 241
기노(寄奴) 193
기동(起東) 195
기어(磯漁) 65
기오(祁午) 60
기지(器之) 84
기지(奇之) 285
기해(祁奚) 60
길보(吉甫) 61
길부(吉父) 61
길역(吉射) 107
김방(金榜) 39
김악(金鶚) 271

난방(蘭芳) 158
난보(蘭甫) 265
난천(蘭泉) 174
남강(南江) 122
남사(南沙) 230
남원노인(南園老人) 270
남유(南遺) 64
남헌(南軒) 227
낭하(廊下) 47
내암(耐庵) 256
노공왕(魯恭王) 197
노담(老聃) 65
노래자(老萊子) 65
노 문공(魯文公) 41
노왕(潞王) 217
노자(老子) 65, 177, 206, 298
노 장공(魯莊公) 41
노장학(老莊學) 102, 177
노 환공(魯桓公) 119
노진(魯陳) 84
녹기(鹿起) 97
녹보(祿父) 89
녹상사선생(甪上四先生) 141
녹창(綠窓) 238
녹천(鹿泉) 253
농사(農師) 205
뇌당암주(雷塘庵主) 159

●ㄴ

나베마쓰(雙松) 87
나봉(羅峰) 232
낙안후(樂安侯) 58
낙재(樂齋) 227
난고(蘭皐) 292

●ㄷ

다케우치 요시오(武內義雄) 55
단간(端簡) 247
단보(亶甫) 88
단 양공(單襄公) 70
단옥재(段玉裁) 42, 116, 167

단왕(段王) 167

달마다라(達摩多羅) 70

달마달라다(達摩呾邏多) 70

담마다라(曇摩多羅) 70

담원(澹園) 277

담인(澹人) 44

담자(郯子) 71

담천(淡泉) 247

대가(大可) 87

대경(臺卿) 250

대기(呂大器) 150

대덕(戴德) 72

대동원(戴東原) 69

대락자(大駱子) 106

대모공(大毛公) 89

대소하후(大小夏侯) 36

대자(戴仔) 71

대중(大中) 149

대지(大智) 98

대진(戴震) 39, 68, 194, 197, 219, 275

대척옹(大滌翁) 225

대천(大川) 237

대풍군(大馮君) 73

대하후(大夏侯) 35, 291

덕명(德明) 204

덕보(德甫) 174

덕여(德輿) 94, 193

덕연(德淵) 148

덕우(德佑) 180

덕융(德隆) 104

덕충(德充) 205

도가(道家) 206, 298

도간(陶侃) 75

도공(悼公) 143

도광(道光) 28

도명(道明) 272

도민(道民) 310

도보(弢甫) 291

도산(陶山) 205

도안법사(道安法師) 134

도제(道濟) 227

도홍경(陶弘景) 74

도화(道和) 188

동곽생(東郭生) 56

동관오(東關五) 151

동남삼현(東南三賢) 227

동래선생(東萊先生) 149, 150

동발(東發) 310

동벽(東壁) 158

동서(東墅) 110

동서(東序) 228

동숙(東塾) 265

동언휘(董彦輝) 76

동인(同人) 180

동중서(董仲舒) 68, 296

동초(東樵) 303

동탁(董卓) 174, 184, 294

동훼(冬卉) 41

동훼(東卉) 41

두남(斗南) 157

두영(竇嬰) 186

두예(杜預) 103, 130, 188

두융(竇融) 80

두은(蠹隱) 157

두황후(竇皇后) 186, 307


● ㅁ

마원(馬援) 83

마융(馬融) 36, 38, 66, 83, 164

만경(曼卿) 170

만공(曼公) 97

만사대(萬斯大) 97

만사동(萬斯同) 84

만정(幔亭) 238

만창(滿昌) 58

만천(曼倩) 261

매색(梅賾) 283

매식지(梅植之) 30

매파거사(梅坡居士) 263

맹강(孟康) 85

맹개(孟開) 282

맹달(孟達) 187

맹덕(孟德) 254

맹손씨(孟孫氏) 41

맹열(孟說) 86

맹자(孟子) 85, 265

맹자(孟慈) 177

맹첨(孟瞻) 188

맹황(孟皇) 142

면보(勉甫) 265

면장(綿莊) 243, 244

명가(名家) 81, 206

명가(茗柯) 234

명공(明公) 229, 230

명성(明誠) 229

명원(明遠) 138, 175

명윤(明允) 217

명중(明仲) 301, 303

명황제(明皇帝) 184

모공(毛公) 87

모기령(毛奇齡) 88, 226

모씨(毛氏) 30

목금보(木金父) 50

목백(穆伯) 40

목숙(穆叔) 130

몽계옹(夢溪翁) 136

몽곡(夢穀) 178

몽득(夢得) 102

무가(無可) 98

무경(武庚) 89

무당(茂堂) 69

무습(繆襲) 91

무열(繆悅) 91

무왕(武王) 38, 89, 280

무제(武帝) 193

무조(武曹) 258

무황제(武皇帝) 254

무후(武侯) 257

묵가(墨家) 206

묵재(默齋) 265

문각(文愨) 136

문간(文簡) 170

문강(文姜) 119

문개선생(文介先生) 283

문거(文擧) 54

문결선생(文潔先生) 310

문고(文考) 167

문고(文高) 289

문공(文公) 59, 296

문공(文恭) 270

문달(文達) 159

문목(文穆) 272

문백(文伯) 40

문보(文甫) 302

문선(文宣) 188

문숙(文肅) 230

문안(文安) 203

문약(文若) 132

문양(文襄) 43

문언박(文彦博) 172

문열(文烈) 255

문왕(文王) 38, 280

문원(文元) 141

문일(文逸) 258

문자(文子) 105

문장(文莊) 274

문장(文長) 114

문재(文載) 139

문정(文定) 302

문정(文貞) 188, 212

문정(文靖) 144, 227

문제(文帝) 92

문중자(文中子) 176

문청(文清) 114, 149

문초(文弨) 65

문충(文忠) 232, 263, 304

문혜(文惠) 92, 306

문희(文僖) 179

미경(味經) 270

미곡(未谷) 41

미생(眉生) 209

미생고(微生高) 93

미향(薇香) 309

밀지(密之) 97

● ㅂ

박소(薄昭) 94

박재(樸齋) 300

박재(泊齋) 67

반고(班固) 95, 132, 250

반농거사(半農居士) 300

반백(班伯) 95

반산(半山) 171

반석산인(半石山人) 90

반소(班昭) 96, 250, 251

반실노인(蟠室老人) 37

반재(半齋) 40

반주(盤州) 305

반주노인(盤州老人) 305

반표(班彪) 176, 250

방경(方耕) 231

방록(方麓) 175

방몽(逄蒙) 153

방무산인(芳茂山人) 126

방적(方績) 96

배경(拜經) 228

배송지(裵松之) 99

백강(伯剛) 241

백개(伯啹) 273

백고(伯高) 166

백공(伯恭) 150

백공(白公) 99

백금(伯禽) 64, 100

백도(伯度) 80, 213

백리(百里) 307

백문(伯文) 188

백산(伯山) 193

백석(伯石) 143

백시(百詩) 152

백신(伯申) 170

백양(伯陽) 65

백역(伯易) 244

백옥(伯玉) 185

백원(伯元) 159

백위(伯衛) 88

백유(伯游) 131

백이(伯夷) 47

백익(伯益) 106

백택(白澤) 91

백화(伯華) 143

백후(伯厚) 100, 169

번우(番禺) 298

범계(范季) 111

범길역(范吉射) 235

범녕(范寧) 116, 122, 143

범려(范蠡) 75

범선자(范宣子) 109, 130

범소자(範昭子) 108

범엽(範曄) 101, 217

범엽(范曄) 190

범왕(範汪) 101

범저(范且) 102

범저(范雎) 102

법가(法家) 81, 206

법무(法武) 199

법안(法安) 38

변경(辯卿) 101

변양노인(弁陽老人) 257

병려(瓶廬) 44

병용(秉用) 232

보남(寶楠) 28

보사(輔嗣) 177

보의(寶義) 189

보정(寶鼎) 216

보지(補之) 163

보지(輔之) 61

보침(葆琛) 226

복리(伏理) 58, 104

복생(伏生) 104

복승(伏勝) 104

복초(復初) 44, 47

복희(伏羲) 104

본초(本初) 184

봉개(鳳喈) 163

부경(芙卿) 119

부구생(浮丘生) 172

부산우자(浮山愚者) 98

부상(芙裳) 288

부차(夫差) 158

부현(傅玄) 105

북강(北江) 305

비구(備九) 47

비자(飛子) 106

비직(費直) 131

빈경(邠卿) 250

빈숙(賓叔) 201

빈왕(賓王) 84

빈주(蘋洲) 257


● ㅅ

사계(士季) 256

사공계자(司空季子) 59

사농(四農) 94

사단(師丹) 58

사량(史良) 107

사량좌(謝良佐) 144

사령운(謝靈運) 140

사림(士林) 160

사마광(司馬光) 102, 172

사마상여(司馬相如) 147

사마 온공(司馬溫公) 108

사마의(司馬懿) 268

사마재장(司馬才章)　54

사량좌(謝良佐)　144

사마천(司馬遷)　145, 147

사마표(司馬彪)　190

사마후(司馬侯)　149

사명사선생(四明四先生)　141

사묵(史墨)　109

사산(謝山)　239

사상보(師尙父)　110, 280

사수잠부(四水潛夫)　257

사아(食我)　143

사안(士安)　309

사암(史黯)　109

사오거사(思誤居士)　190

사위(士威)　287

사장(士章)　199

사종(嗣宗)　65

사종(士宗)　160

사죽(師竹)　270

사형(士衡)　203

산공(山公)　283

산보(山甫)　183

산사(珊士)　267

삼당(樾堂)　307

삼벽(森碧)　86

삼홍(三洪)　307

상산(陸山)　203

상산옹(象山翁)　203

상앙(商鞅)　111

상홍양(桑弘羊)　111

서개(徐鍇)　42, 116

서곡(恕谷)　210

서당노인(西堂老人)　180

서록(書麓)　213

서린(舒璘)　141

서막(徐邈)　115

서백 창(西伯昌)　133

서병(瑞屛)　45

서산(西山)　263

서선(恕先)　57

서시(西施)　158

서신(胥臣)　59

서언(徐彦)　116

서연휴(徐延休)　116

서옹(西雍)　137

서장(西莊)　163

서준명(徐遵明)　116, 216

서지(西沚)　163

서하선생(西河先生)　87

서해(徐海)　114

서현(徐鉉)　42, 72

석간도인(石澗道人)　191

석개(石開)　244

석경(石經)　188

석구(石臞)　167

석보(碩父)　109

석보(碩甫)　270

석주(錫疇)　45

석창(錫鬯)　259

석포선생(惜抱先生)　178

선경(宣卿)　190

선공(宣公)　41, 150

선덕선생(宣德先生)　198

선민(仙民)　115

선장(善長)　151

선정(先鄭)　117

선칙(宣則)　91

섭몽득(葉夢得)　118

성경(聖卿) 284

성국(成國) 201

성암(惺菴) 237

성왕(成王) 90

성원(惺垣) 237

성유(成裕) 213

성자(成子) 222

성재(誠齋) 61

세구(世球) 154

세기(世期) 98

세숙(世叔) 187

세조(世祖) 92, 310

세종(世宗) 92

소간(昭諫) 63

소거(少渠) 283

소경(少卿) 103

소경소주(巢經巢主) 246

소공(邵公) 109, 287, 291

소군(少君) 218

소라이(徂徠) 87

소망지(蕭望之) 107, 231

소명태자(昭明太子) 199

소백(召伯) 88

소백(少伯) 75

소보(召父) 121

소부(巢父) 117

소산(小山) 241

소석(小石) 90

소온(少蘊) 118

소의(紹衣) 239

소장로조어사(小長蘆釣魚師) 259

소장무(蕭長懋) 91

소정(少正) 121

소제(少帝) 294

소진(蘇秦) 120

소통(紹統) 108

소풍군(小馮君) 73

소필(小疋) 241

소하후(小夏侯) 290

소호(小湖) 214

소호(少皓) 123

소호(少顥) 123

소호씨(少皞氏) 71

소홍두선생(小紅豆先生) 299

손견(孫堅) 156

손권(孫權) 71, 124, 156

손성연(孫星衍) 61, 216

손유(孫瑜) 124

손정(孫靜) 124

손헌(巽軒) 49

송 대공(宋戴公) 128

송 상공(宋殤公) 150

송애(松崖) 193, 299

수고(邃高) 289

수계(隨季) 111

수당(授堂) 90

수만(壽曼) 268

수봉(樹峰) 270

수성(樹聲) 226

수인(修仁) 114

수장인(壽丈人) 244

수풍(樹灃) 270

숙경(肅卿) 43

숙대(叔帶) 146

숙랑(叔朗) 124

숙면(叔俛) 31

숙부(叔鮒) 222

숙사(叔師) 171

숙상(叔庠) 128, 156

숙손 교(叔孫僑) 130

숙손 소(叔孫昭) 129

숙손 표(叔孫豹) 129

숙시(叔時) 66

숙어(叔魚) 143, 222

숙연(叔然) 126

숙영(叔穎) 237

숙운(叔澐) 38

숙웅(叔熊) 143

숙제(叔齊) 47

숙중(叔重) 299

숙중 혜백(叔仲惠伯) 130

숙지(肅之) 139

숙팽생(叔彭生) 130

숙피(叔皮) 95

숙향(叔向) 143

숙힐 131

순(舜) 117

순구(佝九) 292

순량(循良) 30

순림보(荀林父) 131

순보(淳甫) 102

순상(荀爽) 132, 181

순숙(荀淑) 132

순오지(荀吳之) 133

순욱(荀彧) 132

순자(荀子) 173, 265

순황(荀況) 89

술암(述菴) 174

숭후호(崇侯虎) 133

슬암(瑟庵) 172

습벽강(習辟疆) 134

습붕(隰朋) 134

습욱(習郁) 134

습지(習之) 210

습착치(習鑿齒) 134

승구(升衢) 241

승암(升菴) 144

승조(承祚) 266

시계노리(茂卿) 87

시옹(柴翁) 246

식지(植之) 96, 182

신미(辛楣) 238

신보(申甫) 190

신생(申生) 50, 151, 215, 261

신석(宸錫) 272

신수(愼修) 39

신수(申受) 189

심거사(沈居士) 135

심녕거사(深寧居士) 100, 169

심박(沈璞) 137

심소(心巢) 119

심약(沈約) 199

심인사(沈麟士) 135

심환(沈煥) 141

십란(十蘭) 239

● ㅇ

아천(雅川) 38

아호(鵝湖) 150, 203

악림(岳霖) 139

악비(岳飛) 139

악진(樂進) 140

악침(樂綝) 140

안간(安簡) 79

안국(安國) 55, 125

안사(顏謝) 140

안사고(顔師古) 54
안사로(顔思魯) 140
안영(晏嬰) 131, 142
안지추(顔之推) 140
알경(謁卿) 115
야민(野民) 113
야옹(野翁) 56
야율종진(耶律宗眞) 312
약사(若思) 56
약응(若膺) 69
약재(約齋) 127
약침(藥枕) 98
약후(弱侯) 277
양각(楊珏) 86
양계초(梁啓超) 190
양기(梁冀) 210
양념(養恬) 231
양당(讓堂) 244
양대육(楊大堉) 302
양보(良甫) 268
양부(良夫) 154
양사(楊賜) 161
양생(亮生) 143, 162
양석(楊石) 143
양설(羊舌) 131, 143, 222
양설부(羊舌鮒) 143, 222
양설사아(羊舌食我) 143
양설월(羊舌月) 143
양설적(羊舌赤) 143
양설호(羊舌虎) 143
양손(楊孫) 230
양수(楊修) 154
양시(楊時) 149
양신(楊愼) 145

양영(楊榮) 72
양오(梁五) 151
양왕(襄王) 145, 146
양웅(楊雄) 76, 147, 196, 212, 223, 278
양천(讓泉) 302
양천과객(讓泉過客) 244
양천노인(讓泉老人) 244
양하(楊何) 111
양형(纗衡) 285
어중(漁仲) 246
언명(彦明) 205
언백(彦伯) 183
언보(彦輔) 94
언숙(彦叔) 183
언위(彦威) 134
언청(彦淸) 227
언화(彦和) 199, 262
엄가균(嚴可均) 179
여대림(呂大臨) 144
여동(與桐) 122
여매(餘昧) 54
여상(呂尙) 280
여융(驪戎) 151
여제(女齊) 149
여조겸(呂祖謙) 37, 100, 144, 170, 227
여포(呂布) 133
여호문(呂好問) 149
여희(驪姬) 50, 214, 261
역범(酈範) 151
역전(易田) 244
역주(易疇) 244
역한(亦韓) 269
연년(延年) 140
연단(然丹) 224

연단가(煉丹家)　38
연당(練塘)　307
연릉계자(延陵季子)　42
연명(淵明)　75
연생(涓生)　303
연여(淵如)　126
연주래계자(延州來季子)　42
열조(烈祖)　184
열지(說之)　227
염대(念臺)　195
염무(炎武)　45
염약거(閻若璩)　38, 87, 152, 210
영공(靈公)　50, 278
영숙(穎叔)　200
영승(令升)　36, 37
영암산인(靈巖山人)　285
영인(寧人)　45
영제(靈帝)　294
영초(永初)　64
예(羿)　155
예곡(醴谷)　288
예당(禮堂)　163
예양부(芮良夫)　154
예중(蕊中)　61
오(羿)　155
오경박사(五經博士)　55
오구연(吾邱衍)　42
오규 소라이(荻生徂徠)　87, 141
오류선생(五柳先生)　75
오사(伍奢)　157
오상(伍尙)　157
오석공(吳石公)　98
오왕(吳王)　54, 297
오응기(吳應箕)　98

오자서(伍子胥)　99, 135, 157, 158, 222, 239
오제(五帝)　248
오척도인(五尺道人)　245
오카미(大神)　141
오하군(五河君)　189
오확(烏獲)　159
옥림(玉林)　225
옥오(玉吾)　191
옥찬(玉粲)　172
온백(溫伯)　305
온생(蘊生)　85
옹경(翁卿)　121
옹군(翁君)　297
옹왕(雍王)　217
완계선생(宛溪先生)　47
완원(阮元)　84, 97, 148, 179, 201, 275
완적(阮籍)　168
왈신(曰紳)　304
왕공(王恭)　54
왕광(王曠)　178
왕균(王筠)　42
왕노재(王魯齋)　62
왕도(王導)　178
왕랑(王朗)　165
왕례(王硔)　164
왕망(王莽)　117, 169, 200, 223
왕모(王謨)　66
왕문청(王文淸)　158
왕발(王勃)　176
왕봉(王鳳)　169
왕부지(王夫之)　98
왕빙(王冰)　162
왕사정(王士禎)　136
왕상지(王商之)　169

왕손(王孫) 186

왕손어(王孫圉) 57

왕수인(王守仁) 43, 95, 203, 277, 292

왕숙(王肅) 126, 127, 161, 205

왕승작(王僧綽) 166

왕안석(王安石) 108, 144, 163, 171, 225

왕야(王埜) 100

왕염(王琰) 54

왕염손(王念孫) 173, 197

왕우군(王右軍) 178

왕은(王隱) 169

왕응린(王應麟) 100, 122

왕응진(汪應辰) 150

왕익(王益) 171

왕일(王逸) 167

왕자 조(王子朝) 88

왕자중동(王子中同) 111

왕전(王銓) 169

왕준(王駿) 161

왕직(王直) 114

왕충(王充) 120, 148

왕통(王通) 180

왕필(王弼) 56, 288, 295

왕호(王瑚) 169

왕혼(王渾) 168

왕희지(王羲之) 166

요(堯) 117

요내(姚鼐) 57, 84, 96

요북(曜北) 145

요산(樂山) 166

요(堯)임금 121, 299

용당(鏞堂) 228

용문(容文) 37

용보(容甫) 37, 173

용부(慵父) 166

용수(用修) 144

용중(用中) 228

용지(用之) 266

용촌(榕村) 212

용향후(龍鄕侯) 115

우도인(愚道人) 98

우동선생(虞東先生) 47

우사세군(右師細君) 282

우산(寓山) 138

우일(于一) 87

우자대사 98

우정(於庭) 128

우정(虞庭) 128

우지(祐之) 266

우호(禹號) 298

운교(雲喬) 91

운백(雲伯) 283

운봉(雲峰) 302

운송(耘松) 253

운송(雲崧) 253

운양씨(雲陽氏) 123

운정(雲禎) 135

운태(云台) 159

울림왕(鬱林王) 92

울보(鬱甫) 258

웅광(熊狂) 183

웅훼(雄虺) 261

원개(元凱) 79

원괴(袁瑰) 183

원규(元規) 40

원도(元道) 180

원랑(元朗) 204

원량(元亮) 75

원보(原父) 196

원섭(袁燮) 141

원소(袁紹) 132, 197

원시(元始) 48

원중(元仲) 184

원직(元直) 180

원포(元襃) 218

원환(袁渙) 183

위륜(韋綸) 40

위명(威明) 309

위 문제(魏文帝) 92

위분(緯紛) 40

위앙(衛鞅) 111

위약(攝約) 49

위인(韋仁) 267

위장(偉長) 112

위 장공(衛莊公) 225

위장자(魏莊子) 185

위절(偉節) 285

위주(魏犨) 185

위청(衛靑) 232

유공면(劉恭冕) 27

유굉(劉宏) 293

유구자(幽求子) 209

유군(酉君) 230

유궁씨(有窮氏) 153

유달(劉炟) 307

유동(柳東) 283

유문기(劉文淇) 28, 30, 85, 193

유방(劉邦) 130, 194, 257

유병충(劉秉忠) 56

유보남(劉寶楠) 27, 76, 158, 189

유보수(劉寶樹) 158

유봉세(劉奉世) 196

유비(劉備) 156, 263

유비(劉肥) 194

유산(酉山) 166

유석경(劉石經) 189

유소(劉昭) 190, 217

유수(劉秀) 96

유수증(劉壽曾) 193

유식(幼植) 219

유안세(劉安世) 149

유옹(劉邕) 188

유왕(幽王) 36, 109

유월(兪越) 310

유종(儒宗) 187

유종(劉琮) 197

유종원(柳宗元) 296

유종주(劉宗周) 95

유준(劉駿) 310

유초(游酢) 144, 149

유태공(劉台拱) 69, 173

유표(劉表) 128, 142, 153, 156, 174, 187

유향(劉向) 200

유헌지(劉獻之) 198

유협(劉協) 294

유흠(劉歆) 79

유흥은(柳興恩) 30

육구사(陸九思) 203

육구연(陸九淵) 141, 204

육상산(陸象山) 150

육왕(陸王) 97, 124

육왕학(陸王學) 212, 258

육종씨(陸終氏) 281

육지(陸贄) 202

윤길보(尹吉甫) 207

윤남(允南) 276

윤돈(尹焞) 149

윤문(尹文) 206

윤문공(尹文公) 207

윤문자(尹文子) 81

윤제(尹齊) 207

은병산인(隱屏山人) 267

은자(隱者) 121, 299

음보(蔭甫) 192

음양(淫梁) 298

의위주인(儀衛主人) 96

의지(儀之) 285

이곡(詒穀) 127

이곡(頤谷) 127

이광부(李匡父) 211

이당(里堂) 275

이덕(李德) 217

이릉(鄳陵) 156

이목강(李穆姜) 213

이범(李梵) 35

이상(履祥) 61

이성노인(怡性老人) 159

이순(履恂) 27

이숭(李崇) 35

이예(夷羿) 153

이오(夷吾) 134, 151, 261

이운(二雲) 122

이육(李育) 35

이이(李耳) 65

이이덕(李貽德) 31, 103

이정(二程) 310

이정(爾政) 136

이정문(李正文) 211

이정자(二程子) 144

이정조(李鼎祚) 181

이지(異之) 57

이초(二初) 154

이초(理初) 194

이탁오(李卓吾) 277

이토 도가이(伊藤東涯) 141

이한(李韓) 296

이현(李賢) 217, 235

익성(翼聖) 219

인산선생(仁山先生) 61

인석(仁錫) 272

인신(寅臣) 300

일성(日成) 161

일소(逸少) 177

임단(端臨) 69, 197

임석난(林碩難) 220

임석난(臨石難) 220

임옥산인(林屋山人) 191

임지(林之) 160

임지기(林之奇) 150

임호(任昊) 218

● ㅈ

자간(子幹) 66

자거(子居) 182

자건(子建) 252

자견(子堅) 210

자겸(子簽) 266

자고(子固) 263

자고(子高) 72

자공(子贛) 172

자국(子國) 53

자기(子奇) 237

자낭(子囊) 64

자당(柘堂) 243

자량(子良) 282

자량(子諒) 66

자례(子禮) 295

자명(慈明) 131

자목(子木) 111

자문(子文) 228

자미(子美) 221

자범(子犯) 221

자병(子秉) 51

자사(子思) 281

자산(子山) 167, 221

자산(子産) 80

자서(子序) 155

자서(子胥) 157

자서(子西) 224

자숙(子叔) 295

자승(子昇) 67

자신(子愼) 103

자심(子心) 206

자아(子牙) 280

자야(子野) 107

자양(子陽) 59, 161

자양(字羊) 183

자어(子魚) 222

자엄(子嚴) 153

자옥(子玉) 278

자옹(子雍) 165

자용(子容) 117

자우(子優) 88

자우(子羽) 51

자운(子雲) 48, 147, 223

자위(子威) 236

자유(子幼) 147

자유(子猶) 142

자윤(子尹) 245

자장(子將) 142

자전(子展) 224

자전(子田) 219

자정(子政) 197

자정(子正) 71

자정(子靜) 203

자지(子止) 249

자진(子眞) 191

자천(子賤) 104

자태숙(子大叔) 187

자통(子通) 230

자하(子夏) 53, 89

자현(子玄) 56, 195

자호선생(慈湖先生) 141

자환(子桓) 92

자황(子璜) 240

자후(子厚) 225, 229

작원(勺園) 283

잠구거사(潛邱居士) 152

장각로(張閣老) 232

장경(長卿) 290

장공(莊公) 55, 119

장공(長公) 290

장굉(莫宏) 235

장록(張祿) 102

장림(臧琳) 228

장문(長文) 86, 263

장사왕(長沙王) 36

장성손(張成孫) 234

장숙(莫叔) 235

장술조(莊述祖) 190

장식(張栻) 144, 150

장왕(莊王) 64

장유(張有) 42

장유(長孺) 59

장이기(張爾岐) 158

장자방(張子房) 132

장재(張載) 233, 235

장존여(莊存與) 190

장종(章宗) 166

장천(長倩) 231

장형(張衡) 118

장회태자(章懷太子) 217

장희백(臧僖伯) 227

재동(在東) 228

재병(載屛) 301

적구(迪九) 27

적여문(翟汝文) 236

전대흔(錢大昕) 126, 145

전상(田常) 270

전성(展成) 180

전성자(田成子) 270

전양자(全陽子) 191

전욱(顓頊) 248, 281

전원기(全元起) 162

전자장하(田子莊何) 111

전제(專諸) 238

전조망(全祖望) 212

전추(篆秋) 239

절신(節信) 164

절후(節侯) 228

정 간공(鄭簡公) 51

정단(鄭丹) 224

정림(亭林) 45

정문사선생(程門四先生) 144

정백(亭伯) 278

정범(正範) 167

정사농(鄭司農) 245

정신(鼎臣) 116

정요전(程瑤田) 31

정우(定宇) 299

정은(鄭隱) 38

정의(正義) 195

정이(程頤) 94, 102, 144, 203, 205, 230

정재(靜齋) 73

정주(程朱) 97, 124, 210, 264

정중(鄭衆) 80, 117, 243, 245

정중사(鄭仲師) 117

정평(正平) 154

정헌(正獻) 102

정현(旌賢) 306

정현(鄭玄)　36, 38, 66, 80, 89, 117, 126,
　　181, 241, 249, 271

정호(程顥) 62, 94, 102, 144, 203, 230

제갈량(諸葛亮) 276

제곡(帝嚳) 248, 298

제번(諸樊) 54, 297

제옹(濟翁) 211

제우(齊于) 87

제 환공(齊桓公) 215

조간자(趙簡子) 57

조긍(祖唫) 249

조기(趙岐) 122

조대가(曹大家) 250

조대선생(釣臺先生) 219

조맹(趙孟) 251

조모(曹髦) 43

조무(趙武) 250

조문자(趙文子) 250

조비(曹丕) 92, 161, 184, 263

조수(曹壽) 250

조숭(曹嵩)  254

조앙(趙鞅)  109, 133

조예(曹叡)  184

조조(曹操)  92, 113, 132, 142, 154, 156, 161, 174, 184, 197, 230, 252, 255, 263, 288, 294

존미(存未)  154

존재(存齋)  203

존중(存中)  136

종고(宗古)  125

종련(宗槤)  84

종원(鍾元)  124

종지(從之)  166

좌여(左畬)  44

좌해(左海)  267

주(紂)  280

주공(周公)  64, 85, 90, 100

주돈이(周敦頤)  62, 310

주란(朱蘭)  31

주 무왕(周武王)  110

주 문왕(周文王)  133

주발(周勃)  36

주선(朱宣)  123

주왕(紂王)  89

주왕 대(周王帶)  146

주자(朱子)  62, 144

주자가수(周子家堅)  111

주전충(朱全忠)  63

주준성(朱駿聲)  42

주희(朱熹)  35, 43, 125, 150, 157, 159, 195, 203, 227, 230, 252, 258, 265, 302, 310

죽림칠현(竹林七賢)  168

죽웅(鬻熊)  183

죽원(竹園)  44

죽정거사(竹汀居士)  238

죽촌(竹村)  301

죽타(竹坨)  259

준충(濬沖)  168

중경(仲卿)  232

중경보(仲慶父)  41

중궁(仲弓)  267

중궁(仲躬)  267

중달(仲達)  53, 71

중류(仲甖)  162

중림(中林)  158

중립(中立)  144

중모(仲謀)  156

중사(仲師)  245

중상(仲翔)  181

중선(仲宣)  174

중약(仲若)  93

중어(仲魚)  269

중엄(仲淹)  176

중여(仲輿)  292

중영(仲寧)  148

중예(仲豫)  132

중옹(仲翁)  91

중우(仲虞)  179

중원(仲援)  209

중원(仲瑗)  209

중원(仲遠)  209

중유(仲儒)  300

중유(仲由)  180

중이(重耳)  59, 151, 221, 261

중임(仲任)  175

중자(仲子)  68, 128

중중(衆仲)  49

중행문자(中行文子)  133

중행언(中行偃)  131

중행헌자(中行獻子)  131

중현(中玄)  43

중호(仲虎)  302

중훼(仲虺)  261

즙랑(葺郎)  244

즙산선생(葺山先生)  195

즙옹(葺翁)  244

즙하(葺荷)  244

지백(智伯)  82

지우(知遇)  126

직사군(稷嗣君)  130

직약(稷若)  229

진경(晉卿)  212

진권(陳瓘)  149

진기(陳紀)  263

진덕수(眞德秀)  100, 170

진류왕(陳留王)  294

진립(陳立)  30

진 목공(秦穆公)  215, 261

진 문공(晉文公)  221, 261

진사도(陳師道)  149

진사왕(陳思王)  253

진성자(陳成子)  270

진수(陳壽)  98, 99

진시황(秦始皇)  222

진여(陳餘)  268

진 여공(晉厲公)  271

진예(珍藝)  226

진 정공(晉定公)  57

진정혜(陳貞慧)  98

진창(震滄)  44

진천서(陳天瑞)  86

진탁(振鐸)  251

진 평공(晉平公)  271

진 헌공(晉獻公)  50, 151, 214, 261

진 혜공(晉惠公)  214

진혜전(秦蕙田)  175

질보(窒甫)  247


● ㅊ

차공(次公)  308

차군(次君)  72

차동정장(且同亭長)  245

차백(次白)  215

차중(次仲)  68

채묵(蔡墨)  109

채사묵(蔡史墨)  109

채숙(蔡叔)  90

채옹(蔡邕)  174

처도(處度)  225

처숙(處叔)  169

천목(天牧)  300

천이(天彛)  215

천지(天池)  114

철군(鐵君)  209

철리(鐵李)  88

철연(鐵硯)  89

청강(晴江)  237

청계거사(靑溪居士)  244

청등(靑藤)  114

청백사(淸白士)  145

청양씨(靑陽氏)  123

체원(體元)  67

초광(楚狂)  205

초궁(弨弓)  65

초금(楚金)  113

초망(楚望)  292

초명자(焦明子)  209

초 목왕(楚穆王)  221

초순(焦循)  30

초 장왕(莊王)  221

초정(楚楨)  27

초창(草窓)  257

초청(初晴)  87

최무자(崔武子)  278

최자(崔子)  278

추농(秋農)  179

추당(秋塘)  266

추범(秋帆)  285

추사(秋史)  61

추청(秋晴)  87

출공(出公)  55

충개(忠介)  195

충달(沖達)  53

충량(忠亮)  150

충보(忠甫)  140

충원(沖远)  53

충원(沖遠)  53

충종(充宗)  84

충청(忠淸)  45

측천무후(則天武後)  217

치규(稚圭)  58

치당선생(致堂先生)  301, 303

치존(稚存)  305

치청산인(豸靑山人)  209

● ㅌ

탁운(倬雲)  270

탁인(卓人)  265

탕(湯)  94

태공(台拱)  28

태공(太公)  110

태공망(太公望)  280

태사담(太師儋)  65

태사백(太史伯)  109

태사백양(太史伯陽)  109

태숙(太叔)  187, 224

태황제(太皇帝)  156

통명(通明)  74

퇴지(退之)  296

● ㅍ

파옹(跛翁)  84

패왕(沛王)  217

팽생(彭生)  130

팽조(彭祖)  281

평숙(平叔)  288

평원군(平原君)  51, 87

평자(平子)  234

폐왕 대(廢王帶)  146

포경당(抱經堂)  65

포경선생(抱經先生)  65

포려(匏廬)  137

포박자(抱朴子)  38

포사(褒姒)  109

포숙(鮑叔)  134

포승지(暴勝之)  282

포신언(包愼言)  30

포현(鮑玄)  38

풍등부(馮登府)  216

풍림(風林)  225

풍립(馮立)  73

풍봉세(馮奉世)  284

풍야왕(馮野王)  73

풍천(風薦)  61

풍포(豊甫)　110

## ● ㅎ

하봉선생(夏峰先生)　124

하북산(何北山)　61

하상공(河上公)　287

하소공(何邵公)　32

하안(何晏)　177, 258, 281

하육(夏育)　86

하장(河莊)　269

하진(何進)　184

하후(夏侯)　254

하후건(夏侯建)　122, 291

하후상(夏后相)　297

하후승(夏侯勝)　73, 122, 290

하휴(何休)　53, 67, 103, 287

학의행(郝懿行)　271

한기(韓琦)　172

한기(韓起)　295

한만(汗漫)　229

한생(韓生)　295

한유(漢儒)　30, 38, 196

한유(韓愈)　155, 210

한착(寒浞)　153, 155

한창려(韓昌黎)　296

한호(罕虎)　224

한흠(韓歆)　101

합계(合溪)　71

합려(闔廬)　54

합려(闔閭)　54, 297

합좌사(合左師)　297

항량(項梁)　129

항상자(亢桑子)　298

항아(姮娥)　153

항우(項羽)　129, 257

항창자(亢倉子)　298

해제(奚齊)　151, 215, 261

해중(奚仲)　298

행십(行十)　259

허곡(虛谷)　90

허신(許愼)　42, 69, 298

허유(許由)　117, 121

허재선생(虛齋先生)　274

헌자(憲子)　140

헌지(獻之)　239

현도(顯道)　184

현도자(玄道子)　215

현무(女茂)　81

현안선생(玄晏先生)　309

현정선생(玄靖先生)　199

현제(玄帝)　248

현평(玄平)　48

현효(玄囂)　123

협제선생(夾漈先生)　246

형국공(荊國公)　172

형병(邢昺)　30, 122

혜강(嵇康)　168

혜공(惠公)　104

혜동(惠棟)　38, 84

혜반(惠班)　250

혜사기(惠士奇)　299

호남유로(湖南遺老)　166

호무생(胡母生)　53

호배휘(胡培翬)　271, 300, 302

호안국(胡安國)　301, 303

호암(蒿庵)　229

호언(狐偃)　221

호인(胡寅)　301

호종헌(胡宗憲) 114
홍도(弘度) 216
홍두선생(紅豆先生) 300
홍두주인(紅豆主人) 300
홍사(弘嗣) 186
홍이훤(洪頤煊) 61
홍지(弘智) 98
홍진훤(洪震煊) 61
홍홍조(洪興祖) 304
화독(華督) 128
화보(和甫) 279
화보독(華父督) 128, 150
화양은거(華陽隱居) 74
화정처사(和靖處士) 205
화제(和帝) 282
화중(和仲) 252
확사(確士) 136
환랑(獾郎) 171
환자(桓子) 50
황간(皇侃) 30
황면재(黃勉齋) 62
황보숭(皇甫嵩) 309
황정견(黃庭堅) 149
황제(黃帝) 123, 298
황종희(黃宗羲) 84, 98, 195
회공(懷公) 261
회암(悔庵) 180
회조(懷祖) 167
횡거(橫渠) 229
효경(孝卿) 163
효령황제(孝靈皇帝) 294
효루(曉樓) 67
효무제(孝武帝) 310
효문태후(孝文太后) 94

효신(孝臣) 213
효여(孝興) 49
효우(孝友) 120
효장황제(孝章皇帝) 307
효징(曉徵) 238
효표(孝標) 199
후암(厚庵) 212
후재(厚齋) 100, 170, 285
후정(後鄭) 117
후창(後蒼) 58
휴문(休文) 137
휴용(休龍) 310
휴징(休徵) 164
휴혁(休奕) 105
흔백(炘伯) 291
흠부(欽夫) 227
흥공(興公) 127
흥종(興宗) 201
희단(姬旦) 90, 100
희도(姬度) 90
희선(姬鮮) 90
희성(姬姓) 143
희손(喜孫) 177
희송(姬誦) 90
희원(希元) 263
희전(姬傳) 178
희중(羲仲) 56
희처(姬處) 90

# 사항 색인

## ● ㄱ

가감승제법(加減乘除法)  276

가어소증(家語疏證)  127

가전방여기(家傳方輿記)  113

가정온주부지(嘉靖溫州府志)  232

간자(干子)  37

간장문초(簡莊文鈔)  269

간재권고유문집(艮齋倦稿遺文集)  180

간정구경삼전연혁제(刊正九經三傳沿革制)  139

간하도낙서설(看河圖洛書說)  274

감천부(甘泉賦)  147, 223

강녕부지(江寧府志)  97

강동갑을집(江東甲乙集)  63

강서시사종파도(江西詩社宗派圖)  149

강촌소하록(江村消夏錄)  45

갱생재집(更生齋集)  306

거복대부(車服大夫)  298

거정(車正)  298

거제고(車制考)  239

건강집(建康集)  118

건륭(乾隆)  27

게방문답(揭方問答)  40

게자병경(揭子兵經)  40

게자성서(揭子性書)  40

게자이회편(揭子二懷篇)  40

게자전서(揭子戰書)  40

게자호서(揭子昊書)  40

겐엔학파  88

격재집(格齋集)  252

견백론(堅白論)  51

겸명서(兼明書)  59

겸창행기(鎌倉行紀)  141

경거집(儆居集)  310

경거집경설(儆居集經說)  309

경독고이(經讀考異)  91

경사관견(經史管見)  73

경사문답(經史問答)  240

경사언행록(經師言行錄)  177

경상초(庚桑楚)  298

경서근지(經書近指)  124

경서산학천문고(經書算學天文考)  266

경설(經說)  285

경세치용(經世致用)  211

경순비의(經馴比義)  265

경심서원(經心書院)  32

경씨역전(京氏易傳)  40

경의고(經義考)  260

경의술문(經義述聞)  170

경의잡기(經義雜記)  225, 228

경의지신기(經義知新記)  174

경적록요(經籍錄要)  154

경적찬고(經籍纂詁)  84, 159, 228, 307

경전고증(經傳考證)  258

경전문자서(經典文字書)  285

경전석문(經典釋文)  204, 277

경전석문고증(經典釋文考證)  65

경전석사(經傳釋詞)  170

경전의고(經傳義詁)  36

경전집림(經典集林)  306

경전통의(經傳通義)  194

경전통찬(經傳通纂)  219

경전해(經傳解)  277

경전휘언(經典徽言)  125

경절고의(磬折古義)  244

경지(經咫)  270

경학이굴(經學理窟)  230

경학치언(經學卮言) 49

경훈(經訓) 31

경훈당총서(經訓堂叢書) 286

계고록(稽古錄) 108

계고후록(稽古后錄) 249

계사류고(癸巳類稿) 194

계사존고(癸巳存稿) 194

계신잡지(癸辛雜識) 257

계안록(啓顏錄) 311

계원주총(桂苑珠叢) 255

계자(戒子) 180

계폐(啓蔽) 141

고거학(考據學) 61

고경서찬(考經序贊) 307

고경정사(詁經精舍) 159, 192

고경정사자과문(詁經精舍自課文) 192

고공거제고(考工車制考) 213

고공창이소기(考工創異小記) 244

고국지(古國志) 266

고금기요(古今紀要) 310

고금기요일편(古今紀要逸編) 310

고금상서찬이(古今尙書撰異) 69

고금언(古今諺) 145

고금역총지(古今易總志) 307

고금풍요(古今風謠) 145

고문(古文) 110

고문경학 89, 103

고문경학가 101

고문사(古文辭) 88

고문사유찬(古文辭類纂) 179

고문사학(古文辭學) 88

고문사학자(古文辭學者) 87

고문상서(古文尙書) 36, 38, 53, 152, 283, 300

고문상서고(古文尙書考) 38, 300

고문상서공굉국전(古文尙書孔宏國傳) 165

고문상서소증(古文尙書疏證) 87, 152, 283

고문상서원사(古文尙書冤詞) 87

고문상서음(古文尙書音) 116

고문양공집(高文襄公集) 43

고문역학(古文易學) 131

고문자학(古文字學) 39

고문학(古文學) 53

고반집문록(考槃集文錄) 97

고사고(古史考) 276

고사전(高士傳) 309

고서의의거례(古書疑義擧例) 192

고소화집(古笑話集) 295

고시원(古詩源) 136

고아편(孤兒編) 177

고악경(古樂經) 212

고역고(古歷考) 73

고운표준(古韻標準) 39

고은전(高隱傳) 160

고음(古音) 145

고음학(古音學) 167

고음해(古音諧) 179

고자하(告子下) 58

고증사학(考證史學) 163

고증학(考證學) 87, 90, 97, 100, 159, 167

고학휘찬(古學彙纂) 45

곡량음(穀梁音) 189

곡량일례(穀梁逸禮) 271

곡량전소증(穀梁傳疏證) 84

곡량전주(穀梁傳注) 116

곡량정의(穀梁正義) 122

곡량춘추대의술(穀梁春秋大義述) 201

곡량폐질(穀梁廢疾) 291

곡부(曲阜) 100
곤학기문(困學紀聞) 100, 170, 240
곤학록(困學錄) 225
공맹편년(孔孟編年) 237
공북해집(孔北海集) 54
공시집(公是集) 196
공안국상서전(孔安國尙書傳) 152
공양곡량문구의(公羊穀梁文句義) 278
공양묵수(公羊墨守) 291
공양문(公羊問) 131
공양문답(公羊問答) 68
공양예설(公羊禮說) 68
공양음(公羊音) 189
공양의소(公羊義疏) 265
공양일례고징(公羊逸禮考徵) 271
공양전(公羊傳) 291
공양전역보(公羊傳曆譜) 282
공양춘추(公羊春秋) 32
공양춘추하씨답난(公羊春秋何氏答難) 190
공양하씨석례(公羊何氏釋例) 190
공자가어(孔子家語) 165
공자삼묘기주(孔子三廟記注) 306
공자제자전(孔子弟子傳) 285
공자편년(孔子編年) 237
공총자(孔叢子) 222
과두문자(蝌蚪文字) 53
과정록(過庭錄) 128
과진론(過秦論) 36
곽홍농집(郭弘農集) 56
관룡(關龍) 58
관상수시(觀象授時) 270
관안열전(管晏列傳) 59
관자교정(管子校正) 72
관자의증(管子義證) 306

관중(關中) 230
관중금석기(關中金石記) 286
관직훈(官職訓) 186
관학(關學) 230
광경실문초(廣經室文鈔) 32
광동통지(廣東通志) 97
광류정속(匡謬正俗) 140
광릉시집(廣陵詩集) 159
광릉통전(廣陵通典) 174
광씨제시학(匡氏齊詩學) 58
광아(廣雅) 255
광아석천이하주(廣雅釋天以下註) 65
광아소증(廣雅疏證) 167
광절교론(廣絶交論) 200
괴담록(愧郯錄) 139
교례당집(校禮堂集) 68
교식거우(交食擧隅) 300
교자용자(嬌子庸疵) 111
구경고의(九經古義) 300
구경고의주(九經古義注) 83
구경설(九經說) 179
구경오자(九經誤字) 46
구계잡저(句溪雜著) 265
구고록(求古錄) 61, 271
구곡고 31
구두서술(句讀序述) 91
구변도지(九邊圖志) 247
구북시초(甌北詩鈔) 254
구북시화(甌北詩話) 254
구북집(甌北集) 254
구산어록(龜山語錄) 144
구산집(龜山集) 144
구양상서(歐陽尙書) 59
구여토음(勾餘土音) 240

구자득지실문초(求自得之室文鈔) 155

구주춘추(九州春秋) 109

구지서원(求志書院) 192

구혁강리소기(溝洫疆里小記) 244

구화집(九華集) 184

국사경적지(國史經籍志) 277

국사유림전(國史儒林傳) 159

국어(國語) 57

국어보교(國語補校) 69, 197

국어보주(國語補注) 179

국어음(國語音) 189

국어장구(國語章句) 165, 245

국어주(國語注) 126, 186

국어해고(國語解詁) 35

국조명신언행록(國朝名臣言行錄) 177

국조시별재(國朝詩別裁) 136

국조학안비망록(國朝學案備忘錄) 120

국조헌징록(國朝獻徵錄) 277

군경궁실도(群經宮室圖) 276

군경보의(群經補義) 39

군경석지(群經釋地) 73

군경식소록(群經識小錄) 213

군경의증(群經義證) 91

군경이의(群經異義) 201

군경자류(群經字類) 167

군경평의(群經平議) 192

군서문답(群書問答) 68

군서치요(群書治要) 135

군재독서지(郡齋讀書志) 249

군적척문(群籍摭聞) 257

굴원부주(屈原賦注) 73

궁실고(宮室考) 219

궁통론(窮通論) 189

권시각집(卷施閣集) 306

권학종사(勸學從事) 276

귀거래사(歸去來辭) 75

귀우시문초(歸愚詩文鈔) 136

균천락(鈞天樂) 180

근사록(近思錄) 151

근사록정의(近思錄精義) 252

근사록집해(近思錄集解) 39

금경(禽經) 107

금궤약방(金匱藥方) 38

금등변의(金縢辨疑) 232

금률(琴律) 265

금릉지도고(金陵地圖考) 174

금문경씨역학(今文京氏易學) 40

금문경학(今文經學) 53, 101, 103, 226

금문맹씨역(今文孟氏易) 181

금문상서(今文尙書) 38, 104

금문상서경설고(今文尙書經說考) 267

금문예학(今文禮學) 72

금석문자기(金石文字記) 46

금석삼발(金石三跋) 91

금석종례(金石綜例) 283

금석췌편(金石萃編) 175

금석학(金石學) 90, 126

금설록(金屑錄) 283

금타수편(金陀粹編) 139

금학(琴學) 180

급구편속주음의증(急敎篇續注音義證) 189

급취편(急就篇) 110

기결(冀缺) 59

기론(機論) 284

기성집(騎省集) 117

기일원론(氣一元論) 230

기질지성(氣質之性) 95

길기정집(鮎埼亭集) 239

● ㄴ

나강일기(螺江日記)　226
나부산(羅浮山)　38
나산문집(羅山文集)　232
나산주소(羅山奏疏)　232
낙의론(樂毅論)　178
낙학(洛學)　144
낙학편(洛學編)　124
난정서(蘭亭序)　178
남강문초(南江文鈔)　122
남강북조인(南腔北調人)　115
남북서파론(南北書派論)　159
남북이도부(南北二都賻)　142
남사서록(南詞紋錄)　115
남순소시록(南巡召試錄)　110
남조야사(南詔野史)　145
남청각시초(攬青閣詩鈔)　216
남해부(覽海賦)　96
남헌역설(南軒易說)　227
남헌집(南軒集)　227
노론(魯論)　61
노사(路史)　63
노사기(魯史記)　199
노시(魯詩)　282
노시설(魯詩說)　245
노자(老子)　65, 83, 101, 190, 287
노자설략(老子說略)　229
노자요약(老子要略)　136
노자익(老子翼)　277
노자장의(老子章義)　179
노자주(老子注)　86, 177, 256
노자찬(老子贊)　127
노자통술(老子通述)　249
노장(老莊)　127, 142

노장본지(老莊本旨)　307
노장파(老莊派)　148
논도부(論都賦)　78
논란(論難)　36
논서(論書)　166
논어(論語)　53, 83, 155, 161, 165, 222, 223, 282
논어강씨집해(論語江氏集解)　39
논어고본증이(論語古本證異)　301
논어고훈(論語古訓)　269
논어공주변위(論語孔注辨僞)　137
논어노안창후설(論語魯安昌侯說)　229
논어노하후설(論語魯夏侯說)　291
논어맹자집주고증(論語孟子集注考證)　62
논어맹자차기(論語孟子箚記)　212
논어맹자해(論語孟子解)　206
논어무씨설(論語繆氏說)　91
논어박(論語駁)　64
논어변지(論語騈枝)　69, 197
논어보소(論語補疏)　276
논어보의(論語補疑)　215
논어보전(論語補箋)　301
논어보주(論語補注)　69, 197
논어상설(論語詳說)　301, 304
논어석(論語釋)　64
논어설(論語說)　102, 227, 245, 307
논어소(論語疏)　35
논어술의(論語述議)　198
논어심씨훈주(論語沈氏訓注)　136
논어온고록(論語溫故錄)　282
논어왕씨주(論語王氏注)　165
논어우기(論語偶記)　96
논어원씨주(論語袁氏注)　184
논어이문고증(論語異文考證)　283

논어장구(論語章句) 228

논어전해(論語全解) 266

논어정의(論語正義) 30, 299

논어정의보(論語正義補』 32

논어주(論語注) 72, 186

논어주소(論語注疏) 299

논어증주(論語增注) 129

논어지서(論語旨序) 91

논어집설(論語集說) 274

논어집해(論語集解) 127, 259, 288

논어집해의소(論語集解義疏) 56, 308

논어징(論語徵) 88

논어채씨주(論語蔡氏注) 273

논어체략(論語體略) 56

논어필해(論語筆解) 210

논어학안(論語學案) 195

논어해(論語解) 163

논어후록(論語後錄) 239

논어후안(論語後案) 309

논학소기(論學小記) 244

논학외편(論學外篇) 244

논형(論衡) 120, 176

능서인명(能書人名) 199


● ㄷ

다향실경설(茶香室經說) 192

다향실잡초(茶香室雜鈔) 192

단궁변무(檀弓辨誣) 292

단궁총훈(檀弓叢訓) 145

단연(丹鉛) 145

단효구시설(彖爻求是說) 243

달지(達志) 278

담경(談經) 292

담국(郯國) 70

담원집(澹園集) 277

당감(唐鑑) 102

당교론(唐敎論) 59

당서(唐書) 269

당서고의(唐書考疑) 264

당석경(唐石經) 226

당시별재(唐詩別裁) 136

당호시고(堂湖詩稿) 139

대공장란간문(大功章爛簡文) 213

대남각총서(岱南閣叢書) 126

대당의례(大唐儀禮) 140

대대례기(大戴禮記) 72

대대례기보주(大戴禮記補注) 49

대대례기역(大戴禮記繹) 241

대대례기정오(大戴禮記正誤) 174

대대례기해고(大戴禮記解詁) 65

대대차기보주(大戴劄記補注) 177

대도상(大道上) 206

대도하(大道下) 206

대례요략(大禮要略) 232

대씨유서(戴氏遺書) 73

대역택언(大易擇言) 245

대운산방문고(大雲山房文稿) 182

대전체(大篆體) 110

대청일통지(大淸一統志) 47, 175, 238

대청회전(大淸會典) 230

대체(大體) 135

대하후상서(大夏侯尙書) 88

대학고본설(大學古本說) 212

대학고이(大學考異) 225

대학변업(大學辨業) 211

대학설(大學說) 300

대학연의(大學衍義) 264

대학우언(大學偶言) 226

대학익진(大學翼眞) 303

대학장구소의(大學章句疏義) 62

대학지장도(大學指掌圖) 302

대한여복지(大漢輿服志) 77

도덕경(道德經) 65

도덕경주(道德經注) 172

도략(圖略) 276

도론(道論) 256

도서(道書) 40

도연명집(陶淵明集) 75

도이소(悼離騷) 96

도장(道藏) 256

도정악부(陶情樂府) 145

도정절선생연보(陶靖節先生年譜) 157

도찬(圖贊) 55

도척(盜跖) 93

도통록(道統錄) 195

도하의(導河議) 167

도학 144

도현론(道賢論) 127

도화원(桃花源) 180

도화원기(桃花源記) 75

독경설(讀經說) 243

독단(獨斷) 273

독률사전(讀律私箋) 175

독사관견(讀史管見) 301, 304

독사금석집목(讀史金石集目) 91

독사방여기요(讀史方輿紀要) 47

독사제요록(讀史提要錄) 288

독서기(讀書記) 264

독서잡지(讀書雜誌) 167

독서좌록(讀書脞錄) 127

독서총록 306

독시차기(讀詩箚記) 292

독역거요(讀易擧要) 192

독역대지(讀易大旨) 124

독의례기(讀儀禮記) 235

독이소(讀離騷) 180

독자집(讀子集) 310

돈오(頓悟) 97

동경부(東京賦) 234

동남삼현(東南三賢) 150

동래선생시집(東萊先生詩集) 149

동래선생좌씨박의(東萊先生左氏博議) 150

동몽훈(童蒙訓) 149

동문지(同文志) 175

동벽서장집(東壁書莊集) 158

동서균(東西均) 98

동성학파(桐城學派) 57

동숙독서기(東塾讀書記) 265

동숙집(東塾集) 265

동이족(東夷族) 123

동자문집(童子文集) 77

동주대유(東州大儒) 126

동진강역지(東晉疆域志) 306

두씨장력보(杜氏長歷補) 213

두율훈해(杜律訓解) 232

둔주첩(屯州帖) 186

등루부(登樓賦) 174

등석자(鄧析子) 81

등정정(鄧廷楨) 96

등진은결(登眞隱訣) 74


● ㅁ

마왕역의(馬王易義) 165

만기론(萬機論) 230

만서정의(晩書訂疑) 245

만세정후(萬歲亭侯) 133

망감정사약(綱鑒正史約)　45

매변취적보(梅邊吹笛譜)　68

매색(梅賾)　152

맹씨역학(孟氏易學)　101

맹자(孟子)　46, 59, 153

맹자생졸년월고(孟子生卒年月考)　152

맹자설(孟子說)　227

맹자설해(孟子說解)　292

맹자소(孟子疏)　125

맹자술의(孟子逑義)　122

맹자시사고(孟子時事考)　219

맹자연보(孟子年譜)　57

맹자음의(孟子音義)　125

맹자자의소증(孟子字義疏證)　73

맹자장구(孟子章句)　46, 250

맹자정의(孟子正義)　30, 276

맹자주(孟子注)　201, 210

맹자편년(孟子編年)　237

명가문편(茗柯文編)　235

명가사(茗柯詞)　235

명당고변(明堂考辨)　213

명당대도록(明堂大道錄)　300

명문형(明文衡)　242

명사(明史)　87, 180, 260

명사종(明詞綜)　175

명세론(明世論)　78

명시별재(明詩別裁)　136

명시종(明詩綜)　260

명실론(名實論)　51

모시(毛詩)　32, 36, 85

모시고증(毛詩考證)　226

모시고훈전(毛詩詁訓傳)　89

모시구소고증(毛詩舊疏考證)　194

모시국풍정본(毛詩國風定本)　140

모시답잡문(毛詩答雜問)　186

모시류석(毛詩類釋)　44

모시보(毛詩譜)　243

모시삼조변(毛詩三條辨)　213

모시서씨음(毛詩徐氏音)　116

모시선정의(毛詩先鄭義)　245

모시설(毛詩說)　231, 271

모시술의(毛詩逑議)　198

모시습유(毛詩拾遺)　55

모시왕씨주(毛詩王氏注)　165

모시원해(毛詩原解)　292

모시육소(毛詩陸疏)　241

모시음(毛詩音)　42, 271

모시의소(毛詩義疏)　217

모시전(毛詩箋)　247

모시전소(毛詩傳疏)　271

모시전음의증(毛詩箋音義證)　189

모시전의류(毛詩傳義類)　271

모시정고(毛詩訂詁)　44

모시정기외의(毛詩正紀外義)　129

모시주(毛詩注)　126

모시주소규보(毛詩注疏糾補)　201

모시주송구의(毛詩周頌口義)　226

모시집주(毛詩集注)　277

모시초목조수충어소(毛詩草木鳥獸蟲魚疏)　203

모시학(毛詩學)　89

모시후전(毛詩後箋)　271

모원상선생유저(牟愿相先生遺著)　88

모전(毛傳)　89

모정시고훈고증(毛鄭詩詁訓考證)　84

모정시석(毛鄭詩釋)　243

모주시설(毛朱詩說)　152

목야(牧野)　280

목천자전(穆天子傳)　123

목천자전주(穆天子傳注)　55

몽계필담(夢溪筆談)　136

몽산변(蒙山辨)　49

무고(巫蠱)　103

무림구사(武林舊事)　257

무위자연(無爲自然)　177, 206

무전분운(繆篆分韻)　42

무진수사전(戊辰修史傳)　310

무후(無厚)　81

묵변주(墨辯注)　66

묵자교주(墨子校注)　286

묵자서(墨子序)　174

묵자표징(墨子表徵)　174

문단(文端)　277

문답서(問答書)　88

문변록(問辨錄)　43

문부(文賦)　204

문선(文選)　126, 127, 140, 199, 214

문선고이(文選考異)　127

문선음의(文選音義)　255

문선음의정정(文選音義訂正)　154

문선이학권여보(文選理學權輿補)　127

문선주(文選注)　214

문선주보정(文選注補正)　127

문선학(文選學)　214

문슬신화(扪蝨新話)　266

문심조룡(文心雕龍)　199

문안제공록(文安隄工錄)　31

문안현(文安縣)　28

문원(文苑)　260

문원영화(文苑英華)　117

문인문답(門人問答)　206

문자지귀(文字指歸)　255

문장사우(文章四友)　212

문장정종(文章正宗)　264

문전나작(門前羅雀)　236

문정처사(文貞處士)　160

문중자(文中子)　176

문중자고(文中子考)　57

문중자설(文中子說)　180

문차재집(問次齋集)　49

문학좨주(文學祭酒)　139

문휘고(文彙稿)　45

물리론(物理論)　148

물리소지(物理小識)　98

미경와류집(味經窩類集)　270

미경재유서(味經齋遺書)　231

미능록(未能錄)　97

미천석도안(彌天釋道安)　134

● ㅂ

박성증론(駁聖證論)　126

박재문집(樸齋文集)　301

박학재문록(樸學齋文錄)　128

박혁론(博奕論)　186

반경(盤庚)　94

반농인시(半農人詩)　300

반방재시문집(半舫齋詩文集)　288

반절주음(反切注音)　126

반주집(盤洲集)　306

발몽기(發蒙記)　123

발책(發策)　30

발해태수(渤海太守)　52

방록거사집(方麓居士集)　175

방무산인시록(芳茂山人詩錄)　126

방언(方言)　148, 223, 241

방언보교(方言補校)　69, 197

방언소증(方言疏証)　73

방언주(方言注) 55
방여승람(方輿勝覽) 279
배경당문집(拜經堂文集) 228
배경일기(拜經日記) 228
배송지주(裴松之注) 99
배씨가전(裴氏家傳) 98
배주(裴注) 99
백가성(百家姓) 101, 170
백마편(白馬篇) 51
백호통소증(白虎通疏證) 265
번중집(樊中集) 283
범려 76
범론훈(氾論訓) 42
범양삼열사(范陽三烈士) 124
범태사집(范太史集) 102
법가(法家) 112, 135
법계(法誡) 262
법구경(法句經) 70
법언(法言) 148, 212, 223
법언주(法言注) 129
법훈(法訓) 276
벽운암사(碧云庵詞) 128
변겸론(辯謙論) 295
변도(辨道) 88
변류(辨類) 189
변망론(辯亡論) 204
변명(辨名) 88
변명론(辨明論) 200
변복석례(弁服釋例) 219
변석명(辨釋名) 186
변풍답기(采風劄記) 214
별기(瞥記) 145
별록(別錄) 198
병서접요(兵書接要) 255

보독실문초(補讀室文鈔) 257
보모치(補茅鴟) 59
보신궁(補新宮) 59
보응도경(寶應圖經) 31
보주후한지(補注後漢志) 191
보진재서법찬(寶眞齋書法贊) 139
보필담(補筆談) 136
복고편(復古編) 241
복서론(卜筮論) 213
복성설(復性說) 210
복조부(鵩鳥賦) 36
복파장군(伏波將軍) 38
본초경집주(本草經集注) 74
봉씨경설(鳳氏經說) 104
봉아소설(蜂衙小說) 293
봉황곡(鳳凰曲) 172
부생(附生) 119
부순고집(傅鶉觚集) 105
부씨도(鳧氏圖) 246
부인대전양방(婦人大全良方) 269
부자(傅子) 105
부지(附志) 249
북강시화(北江詩話) 306
북궁타(北宮佗) 105
북비남첩론(北碑南帖論) 159
북학편(北學編) 124
분서갱유(焚書坑儒) 222
분전(墳典) 189
분전(坟典) 65
불법(佛法) 127
비백체(飛白體) 273
비설편(霏雪編) 232
비씨역학(費氏易學) 102
비아(埤雅) 205

비연집(斐然集) 301, 304

비지(碑志) 31

빈맹집(賓萌集) 192


● ㅅ

사고(思古) 140

사고전서(四庫全書) 119, 178, 209

사고전서총목제요(四庫全書總目提要) 143

사고총목(四庫總目) 266

사기(史記) 51, 59, 89, 135, 147, 166, 248

사기보주(史記補注) 239

사기색은(史記索隱) 108

사기쇄쇄(史記瑣瑣) 292

사기정의(史記正義) 226

사기지의(史記志疑) 145

사기집해(史記集解) 99

사기후전(史記後傳) 96

사문류취(事文類聚) 279

사분율(四分律) 35

사사(蜡祠) 29

사산시존(師山詩存) 214

사서(射書) 40

사서강의(四書講義) 248

사서개착(四書改錯) 87

사서고이(四書考異) 237

사서근지(四書近指) 124

사서몽인(四書蒙引) 274

사서변의(四書辨疑) 86

사서보고(四書補考) 104

사서석지(四書釋地) 152

사서석지변의(四書釋地辨疑) 237

사서석지변증(四書釋地辨證) 128

사서설(四書說) 155, 231

사서쇄어(四書瑣語) 179

사서습의(四書拾義) 302

사서약지(四書約旨) 219

사서의(四書義) 110

사서의시첩(四書義試帖) 95

사서전고고변(四書典故考辨) 73

사서전고변정(四書典故辨正) 258

사서전고핵 68

사서전의(四書詮義) 177

사서정의(四書正義) 61

사서증의(四書證疑) 215

사서지리고(四書地理考) 163

사서질의(四書質疑) 237

사서찬소(四書纂疏) 252

사서통(四書通) 302

사선(詞選) 235

사설(師說) 296

사성보(四聲譜) 137

사성원(四聲猿) 115

사성이지록(四聲易知錄) 179

사성절운고(四聲切韻考) 39

사성팔병설(四聲八病說) 137

사순송(四巡頌) 278

사시오제설(四始五際說) 218

사우연원록(師友淵源錄) 149

사위(士緯) 180

사의관(師宜官) 142

사재(私載) 118

사종(詞綜) 260

사주편(史籀篇) 110

사통(史通) 196

사해습착치(四海習鑿齒) 134

사헌나궤식례(肆獻祼饋食禮) 219

사현부(思玄賦) 234

산공구원(山公九原) 283

산동통지(山東通志) 229
산망론(算罔論) 234
산법(算法) 154
산서지(山栖志) 200
산초당집(山草堂集) 292
산해경(山海經) 285
산해경전소(山海經箋疏) 293
산해경주(山海經注) 55
산해경훈찬(山海經訓纂) 300
삼가시고(三家詩考) 243
삼가시유설고(三家詩遺說考) 267
삼가시이문보유(三家詩異文補遺) 283
삼감(三監) 90
삼강제복존존술의(三綱制服尊尊述義) 292
삼국명신송(三國名臣頌) 183
삼국지(三國志) 98, 99, 266
삼국지주(三國志注) 98
삼국지집해(三國志集解) 82
삼당시초(檆堂詩鈔) 307
삼대인혁론(三代因革論) 182
삼례(三禮) 83, 119, 165
삼례도(三禮圖) 119
삼례석주(三禮釋注) 243
삼례의기(三禮義記) 275
삼례의소(三禮義疏) 158, 217
삼례의의(三禮疑義) 158
삼례의종(三禮義宗) 277
삼례의증(三禮義證) 91
삼례차기(三禮箚記) 48, 301
삼례해고(三禮解詁) 66
삼자경(三字經) 101, 170
삼창주(三蒼注) 55
삼통술상설(三統術詳說) 265
삼통술연(三統術衍) 238

삼통역보(三統曆譜) 200
삼회상증(三匯詳證) 63
상군서(商君書) 112
상군팔읍예문지(常郡八邑藝文志) 65
상례(喪禮) 158
상례소학(喪禮小學) 285
상례정속(喪禮正俗) 95
상복답문기실(喪服答問記實) 174
상복의(喪服儀) 186
상복이주(喪服異注) 152
상복회통설(喪服會通說) 155
상사(尙史) 209
상산선생전집(象山先生全集) 203
상서(尙書) 35, 53, 83, 94, 152, 165, 216, 222
상서강의(尙書講意) 45
상서계몽(尙書啓蒙) 309
상서고금고증(尙書古今考證) 226
상서고문설(尙書古文說) 213
상서고문소증(尙書古文疏證) 38
상서고이(尙書考異) 173, 225
상서구소고증(尙書舊疏考證) 194
상서구양하후유설고(尙書歐陽夏侯遺說考) 291
상서근지(尙書近指) 124
상서금고문주소(尙書今古文注疏) 126
상서기견(尙書旣見) 231
상서대소하후장구(尙書大小夏侯章句) 291
상서대소하후해고(尙書大小夏侯解故) 291
상서대전(尙書大傳) 104
상서대전정본(尙書大傳定本) 267
상서대하후장구(尙書大夏侯章句) 291
상서박사(尙書博士) 59
상서변해(尙書辨解) 292
상서보소(尙書補疏) 276

상서설(尙書說)  155, 231
상서술의(尙書述議)  198
상서신의(尙書新義)  172
상서여론(尙書餘論)  243
상서역보(尙書曆譜)  120
상서왕씨주(尙書王氏注)  165
상서음(尙書音)  189
상서일기(尙書日記)  175
상서장구(尙書章句)  66
상서정경(尙書正經)  131
상서주(尙書注)  62
상서주소(尙書注疏)  104
상서지리금석(尙書地理今釋)  230
상서질의(尙書質疑)  44
상서집주음소(尙書集注音疏)  38
상서집해(尙書集解)  225
상서통의(尙書通義)  245
상서통의(尙書通議)  243
상서통지(尙書通識)  243
상서편목고(尙書篇目考)  201
상서표주(尙書表注)  62
상서해의(尙書解義)  212
상서후안(尙書後案)  163
상수(象數)  177
상우기(尙友記)  177
상주사파(常州詞派)  234
상주학파(常州學派)  72
상효구시설(象爻求是說)  245
서경(書經)  29, 253, 281
서경부(西京賦)  234
서곡후집(恕谷後集)  211
서남이전(西南夷傳)  166
서당곡액(西堂曲腋)  180
서당전집  181

서명집설(西銘輯說)  285
서문공집(徐文公集)  117
서문장전집(徐文長全集)  115
서방대제(西方大帝)  123
서백감려(西伯戡黎)  253
서산갑을고(西山甲乙稿)  264
서산문집(西山文集)  264
서설(書說)  293
서성(西成)  228
서술기(徐述夔)  136
서장시존고(西莊始存稿)  163
서재야화(書齋夜話)  192
서지거사집(西沚居士集)  163
서집해(書集解)  302
서하합집(西河合集)  87
서학습유(書學拾遺)  180
석경각문집(石經閣文集)  283
석경고(石經考)  46
석경고이(石經考異)  249, 283
석경보고(石經補考)  283
석고문(石鼓文)  110
석고문고이(石鼓文考異)  307
석고서원칠현사(石鼓書院七賢祠)  227
석고칠현(石鼓七賢)  227
석곡(釋縠)  31
석궁소기(釋宮小記)  244
석륜(釋輪)  276
석림사(石林詞)  118
석림시화(石林詩話)  118
석림연어(石林燕語)  118
석림춘추(石林春秋)  118
석명(釋名)  201
석서(惜誓)  36
석여록(石餘錄)  283

석증(釋繒) 219

석타(釋橢) 276

석포헌전집(惜抱軒全集) 179

석호(釋弧) 276

선기유술(璿璣遺述) 40

선성대훈(先聖大訓) 141

선품(選品) 114

선학(仙學) 172

선학(禪學) 277

설리재필기(雪履齋筆記) 57

설문각의(說文斠議) 179

설문고이(說文考異) 179

설문고주소(說文古籀疏) 226

설문교의(說文校義) 179

설문구음고(說文舊音考) 228

설문부위교보(說文部緯校補) 194

설문사대가(說文四大家) 42

설문성계(說文聲系) 179

설문신부고(說文新附考) 246

설문인서자이고(說文引書字異考) 213

설문일자(說文逸字) 246

설문일학(說文逸學) 246

설문자의광증(說文字義廣證) 84

설문주초(說文注鈔) 42

설문칭경증(『說文稱經證) 237

설문통계도(說文統系圖) 42

설문해성(說文諧聲) 226

설문해성보(說文諧聲譜) 234

설문해성보고증(說文諧聲譜考證) 42

설문해성자생술(說文諧聲孳生述) 265

설문해자(說文解字) 38, 69, 117, 179, 269, 299

설문해자각전(說文解字斠詮) 239

설문해자계전(說文解字系傳) 113

설문해자교감기(說文解字校勘記) 201

설문해자구음(說文解字舊音) 285

설문해자의증(說文解字義證) 42

설문해자전운보(說文解字篆韻譜) 113

설시수어(說詩晬語) 136

설원(說苑) 198

설위(說緯) 166

설일체유부(說一切有部) 70

섭사수필(涉史隨筆) 37

섭정(攝政) 90

성경학규찬(聖經學規纂) 211

성도(星圖) 40

성류표(聲類表) 73

성률소기(聲律小記) 244

성률통고(聲律通考) 265

성리본지(性理本旨) 86

성리정의(性理精義) 212

성리학(性理學) 86

성명고훈(性命古訓) 159

성서(星書) 40

성선설(性善說) 198, 265

성신법(省身法) 274

성악설(性惡說) 198, 265

성운고(聲韻考) 73

성즉리설(性卽理說) 43

성증론(聖證論) 126, 165

성학록(聖學錄) 124

성학종요(聖學宗要) 195

세본주(世本注) 129

세석 120

세설신어(世說新語) 200

세시광기(歲時廣記) 113

세자(世子) 120

소거문초(少渠文鈔) 283

소경소경학(巢經巢經學) 246

소경소시초(巢經巢詩鈔) 246

소공(昭公) 70

소대례기(小戴禮記) 72

소대례기주(小戴禮記注) 66

소대학(小戴學) 72

소덕당고(昭德堂稿) 249

소덕문집(昭德文集) 249

소동원시집(小東園詩集) 49

소림(笑林) 295

소매첨언(昭昧詹言) 97

소부매한화(小浮梅閑話) 192

소서(素書) 287

소심양방(蘇沈良方) 136

소자(蘇子) 122

소학(小學) 38

소학감주(小學紺珠) 101, 170

소학계업(小學稽業) 211

소학구침(小學鉤沈) 219

소학설문구단(小學說文求端) 174

소학암유고(小學盦遺稿) 238

소해초당시문집(小澥草堂詩文集) 88

속경전대의(續經典大義) 168

속광미집(束廣微集) 123

속당서(續唐書) 269

속문헌통고(續文獻通考) 238

속사기(續史記) 285

속삼통(續三通) 175

속수기문(涑水記聞) 108

속시지고(續詩地考) 201

속제해기(續齊諧記) 156

속통지(續通志) 238

속한서(續漢書) 109, 190

손씨서목(孫氏書目) 306

손익(損益) 262

손자약해(孫子略解) 255

송서(宋書) 137

송세문장지(宋世文章志) 137

송원가기거주(宋元嘉起居注) 98

송원학안(宋元學案) 239

송유민록(宋遺民錄) 242

송정기행(松亭紀行) 45

송학(宋學) 88

수경당시문집(授經堂詩文集) 91

수경주(水經注) 55, 73, 151, 239

수경주제강(水經注提綱) 265

수경주찬(水經注纂) 225

수릉공(睢陵公) 165

수서(隋書) 140, 269

수시력(授時曆) 56

수신기(搜神記) 37

수신요람(修身要覽) 217

수신후기(搜神後記) 75

수아당학고록(邃雅堂學古錄) 179

수주(水注) 40

수창후(須昌侯) 111

수초부(邃初賦) 127

순경자연표(荀卿子年表) 174

순경자통론(荀卿子通論) 174

순고자(鶡鶛子) 105

순자(荀子) 85, 141

순자보주(荀子補注) 69, 197

순자양경주교(荀子楊倞校注) 110

순자주(荀子注) 141

순화각첩(淳化閣帖) 185

술주질의(述朱質疑) 291

술학(述學) 174

숭고초창(嵩高樵唱) 249

숭덕(崇德) 132

숭사록(崇祀錄) 125

승암경설(升庵經説) 145

승암시집(升庵詩集) 145

승암시화(升庵詩話) 145

승암장단구(升庵長短句) 145

승조순양록(勝朝殉揚錄) 31

시경(詩經) 30, 83, 89, 161

시경군경초사운보(詩經群經楚辭韻譜) 167

시경명물고(詩經名物考) 216

시경보소(詩經補疏) 276

시경본의(詩經本義) 272

시경설략(詩經說略) 229

시경신의(詩經新義) 172

시경이남보주(詩經二南補注) 73

시경학(詩經學) 218

시고문(詩古文) 48

시고문사(詩古文辭) 242

시고문집(詩古文集) 154

시고보주(詩考補注) 243

시고이(詩考異) 216

시문별집(詩文別集) 202

시문지록(詩文志錄) 285

시서주(詩序注) 198

시서통설(詩序說通) 309

시설(詩說) 155

시성류(詩聲類) 49

시습신지(時習新知) 292

시아편(示兒編) 128

시운석(詩韻析) 177

시음표(詩音表) 239

시의구침(詩義鉤沈) 172

시의류(詩義類) 271

시의방통(詩義旁通) 215

시이고(詩異考) 228

시자(尸子) 126

시전(詩傳) 131

시전변망(詩傳辨妄) 246

시전전고(詩傳箋考) 309

시집전부석(詩集傳附釋) 243

시총설(詩叢說) 309

식미잡영(食味雜詠) 110

신감(申鑒) 132

신농본초경 74

신론(新論) 308

신법(新法) 108, 225

신법당(新法黨) 171

신서(新序) 198

신서(新書) 36

신서(申胥) 158

신선도양(神仙導養) 38

신선전(神仙傳) 38

신속기(新屬記) 246

신안문헌지(新安文獻志) 242

신어(新語) 202

신운설(神韻說) 136

신유학 230

신자(申子) 135

신좌(申左) 196

신주(新周) 32

신하난정(申何難鄭) 190

실사구시재시문집(實事求是齋詩文集) 172

심소문록(心巢文錄) 120

심은후집(沈隱侯集) 138

심의고오(深衣考課) 39, 76

심의석례(深衣釋例) 219

심학(心學) 97, 124

심휴문집(沈休文集) 138

십가재양신록(十駕齋養新錄) 238

십경문자통정서(十經文字通正書) 239

십륙국강역지(十六國彊域志) 306

십삼경고답문(十三經詁答問) 283

십삼경교감기(十三經校勘記) 307

십삼경일주(十三經佚注) 216

십삼경주소(十三經注疏) 35, 143

십삼경주소교감기(十三經註疏校勘記) 159

십이주기(十二洲記) 156

십일경문대(十一經問對) 288

십칠사고이(十七史考異) 216

십칠사상각(十七史商榷) 163

십칠첩(十七帖) 178

쌍감초당시문집(雙柑草堂詩文集) 73


## ● ○

아비달마대비바사론(阿毘達磨大毘婆沙論) 70

아사록(我師錄) 120

아술편(蛾術編) 163

아악랑(雅樂郞) 78

악기도(樂記圖) 125

악기이십삼편주(樂記二十三篇注) 228

악기혹문(樂記或問) 177

악설(樂說) 231

악일초(握日草) 45

안광록집(顔光祿集) 140

안씨가훈(顔氏家訓) 140

안씨학기(顔氏學記) 72

안아당시문집(安雅堂詩文集) 110

안양금석록(安陽金石錄) 91

안자춘추음의(晏子春秋音義) 286

앵무부(鸚鵡賦) 154

양구역(梁丘易) 101

양구역학(梁丘易學) 101

양동서(兩同書) 63

양명전신록(陽明傳信錄) 195

양명학(陽明學) 87, 155

양생서(養生書) 176

양생요집(養生要集) 225

양서(梁書) 190

양설사족(羊舌四族) 143

양씨서목(楊氏書目) 145

양씨역전(楊氏易傳) 141

양씨역학(梁氏易學) 161

양일재집(養一齋集) 95

양일재차기(養一齋箚記) 95

양자법언광주(楊子法言廣注) 129

양전(梁典) 189

양절유헌록(兩浙輶軒錄) 159

양주수도기(揚州水道記) 188

양주이류(揚州二劉) 28

양주학파(揚州學派) 173

양지설(良知說) 95, 292

양지양능설(良知良能說) 43

양태상집(陽太常集) 142

양한간오보유(兩漢刊誤補遺) 157

양한지당년기(兩漢至唐年紀) 211

어록사훈(語錄士訓) 242

어요(語要) 274

언사금석기(偃師金石記) 91

여도요람(輿圖要覽) 47

여동래선생문집(呂東萊先生文集) 150

여류협객 181

여씨가숙독시기(呂氏家塾讀詩記) 150

여씨춘추교정 286

여씨춘추주(呂氏春秋注) 46

여요문수(餘姚文藪) 257

여자교보(呂子校補) 145

여정집(麗情集) 145

여지(輿地) 40

여형(呂刑) 29

역경(易經) 148

역경몽인(易經蒙引) 274

역고훈전(易詁訓傳) 249

역광기(易廣記) 276

역대관복도설(歷代冠服圖說) 182

역대관제고(歷代官制考) 213

역대석경고략(歷代石經考略) 42

역대재적족징록(歷代載籍足徵錄) 226

역대제도상설(歷代制度詳說) 150

역도명변(易圖明辨) 303

역도설(易圖說) 157, 195

역도조변(易圖條辨) 235

역령(易領) 292

역례(易例) 300

역변(曆辨) 39

역비(易秘) 98

역서사서가설(易書四書家說) 71

역석(易釋) 309

역설(易說) 63, 231, 293, 300

역설변정(易說辨正) 245

역시춘추사서전주(易詩春秋四書傳注) 211

역신림(易新林) 55

역연(易衍) 195

역외별전(易外別傳) 192

역음보유연설문고본고(易音補遺淵說文古本考) 137

역의별록(易義別錄) 235

역장구(易章句) 197

역전(易傳) 131, 162

역전(易詮) 210

역전적산법잡점조례(易傳積算法雜占條例) 41

역주(易注) 181, 197

역통(易通) 243, 245

역학(易學) 223

역학보론(曆學補論) 39

역학삼가(易學三家) 181

역학삼서(易學三書) 275

역학장구(易學章句) 276

역한학(易漢學) 300

역해(易解) 145

역화(易話) 276

연경실집(擘經室集) 159

연력(年歷) 309

연산역(連山易) 198

연씨춘추(燕氏春秋) 293

연악고원(燕樂考原) 68

연육실문초(硏六室文鈔) 302

연이부(演頤賦) 142

연침고(燕寢考) 302

연허대수필(燕許大手筆) 228

열녀전(列女傳) 83, 198, 309

열번정론(列藩正論) 217

열자(列子) 81

열자석문고이(列子釋文考異) 219

열자주(列子注) 225

열하지(熱河志) 238

염정(鹽政) 260

염철론(鹽鐵論) 112, 308

영가태수(永嘉太守) 98

영광전부(靈光殿賦) 167

영남시초(嶺南詩抄) 84

영명체(永明體) 137

영수(潁水) 299

영시집(咏詩集) 242

영의송(令儀頌) 294

영주도고록(瀛洲道古錄) 260

영헌(靈憲) 234

영호파고문(陽湖派古文) 234

예경(藝經) 295

예경궁실문답(禮經宮室問答) 306

예경본의(禮經本義) 272

예경석례(禮經釋例) 68

예기(禮記) 53

예기구소고증(禮記舊疏考證) 194

예기보소(禮記補疏) 276

예기서씨음(禮記徐氏音) 116

예기석주(禮記釋注) 243

예기설(禮記說) 155

예기소(禮記疏) 35

예기왕씨주(禮記王氏注) 165

예기우전(禮記偶箋) 85

예기웅씨의소(禮記熊氏義疏) 182

예기음(禮記音) 273

예기의(禮記義) 275

예기의소(禮記義疏) 182

예기의증(禮記義證) 189

예기장구(禮記章句) 219, 232

예기정의(禮記正義) 35

예기주(禮記注) 126

예기통해(禮記通解) 292

예기훈의택언(禮記訓義擇言) 39

예기훈찬(禮記訓纂) 258

예론략초(禮論略鈔) 68

예림벌산(藝林伐山) 145

예문지(藝文志) 81, 200, 269, 291

예상(禮象) 205

예서(禮書) 266

예서강목(禮書綱目) 39

예서찬술(禮書纂述) 302

예석(隸釋) 305, 306

예설(禮說) 61, 68, 300

예속(隸續) 305, 306

예의석궁증주(儀禮釋宮增注) 39

예전(禮傳) 131

예전(禮箋) 61

예전본의(禮傳本義) 272

예종실록(睿宗實錄) 196

예학치언(禮學卮言) 49

오경동이(五經異同) 46

오경론(五經論) 276

오경문자(五經文字) 226

오경변혹(五經辨惑) 167

오경소(五經疏) 35

오경소학술(五經小學述) 226

오경이의(五經異義) 299

오경이의소증(五經異義疏證) 267

오경장구(五經章句) 128

오경절해(五經節解) 125

오경정명(五經正名) 198

오경정본(五經定本) 140

오경정의(五經正義) 54, 140, 143

오경통론(五經通論) 123

오경회의(五經會義) 302

오고해(五誥解) 141

오군영(五君詠) 140

오균체(吳均體) 156

오대사(五代史) 260

오두미도(五斗米道) 178

오례(五禮) 140

오례통고(五禮通考) 175, 270

오류선생전(五柳先生傳) 75

오복제도(五服制度) 125

오사비바사론(五事毘婆沙論) 70

오서(吳書) 186

오제(五帝) 123

오제본기(五帝本紀) 248

오조청집(吳朝請集) 156

오종도술(五宗圖述) 118

오학편(吾學編) 248

옥서사보(玉書史補) 284

옥저집(玉楮集) 139

옥함산방집일서(玉函山房輯佚書) 80, 103, 131, 182, 186, 245, 291, 296, 311

옥해(玉海) 100, 170

온국공(溫國公) 108

온국문정사마공문집(溫國文正司馬公文集) 108

온천기행(溫泉紀行) 141

완계집(宛溪集) 47

왕명론(王命論) 95

왕석구선생유문(王石臞先生遺文) 167

왕숙사집(王叔師集) 171

왕시중집(王侍中集) 174

왕염첩(王琰帖) 166

왕임천선생집(王臨川先生集) 172

왕자정론(王子正論) 165

외과정요(外科精要) 269

요산시집(樂山詩集) 166

요산제예(樂山制藝) 166

요씨신서(姚氏新書) 180

용보선생유시(容甫先生遺詩) 174

용부집(慵夫集) 167

용상기구시(甬上耆舊詩) 240

용성찰기(龍城札記) 65

용촌어록(榕村語錄) 212

용촌전집(榕村全集) 212

우간(寓簡) 138

우공(禹貢) 281

우공도설(禹貢圖說) 248

우공반의술(禹貢班義述) 120

우공삼강고(禹貢三江考) 244

우공설(禹公說) 248

우공정주석(禹貢鄭注釋) 276

우공지남(禹貢指南) 89

우공집석(禹貢集釋) 243

우공추지(禹貢錐指) 303

우동선생문록 48

우동학시(虞東學詩) 48

우렵부(羽獵賦) 147, 223

우서당문집(尤書堂文集) 180

우씨역례(虞氏易禮) 234

우씨역사(虞氏易事) 234

우씨역언(虞氏易言) 234

우씨역후(虞氏易候) 234

우씨일상고(虞氏逸象考) 201

우천변무집(吁天辯誣集) 139

우태선관필기(右台仙館筆記) 192

운남동정전서(雲南銅政全書) 175

운남비정지(雲南備征志) 166

운남산천지(雲南山川志) 145

운남지초(雲南志鈔) 166

운변(韻辨) 73

운보정(韻補正) 46

운연과안록(雲烟過眼錄) 257

원경(元經) 176

원사씨족표(元史氏族表) 238

원사예문지(元史藝文志) 238

원서(原書) 73

원유산연보(元遺山年譜) 68

원지(原旨) 195

원호략(元號略) 145

원효서(院孝緒) 160

월령잡설(月令雜說)   228
위경자(韋卿子)   187
위서(魏書)   105
위수(渭水)   280
위씨춘추(魏氏春秋)   125
유가(儒家)   206
유궁국(有窮國)   296
유대록(諭對錄)   232
유도당시문집(游道堂詩文集)   258
유도론(喩道論)   127
유동전(幼童傳)   191
유례부집(劉禮部集)   190
유리(羑里)   133
유림   32
유보(遺補)   243
유불(儒佛)   127
유불도(儒佛道)   127
유원(類苑)   200
유자변(劉子辨)   95
유자준집(劉子駿集)   200
유자현집(劉子玄集)   196
유천태산부(遊天台山賦)   127
유향연보(劉向年譜)   201
유헌일기(輶軒日記)   122
유호조집(劉戶曹集)   200
육경(六經)   88, 158, 176
육경보소(六經補疏)   276
육도삼략(六韜三略)   280
육사형집(陸士衡集)   204
육서고(六書故)   71
육서박증(六書博證)   145
육서설(六書說)   38
육서전주설(六書轉注說)   292
육서정설(六書正說)   110

육씨심학파(陸氏心學派)   141
육씨집험방(陸氏集驗方)   202
육왕학파(陸王學派)   203
육조지리고(六朝地理考)   266
육종론(六宗論)   63
육질관(六疾館)   92
육첩주(六帖注)   249
윤문자   206
윤여사전   246
율략론(律略論)   209
율려천미(律呂闡微)   39
은사(隱士)   117
은형주요방(殷荊州要方)   209
음동의이변(音同義異辨)   285
음양오행설(陰陽五行說)   77
음양휴구론(陰陽休咎論)   198
음운부략(音韻部略)   309
음운학(音韻學)   177
음학변미(音學辨微)   39
음학오서(音學五書)   46
응간부(應間賦)   234
의년록(疑年錄)   238
의례(義例)   259
의례결옥(議禮決獄)   190
의례경주의직(儀禮經注疑直)   244
의례도(儀禮圖)   234
의례분절구두(儀禮分節句讀)   158
의례사전(儀禮私箋)   246
의례상(儀禮商)   85
의례상복문족징기(儀禮喪服文足徵記)   244
의례석관(儀禮釋官)   301
의례석관고변(儀禮釋官考辨)   201
의례석례(儀禮釋例)   39
의례설(儀禮說)   155

의례예복통석(儀禮禮服通釋) 68

의례의소(儀禮義疏) 35

의례장구(儀禮章句) 158

의례절해(儀禮節解) 292

의례정의(儀禮正義) 271, 302

의례정주구두(儀禮鄭注句讀) 158, 229

의례주소상교(儀禮注疏詳校) 65

의례집설(儀禮集說) 156

의례훈해(儀禮訓解) 158

의양후(義陽侯) 105

의위헌문집(儀衛軒文集) 97

의정당변려문(儀鄭堂騈儷文) 49

의학 269

이경부(二京賦) 118

이교잡영(李嶠雜詠) 212

이당산학기(里堂算學記) 276

이도요결(理道要訣) 79

이락간(伊洛間) 172

이란(理亂) 262

이루하(離婁下) 153

이림(異林) 263

이문공집(李文公集) 210

이선기후설(理先氣後說) 211

이소(離騷) 83

이소집주(離騷集注) 301

이소초목소(離騷草木疏) 157

이십이사고이(二十二史考異) 238

이십이사차기(二十二史箚記) 254

이아(爾雅) 122, 214

이아고의(爾雅古義) 239

이아고주(爾雅古注) 228

이아구주(爾雅舊注) 265

이아보곽(爾雅補郭) 237

이아석의(爾雅釋義) 239

이아석지사편주(爾雅釋地四篇注) 239

이아신의(爾雅新義) 205

이아운어(爾雅韻語) 302

이아음의(爾雅音義) 126, 255

이아의소(爾雅義疏) 122, 271, 292

이아정의(爾雅正義) 122

이아주(爾雅注) 55, 101, 122, 126, 246

이재기선설(理在氣先說) 195

이정수언(二程粹言) 144

이정유서(二程遺書) 212

이지재총서(頤志齋叢書) 243

이집(二集) 214

이초재독서기(二初齋讀書記) 154

이하론(夷夏論) 48

이학(理學) 97, 124, 264

이학전심찬요(理學傳心纂要) 124

이학종전(理學宗傳) 124

익도기구전(益都耆舊傳) 266

인기헌시문집(因寄軒詩文集) 57

인보(人譜) 195

인보류기(人譜類記) 195

인산집(仁山集) 62

인성론(人性論) 230

일사전(逸士傳) 309

일서보(逸書補) 219

일주루시(一柱樓詩) 136

일주서잡지(逸周書雜誌) 167

일지록(日知錄) 46

일지록보정(日知錄補正) 152

일진직강(日進直講) 43

일하구문(日下舊聞) 260

임외야언(林外野言) 57

입공(立功) 130

입덕(立德) 130

입언(立言) 130

●ㅈ

자가집(資暇集) 211

자거결사(子居決事) 182

자림고일(字林考逸) 219, 241

자미시화(紫薇詩話) 149

자백마부(裏白馬賦) 140

자변(字辨) 217

자양(字樣) 140

자양서원(紫陽書院) 192

자연철학자 148

자치통감(資治通鑑) 108

자치통감거요보유(資治通鑑擧要補遺) 303

자치통감전편(資治通鑑前編) 62

자하역전(子夏易傳) 228

자학(字學) 89

자호시전(慈湖詩傳) 141

자호유서(慈湖遺書) 141

잠구잡기(潛邱雜記) 152

잠구찰기(潛丘札記) 152

잠부론(潛夫論) 164

잠연당전서(潛研堂全書) 238

잠허(潛虛) 108

잡아비담심론(雜阿毘曇心論) 70

잡저(雜著) 310

장경양집(張景陽集) 233

장록(掌錄) 270

장양부(長楊賦) 147, 223

장자(莊子) 93, 108, 190, 277, 298

장자내편훈(莊子內篇訓) 136

장자익(莊子翼) 277

장자장의(莊子章義) 179

장자전서(張子全書) 230

장자주(莊子注) 56

장자집평(莊子集評) 301

장자집해(莊子集解) 215

장자후내제집(章子厚內制集) 225

장중승전후서(張中丞傳後序) 296

장초서(章草書) 110

장하간집(張河間集) 234

장후론(張侯論) 228

장흥집(長興集) 136

적고재종정이기관지(積古齋鐘鼎彝器款識) 159

적벽(赤壁) 156

적부편(跡府篇) 51

적인당유집(謫麐堂遺集) 72

전국종횡가서(戰國縱橫家書) 122

전국책주(戰國策注) 46

전국책지리고(戰國策地理考) 84

전국책지명고(戰國策地名考) 237

전론(典論) 92

전사(轉辭) 81

전전론(彖傳論) 231

전촉예문지(全蜀藝文志) 145

전폐추언(錢幣芻言) 162, 163

전폐추언속각(錢幣芻言續刻) 163

전폐추언재속(錢幣芻言再續) 163

전한서(前漢書) 81, 96, 132, 135, 140, 200, 250, 291

절구연의(絶句衍義) 145

절남산(節南山) 36

절묘호사(絶妙好詞) 257

절운고(切韻考) 265

절운표(切韻表) 120

절학(浙學) 62

정경(正卿) 110

정고(庭誥) 140

정주학(程朱學)　97, 212

정담(政談)　88

정론(正論)　132

정몽(正蒙)　230

정무서(政務書)　176

정사(程史)　139

정사삭번(正史削繁)　160

정선사공자사전집의(正先師孔子祀典集議)　232

정씨시보고증(鄭氏詩譜考證)　243

정씨예기전(鄭氏禮記箋)　293

정씨전고증(鄭氏箋考證)　271

정씨혼례(鄭氏婚禮)　245

정이기(旌異記)　310

정전출부고(井田出賦考)　301

정절(靖節)　75

정주이학(程朱理學)　72

정주학파(程朱學派)　100, 170

정중춘추첩례장구(鄭衆春秋牒例章句)　245

정학록(鄭學錄)　246

정해시초(丁亥詩鈔)　167

제갈량집(諸葛亮集)　266

제기(齊記)　137

제(齊)나라　280

제노한(齊魯韓)　36

제대연력(帝代年曆)　74

제동야어(齊東野語)　257

제법(祭法)　66

제사고이(諸史考異)　306

제승(齊乘)　181

제시(齊詩)　58, 104

제시익씨학(齊詩翼氏學)　218

제시전(齊詩傳)　311

제십이랑문(祭十二郎文)　296

제왕기년(帝王紀年)　40

제왕세기(帝王世紀)　309

제자직집해(弟子職集解)　226

제자통의(諸子通義)　194

제자평의(諸子平議)　192

제춘추(齊春秋)　156

제후씨고(齊后氏故)　311

제후씨전(齊后氏傳)　311

조구(糟丘)　58

조굴원부(弔屈原賦)　36

조비파(弔琵琶)　180

조의(朝儀)　130

조자건집(曹子建集)　253

조제요람(朝制要覽)　129

조조집(曹操集)　255

종군시(從軍詩)　174

종묘의법(宗廟儀法)　130

종법소기(宗法小記)　244

종사도집(鍾司徒集)　256

종산찰기(鐘山札記)　65

종정록(從政錄)　177

종제(終制)　142

좌승탄사(左丞彈事)　114

좌씨경전의(左氏經傳義)　277

좌씨고맹(左氏膏肓)　291

좌씨례(左氏例)　277

좌씨문칠십이사(左氏問七十二事)　139

좌씨비사(左氏比事)　242

좌씨시종(左氏始終)　241

좌씨춘추고증(左氏春秋考證)　190

좌씨통례(左氏通例)　242

좌씨통해(左氏通解)　307

좌역고이(左易考異)　307

좌전(左傳)　79, 80

좌전구소고증(左傳舊疏考證)　188

좌전구주소증(左傳舊注疏證) 188
좌전기사본말(左傳紀事本末) 45
좌전두해보정(左傳杜解補正) 46, 84
좌전벽(左傳癖) 79
좌전보주(左傳補注) 84, 300
좌전음(左傳音) 168
좌전익복(左傳翼服) 301
좌전통석(左傳通釋) 213
좌해경변(左海經辨) 267
주경(酒警) 278
주계편략(周季編略) 309
주관기(周官記) 231
주관례집주(周官禮集注) 277
주관변비(周官辨非) 85
주관설(周官說) 231
주관신의(周官新義) 172
주관음(周官音) 189
주관의례음(周官儀禮音) 189
주관의예증(周官儀禮證) 189
주관전(周官傳) 162
주관주(周官注) 37
주관훈고(周官訓詁) 234
주례(周禮) 79, 80, 85
주례구소고증(周禮舊疏考證) 194
주례두씨주(周禮杜氏注) 80
주례서씨음(周禮徐氏音) 116
주례석주(周禮釋注) 243
주례설(周禮說) 245
주례완해(周禮完解) 292
주례음(周禮音) 196, 275
주례의소(周禮義疏) 35, 182
주례의의거요(周禮疑義擧要) 39
주례잉의(周禮剩義) 216
주례정사농해고(周禮鄭司農解詁) 245

주례정전도고(周禮井田圖考) 301
주례정주소증(周禮鄭注疏證) 84
주례주소(周禮注疏) 220
주본기(周本紀) 89
주비구수도주(周髀矩數圖注) 244
주생렬자(周生烈子) 259
주서(籀書) 110
주역(周易) 83, 111, 129, 179
주역경주(周易經注) 295
주역계사주(周易繫辭注) 295
주역고문초(周易古文鈔) 195
주역고이(周易考異) 128
주역관단(周易觀彖) 212
주역괘기보(周易卦氣補) 201
주역동림(周易洞林) 55
주역규방(周易揆方) 303
주역득천해(周易得天解) 40
주역례(周易例) 126
주역림(周易林) 55
주역무호체론(周易無互體論) 256
주역보소(周易補疏) 276
주역보주(周易補注) 129
주역본의변증(周易本義辨證) 300
주역본의통석(周易本義通釋) 302
주역비후(周易飛候) 41
주역비후육일칠분(周易飛候六日七分) 41
주역사록(周易私錄) 175
주역사시후(周易四時候) 41
주역상류(易經象類) 243
주역상의일전(周易象義日箋) 270
주역서씨음(周易徐氏音) 116
주역석문례(周易釋文例) 120
주역설(周易說) 155
주역설략(周易說略) 229

주역세심(周易洗心) 219

주역송괘천설(周易訟卦淺說) 243

주역수림(周易守林) 41

주역순씨구가의(周易荀氏九家義) 235

주역순씨주(周易荀氏注) 131

주역술(周易述) 300

주역술전(周易述傳) 243

주역양계(周易兩繫) 136

주역역자재이(周易逆刺災異) 41

주역요씨학(周易姚氏學) 180

주역요점(周易妖占) 41

주역우씨역(周易虞氏易) 234

주역우씨의(周易虞氏義) 181

주역위화(周易委化) 41

주역의례(周易義例) 217

주역이문소증(周易異文疏證) 302

주역장구(周易章句) 41

주역전의의참(周易傳義疑參) 301

주역점사(周易占事) 41

주역정사농주(周易鄭司農注) 245

주역정씨의(周易鄭氏義) 235

주역정주후정(周易鄭注後定) 241

주역정해(周易正解) 292

주역주(周易注) 37, 165, 177, 180

주역지(周易旨) 216

주역집설(周易集說) 192

주역집설명해(周易輯說明解) 285

주역집해(周易集解) 181

주역착괘(周易錯卦) 41

주역참상(周易參象) 179

주역체(周易體) 55

주역통론(周易通論) 212

주역통론월령(周易通論月令) 180

주역통의(周易通義) 121, 307

주역한씨전(周易韓氏傳) 296

주역해고(周易解故) 243

주역혼돈(周易混沌) 41

주운의(籌運議) 121

주인전(疇人傳) 159

주자대전(朱子大全) 212

주자어류사찬(朱子語類四纂) 212

주자학(朱子學) 88

주지(酒池) 58

주황제소문(注黃帝素問) 162

주후백일방(肘後百一方) 74

죽림명사전(竹林名士傳) 183

죽서기년(竹書紀年) 94, 123

죽서기년고(竹書紀年考) 219

죽서기년교정(竹書紀年校正) 293

죽서기년보주(竹書紀年補注) 91

죽소헌시초(竹嘯軒詩鈔) 136

죽형(竹刑) 81

중론 113

중설(中說) 176

중용대전(中庸大傳) 249

중용론(中庸論) 102

중용숭례론(中庸崇禮論) 190

중용여론(中庸餘論) 212

중용표주(中庸標注) 62

중종실록(中宗實錄) 205

중주금석기(中州金石記) 286

중주인물고(中州人物考) 124

중흥명신언행록(中興名臣言行錄) 252

증인사약언(證人社約言) 195

증자주(曾子註) 160

증주예부운략(增注禮部韻略) 89

지과심성송주(智果心成頌注) 180

지괴소설(志怪小說) 37

지괴소설집(志怪小說集) 75

지리지(地理志) 285

지명광례(誌銘廣例) 145

지물론(指物論) 51

지언(知言) 292

지인편(知人編) 225

지행합일설(知行合一說) 292

직하도가학파(稷下道家學派) 206

진고(眞誥) 74

진기(晉紀) 37, 114

진기(晉記) 98

진령위업도(眞靈位業圖) 74

진사업시문집(陳司業詩文集) 270

진서(晉書) 137, 169, 285

진양추(晉陽秋) 125

진잠식육국표(秦蠶食六國表) 174

진적(眞迹) 48

진종실록 125

진한홍문(秦漢鴻文) 45

집이전(集異傳) 38

집주(集註) 159

집주상복경전(集注喪服經傳) 98

집주주례(集注周禮) 277

집주후한(集注後漢) 190


● ㅊ

차록(嵯錄) 260

차박(箚璞) 42

차주암시문집(且住庵詩文集) 177

차주황제소문(次注黃帝素問) 162

참서(讖書) 63

참위(讖緯) 35

참위설(讖緯說) 165, 177

창려(昌黎) 296

창언(昌言) 262

창힐편(蒼頡篇) 126

채씨상복보(蔡氏喪服譜) 273

채중랑집(蔡中郎集) 267, 273

천문역학(天文易學) 45

천사(薦士) 155

천예형표(薦禰衡表) 54

천원일서(天元一書) 276

천인감응설(天人感應說) 77

천정록(天定錄) 139

천지지성(天地之性) 95

천하서원지(天下書院志) 175

철종실록(哲宗實錄) 205

첨폭잡기(忝曝雜記) 254

첩소집(睫巢集) 209

청계구옥문집(淸溪舊屋文集) 188

청계시설(靑溪詩說) 243, 245

청동각집(靑桐閣集) 230

청사고 32

청사열전(淸史列傳) 214

청음당집(淸吟堂集) 45

청평조(淸平調) 180

청헌당집(淸獻堂集) 253

체설(締說) 300

체협답문(禘祫答問) 302

초사(楚辭) 36, 171

초사고이(楚辭考異) 307

초사보주(楚辭補注) 307

초사장구(楚辭章句) 171

초사주(楚辭注) 55

초상가(招商歌) 294

초서세(草書勢) 278

초씨필승(焦氏筆乘) 277

초어하(楚語下) 57

초창사(草窓詞) 257

초창운어(草窓韻語) 257

최정백집(崔亭伯集) 278

추덕부(追德賦) 294

추보(推步) 139

추분기(春秋分紀) 242

추사찰기(秋槎札記) 28

추지정오(錐指正誤) 243

추호시(秋湖詩) 140

축빈부(逐貧賦) 223

춘궁요록(春宮要錄) 217

춘룡당시문집(春龍堂詩文集) 175

춘재당수필(春在堂隨筆) 192

춘재당시편(春在堂詩編) 192

춘추(春秋) 79, 130, 175, 196

춘추강령(春秋綱領) 95

춘추경전삭윤표(春秋經傳朔閏表) 179

춘추경전해(春秋經傳解) 277

춘추고(春秋考) 118

춘추고복주집술(春秋賈服注輯述) 32

춘추곡량(春秋穀梁) 197

춘추곡량전(春秋穀梁傳) 48, 53, 85, 201

춘추곡량전주(春秋穀梁傳注) 71

춘추곡량전집해(春秋穀梁傳集解) 143

춘추공매(春秋攻昧) 198

춘추공양례소(春秋公羊禮疏) 68

춘추공양전(春秋公羊傳) 53, 67, 77, 80, 119, 190

춘추공양전소(春秋公羊傳疏) 116

춘추공양전주(春秋公羊傳注) 71

춘추공양통의(春秋公羊通義) 49

춘추공양학(春秋公羊學) 68

춘추공양해고(春秋公羊解詁) 190, 291

춘추공양휴생의(春秋公羊眭生義) 311

춘추권형(春秋權衡) 196

춘추난기조례(春秋難記條例) 245

춘추대사표(春秋大事表) 44

춘추대의(春秋大義) 53

춘추례(春秋例) 126

춘추발제사(春秋發題辭) 168

춘추번로(春秋繁露) 68, 77

춘추번로주(春秋繁露注) 68

춘추보소(春秋補疏) 276

춘추비(春秋比) 293

춘추산(春秋刪) 245

춘추삼전(春秋三傳) 53

춘추삼전보주(春秋三傳補注) 179

춘추삼전이동설(春秋三傳異同說) 83

춘추삼전주(春秋三傳注) 126

춘추서(春秋序) 277

춘추서씨음(春秋徐氏音) 116

춘추석(春秋釋) 309

춘추석례(春秋釋例) 79, 153

춘추설(春秋說) 300

춘추설략(春秋說略) 293

춘추성장설(春秋成長說) 103

춘추술의(春秋述義) 173

춘추술의(春秋述議) 198

춘추식소록(春秋識小錄) 245

춘추신선유전론(春秋申先儒傳論) 277

춘추얼(春秋讞) 118

춘추외전국어당씨주(春秋外傳國語唐氏注) 71

춘추윤삭교식고(春秋閏朔交食考) 266

춘추의기(春秋義記) 168

춘추의림(春秋意林) 196

춘추이문소증(春秋異文疏證) 302

춘추일남지보(春秋日南至譜) 120

춘추장력(春秋長歷) 79

춘추전(春秋傳)　118, 162, 196

춘추전설례(春秋傳說例)　196

춘추전의(春秋傳義)　229

춘추정사(春秋正辭)　231

춘추정의(春秋正義)　103, 143

춘추정지(春秋正旨)　43

춘추조례(春秋條例)　131, 191

춘추좌씨경(春秋左氏經)　69

춘추좌씨경전집해(春秋左氏經傳集解)　79

춘추좌씨고맹석아(春秋左氏膏肓釋痾)　103

춘추좌씨의략(春秋左氏義略)　168

춘추좌씨전(春秋左氏傳)　35, 53, 70, 102, 103,
　139, 153, 165, 188, 196

춘추좌씨전가복주집술(春秋左氏傳賈服注輯述)
　216

춘추좌씨전대의(春秋左氏傳大義)　194

춘추좌씨전입의(春秋左氏傳立義)　277

춘추좌씨전해(春秋左氏傳解)　103

춘추좌씨전해고(春秋左氏傳解詁)　35

춘추좌씨전해의(春秋左氏傳解誼)　103

춘추좌씨조례(春秋左氏條例)　153

춘추좌자의외전(春秋左子義外傳)　37

춘추좌전가복주집술(春秋左傳賈服注輯述)　103

춘추좌전고(春秋左傳詁)　306

춘추좌전성명동이고(春秋左傳姓名同異考)　45

춘추지리고실(春秋地理考實)　39

춘추지명고략(春秋地名考略)　45

춘추지소록(春秋識小錄)　243

춘추지요총례(春秋指要總例)　118

춘추직해(春秋直解)　292

춘추집해(春秋集解)　149, 302

춘추추씨학(春秋騶氏學)　161

춘추후전(春秋後傳)　205

충서　102

충허지덕진경주(衝虛至德眞經注)　225

충혜집(忠惠集)　236

측천황후실록　196

치망일록(治忘日錄)　214

치양지설(致良知說)　277

칙유록(敕諭錄)　232

칠경기문(七經紀聞)　57

칠경맹자고문(七經孟子考文)　141

칠경소전(七經小傳)　196

칠략(七略)　200

칠록(七錄)　160

칠보시(七步詩)　253

칠십가사초(七十家詞鈔)　235

칠애시(七哀詩)　174

칠의(七依)　278

침구갑을경(鍼灸甲乙經)　309

● ㅌ

태묘축문(太廟祝文)　114

태부(太傅)　36

태평십책(太平十策)　176

태평어람(太平御覽)　135

태평책(太平策)　88

태현경(太玄經)　76, 148, 223

통감지리통석(通鑑地理通釋)　101, 170

통감집람(通鑑輯覽)　175, 254

통경표(通經表)　286

통례(通禮)　272

통변론(通變論)　51

통사(通史)　156

통석(通釋)　276

통속편(通俗編)　237

통아(通雅)　98

통의당문집(通義堂文集)　194

통전(通典)　79

통지(通志)　246

통지당경해(通志堂經解)　119


● ㅍ

팔고문(八股文)　179

팔분체(八分體)　142

평서정(平書訂)　211

평원군열전(平原君列傳)　51

평진관독비기(平津館讀碑記)　306

평진관총서(平津館叢書)　126

포경당집(抱經堂集)　65

포박자(抱朴子)　38

폭서정집(曝書亭集)　260

풍속통(風俗通)　110, 127

풍속통의(風俗通義)　209

피서록화(避暑錄話)　118

필해잡록(筆海雜錄)　86


● ㅎ

하동부(河東賦)　147, 223

하봉선생집(夏峰先生集)　124

하빈(河濱)　287

하소정경전고석(夏小正經傳考釋)　226

하소정소의(夏小正疏義)　307

하소정전주(夏小正傳注)　229

하학상달(下學上達)　149

하휴논어주훈술(何休論語注訓述)　32

학례관석(學禮管釋)　292

학례질의(學禮質疑)　85

학언(學言)　195

학역토원(學易討原)　179

학잠(學箴)　216

학제통술(學制統述)　292

학춘추수필(學春秋隨筆)　85

한간(汗簡)　57

한궁의(漢官儀)　209

한기(漢紀)　132

한당회요(漢唐會要)　86

한림론(翰林論)　216

한서고금인표고(漢書古今人表考)　145

한서변혹(漢書辨惑)　214

한서음의(漢書音義)　86, 269

한서지리지계의(漢書地理志稽疑)　240

한서지리지집석(漢書地理志集釋)　239

한서집해(漢書集解)　209, 273

한서집해음의(漢書集解音義)　135

한서표주(漢書標注)　196

한석례　31

한시고(韓詩故)　296

한시내전(韓詩內傳)　296

한시내전고(韓詩內傳考)　122

한시설(韓詩說)　296

한시외전(韓詩外傳)　296

한시이기(韓詩異記)　228

한예자원고정(漢隸字原考正)　241

한원집(翰苑集)　202

한위유서초(漢魏遺書鈔)　66

한위육조명가집(漢魏六朝名家集)　138

한위육조백삼명가집(漢魏六朝百三名家集)　140

한위육조일백삼가집(漢魏六朝一百三家集)　138

한위이십일가역주(漢魏二十一家易注)　131

한위총서(漢魏叢書)　209

한유통의(漢儒通義)　265

한제고(漢制考)　100, 170

한조박의(漢朝駁議)　209

한지수도도설(漢志水道圖說)　265

한지수도소증(漢志水道疏證)　306

한진춘추(漢晉春秋) 134
한창려선생집(韓昌黎先生集) 296
한학상태(漢學商兌) 97
한학습유(漢學拾遺) 69, 197
함곡관(函谷關) 65
함풍(咸豊) 29
합종책(合縱策) 120, 122
항언록(恒言錄) 238
해국기문(海國紀聞) 194
해난(解難) 148, 223
해여총고(陔餘叢考) 254
해용집시초(解春集詩鈔) 283
해자소기(解字小記) 244
해조(解嘲) 148, 223, 278
향당도고(鄕黨圖考) 39
향당도고변의(鄕黨圖考辨疑) 237
향당정의(鄕黨正義) 61, 163
향술(向戌) 297
향초사(香草詞) 128
허재집(虛齋集) 274
헌문 155
헌비자홍(軒臂子弘) 111
현량대책(賢良對策) 77
현안춘추(玄晏春秋) 309
협제유고(夾漈遺稿) 246
형명학(刑名學) 111, 216
형서(刑書) 81, 131
형신(形神) 308
형주학파(荊州學派) 129
호남유로집(湻南遺老集) 167
호문정공(胡文定公) 303
호씨춘추전(胡氏春秋傳) 303
호연재아담(浩然齋雅談) 257
호운루초집(好雲樓初集) 214

호종일록(扈從日錄) 45
혹경(惑經) 196
혼례결언(婚禮結言) 278
혼천도설(渾天圖說) 213
혼천의(渾天儀) 234
홍범설(洪範說) 212
홍범오행기론(洪範五行紀論) 306
홍범오행전(洪範五行傳) 198
홍범오행전집본(洪範五行傳輯本) 267
홍범정론(洪範正論) 303
홍북강전집(洪北江全集) 306
화록(禾錄) 260
화서(火書) 40
화양도은거집(華陽陶隱居集) 74
화정집(和靖集) 206
화품(畵品) 145
화화부족연맹(華夏部落聯盟) 123
환룡(豢龍) 58
환우방비기(寰宇訪碑記) 126
환파(皖派) 39
황돈집(篁墩集) 242
황람(皇覽) 92
황로(黃老) 135
황씨일초(黃氏日鈔) 310
황정경(黃庭經) 178
황제내경소문(黃帝內經素問) 162
황제소문(黃帝素問) 162
황조무공기성(皇朝武功紀盛) 254
황조문감(皇朝文鑒) 150
황청경해(皇淸經解) 159, 201
황청경해속편(皇淸經解續編) 103, 291
황희편(皇義篇) 294
회남자(淮南子) 83
회남자주(淮南子注) 46, 299

회남홍렬해(淮南鴻烈解) 42

회림(會林) 114

회해영령집(淮海英靈集) 159

횡거역설(橫渠易說) 230

효경(孝經) 53, 83, 222

효경고이(孝經考異) 228

효경소(孝經疏) 35

효경술의(孝經述議) 198

효경안창후설(孝經安昌侯說) 229

효경의기(孝經義記) 168

효경의소(孝經義疏) 182, 217

효경익씨설(孝經翼氏說) 218

효경장구(孝經章句) 219, 285

효경전(孝經傳) 162

효경전주(孝經全注) 212

효경정주보증(孝經鄭注補證) 306

효경해찬(孝經解讚) 186

효경후씨설(孝經后氏說) 311

후씨곡대기(后氏曲臺記) 311

후재역학(厚齋易學) 285

후정상복(后定喪服) 197

후촉모시석경잔본(後蜀毛詩石經殘本) 175

후한기(後漢紀) 183

후한서(後漢書) 101, 190, 191, 217

후한서보정(後漢書補正) 127

후한서보주(後漢書補註) 300

후한서음(後漢書音) 189

후한서주(後漢書注) 156

훈고(訓詁) 117

훈고학(訓詁學) 122, 177

훈찬편(訓纂篇) 148

휘종실록 150

흑백위(黑白衛) 180

혼천론(昕天論) 180

흠명대옥록(欽明大獄錄) 232

희안록(希顏綠) 227

희평석경(熹平石經) 273, 294

## 저자 유보남(劉寶楠)

1791년 강소성 보응현에서 아버지 이순(履恂)과 어머니 교씨(喬氏) 사이에서 태어났으며, 다섯 살에 아버지를 여의고, 어머니의 가르침 속에 성장하였다. 종부 태공(台拱)의 학문이 깊고 정밀하였으므로 그에게 전수받기를 청하여 학행으로 향리에서 명성이 자자하였다. 제생(諸生)이 되었을 때 의징(儀徵)의 유문기(劉文淇)와 명성을 나란히 하여 사람들이 "양주이유(揚州二劉)"라고 칭송하였다. 도광 20년(1840) 진사가 되어 직례성 문안현의 지현(知縣)을 제수받았다. 문안현은 지형이 웅덩이에 비해 낮았는데도 둑이나 제방이 닦이지 않아 장마가 내리거나 가을 홍수가 나면 번번이 백성들의 해가 되곤 하였다. 이에 유보남은 제방을 두루 걸어 다니면서 병폐와 고통을 묻고 옛 서적들을 검토하여 일군의 주둔병과 백성이 함께 정비하도록 독촉하였다. 함풍 원년(1851) 삼하(三河)를 수비하고 있었는데, 동성(東省)의 군대가 국경을 지나는 것을 맞닥뜨리고는 병거를 모두 마을 아래로 출동시켰다. 병사가 많아 들쭉날쭉하니 백성들이 감당할 바가 아니라 생각해 수레 품삯을 백성들의 값으로 지급하자 백성들이 동요하지 않을 수 있었다. 16년 동안 관직에 있었는데, 항상 의관이 소박하여 마치 제생 때와 같았다. 송사를 처리함에 삼갔고, 문안에서 관직 생활을 하는 동안 쌓인 현안 1,400여 건을 자세하게 살펴 결론을 내렸으며, 새벽닭이 처음 울 때면 당청에 앉아, 원고와 피고가 모두 법정에 나오고 증거가 구비되면 때에 맞춰 상세히 국문하였다. 큰 사건이건 작은 사건이건 할 것 없이 균등하게 자기의 뜻대로 안건을 판결했고, 패도한 자는 법의 판례에 비추어 죄를 다스렸다. 무릇 소송에 연루된 친척이나 오랜 친족은 내외척 간의 친목[睦婣]으로 깨우쳐, 대체로 화해하고 풀도록 하였다. 송사와 옥사가 한가해지고 나면 아전들은 자리를 떠나 돌아가 농사를 짓게 하였으니, 멀고 가까이에 있는 자들이 화합하여 순량(循良)이라는 칭호를 붙여 주었다. 『논어정의』는 그가 38세에 뜻을 두고 착수하여 평생을 바친 저작으로, 청대 『논어』 연구의 결정판으로 널리 알려져 있다. 24권까지 지었으나 완성하지 못하고 아들 공면에게 이를 이을 것을 맡긴 후 함풍 5년(1855)에 죽으니, 향년 65세이다.

## 저자 유공면(劉恭冕)

광서 5년(1879)에 거인(擧人)이 되었다. 가학을 지켜 경훈(經訓)에 통달했고, 경학을 공부해 거처하는 당의 이름을 광경당(廣經堂)이라 했다. 안휘성의 학정(學政) 주란(朱蘭)의 막에 들어가 이이덕(李貽德)의 『춘추가복주집술(春秋賈服注輯述)』을 교정하여 백수십 가지의 일을 옮겨서 보충하였다. 후에 호북성의 경심서원(經心書院)에서 주강(主講)이 되었는데, 돈독한 품행과 신중한 행실로 질박한 학문을 숭상하였다. 어려서 『모시(毛詩)』를 익혔고, 만년에는 『공양춘추(公羊春秋)』를 연구해서, "신주(新周)"의 뜻을 발명하여, 하휴(何休)의 오류를 물리치니, 같은 시대의 모든 선비가 그것을 아름답게 여겼다. 역대 제가의 이설(異說)을 참고하고 비교하여 아버지가 완성하지 못한 『논어정의』를 완성했다. 『면양주지(沔陽州志)』와 『황주부지(黃州府志)』, 『한양부지(漢陽府志)』, 『황강현지(黃岡縣志)』를 편찬했다. 향년 60세이다.

## 역주자 함현찬(咸賢贊)

1963년 강원도 영월에서 태어나 고등학교까지 마쳤다. 1987년 성균관대학교 동양철학과를 졸업하고, 같은 대학교 대학원 유학과에서 석사와 박사과정을 마쳤으며, 2000년 중국 송대 철학 전공으로 박사학위를 받았다. 성균관 한림원에서 한문을 공부하였으며, 현재 성균관대학교 유학·동양학과 및 대학원 초빙교수로 재직하고 있고, 아울러 성균관 한림원 교수로 재직하고 있다. 저서로는 『장재: 송대 기철학의 완성자』(2003), 『주돈이: 성리학의 비조』(2007), 『(교수용 지도서) 사자소학』(1999), 『(교수용 지도서) 추구·계몽편』(1999), 『(교수용 지도서) 격몽요결』(2010) 등이 있고, 함께 번역한 책으로는 『논어징』 전 3권(2010), 『성리논변』(2006), 『증보 동유학안』 전 6권(2008), 『주자대전』 전 13권(2010), 『주자대전차의집보』 전 4권(2010), 『역주 예기집설대전 2』(2021), 『왕부지 중용을 논하다』(1014) 등이 있다. 이 외에 연구논문으로는 「《논어징》에 나타난 오규 소라이의 성인관」(2015), 「《논어징》에 나타난 오규 소라이의 도 인식」(2011), 「성리학의 태동과 정체성에 대한 일고찰」(2011) 등이 있다.

**Lun Yu Zheng Yi**

—The Corrected Meaning of the
LUN YU—